한국
해양사
연구

백제에서 고려, 1천 년 바다 역사

윤용혁 지음

주류성

한국
해양사
연구

백제에서 고려, 1천 년 바다 역사

윤용혁 지음

차 례

제2장
고려시대 해양사와 해양루트

제3장
여원연합군의 일본 침입

제4장
14세기 동아시아 세계와 고려

바다의 역사, 역사의 바다에서

나는 목포시 죽교동 289의 7번지에서 태어나 바닷내음을 맡으며 성장기를 보냈다. 목포항과 삼학도가 내려다보이는 곳이어서, 아마도 나의 성장기의 나이테에는 갯바람에 날아온 소금기가 아직 묻어 있을 것이다. 그러나 대학에 진학하고 충청도의 공주 땅에 터잡으면서 나는 점차 바다를 잊게 되었다.

내가 잊었던 바다에 다시 직면하게 된 것은, 다름 아닌 '삼별초' 때문이었다. 1270년 삼별초는 강화도에서 반도의 서남쪽 해안 진도에 이르고, 진도의 거점은 다시 이듬해 제주도로 옮겨졌다. 이 때문에 처음 강화도에서 시작한 나의 몽골전쟁 연구는 진도로, 그리고 제주도로 옮겨졌고, 그 다음에는 여몽군의 궤적을 따라 일본 열도 큐슈로, 그리고 다시 오키나와에까지 이르게 되었다.

이 삼별초의 여정 가운데 중요한 전기가 된 것은 2006년 교육부에서 주관하는 지방대학 교류 교수에 선정되어 1년 간 목포의 국립해양유물전시관(국립해양문화재연구소로 개편)에 파견된 일이었다. 동 전시관을 교류기관으로 협조 받을 수 있었던 것은 김성범 관장의 도움으로 가능한 것이었다. 이듬해 대학으로 복귀한 후 바로 충남 해역에서 태안선 발굴이 터지고 그것이 다시 '마도' 해역 조사로 확산됨으로써, 해양문화재연구소와의 학문적 인연은 지금까지 이어지고 있다. 본서에 실린 논문중 여러 편이 이와 같은 국립해양문화재연구소와의 인연에 의하여 만들어질 수 있었다. 거기에 근년 목포대학교 도서문화연구원(원장 강봉룡)에 진 빚도 적지 않다. 이 책의 12편 논문 중 3편은 원래 『도서문화』에 실렸던 것들이다.

본서는 고대의 해로, 고려의 해양사, 13세기 여원군의 일본 침입, 14세기 동아시아 해양사 등 도합 4장의 내용으로 구성되어 있다. 산발적으로 발표한 논문이기 때문에 전체적으로 일관된 논지가 있는 깃은 아니다. 시기는 5세기에서 14세기까지, 거의 천 년에 걸치고 '해양사'라는 제목으로 한데 모으기에 적합하지 않은 점도 있는 것이 사실이다. 그러나 삼별초에서 시작된, 주로 중세의 바다에 대한 지난 10년 동안의 관심을 정리한 것이라고 이해해 주면 좋을 것 같다. 본서에 수록된 최근의 조운과 해양에 대한 몇 논문에 대해서는 대전과학고 문경호 선생이 꼼꼼히 읽고 조언을 해주었다.

한국은 '반도'라고는 하지만, 사실은 섬과 같은 나라이다. 육로로는 어느 나라에도 갈 수 없는 지금의 상황을 생각하면 더욱 그렇다. 고대의 뱃길은 동아시아 교류의 중요한 동맥이었고, 고려에서 조선에 이르는 천년동안은 연안 해로를 이용한 '조운'이라는 제도의 덕으로 왕조를 유지할 수 있었다. 우리 역사에서 바다와 뱃길의 중요성을 재인식해야 하는 이유가 여기에 있다.

내가 몸담고 있는 충청남도는 근년, 바다 가까운 '내포'로 도청을 옮겼다. 따지고 보면 충청남도는 오랫동안 바다를 잊고 있었다. 그러나 도청 이전을 계기로 바다에 대한 관심이 조금씩 다시 살아나고 있다. 국립해양문화재연구소의 일종의 분관과 같은 보존센터가 태안 해역 신진도에 자리잡은 것도 의미 있는 사건이다. 앞으로 해양문화 연구에 대한 지역에서의 협조와 유대를 도모하는 역할을 통하여, 내가 진 학문적 빚을 갚아 갈 수 있기를 기대하고 있다. 본서의 출간도 이같은 계기를 만들어가는 과정이라 생각한다.

끝으로 본서의 출간을 흔쾌히 떠맡아준 도서출판 주류성의 최병식 사장에게 감사한다. '주류성'과의 인연을 소중하게, 그리고 오래 간직하고자 한다.

2015. 9.
공주 신관동 연구실에서 윤 용 혁

1장
고대의 바다,
해양의 고대

백제의 대왜(對倭) 항로와 가카라시마(加唐島)

머리말 | 　백제는 일본과 밀접한 교류를 수 백년 간 유지한 나라이
다. 그 사이에 각종 문물 뿐 만이 아니라 많은 인적 왕래가
해로를 통하여 이루어졌다. 이러한 점에서 백제와 일본 간의 항로 문제는 중
요한 연구 과제가 아닐 수 없다. 그럼에도 불구하고 이 해로에 대한 구체적
논의는 여전히 미흡한 단계에 있다.

　이같은 백제의 대왜 항로와 관련하여 『일본서기』의 무령왕 출생 전승 기록
은 중요한 시사를 주고 있다. 이에 의하면 461년 곤지가 왜경으로 가는 도중
큐슈의 '가쿠라시마(各羅島)'에서 무령왕이 출산하였으며, 이 때문에 무령왕
즉위 후 백제 사람들은 이 섬을 가리켜 '임금님의 섬(니리무세마)'이라 불렀다
는 것이다. 이는 당시 백제의 대왜 항로의 주요 코스가 바로 이 '가쿠라시마'
와 연계되어 있음을 암시하는 자료이다. 그럼에도 불구하고 무령왕 관련 기
록에 대한 불신 때문에 이 자료에 내포되어 있는 해로에 대한 귀중한 정보를
놓치고 있었던 것이다.

　무령왕 탄생 관련 기록이 갖는 사료상의 신빙성 문제와 관련하여, 필자는

2001년 이후 지속된 현지와의 시민교류를 계기로 현재 가라츠시의 가카라시마(加唐島)가 당시 백제와 왜와의 항해로 상에서 중요한 의미를 가지고 있었다는 확신을 갖게 되었다. 그리고 2013년 9월에는 가카라시마 주변 해역을 선편으로 둘러보며 조사하는 큐슈국립박물관의 프로그램에 참여하게 되었는데 이에 의하여 해로 문제에 대한 견해를 좀 더 구체적으로 정리하게 되었다.

본고는 이상의 관점에서, 가카라시마(加唐島)가 실제 백제와 왜의 교류에 있어서 중요한 항로의 표지로 이용되었음을 구체적으로 논의하려는 목적에서 작성되었다. 아울러 당시 이용된 백제시대 선박에 대해서도 간략한 의견을 정리하였다.

1. 무령왕 태어난 섬, 가카라시마

백제 25대 무령왕이 백제 땅이 아닌 일본 북큐슈의 한 섬에서 태어났다는 것은 『일본서기』에 기록되어 있다. "(父) 곤지가 왜에 향하였을 때 치쿠시(筑紫)의 섬(筑紫島)에 이르러 사마왕을 낳았다"는 것이며, 사마(시마)라는 이름도 섬에서 태어난 때문에 붙여진 것이었다는 것이다.[1] 관련 기록이 위의 자료를 포함하여 『일본서기』에 두 군데 등장하지만, 그 중 다른 하나의 기록은 다음과 같다.

> 6월 병술 삭(1일), 임신한 부인은 과연 가수리군(加須利君, 개로왕)의 말대로 치쿠시(筑紫)의 가쿠라시마(各羅島)에서 출산하였다. 그래서 그 아이의 이름을 도군(嶋君)이라 하였다. 그래서 군군(軍君), 곤지는 배 1척을 마련하여 도군(嶋君)을 백제에 돌려보냈다. 이를 무령왕이라 한다.

---

1) "琨支向倭 時至筑紫島 生斯麻王 自島還送 不至於京 産於島 故因名焉 今各羅海中有主島 王所産島 故百濟人號爲主島"(『일본서기』 16, 무열기 4년)

백제인은 이 섬을 주도(主嶋, 니리무세마)라 하였다.[2] (『일본서기』 14, 웅
략기 5년)

이에 의하면 무령왕이 태어난 북큐슈의 섬은 '각라도(各羅島, 가쿠라시마)'
라는 섬이고, 이 섬은 그후 왕이 탄생한 섬이라 하여 백제인들에 의하여 '주
도(主嶋, 니리무세마)'라고 불렸다는 것이다. '임금님의 섬'이라는 뜻이다. 여
기에서의 '백제인'들이란 이곳을 항행하던 백제선의 승선자들을 가리킨다.
당시 일본과 백제간의 항해가 무령왕이 탄생한 섬과 연관 되어 있음을 말해
주는 것이기도 하다. 그러나 이들 자료는 백제와 왜를 잇는 항로에 대한 정
보로서 거의 이용되지 못하였다. 곤지가 임신한 형 개로왕의 여자를 자신의
부인으로 삼아 동행했다는 다소 '황당한'듯한 이야기가 걸림돌이 되었기 때
문이다. 그러나 무령왕릉 지석에 출토에 의하여 무령왕의 생년이 『일본서기』
의 관련 기록의 연대(461년)와 정확히 일치하고 있다는 점이 확인됨에 따라[3],
이 기록의 신빙성은 재평가가 될 수 있게 되었다.

『일본서기』에 무령왕 탄생지로 기록된 '각라도(各羅島, 가쿠라시마)'는 현재
사가현(佐賀縣) 가라츠시(唐津市) 소재의 가카라시마(加唐島)로 알려져 있다.
가라츠의 가카라시마는 행정구역상으로는 요부코항(呼子港)으로부터 배로
20분 이내의 거리에 위치한다. 면적은 2.8㎢, 섬의 둘레는 12㎞, 최대 해발
은 123m이다. 인구는 10여 년 전 60여 세대, 250인으로 집계 되었으나, 현
재는 160인 정도로 내려갔다. 섬은 동백나무가 특산이고, 거의 화성암의 바
위산으로 되어 있다. 그나마 취락은 현재 요부코와 연결되는 선박의 접안시
설이 만들어져 있는 남측 해안의 경사면에만 형성되어 있다. 거주 여건이 여
의치 않은 섬이라 할 수 있다.

---

2) "丙戌 朔 孕婦果如加須利君言 於筑紫各羅島産兒 仍名此兒曰島君 於是軍君卽以一船
送島君於國 是爲武寧王 百濟人 號此島曰 主島也"(『일본서기』 14, 웅략기 5년)

3) 문경현 「백제 무령왕의 출자에 대하여」 『사학연구』 60, 2000 및 윤용혁 「무령왕 '출생 전승'에
대한 논의」 『공주, 역사문화론집』 서경문화사, 2005, pp.24-34 참조.

가라츠시 소재의 가카라시마가 『일본서기』의 '각라도(各羅島, 가쿠라시마)'
일 것이라는 주장은 국내에서 문경현이 처음으로 논문을 통하여 제기하였고
[4], 고대에 한반도에서 온 왕의 생모가 갑작스러운 산통으로 섬에 상륙하여
아들을 낳았다는 동굴 및 '오비야우라(浦)'에 대한 전승을 소개하기도 하였다.

지금에도 이 섬에는 무령왕의 생모가 급한 산기와 진통으로 섬에 상륙
하여 무령왕을 낳았다는 동굴 '오비야우라'가 섬 북단 한반도 쪽을 향
하여 있다. 그리고 그 옆에 골짜기에는 해산 후 시마왕(무령왕)을 목욕
시켰다고 전하는 맑은 샘물이 전해오고 있다. (중략) 고대에는 '각라도
(各羅島)'가 지금은 '가당도(加唐島)'로 표기가 바뀌었지만 음은 그대로
가카라시마로 불린다. 이 섬을 백제시대에는 백제인들이 '니리무세마'로
불렀던 '주도(主島)'였다고 보겠다. 온 섬은 동백나무로 덮혀 있어 달걀만
한 동백 열매를 생산하며 주민은 대부분 어업에 종사하며, 또 무, 고구
마 류를 생산한다.[5]

문경현이 가카라시마 무령왕 전승에 관심을 갖게 된 것은 당시 경북대 사
학과에 재학하던 일본 유학생 가라츠 출신 고가(古賀博文) 때문이었던 것으
로 알려져 있다. 그런데 가라츠시의 가카라시마(加唐島)가 『일본서기』의 무령
왕의 탄생지 '각라도(各羅島)'에 해당한다는 것은 후대의 자료에도 언급되어
있다. 19세기 편찬된 『태재관내지(太宰管內志)』가 그 예이다.[6] 이후 근대의
『동송포군사(東松浦郡史)』(1915)에도 『일본서기』의 각라도(各羅嶋)가 현재의

---

4) 문경현 「백제 무령왕의 출자에 대하여」『사학연구』60, 2000

5) 문경현의 위 논문, pp.59-60 참조. 다만 현지 전승은 '무령왕이 태어난 곳'으로는 되어 있지
않다. '고대 한반도의 왕'이라는 정도이며, 신공왕후가 출산한 곳이라는 전승이 함께 뒤섞여
있다.

6) 『太宰管內志』는 筑前의 國學者 伊藤常足이 1841년(天保 12)에 완성, 福岡藩에 헌상한 九州
지역의 地誌이다. 西見尚子 外 「加唐島武寧王傳說の調査について」『東風西聲-九州國立博物
館紀要』9, 九州國立博物館, 2014, p.109

가카라시마(加唐島)라는 점이 명기되어 있다.[7] 『일본서기』의 각라도(各羅嶋)
는 가마쿠라기(鎌倉期)에 '가카라시마(加加良嶋)', 그리고 '가카라시마(加唐
島)'라는 이름은 에도(江戶)시대 이후의 지명이다.[8] 시기에 따른 표기의 변천
을 알 수 있다. 한편 가카라시마의 섬 전설에는 '백제인의 부락이 있다'는 기
록도 보인다.[9] 백제와의 특별한 연관을 암시하는 자료라는 점에서 주목된다.

가카라시마는 문경현의 논문이 발표된 이듬해 2001년, 무령왕릉 발굴 30
년을 기념하여 제작 방영된 KBS 다큐 프로그램에 의하여 일반인들에게 알
려지게 되었다.[10] 2001년 8월 필자는 직접 가카라시마를 답사하였으며, 이때
섬을 중심으로 활동하는 시민단체 '무령왕교류실행위원회' 회원들과 만나게
되었다.[11] 그리고 이것이 인연이 되어 2002년부터 시작된 '무령왕탄생제'에
매년 공주사람들이 단체로 참가하는 교류가 지금까지 이어지고 있다.[12]

2003년 가카라시마에 무령왕 기념비를 건립하자는 가라츠 측 제안이 접
수되었고, 이 때문에 필자는 이에 대한 공주측 답신을 정리하기 위하여 무령
왕이 정말 가카라시마에서 출생한 것인가 하는 문제를 사료와 논문을 통하
여 점검하게 되었다. 이 작업의 결과는 논문으로 발표되었는데, 결론은 가카
라시마를 무령왕 탄생지로 보는 앞의 문경현의 주장을 지지하는 것이었다.[13]
이에 의하여 무령왕 기념비 건립 사업이 공주와 가라츠 양측 시민단체에 의

---

7) 西見尙子 外, 위의 보고서, p.109

8) 西見尙子 外, 위의 보고서, p.106

9) 鎭西町『鎭西町史』1962 및 谷口健一「百濟王誕生秘史」『海神の贈物』小學館, 1994(西見尙
子 外, 위의 보고서, pp.107-108에 의함)

10) KBS〈무령왕의 다섯 가지 수수께끼〉 2001년 7월 방영

11) 윤용혁 「무령왕 탄생전승지를 찾아서」『웅진문화』14, 공주향토문화연구회, 2001, pp.156-
175

12) 윤용혁 「백제문화를 통한 21세기의 국제교류」『가루베지온의 백제연구』서경문화사, 2010,
pp.172-185 참조. 무령왕탄생제는 2015년(6월 7일) 14회에 이르렀는데, 공주에서는 도합
37명이 참가하였다.

13) 윤용혁 「무령왕 '출생 전승'에 대한 논의」『백제문화』32, 2003(『공주, 역사문화론집』서경문
화사, 2005에 수록)

하여 공동으로 추진되었으며, 2006년 6월 가카라시마 항에 기념비는 제막되었다.[14]

처음 무령왕의 가카라시마 출생설이 제안되었을 때(2000) 학계의 반응은 다소 냉담한 편이었다. 기념비 건립 무렵 때(2006)에는 그러나 조금 더 유보적인 입장이 늘었다. 근년 무령왕의 가카라시마 출생설은 여전히 부정적 의견이 상존하기는 하지만, 수년 전에 비하면 훨씬 긍정적인 분위기가 형성되어 있다고 필자는 판단하고 있다.[15]

2. 일본 열도에의 항해와 여러 섬들

백제의 대왜 항로에 대해서는 본격적인 논의가 이루어진 바가 없다. 그것은 관련 자료가 거의 없을 뿐 아니라 백제에서는 서, 남해의 연안해로를 이용하고, 현해탄을 건넌 다음 관문해협(關門海峽)을 통과하고 세토나이카이(瀬戸內海)를 따라 오사카에까지 이르렀을 것이 분명하기 때문이다. 그러나 현해탄을 어떤 경로로 건너는 것이 백제의 일반적 대왜 항로였는지에 대해서는 좀더 진지한 논의가 필요한 문제라고 할 수 있다.

한반도에서 일본 열도로 들어서는 현해탄 바다를 건너는 일은 백제의 대

---

14) 기념비 건립에 대한 상세한 경위는 윤용혁 「무령왕의 길-무령왕 기념비의 건립」『웅진문화』 19, 공주향토문화연구회, 2006 참고. 한편 기념비의 비문은 다음과 같다. "이곳 사가현 가라츠시의 가카라시마(加唐島)는 461년(혹은 462년)에 백제의 임금, 무령왕(재위 501-523)이 태어난 곳으로 전해지는 섬입니다. 무령왕이 태어난 이후 이 섬은 '임금의 섬'이라 불렸고, 무령왕은 이 섬에서 태어난 이유로 '사마(斯麻)'라는 이름을 갖게 되었다고 합니다. 이같은 역사적 인연에 기초하여 두 지역의 시민들이 중심이 되어 무령왕의 탄생을 기념하는 비석을 세움으로써, 21세기 두 지역 간 교류를 활성화하는 계기를 삼고자 합니다."

15) 권오영(『고대 동아시아 문명 교류사의 빛-무령왕릉』 돌베게, 2005), 박찬수(『새로 쓰는 고대 한일교섭사』 사회평론, 2007, pp.355-358), 유홍준(『나의문화유산답사기(일본편 1-빛은 한반도로부터』 창비, 2013, pp.89-95)등에 의한 가카라시마에 대한 긍정적 소개가 그 예이다. 최근 권오영은 무령왕의 가카라시마 출생설에 대하여 "곤지와 그 일행이 기항하고 무령왕이 태어난 섬으로 이 섬을 지목하여도 큰 문제는 없다고 생각한다"고 의견을 밝혔다.(권오영 「백제의 해양활동과 국제정세」『한국해양사』 1, 한국해양재단, 2013, p.370)

왜 항로에 있어서 가장 어려운 항해 구간이었다. 일본 열도에 이르는 바다에는 앞에서 언급한 가라라시마 이외에 그 관문 혹은 통과점이 되는 여러 섬들이 있다. 우선 쓰시마와 잇키 두 큰 섬이 현해탄에 있기 때문에 이 두 섬을 경유하였을 것은 의심의 여지가 없다. 가령 3세기 경의 시대를 반영하는 『위지』왜인전에서 야마타이국(邪馬臺國)에 이르는 루트를 언급하면서, 가야에서 쓰시마국(對馬國)과 잇키국(一支國)을 차례로 거쳐 마쓰로국(末盧國)에 이르는 것으로 되어 있다. 해로가 갖는 특성상 5-6세기에도 기본적으로는 이 같은 노선이 변동없이 선호되었을 가능성은 일단 높다고 보아야 한다. 583년(민달 12)에 야마토 조정은 백제로부터 선박 3백 척에 의한 대량 이주민이 박두할 것이라는 정보에 따라 그 대책으로 쓰시마와 잇키에 복병을 배치하여 이들을 사전 차단하도록 하는 권유를 받고 있다.[16] 이것은 실행에 옮겨진 것은 아니지만, 당시 백제로부터의 인물이 당연 쓰시마와 잇키를 경유한다는 전제가 깔려 있다.

한편 오키노시마(沖ノ島)와 고토열도(五島列島)도 고대 한반도와의 교류에 있어서 일정한 기능을 가지고 있었다. 후쿠오카 현 무나가타시(宗像市)에 소재하는 오키노시마는 고대의 제사유적으로 유명하다. 고분시대 이후 약 5백년간의 제사유적이 23개소 확인된 바 있다. 그중 5-7세기에 해당하는 두 번째 단계의 거암의 암음(暗陰)을 이용한 암음 제사유적이 그 특징으로 지적되고 있다. 이 시기의 출토 유물 중에는 금제 반지, 금동제 행엽, 철정(鐵鋌) 등 '신라의 왕릉급 출토품과 공통' 되는 것도 포함한다. 7-8세기 혹은 8-9세기의 세 번째, 네 번째 단계의 유적에서는 중국 수. 당과의 교류를 반영하는 유적이 포함되고 있다.[17] 전북 부안의 죽막동유적에 대한 검토에서는 죽막동

---

16) 『日本書紀』20, 敏達 12년 10월

17) 小田富士雄 「沖ノ島」『考古學による日本歷史』10(對外交涉), 雄山閣, 1997, pp.111-120；西谷 正 「宗像·沖ノ島의 고대 제사와 호족」『대백제국의 국제교류사』(학술회의 자료집), 충청남도역사문화연구원, 2008, pp.153-155；채미하 「해양제사유적」『한국해양사』1, 한국해양재단, 2013, pp.483-490.

유적이 오키노시마와 해로상으로 연결되는 것처럼 인식된 바 있다.[18]

　다음은 완도 부근에서 대양을 건너 제주 해협을 건너 히라토(平戶), 혹은 고토열도(五島列島)를 거치는 해로이다.[19] 고토열도는 후쿠에(福江島), 히사카(久賀島), 나루(奈留島), 와카마쓰(若松島), 나카도오리(中通島) 등의 섬으로 구성되어 있다. 남쪽 후쿠에시마(福江島)는 열도의 가장 큰 섬으로 토마리(泊)가 중심 항구이며, 당인정(唐人町), 명인당(明人堂), 육각정(六角井) 등 대외 교통 관련 전승이 남아 있다. 나루시마(奈留島)는 9세기 이래 중국과의 교류 관련 전승이 있으며 15세기 무로마치 시대 견명선(遣明船)의 기항과 선박 수리 등에 대한 기록이 있다. 와카마쓰시마(若松島) 서측의 작은 섬 히노시마(日島)에는 명으로 가는 사신단이 물을 공급하고 참배했다는 원통사(圓通寺)가 있다.[20] 고토열도는 지리적 위치상 중국과의 교류에서 중요하게 이용된 섬이다. 1666년 9월 4일 여수를 탈출한 하멜 일행이 9월 8일 도착한 곳이 고토열도이기도 하다.[21] 고토열도를 통로로 하기 위해서는 제주도의 동안(東岸) 이남까지 내려가 동쪽으로 들어가야 하는데 이는 앞의 해로에 비하면 오사카 지역을 행선지로 하는 경우에는 대단히 부담스러운 길이었을 것이었다. 한반도에서 고토열도(五島列島)를 경유하는 것은 오사카방면보다는 큐슈의 중, 남부로 진행할 경우에 유리한 항로였다고 생각된다.

　4-5세기 왜로부터 한반도 남부에의 항로에 대해 우재병은 사카에하라(榮原)의 견해[22]를 참고하면서 일단 오키노시마(沖ノ島) 이용항로와 가라츠를

---

18) 국립전주박물관『바다와 제사 부안 죽막동 제사유적』1955, p.16의 지도 참조. 그러나 출토 유물상으로 구체적인 연결고리는 확인되지 않았다.

19) 정효운「왜국으로의 문화전파」『백제의 문물교류』충청남도역사문화연구원, 2007, pp.305-306

20) 藤田明良「中世東亞細亞の海港の立地と環境」『14세기 아시아의 해상교역과 신안해저유물』(심포지움 자료집), 국립해양유물전시관, 2006, pp.169-171

21) 하멜이 도착한 곳은 고토열도의 북쪽 中通島(南松浦郡 上五島町)의 奈摩浦였다. 신동규「하멜을 통해본 조선·네델란드·일본의 국제관계」『항해와 표류의 역사』국립제주박물관, 2003, pp.314-315.

경유하여 북상하는 두 개의 노선으로 나누고 있다. 그리고 한반도에의 1차 기항지를 부산, 김해 등의 낙동강 하류로 설정하였다.[23] 이는 가야를 일차적인 종착지로 상정한 것이라 할 수 있기 때문에, 일본열도에서 백제에 이르는 경우는 쓰시마 서단에서 남해 연안으로 접근하는 노선이 되었을 것이다.

흔히 일본으로 건너가는 한반도의 기점은 김해 혹은 부산 등을 상정하게 된다. 그러나 이러한 루트는 대한해협의 해, 조류에 역행하는 것이어서 실패 확률이 높다. 따라서 낙동강 하구의 기점설은 실제 가능성이 적다는 것이다. 이점에서 윤명철은 그 적당한 기점을 거제도 쯤으로 잡는다. 연안 해로를 이용하여 거제도에 이르러서 쓰시마로 향했을 것이라는 것이다. 그래야 대략 아소완(淺茅灣) 주위에 도착하게 된다는 것이다.[24] 경우에 따라서는 거제도 방면까지 진행한 다음 쓰시마를 향할 수도 있지만, 가야 혹은 신라 세력의 존재를 생각하면 그 이전, 고흥반도, 혹은 여수반도를 지나서 외양으로의 항해가 시작되었을 것이다.

고흥반도, 혹은 남해도 일대에서 근년 발견되고 있는 백제의 유적들은 대왜 항로에 있어서 백제의 남해안에서의 기항지로서의 기능을 포함하는 것으로 생각된다. 고흥군의 안동고분(고흥군 포두면 길두리, 2006년 발굴), 야막고분(野幕古墳: 고흥군 풍양면, 2012년 발굴)은 남해연안 항로에 있어서 고흥지역이 갖는 역사성을 뒷받침한다. 2014년 1월 남해군 고현면 남치리 고분

) 榮原永遠男『奈良時代 流通經濟史의 研究』塙書房, 1992

23) 김현구 외 『일본서기 한국관계 기사 연구』(1), 일지사, 2002, pp.219-211;우재병 「4-5세기 왜에서 백제로의 가야·백제로의 교역루트와 고대항로」『호서고고학』6.7합, 2002, pp.189-195

24) 부산에서 쓰시마 북부 大浦灣까지의 방위는 145도이고, 그 해역의 쓰시마 해류는 215-235도의 方角으로 향하는 것이어서 항해가 거의 가능하지 않다. 따라서 고대 항로의 기점이 낙동강 하류의 김해 혹은 부산일 가능성은 많지 않다는 것이다. 거제도에서는 특히 다대포 항의 중요성을 지목하고 있다. 윤명철 「해양조건을 통해서 본 고대 한일관계사의 이해」『한민족의 해양활동과 동아지중해』학연문화사, 2002, pp.130-131 참조.

25) 2013년 11월부터 진행된 경남발전연구원 역사문화센터의 조사에서 확인된 것으로 묘는 백제식의 橫口式 석실묘에 백제 고위급 관인이 착용하던 銀花冠飾이 출토하였다. 경남발전연구원 역사문화센터 〈남해 남치리 고려분묘군 발굴조사-학술자문회의 자료집〉2014. 1 참조.

에서 백제 고위관인으로 추정되는 무덤이 출토한 것도[25], 고대 이래 남해도 지역이 갖는 해상 루트상의 기능을 방증하는 것이다. 이러한 자료를 참고하면 백제의 선박은 고흥에서 여수반도를 경유하여 동쪽으로 진행하다가, 적당한 지점에서 쓰시마를 향하여 바다를 건넜다는 것을 의미한다.

백제에서 왜에 이르는 경로에 대해서는 『수서』(동이전 왜국조)에 다음과 같은 언급이 있다.

> (608년, 大業 4년) 주상(主上, 수 양제)이 문림랑(文林郎) 배청(裵淸)을 왜국에 사신으로 보냈다. 백제로 건너 나아가 죽도(竹島)에 이른다. 남으로 탐라국을 바라보면서 도사마국(都斯麻國, 쓰시마)을 거쳐 멀리 대해(大海) 가운데 있게 된다. 또 동으로 일지국(一支國)에 이른다. 또 죽사국(竹斯國)에 이르고, 또 동으로 진왕국(秦王國)에 이른다. 또 10여 국을 거쳐 해안에 다다른다. 죽사국(竹斯國)로부터 동쪽으로는 모두 왜에 부용(附庸)되어 있다.

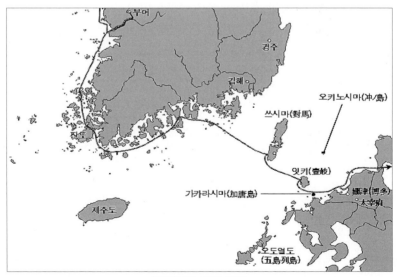

백제시대 대왜 항로

이에 의하면 배청이 왜국에 이른 루트는 백제-죽도-도사마국(쓰시마)-잇키-죽사국(치쿠시)-진왕국-10여 국 경유-왜국에 이르는 순이다. 역시 쓰시마와 잇키가 이용되고 있는 것인데, 죽도에서 외양으로 나간 것을 암시하고 있다.[26] 죽도가 어디를 지칭하는 것인가에 대해서는 확정할 수 없지만, 고흥반도나 여수반도에서 남쪽으로 떨어져 있는 섬이었을 것으로 생각된다.[27] 일본승 엔닌(圓仁, 793-864)의 귀국 경로도 이와 상통하는 것으로 보인다.

847년 귀국한 엔닌은 9월 5일 우이도를 출발하여 황모도(黃茅島, 6일), 안도(雁島, 8일)를 경유한 다음 9월 10일 큐슈 연안의 녹도(鹿島)에 이른다. 엔닌이 큰 바다로 나간 신라의 섬이 안도이고, 큐슈에 처음 이른 섬이 녹도이다. 안도와 녹도의 현재 지명에 대해서는 다소 논란이 있지만[28], 안도는 전남의 남해안의 섬, 녹도는 가라츠 주변 연안의 섬이라 할 수 있기 때문에 백제시대의 대왜 항로와도 일관성이 엿보인다.[29]

쓰시마의 백제 유적으로는 북서쪽 가미가타정(上縣町)의 대장군산(大將軍山) 고분이 있고, 신라 계통으로는 미네정(峰町)의 에비스산(惠比須山) 고분

---

26) 정효운 「한국 고대문화의 일본전파와 대마도」 『한국고대사연구』 48, 2007, p.344, pp.357-358

27) '쓰시마'의 지명 어원에 대해서는 흔히 '津島', 즉 '포구의 섬'이라는 의미로 생각하는 경우가 많지만, 필자는 '쩌섬(저 섬)'이라는 말이 아닌가 생각한다. 한반도 쪽에서 이 섬을 바라보며 항해하던 사람들의 느낌이 반영되어 있는 것처럼 보인다. 『수서』에 쓰시마가 '都斯麻(쓰시마)'로 적혀 있는 점이 참고가 된다.

28) 안도는 보통 여수반도 남쪽의 安島로 추정하는데 장진술은 완도군 청산면의 大茅島로 추정하였다. 큐슈의 鹿島는 후쿠오카의 志賀島로 추정하는 견해가 있지만(『帝王編年記』 26, 龜山天皇 文永 11년 11월 6일), 가카라시마 동남쪽 가라츠 연안의 神集島로 추정하는 의견도 있다.(小野勝年『入唐求法巡禮行記の硏究』 4, 鈴木學術財團, 1969) 장진술 「한국의 고대 해상교통로」 한국해양전략연구소, 2009, pp.279-281 참조. 엔닌이 귀국하는 통로가 된 큐슈의 녹도가 후쿠오카의 志賀島가 아닌 것은 분명하다. 9월 10일 녹도에 도착한 엔닌 일행이 동쪽으로 항해를 계속하여 후쿠오카의 하카타 만에 입항하는 것이 17일의 일이기 때문이다. 따라서 문제의 녹도는 가라츠의 가카라시마에서 가까운 섬을 지칭하는 것이 확실하다고 보아진다. 가라츠 연해는 백제 이후에도 한반도와의 왕래에 주요하게 이용되었음을 말해주는 것이다.

29) 위의 小野勝年『入唐求法巡禮行記の硏究』 4에 게재된 엔닌의 귀국로 지도에 의하면 쓰시마, 잇키에 정박하지 않고, 이 섬들을 동쪽으로 바라보면서 큐슈로 직항하였다는 점에서 차이가 있으나 여수반도 쯤에서 큰 바다로 나와 가라츠 부근으로 접근한 점에서는 백제 이래의 항로의 일관성이 엿보인다.

군, 그리고 잇키에서는 가츠모토정(勝本町)의 고분(笹塚 고분, 雙六 고분) 등
에서 신라 계통의 유물들이 확인된 바 있다.[30] 백제와의 연결이 명확히 밝혀
진 것은 아니지만, 한반도계 유물 유적이 존재한다는 것은 백제와의 항로와
도 관련이 있을 수 있는 것이다.

3. 백제의 대왜 항로와 가카라시마

　한반도와 일본열도와의 교통에 있어서 가라츠 지역이 유력한 기항 내지 경
유로가 된다는 것은 백제 이전 혹은 백제 이후에도 많은 사례가 있다. 우선
『위지』왜인전의 가야에서 야마타이국(邪馬臺國)에 이르는 경로에서 가라츠
는 유력한 경유지로 확인되고 있다. 구야칸(狗邪韓國)→쓰시마(對馬國)→잇
키(一支國)→마쓰로(末盧國)→이토(伊都國)→노(奴國) 등의 경로에 등장하
는 마쓰로국(末盧國)이 바로 가라츠(唐津)인 것이다. 대략 3세기 한반도에서
일본열도에 이르는 유력한 항해로의 하나가 쓰시마에서 잇키를 거쳐 가라츠
에 이르는 '고전적인' 길이었던 것이다.[31]
　1592년 임진왜란의 왜군 출진지 역시 가라츠시(唐津市 鎭西町)의 나고야
성(名護屋城)이었다. 나고야성에서 출진하여 잇키와 쓰시마를 거쳐 부산포에
이르렀던 것이다. 나고야성에 오르면 북으로 가카라시마가 바로 눈 앞에 들
어온다. 백제 이후 하카타의 성장, 혹은 원양항해의 발달에 의하여 일본열
도의 항로는 다양화하였지만, 적어도 백제시대의 주요 항로로서 가카라시마
근해가 이용되었다는 것은 분명하다고 생각된다. 가카라시마는 당시 백제 선
박이 기항하는 곳은 아니었지만, 이를 멀리 바라보며 항행 하였고, 때로 비
상시에는 조난을 위한 피항지로서 가카라시마는 이용되었을 것이다. 무령왕

---

30) 박천수 『일본 속의 고대 한국문화』 진인진, 2011, pp.175-1851

31) 西谷 正 『魏志倭人傳の考古學』(學生社, 2009)은 이러한 경로와 관련한 고고학적 자료를
　　정리한 것이다.

즉위 이후 가카라시마는 일본을 왕래하는 백제인들에게는 특별한 의미를 갖게 된다. '니리무세마'라는 가카라시마의 별칭이 이를 잘 말해준다. 가라츠에서 잇키, 쓰시마를 거치는 것은 백제에 연결되는 고전적인 항해로에 해당한다고 할 수 있다.

잇키 이후 가라츠 방면에의 항로가 관심을 끈 것은 무령왕의 가카라시마 출생설이 제기된 이후의 일이었다. 이와 관련 니시타니(西谷)는 다음과 같은 견해를 피력한 바 있다.

> 북부 큐슈에 있어서 각라도(各羅島)를 찾는다면 과연 현해탄에 면한 큐슈(九州島) 북안부에 해당하는 사가현(佐賀縣) 히가시마쓰우라군(東松浦郡) 친제이정(鎭西町)에서 가카라시마(加唐島)를 발견하게 된다. 가카라시마는 원시 고대로부터 현대까지 한반도와 큐슈(九州島)를 잇는 교량으로 알려진 쓰시마(對馬島), 잇키(一岐島)와 함께 쓰시마 해협에 떠 있는 대소 여러 섬 중의 하나이다. 그러한 지리적 위치에서 보아 가카라시마가 무령왕의 출생지였을 가능성은 충분하다고 생각된다.[32]

이것은 당시 백제의 대외 항로가 가카라시마 근해를 경유하는 것임을 인정하는 것이다. 그러나 잇키에서 가카라시마 근해로 접근하는 이 뱃길은 지금은 사용되지 않는 노선이다. 한일 간의 모든 선박들이 하카타 만으로 직항하기 때문이다.[33] 2013년 9월 필자는 큐슈국립박물관의 가카라시마 조사팀에

---

32) 西谷 正「무령왕릉을 통해본 고대의 동아시아세계-고고학의 입장에서」『백제문화』 31, 공주대 백제문화연구소, 2002, p.48

33) 2012년 여수 해양엑스포 기간 중에 가라츠에서 여수까지 선편이 직접 운항한 적이 있다. 여수시와 가라츠시가 자매도시로 되어 있기 때문이다. 자매도시로서의 여수시와 가라츠시의 인연은 소급하자면 백제시대의 항해로에 의한 특별한 관계로까지 연결되고 있는 것이다. 한일간 해저터널의 건설을 염두에 둔, 큐슈에서의 관문을 가라츠에 설정하고 있는 점도 가라츠 근해의 지리적 특성을 입증한다.

34) 2013. 9. 15-16 양일에 걸쳐 큐슈국립박물관 전시과장 赤司善彦와 직원 3인, 동 박물관의 자원봉사자 5인이 참가하였으며, 한국에서는 필자와 서정석 교수가 함께 참여하였다.

동행하여 주변 경관을 관찰하는 경험을 가졌다.[34] 가장 궁금했던 것은 잇키 방면에서 조망되는 가카라시마의 경관이었다. 잇키 방면에서 일본 열도를 향할 때 정면에 보이는 것이 가카라시마의 모습이다. 정면에 횡으로 길게 눈에 들어오는 가카라시마의 경관은 잇키에서 일본열도에 들어오는 항해자들의 확실한 항해 표지로서의 기능에 부족함이 없었다. 잇키를 출발한 백제 사람들은 바로 이 가카라시마를 정면으로 보며 항해하면서 섬 근처에 이르러 가카라시마를 우측에 두고 방향을 동쪽(좌측)으로 틀어 하카타 만 쪽으로 향했을 것임에 틀림없다. 마찬가지로 일본열도에서 한반도를 향할 때는 가카라시마 근해에서 방향을 우측으로 틀어 잇키 쪽으로 북상하여 현해탄을 건넜던 것이다. 이러한 점에서 가카라시마는 백제−일본 간 항해자들의 일반적 기항지는 아니었지만, 항로를 변경하는 표지섬이기도 하였고, 일본열도에의 진입 혹은 일본열도로부터 벗어나는 상징적 위치점이 되었던 것이다.

백제시대 가카라시마 부근을 경유하여 큐슈에 접근하는 노선이 선호되었던 것은 이 노선이 큐슈 연안에 이르는 가장 짧은 거리에 해당하기 때문이다. 거기에 쓰시마와 잇키 섬이 그 중간에 위치하고 있기 때문에, 이 뱃길은 고대항로에서 가장 중요한 요소인 '시인(視認) 거리'[35]가 확보되는 유일한 노선이기도 하다. 고대 중국과의 교류에서 서해북부 연안항로를 이용한 것도 바로 이 시인(視認) 거리의 문제 때문이었다. 나가사키현 서측에 위치한 고토열도, 혹은 쓰시마의 남측에 위치한 오키노시마 경유 노선은 적어도 백제가 야마토의 왜경(倭京)에 이르는 경유로로서는 이러한 관점에서 일반적으로는 사용하기 어려운 길이었다.

곤지는 언제 한성을 출발하였을까. 『일본서기』의 무령왕 가카라시마 출생 기록은 왕이 태어난 날을 웅략 5년(461) 6월 1일(음력)이라 하였다. 곤지 일행이 한성을 출발한 시점은 4월 쯤으로 추정할 수 있고, 야마토에 이른 것은 7월의 일이었다.[36] 1975년 통나무배(丸木舟)에 의한 항해 실험에 의하면 인천

---

35) '시인 거리'는 선박들이 연안이나 섬을 눈으로 보면서 항해할 수 있는 최대 범위를 말한다. 장진술 『한국의 고대 해상교통로』 한국해양전략연구소, 2009, p.198.

에서 남해안을 거쳐 쓰시마, 잇키, 가라츠를 경유하여 후쿠오카에 이르는데 47일이 걸렸다는 점도 참고가 된다.[37]

곤지는 왜 가카라시마에 상륙하였을까. 바위 암산(巖山)으로 조성되어 있는 가카라시마에는 경작지가 없고, 장기간 기항할 곳도 마땅치 않은 것처럼 보이기 때문이다. 임시로 가카라시마에 배를 댄다면, 가능한 몇 지점이 있다. '오토마리(大泊)', '온스', '멘스', 그리고 '오비야우라(浦)' 등 도합 4개 지점이다.

무령왕의 탄생, 혹은 신공황후 관련의 장소로 전하는 오비야우라(浦)는 옛날에는 선박의 상륙이 가능한 모래사장이었고, 동굴도 높고 깊었다고 한다. 주변에는 사람이 거주하는 마을이 조성되어 있었으나 140년 전의 화재로 전소하였다는 것이다.[38] 가카라시마에서 선박이 상륙 가능한 지점 가운데 비바람을 막을 수 있는 동굴이 있는 곳은 오비야우라가 유일하다. 용수(湧水)가 확인되는 지점은 오비야우라와 오토마리가 있지만, 특히 오비야우라(浦)의 샘은 수질이 좋고 가까운 곳의 주민들이 최근까지도 음용한 샘이라고 한다.[39] 이에 의하여 "섬을 아는 사람이 승선했다고 하면 오비야우라에의 상륙 가능성이 크다"는 결론이 현지 조사 결과를 통하여 이루어졌다.[40]

무령왕 출산의 현장으로 전하는 오비야우라의 입지 조건 등으로 보아 당시 곤지 일행이 가카라시마에 상륙한 것은 비상적 조치였던 것으로 생각된다. 즉 임부(姙婦)의 출산이 박두한 긴급 상황에서의 조치였을 것으로 본다.

---

36)『일본서기』14, 웅략 5년 및 정재윤 「웅진시대 백제와 왜의 관계에 대한 예비적 고찰」『백제문화』37, 2007, p.70 참조.

37) 東京商船大學 石井謙治에 의하여 제작된 '野性號'는 길이 16.5m, 폭 2.2m의 크기였다. 이에 대해서는 西谷 正『魏志倭人傳の考古學』學生社, 2009, pp.126-127 참조.

38) 內田小百合 外「加唐島武寧王傳說の調査について」『東風西聲-九州國立博物館紀要』9, 九州國立博物館, 2014, pp.101-102

39) 芝本卓美 外「加唐島武寧王傳說の調査について」『東風西聲-九州國立博物館紀要』9, 九州國立博物館, 2014, p.99

40) 芝本卓美 外, 위의 글, pp.95-96

41) 芝本卓美 外「加唐島武寧王傳說の調査について」『東風西聲-九州國立博物館紀要』9, 九州國立博物館, 2014, p.99

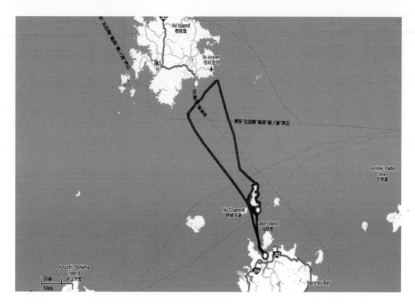

2013년 큐슈국립박물관의 가라카시마 근해 조사 경로[41]

잇키 방면에서 남으로 보이는 가카라시마 원경

혹시는 태풍으로 인하여 긴급 피난하고 있던 중에 출산이 이루어졌을 가능성도 생각할 수 있다. 6월 1일(음)이라면 양력으로는 6월 24일, 장마와 태풍 같은 기상 상태가 있을 수 있는 기간이기 때문이다. 또 이같은 상황을 상정한다면, 임부가 장기간의 여행과 험한 파도에 시달려 예정일을 앞당겨 조기 출산이 되었을 가능성도 있다. 긴급한 상황이 아니었다면 좀 더 양호한 기항지를 찾았을 것이기 때문이다.

출산 이후 가카라시마에서의 체류도 비교적 짧은 기간이었다. 곤지의 야마토 도착이 7월이었고, 가카라시마의 자연적 조건도 장기간 거주할 여건은 아니기 때문이다. 출산 이후 오사카 방면까지 이들 가족이 함께 진행하였을 것이라거나, 무령왕의 큐슈에서의 체류 가능성을 언급하기도 하지만, 『일본서기』의 관련 기록을 근거로 한다면 태어난 아기는 동행한 선박 중의 한 척에 실어 여기에서 다시 한성에 되돌려졌을 것으로 생각된다. 이것은 무령왕이 곤지의 아들이 아닌 '사실은 개로왕의 아들'이라는 기록과도 연결된다. 곤지의 아들이었다면, 무령왕이 사행 중도에 한성으로 되돌려져야 할 이유는 없는 것이다.

4. 선박, '백제선'의 문제

항로 이외에 백제 당시 대외 교류에 이용된 선박은 어떤 것이었을까 하는 것도 앞으로 풀어가야할 과제이다. 일본의 경우는 배 모양의 토기류가 다수 출토하여 고대 선박에 대한 기초적 자료로 이용되고 있다. 특히 원목을 직접 가공한 형태의 환목주(丸木舟) 관련 자료는 2002년까지 181례가 정리되어 있고, 배 모양의 하니와 토기(埴輪) 21척, 고분 관계 자료 19례 등이 보고되어 있다.[42] 그리고 이들 자료에 의한 배의 모양은 환목주(丸木舟, 통나무배)

---

42) 千田 捻 編 『海の古代史-東アジア地中海考』 角川書店, 2002, pp.14-29

28   한국 해양사 연구

에 현(舷) 측판(側板)을 덧대거나 선체와 측판이 일체화되어 있는 두 가지 유형으로 분류된바 있다.[43] 한국에서도 이러한 유형의 배 모양 토기의 예는 21점에 이른다. 그 가운데 출토지가 확인된 것은 대구(평촌리유적), 경주(금령총), 김해(여래리24호분), 합천(옥전고분군) 등 4개소의 6점이다.[44] 한편 4세기경으로 추정하는 오사카의 구보사(久寶寺) 유적에서는 준구조선으로 추정되는 선재의 일부가 출토하여 고대 선박의 이해에 도움을 주고 있다. 이상과 같은 자료적 근거를 통하여 대략 5세기 경까지의 선박 사정은 노를 설치한 준구조선이 이용되었다고 보고 있으며 아직 돛을 이용하는 범선이 출현하지 않았다고 보아왔다.[45] 동시에 노를 장착한 준구조선이었기 때문에 장거리 항해에는 반드시 중간 기착지를 활용한 휴식이 필요하였다는 것이다.[46]

2006년에 '해왕(海王)'이라는 이름의 일본 고대선의 복원 및 항해 실험이 있었다. 전장 11.9m, 최대 폭 2.05m, 무게 4톤, 환목주 선저에 현 측판을 조합한 준구조선으로 18명(9인 2열)이 노를 저어 운행하는 선박이다. 이 배의 모델은 5세기 후반 미야자키현(宮崎縣) 사이토시(西都市) 사이토하라(西都原) 고분군 170호분 출토 선형(船形) 토기였다. '해왕(海王)'은 2006년 7월 24일 쿠마모토현(熊本縣) 우토(宇土)마리나 항을 출발하여 큐슈 연안과 세토나이카이의 여러 항구를 경유, 34일 만인 8월 26일 오사카 남항(南港)에 입항하였다.[47]

그러나 적어도 5세기까지 돛을 장착한 범선이 등장하지 않았다는 것을 그대로 받아들이기는 쉽지 않다. 5, 6세기 동아시아 세계의 활발한 대외교류

---

43) 置田雅昭「船形埴輪」『ニゴレ古墳』京都府彌榮町文化財調査報告 5, 1988, pp.97-104 (우재병「백제문화의 왜국전파와 그 영향」『백제의 문물교류』백제문화사대계 연구총서 10, 2007, pp.391-393에 의함)

44) 김건수「舟形土器로 본 삼국시대의 배 고찰」『도서문화』42, 2013, p.84. 논문에서는 21점의 고대 주형토기를 독목주, U자형선, 평저선, 준구조선, 유사주형토기 등 다섯가지 유형으로 분류하였다.(pp.97-98)

45) 김현구 외, 『일본서기 한국관계 기사 연구』(1), 일지사, 2002, pp.219-221

46) 우재병, 앞의「백제문화의 왜국전파와 그 영향」『백제의 문물교류』2007, pp.394-396

47) 讀賣新聞 西部本社『大王のひつぎ海をゆく-謎に挑んだ古代船』2006, pp.128-139

를 노를 추진력으로 이용하고 장거리 항행에 제약점이 많은 준구조선의 기술적 수준에서 가능하였을지 의문이기 때문이다. 또 준구조선(準構造船)은 수로의 여건에 따라 후대에까지 오래 이용된 단순 형태의 선박이기 때문에, 실제에 있어서는 판재를 이용하여 조립한 발달된 구조선이 장거리 항해에 이용되고 있었을 가능성을 배제할 수 없다. 그동안 한일 양국의 고고학적 검토에서는 돛을 채용한 선박이 확인되지 않았지만, 1997년에 기후현(岐阜縣 大垣市)에서 돛과 노를 설치한 선각(線刻)이 야요이 시대 토기에서 나왔고, 텐리(天理) 히가시도노츠카고분(東殿塚古墳) 3차 조사에서 출토한 하니와 토기에 3척의 대형선 선박의 그림에는 이미 돛으로 보이는 시설이 보이고 있다.[48] 이처럼 범선의 역사가 훨씬 일찍부터 가능했을 것이라는 추정을 가능하게 하였다는 것도 5, 6세기 선박 사정을 검토하는 데 유의되는 점이다.[49]

백제는 일찍부터 동아시아 3국을 연결하는 해양국가로서 문화발전을 달성하였다. 이것은 기본적으로 선박의 획기적 발전을 전제하지 않고서는 가능하지 않은 일이다. 『일본서기』에는 '백제선' 혹은 '신라선'이라는 용어가 등장한다. 그리고 이 백제선의 기술은 일본의 조선업(造船業)에 영향을 미쳤다.[50] 선박의 종류로서 아예 '백제박(百濟舶)', 즉 '백제선'이라는 것이 통용되고 있었다. 650년(白雉 1) 아기국(安藝國, 히로시마 지역)에 명하여 '백제박(百濟舶)' 2척을 조성하게 했다는 것이 그것이다.[51] 618년(推古 26)에도 '백제박'이라고 명시하지 않았지만 역시 아기국(安藝國)에 사람을 파견하여 선박을 건조한 기록이 있다.[52] 이러한 점에서 비교적 수준 높은 선박의 조성과 이용이 7세기 이후로는 분명하게 전제되었음을 추측할 수 있다.[53]

---

48) 天理市教育委員會 『西殿塚古墳·東殿塚古墳』 2000, pp.85-86(宇野隆夫 「航海と船」 『海の 古代史-東アジア地中海考』 千田 捻 編, 2002, p.40에 의함)

49) 西谷 正 『魏志倭人傳の考古學』 學生社, 2009, pp.126-129 참조.

50) "爲奈部首 出自百濟國人 中津波手也"(『新撰姓氏錄』 3-27, 攝津國諸藩)

51) "(是歲) 遣倭漢直縣.白髮部連鐙. 難波吉士胡床 於安藝國 使造百濟舶二隻"(『일본서기』 25, 白雉 원년)

52) 『일본서기』 22, 推古 26년

실현된 것은 아니지만 583년(위덕왕 30) 백제인이 3백 척 선박을 동원하여 치쿠시(筑紫)에 사민(徙民)해 올 것이라는 정보가 일본에 전해지고 있다.[54] 같은 해 583년 신라에서는 '선부(船部)'가 설치되고 있다. 이러한 여러 사정을 감안하면 5, 6세기는 조선(造船)의 기술적 수준이 준구조선에서 구조선으로 옮겨간 시기였던 것 같다. 준구조선이 환목주(丸木舟)에 판목을 덧붙여 크기를 확장한 것인데 비하여, 구조선(構造船)은 다량의 판목으로 선체를 구성함으로써 소재목(素材木)의 크기에 제약을 받지 않고 선체를 대형화한 것이라는 조선기술사에 중요한 발전 단계가 된다. 5-6세기 백제를 중심으로 한 동아시아의 활발한 대외 교류의 배경에는 조선 기술의 발달이 그 배경이 되고 있다는 추측이 가능하다. 663년 백제 부흥군을 지원하기 위한 백강전투에 일본에서 4백 척 선단, 2만이라는 대규모 병력이 파견된 사실도 이같은 선박의 기술적 발전의 결과로서 이해된다.

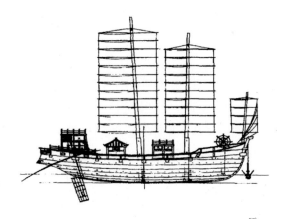

백제선('백제사신선') 구조에 대한 이원식 등의 안[55]

---

53) 백제의 선박에 대해서는 최근식 「9세기 '신라선」 『신라 해양사 연구』 고려대출판부, 2005, pp.72-78 참조

54) 『일본서기』 20, 민달 12년 10월

55) 이원식·허일 「4세기-7세기 백제 사신선의 船型 연구」 『대한조선학회지』 41-2, 2004, p.106

중국의 경우에는 춘추전국시대, 혹은 진, 한대에 이미 돛을 장착한 것으로 알려지고 있다. 선박의 기술적 발전은 중국, 백제, 왜로 이어지는 시차가 있었지만, 적어도 5세기 경 돛이 장착된 구조선이 백제에서 왜에 이르는 선박으로 이용되었을 것이다. 7세기 이후 일본의 견당사선은 말하자면 백제선과 같은 선박의 발달된 형태로 이해된다. 761년 견당사선 4척을 아기국(安藝國)에서 건조했다는 것이 그 증거이다.[56] 아기국(安藝國)은 앞에서 언급한 바와 같이 '백제박(百濟舶)'의 조선지(造船地)였기 때문이다. 따라서 백제선의 내용은 견당사선에서 일정한 암시를 받을 수 있을 것이다.[57]

이상의 논의를 통하여 본고에서는 5, 6세기 혹은 곤지의 도일에 이용된 선박이 기본적으로 돛을 장착한 구조선이었을 것으로 추정한다. 그러나 돛을 장착하였다고 하더라도 물과 물자의 보급 및 휴식 등의 필요에 의하여 연안에 형성되어 있는 포구 및 현해탄의 여러 섬들은 기항지로서 매우 중요하였을 것이다. 또 선박의 기술적 수준이 아직 미흡하였을 것이기 때문에 자연히 항해에는 더 많은 일정이 소요되었을 것이다.

맺는말 | 백제의 활발했던 대왜 관계를 생각할 때 당시의 해로, 특히 한반도에서 일본열도(큐슈)에 접근할 때에 이용된 노선이 어느 지점이었는가는 중요한 문제라 할 수 있다. 그러나 이에 대해서는 그동안 활발한 논의가 이루어지지 못한 채 가라츠, 오키노시마, 고토열도 등 여러 노선이 동시에 이용된 것처럼 막연하게 정리되어 왔다. 물론 이들 노선이 모두 한반도와 일본열도를 연결하는 해로에 있어서 중요성이 있는 것이기는 하지만, 과연 백제시대의 주 노선이 어느 쪽이었는지에 대해서는 보다 구

---

56) 『續日本記』 天平寶字 5년 10월

57) 일본의 견당사선이 '백제식의 원양해선'일 것이며, 백제선이 돛을 장착한 구조선일 것이라는 의견은 이원식 등에 의하여 이미 언급된 바 있다. 이원식·허일 「4세기-7세기 백제 사신선의 船型 연구」 『대한조선학회지』 41-2, 2004, pp.100-101 참조

화가 김영화가 그린 무령왕

체적인 논의가 필요한 문제이다.

본고에서는 백제의 대왜항로의 주 노선이 가라츠 방면, 가카라시마 근해를 경유하는 노선이었다는 견해를 보다 구체적으로 전개하였다. 『일본서기』의 무령왕 출생에 대한 기록은 문헌적으로 이를 뒷받침하는 것이다. 특히 무령왕이 태어난 가카라시마를, 근해를 항해하는 백제인들이 '니리무시마', 즉 '임금의 섬'이라 칭했다는 것은 당시 백제인들이 이용한 해로의 주 노선이 가카라시마 근해를 경유한 것이었다는 근거가 된다. 무령왕 출생에 대한 기록은 당시 백제의 대외항로를 이해하는 데 있어서도 중요한 자료가 되는 것이다.

가카라시마는 한반도와 일본열도를 잇는 최단의 직로상(直路上)에 위치이며, 쓰시마, 잇키를 잇는 징검다리 섬의 하나라는 점에서도 해로상의 의미를 갖는다. 육지나 섬을 바라보며 항해할 수 있는 '시인(視認) 거리'가 확보되는 유일한 노선이기 때문이다. 가카라시마 근해의 해로에 대한 조사에서도 이 섬이 이 해로 이용자들에게 중요한 랜드마크로서의 역할이 인정된다는 점이 확인된 바 있다. 무령왕 출생의 장소로 전하는 오비야우라에 대한 지리적 조사에서도 제반 정황이 전설의 내용에 가장 부합한 위치라는 점이 인정되었다. 곤지의 가카라시마 상륙과 출산은 일정한 역사성을 부여 받을 수 있으며, 이는 동시에 당시 백제와 일본을 잇는 가장 주요 해로가 가카라시마 근해를 이용하는 것이었음을 뒷받침하는 것이기도 하다. 이에 비하여 나가사키 서측에 위치한 고토열도, 혹은 쓰시마의 남측에 위치한 오키노시마 경유 노선은 적어도 백제가 야마토의 왜경(倭京)에 이르는 경유로로서는 이러한 관점에서 일반적으로는 사용하기 어려운 길이었다.

해로 문제와 연관하여, 본고는 5, 6세기 대왜 교류에 이용된 백제선이 돛을 이용한 구조선을 포함하고 있을 것이라는 견해를 제시하였다. '백제박(百濟舶)'이라는 용어 자체가 새로운 단계의 선박을 암시하고 있기 때문이다. 얼마전까지 우리나라에서는 고려 초 이전의 선박에 대한 고고학적 자료는 발견된 바 없다. 그러나 고대 선박의 자료의 발굴 가능성이 없는 것은 아니어서, 백제선에 대한 연구는 이러한 고대 자료의 발견이 이루어지면 훨씬 구체적인 논의가 가능하게 될 것이다. 2013년에 조사된 영흥도선은 앞으로의 이러한 가능성을 암시하는 것이다.

* 본고는 『백제문화』 51, 공주대 백제문화연구소, 2014에 실린 논문임.

② 장보고의 청해진, 그 설진(設鎭)과 폐진(廢鎭)

머리말 | 잘 알려진 바와 같이 청해진은 신라 흥덕왕 3년(828) 4월 장보고에 의하여 완도에 설치되어 동아시아 해양 질서의 새로운 거점으로 부각되었으나, 841년(문성왕 3)[1] 장보고의 암살을 계기로 851년(문성왕 13) 청해진은 폐진되고 말았다.

청해진과 장보고에 대하여는 그동안 다양하고 방대한 연구가 제출된 바 있다.[2] 이를 간략히 정리하면 신라 정치사의 맥락에서의 장보고와 청해진 연

---

1) 장보고의 암살 시기에 대하여는 『속일본후기』『입당구법순례행기』에 841년, 『삼국사기』에서는 846년으로 기록되어 서로 상충하고 있으나, 전자의 연대가 보다 신빙성 있는 것으로 인식되고 있다. 이기동, 「장보고와 그의 해상왕국」『장보고의 신연구』 완도문화원, 1985, pp.116-117 ; 浜田耕策「新羅王權と海上勢力」『東アジアにおける國家と地域』 刀水書房, 1999, pp.458-460; 강봉룡『장보고』 한얼미디어, 2004, p.133; 고경석『청해진 장보고세력 연구』 서울대 박사학위 논문, 2005, pp.20-21 참조.

2) 청해진과 장보고에 대한 연구는 1980년대까지 32편의 연구논문과 1권의 저서에 불과하였다. 그러나 1989년 장보고대사 해양경영사연구회, 혹은 1999년 장보고기념사업회 등의 발족과 더불어 방대한 연구 결과가 생산되었다. 1990년대 논문 97편, 저서 18권, 2000년대 102편의 논문과 35권의 저서가 발간되었다는 것은 근년 이에 대한 연구가 폭발적으로 증가하였음을 잘 말해주고 있다. 이에 대해서는 권덕영「장보고 연구의 현황과 과제」『장보고연구논총』 4,

구, 동아시아 해양사적 시각에서의 연구, 불교신앙에서의 연구, 중국 신라인 거주 지역에 대한 연구, 장보고의 해양경영에 대한 경영학적 관점에서의 연구 등으로 나누어 볼 수 있다.[3] 그 가운데 청해진 현장에 대한 연구도 하나의 분야가 되고 있는 것은 당연하다.

장보고 대사의 국제적 활동 거점인 청해진 현장에 대한 연구는 기왕에 일정한 논의가 없었던 바는 아니지만,[4] 다른 분야의 연구에 비할 때 오히려 매우 적조한 느낌이 많다. 이러한 문제를 해명하기 위하여 상당한 노력이 기울여진 것도 사실이다. 장좌리 장도에 대한 수년에 걸친 전면적 발굴 조사, 법화사지의 발굴 조사 등이 그것이다.

법화사지의 발굴에 있어서는 완도 법화사와 9세기 장보고 대사의 활동과의 연결점을 찾는데 실패하였다. 장도 발굴도 이곳이 청해진 시대에 군사적으로 중요한 공간이었으리라는 얼마간의 자료를 확보한 것은 사실이지만, 그 성과가 청해진의 이해에는 만족할 만한 것이 되지 못하였다. 이 때문에 장보고 대사에 의한 청해진의 실체에 대한 궁금증은 더욱 증폭된 느낌이 있다. 이처럼 문제 해결이 이루어지지 못한 것은 근본적으로는 자료의 결핍이다. 그렇지만 이 방면에 대한 문제 해결을 위한 지속적 노력이 충분히 이루어지지 못한 데에도 그 원인이 있다는 생각이다.

많은 제한적 여건 하에서도 이상과 같은 조건에서 우리는 청해진의 실체에 대한 구체적인 해명에 조금이라도 접근하기 위해서는 현장의 조사 자료를 재점검하고 보완 조사하여 이 문제를 다시 논의의 초점에 두어야할 필요성을 갖게 된다. 이같은 문제 의식에서 본 연구는 완도의 기왕의 고고학적 현

2005, pp.239-244 참고.

3) 청해진과 장보고에 대한 전반적인 연구사로서 권덕영의 위 논문 이외에 고경석 「연구동향」 『청해진 장보고 세력 연구』 서울대 박사학위논문, 2005, pp.1-17이 많은 참고가 된다.

4) 발굴조사 이전 청해진에 대한 가장 대표적인 조사 연구는 최근영·민덕식 「청해진의 역사적 고찰과 그 성의 분석」(완도문화원 『장보고의 신연구』 1985)이 있다. 그후 김정호 등에 의하여 장좌리에 대한 마을조사 자료집 『청해진의 옛터 완도 장좌리』(향토문화진흥원, 1994)가 간행되었다. 이같은 현지 지표조사 이후 장도와 법화사지에 대한 발굴 작업이 이루어졌다.

장 자료를 재검토하고, 아울러 자료를 보완하여 청해진의 실체에 대한 공간적 문제를 추구하고자 한다. 아울러 청해진의 폐지에 의하여 청해진 세력이 벽골군(전북 김제)으로 집단 이주된 문제에 대해서도 관련 자료의 검토를 통하여 문제에 접근하고자 한다.

1. 청해진 설진 이전의 완도

장보고에 의한 청해진 설치 이전, 백제 혹은 신라시대에 있어서 청해진의 지방제도상의 위치는 어떠하였을까. 현재까지의 연구로서는 청해진 설치 이전 완도의 상황이 어떠하였는지, 이곳에는 어떤 군현이 설치되어 있었는지에 대해서는 깊은 논의가 이루어져 있지 않다. 그것은 기본적으로 이에 대한 자료가 없다는 점 때문이다. 완도에 군사적 성격의 군진인 가리포진이 설치된 것은 중종 16년(1521)의 일이었고, 1896년에 이르러서야 주변의 여러 섬을 합하여 완도군이 된다. 따라서 청해진 이전이나 이후 완도는 사실상 독립 군현으로서의 기능이 없는 상태처럼 되어 있는데, 청해진 이후의 상황은 폐진의 영향이라는 점에서 이해가 가는 문제이지만 청해진 이전에 과연 군현의 설치가 없었는지 의문이다.

이와 관련하여 이해준은 완도에 일찍이 군현이 설치되지 않았다고 하는 것은 매우 특이한 현상이라고 보았다.[5] 이해준은 이에 대한 명확한 의견을 밝히지는 않았지만, 혹 신라의 통일과정에서 의도적으로 군현이 말살되지 않았나하는 생각을 표시하기도 하였다. 이같은 문제제기에도 불구하고, 근대에 이르러 완도군이 설군되기 이전까지 완도에는 청해진 이후 한 번도 군현이

---

5) "완도지역에 백제의 군현이나 통일신라시대의 군현이 하나도 설치되어 있지 않았었다는 점은 다른 서남해안의 도서지방과 비교할 때 아주 특이한 현상이다. 이는 이곳이 역사적으로 군현이 설치될만큼 충분히 성장되어 있지 못했다면 모르지만 외형적인 자연조건이나 물산, 해로 등의 충족 요건을 염두에 둘 때 이점은 매우 흥미롭고 의심스러운 부분이다."(이해준 「완도군의 역사적 변천」『완도군의 문화유적』목포대박물관. 1995, pp.15-16)

설치된 적이 없는 것으로 정리되고 있다.[6]

더 나아가 고경석은, 완도에는 청해진 이전에도 군현이 설치되지 않았고, 바로 이점이 청해진 설치가 가능했던 중요한 이유의 하나라고 주장하였다.[7] 기존 행정구역 편제와 무관한 지역에의 청해진 설치는, 신라의 기존 조직편제에 미치는 영향을 최소화하면서 해로 안정의 확보라는 소기의 목적 달성에 도리어 유리하였다는 것이다. 그에 의하면 장보고는 완도 사람이 아니었기 때문에 완도의 전략적 중요성을 더 잘 파악할 수 있었다는 것이다.[8] 이같은 견해는 장보고가 완도 출신이었기 때문에 이 지역의 전략적 중요성을 간파하고 있었다는 일반적인 견해를 정면으로 부정하는 것이기도 하다.[9]

완도는 현재 98.36㎢의 면적을 가지고 있는 우리나라에서 6번째 크기의 섬이다.[10] 주변에는 이보다는 작지만 어느 정도의 면적이 확보된 많은 군소의 도서가 분포하고 있다. 고금도(43.23㎢), 신지도(30.99㎢), 보길도(32.99㎢), 청산도(33.27㎢), 약산도(23.84㎢), 노화도(25.01㎢), 소안도(23.16㎢) 등이 그것이다.[11] 장보고의 청해진 설치 이전에 완도가 후대와 같이 강진이나 해남

---

6) 국립문화재연구소 『장도 청해진유적 발굴조사보고서』 1, 2001, p.64

7) 청해진의 설치에서 완도가 선정된 배경으로서 중국과 일본을 연결하는 지리적 요충성 이외에, 해적 소탕이라는 목적에 적합한 지리적 조건, 완도가 기존행정 구역의 편제와 무관한 지역이라는 점이 착안된 것이었다는 것이다. 이에 대해서는 고경석 「신라하대의 사회상황과 청해진 설치」 『청해진 장보고세력 연구』 서울대 박사학위논문, 2005, pp.79-80 참조.

8) 고경석, 위 논문, pp.70-72

9) 장보고의 출신지를 정확히 확인하는 것은 불가능하다. 그러나 마찬가지로 완도 출신설을 부정할만한 근거도 없다는 점에서 그 의견에 쉽게 동의하기도 어렵다. 19세기 말의 기록이라는 한계점은 있지만 「가리포진지」에서의 언급이 유의된다. 즉 가리포진이 신라시대 청해대사의 營이었다고 하면서, 장보고와 동향의 인물인 鄭年에 대하여 "島人 정년이 金明의 란에 공이 있어, 이어 大使가 되었다"라고 한 것이 그것이다. 여기에서 정년을 '島人'이라 칭한 것은 그가 완도사람이라는 것을 암시한다고 생각되기 때문이다. 적어도 「가리포진지」의 작성자, 혹은 이 시기의 완도사람은 막연하나마 정년과 장보고를 완도사람으로 인식하고 있지 않았을까 하는 생각이다.

10) 현재로서는 완도는 일곱 번째 크기이고 여섯 번째는 안면도이다. 그러나 조선조에 이르러 인위적으로 섬이 되는 안면도를 제외하면 완도가 여섯 번째에 해당한다.

11) 섬의 면적은 지금과 고대의 그것과는 많은 차이가 있을 수 있다. 그러나 전체적 상황을 파악하는 데는 큰 문제가 없다고 본다. 섬 면적의 수치는 2000년 기준 행정자치부 자료로서

의 관할이었는지, 아니면 독자적 행정구역으로 되어 있었는지 하는 문제는 기록상으로는 잘 확인되고 있지 않다. 이 문제를 생각해보기 위하여 다른 섬들의 예를 참고하여 보고자 한다.

거제도	〈거제현〉	문무왕 초 상군(裳郡) 설치, 경덕왕 때 '거제'로 개칭
	〈아주현〉	거제현 동 16리, 신라시대 거로현(居老縣)
	〈송변현〉	
	〈명진현〉	신라 매진이현
	〈하청부곡〉	
	〈고정부곡〉	
	〈죽토부곡〉	
	〈말근향〉	
	〈덕해향〉	
	〈연정장〉	
진도	〈진도군〉	백제의 인진도
	〈가흥현〉	신라 뢰산군
	〈임회현〉	신라 첨탐
	〈의신향〉	
강화도	〈혈구군〉	고구려
	〈진강현〉	고구려 수지현
	〈하음현〉	고구려 동음나현
	〈해령향〉	
	〈혈구진〉	신라
남해도	〈전야산군〉	신문왕 초 설치
	〈난포현〉	신라 내포현
	〈평산현〉	신라 평서산현
	〈오산소〉	
압해도	〈압해현〉	백제 아차산군
돌산도	〈돌산현〉	백제

조창연 등 『고등학교 지리부도』 지우사, 2002에서 참고한 것이다.

장산도	〈거지산현〉	
임자도	〈갈초현〉	

섬 하나에 여러 개의 군현이 설치된 것이나, 완도(98.36㎢)보다 작은 신안의 여러 섬들, 압해도(49.11㎢), 돌산도(70.78㎢), 혹은 장산도(24.64㎢), 임자도(39.18㎢)에까지 백제(혹은 고대)에 이미 현이 설치되었던 것을 보면, 완도에 청해진 이전에 아무런 치소가 설치되지 않았다는 것은 불가사의한 점이 아닐 수 없다.

군현의 설치가 공간적 면적을 기준으로 하는 것은 물론 아니다. 그러나 주변의 다른 도서의 경우를 참고한다면 완도에는 적어도 1개 이상의 현이 이미 백제시대에 설치되어 있었을 가능성이 높다. 여기에 신라시대에 청해진이 더해진 것이라 보아야 하는데, 다만 청해진의 설치에 의하여 군현 치소 기능이 내용적으로 이에 흡수되고 다시 청해진의 폐진과 벽골군 사민 등 일련의 정치적 변화로 군현 치소로서의 회복이 가능하지 않았던 것으로 생각된다.

백제시대에는 일본과의 교류가 매우 활발하였고, 이러한 점에서 완도의 대일 교통상의 중요성이 주목되지 않았을 리가 없다. 완도는 청해진의 설치를 통하여 중국과 한반도, 일본을 연결하는 매우 중요한 지정학적 위치라는 점이 인정된 바 있다. 또 조선시대의 기록이기는 하지만 일본과의 연결로로서 완도의 중요성이 여러 차례 확인된다. 적어도 대일교통에 있어서 완도의 중요성이 인정되고 있었고 따라서 완도에 백제시대에 군현이 설치되어 있었다고 보는 것이 합리적인 것으로 생각된다.[12]

청해진 이전 완도에서의 군현 설치에 대한 부정적인 의견은 사료의 부재 및 완도에 있어서 관련 유적의 미흡이라는 점에 근거하는 것으로 보인다. 그

---

12) 청해진의 설치가 기존 군현의 편제에 영향을 주지 않도록 고려한 점이 있다는 앞의 의견은, 완도에 치소가 설치되지 않았다는 전제에서 연역적으로 도출된 것이다. 그러나 청해진 직후 설치된 서해안의 당성진, 혈구진의 경우를 함께 생각하면 이같은 의견을 동의하기에는 주저되는 점이 있다.

러나 고대 사료의 소략성에 비추어 군현 설치 기록이 없다는 것이 군현 치소의 부재를 입증하는 것은 아니다. 관련 고고학적 자료의 문제인데, 완도에서는 죽청리 고인돌(11기), 화흥리 고인돌(10기), 중도리 동촌 고인돌(4기), 죽청리 패총, 대신리 대구미 고분 등이 보고되어 있다. 대신리 고분은 321.5m 크기의 추정 석실분이며, 발형토기, 병형토기, 호 등의 백제 유물이 출토하였다. 이에 의하여 미흡하지만 백제시대 일정한 세력의 존재를 상정하는 것은 가능한 것으로 보인다.[13]

청해진의 폐지 이후 한동안 완도는 거의 공도화 된 것으로 보인다. 그후 어느 시기에 완도는 강진과 해남에 각각 분할 소속되었다. 서남은 해남으로, 동북은 강진으로 나누어진 것이다. 청해진의 폐지 이후 1521년에 완도의 동남지점에 비로소 가리포진을 설치하고 근대(1896년)에 이르러서야 인근의 여러 섬을 합하여 독립된 행정구역으로 성립하게 된다. 장보고의 정치적 운명에 의하여 완도는 철저히 견제되었고 그 영향이 매우 장구하게 이어졌던 것이다.

2. 청해진 관련 조사 자료의 검토

청해진은 신라 하대에 설치된 군진의 하나이고, 군진이란 기본적으로 군사적 거점이기 때문에 그 거점은 군사적 성격의 성곽 구축이 필수적이었을 것이다. 이 점에 있어서 비슷한 시기 서해안 지역에 설치된 당성진과 혈구진의 경우 성곽 시설을 수반하고 있는 것이 참고가 된다. 828년(흥덕왕 3) 완도 청

---

13) 최성락·조근우 「완도군의 선사유적·고분」 『완도군의 문화유적』 1995, 목포대 박물관, pp.52-90 참조. 조사자는 대신리 고분이 백제시대의 고분이며, 당시의 고분이 상당히 있을 것으로 추정하였다.(p.77) 한편 장도 유적 발굴에 참여하였던 김성범 관장도 당시 중도리에서 백제 고분을 확인하였던 사실을 증언하고 있다.(현재는 파괴 멸실됨) 청해진 이전 시기 유적이 아직 충분히 확인되어 있지 않은 것은 사실이지만, 이점에서 청해진이 운영되었던 통일신라기의 고분도 완도에서 아직 전혀 보고된 바 없다는 점도 유의할 필요가 있다.

해진 설치에 이어 829년 당성진, 844년(문성왕 6) 혈구진이 경기도의 화성(서신면 상안리)과 강화도에 각각 설치되었다. 당성진은 둘레 1,030m의 포곡식 산성과 그 안팎에 250m 정도의 소규모 성이 2개소, 또 이와 연결된 토축의 긴 보루 등이 확인되었으며[14], 강화군 불은면 삼성리 일대에 위치한 혈구진성은 혈구산 정상을 포함하여 5개의 산봉우리를 연결하며 동서 방향으로 길게 구축된 길이 총연장 약 14km에 이른다. 혈구산을 중심으로 둥글게 쌓은 9km 길이의 본성부분과 이를 해안으로 동서 방향으로 연결하는 일자(一字) 모양의 5km 길이의 자성(子城), 2개체로 되어 있는 셈이다.[15]

지금까지의 조사로서 청해진의 가장 중요한 군사적 공간은 장좌리 소재의 작은 섬 장도(將島)이다. 장도는 그 지리적 조건상 청해진 당시 혹은 후대에 군사적으로 중요하게 활용되었을 것이 틀림없다. 완도군 완도읍 장좌리 소재의 장도는 현재 청해진과 장보고 관련의 대표적인 유적이다. 섬은 완도 본섬과는 180m 정도 떨어져 있고 섬의 면적은 약 3만 8천평이다. 1984년 9월 1일부로 사적 308호로 지정되었으며 1991년부터 1997년까지 7년에 걸쳐 전면적인 조사가 이루어졌고, 그 결과는 2권의 보고서로 간행되었다.

발굴 결과 섬 안에서는 총 연장 890m의 토축 성곽이 확인되었다. 성곽은 판축 기법에 의하여 축조된 것으로 문지 1개소, 치 4개소, 고대 1개소와 건물지 등이 확인되었다. 성내 유적 가운데 주목을 끈 것은 제사 유구였다. 제사 유구는 단의 성격을 갖는 건물지 동측에 직경 1m, 깊이 70cm의 원형 구덩이를 파고 대옹을 놓고 대옹과 수혈벽 사이에 편병 2점, 세발 달린 철제 솥 2점, 반으로 쪼개어 넣은 철반 1점, 청동병 1점, 철기 2점이 매납되어 있었다. 이에 의하여 신라 중사(中祀)에 등재되어 국가적 제사가 지내진 조음도(助音島)의 제사가 아닐까 추정되었다.[16] 2000년부터 2001년에 걸쳐 조사된

---

14) 성주탁·윤무병 「백제산성의 신유형」 『백제연구』 8, 1977, pp.15-21 및 정태헌 「청해진과 타군진의 비교적 고찰」 『장보고의 신연구』 1985, pp.205-206

15) 육군박물관 『강화도의 국방유적』 2000, pp.119-120

16) 국립문화재연구소 『장도 청해진유적 발굴조사보고서』 I, 2001, pp.334-342

우물의 유구도 주목되었다. 현재 깊이 5.8m, 상면 직경 1.5m, 기반부에 두께 20-24cm의 소나무를 우물 정(井)자 모양으로 깔고 그 위로 판석과 할석을 사용하여 정연하게 축조한 것이다. 우물의 구조는 기반부는 방형으로 조성하고 위로 올라가면서 원형을 이루고 있는데, 섬 입구 해안에 위치한 것으로 보아 선박이나 성 외부로도 식수를 공급하였을 것으로 추측되었다.[17]

장도 남서해안의 원목렬(圓木列)과 잔목렬(殘木列, 혹은 小木列)도 일찍부터 주목되어온 것이다. 원목렬은 남서쪽 해안에 331m 길이로 조성되어 있는데 폭 80cm, 깊이 80-90cm의 긴 도랑을 동서방향으로 만든 후 직경 35cm 내외의 소나무(또는 참나무) 원목을 촘촘히 세운 것이다. 원목렬의 바깥쪽에 있는 잔목렬은 직경 7-10cm 크기의 소목을 2.4-2.8m 너비로 촘촘하게 박아 놓은 것이다. 이들 목렬의 용도에 대해서는 선박의 접안 시설, 성 외곽 출입 시설을 보강하기 위한 방어시설, 상부에 시설을 설치하기 위한 일종의 파일이라는 등 여러 의견이 제안되어 있는 상태이다. 성안에서는 삼국 이래 조선시대까지의 유물 파편이 확인되었으나 장도 유적의 중심 시기는 역시 9세기대의 통일신라기[18], 특히 적지 않은 수량의 중국 도자기편이 발견됨으로써 청해진이 무역과 관련된 유적임을 뒷받침하고 있는 것처럼 보인다.[19]

---

17) 국립문화재연구소 『장도 청해진유적 발굴조사보고서』 2, 2002, pp. 한편 우물은 경주 김유 신 장군 생가의 재매정(깊이 570cm, 최대 직경 180cm, 바닥 직경 120cm)과 유사한 규모로 인정되었다. 윤근일 등 『청해진에 대한 종합적 고찰』 pp.73-74

18) 유적의 정확한 연대에 관해서는 해안의 원목에 대한 방사성탄소 연대 분석에 의하여 A.D. 770-990이라는 연대가 추출된 바 있고, 토기 및 기와에 대한 열형광 연대측정에 의하여 8-10세기(817AD±137±154, 946AD±121±133, 746AD±256±269)의 수치가 추출된 바 있다.(국립문화재연구소 『장도 청해진유적 발굴조사보고서』 I, 2001, pp.607-620) 이에 의하여 장도유적이 통일신라기 9세기라는 확증은 얻었지만, 연대폭이 넓다는 한계점이 있는 것도 사실이다. 최근 이인숙은 장도 출토의 평기와를 부여 부소산성(847), 청주 흥덕사지(849), 익산 미륵사지 및 저토성(847-860), 홍성 신금성 출토(847-860)의 연호명 기와와 비교 검토함으로써 '9세기 중반'이라는 연대를 제시하였다.(이인숙 「완도 청해진 출토 평기와 검토」 『전남의 기와』(제3회 한국기와학회 학술대회 발표자료집) 2006, pp.99-125)

19) 장도 유적 발굴 결과에 대한 전체적 정리로서 윤근일 외 『청해진의 종합적 고찰-장도 청해진 유적을 중심으로』 『장보고와 동아시아 세계』 해상왕장보고기념사업회(심포지움 자료집), 2002 및 윤근일·김성배·정석배 『청해진에 대한 종합적 고찰』 해상왕장보고기념사업회, 2003이 참고 된다. 앞의 발표문에서는 장도 유적이 청해진의 중심유적이며, 확

장도 유적은 현재 확인된 청해진의 유적으로서 가장 구체적이고 종합적인 유적이라는 점에서 대단히 중요하다. 그러나 이같은 조사 결과에도 불구하고 1만의 군사 규모로 동아시아 해상권 장악의 거점이 되었을 청해진의 본영이 이 장도에 설치된 것이었느냐에 대해서는 여전히 확정하기 어려운 점이 있다. 38,000평 면적의 협소한 섬 규모와 해양 거점으로서의 부적합성에 대한 의문점이다. 완도 본 섬과의 관계를 고려할 때 장도는 청해진의 본영이라기보다는 이에 연계된 방어 및 제사에 관한 중요 시설로 여겨지기 때문이다. 이 때문에 청해진의 본영은 장도보다는 오히려 이 장도의 건너편 완도읍의 장좌리, 죽청리, 대야리 일대가 본영과 관련된 지역일 것이라는 의견이 제기된다. 장도는 본영의 외곽을 제어하는 전략 거점이라는 것이다. 이러한 추정에 의하여 그동안 이 지역 일대의 유적 혹은 구전 자료들을 청해진과 연결하는 노력이 지속적으로 기울여져 왔다. 김정호 등에 의하여 이루어진 지명조사 혹은 마을조사 자료는 장보고 유적과 관련한 연구에 많은 기여를 해온 것이 사실이다.[20] 또 목포대 조사팀의 조사는 장보고 관련 유적의 현지조사를 종합하면서 여기에 몇 가지 새로운 유적과 자료 혹은 견해를 추가하고 있다.[21]

장좌리, 죽청리 등 장도의 대안에 해당하는 완도 서부지역에 대한 지금까지의 조사에 의하여 청해진과 관련하여 거론된 유적을 간추리면 다음과 같다.[22]

목없는 무덤(장군묏등) : 장좌천 상류의 북향, 산록에 6기의 고묘군이 있

인된 유구와 유물을 통하여 장도 유적이 "군진의 성격과 제사처의 성격을 겸하고 있었던 것"이라는 결론을 내리고 있다.(p.179) 그러나 이에 대해 장도 출토의 중국 청자(越窯靑磁)가 청해진 이후인 9세기 후반의 유물이라는 다른 견해도 제출되어 있다.(이희관 「완도군 장도유적 출토 越窯靑磁의 제작시기 문제」 『해양문화재』 5, 국립해양문화재연구소, 2012)

20) 김정호 등 『완도 장좌리』 향토문화진흥원, 1994; 김정호·김희문 『완도지역 지명유래 조사』 해상왕장보고기념사업회, 2003

21) 최성락 등 『장보고관련 유물·유적 지표조사보고서』 해상왕장보고기념사업회, 2003

22) 위의 국립문화재연구소 『장도 청해진유적 발굴조사보고서』 I, pp.67-69. 이는 기왕의 지표조사와 지명 조사 등의 논의를 정리한 것이다.

으며 그중 가장 큰 것을 장보고대사의 무덤(장군묏등)이라 한다.[23]

양장군묘(장대장묘) : 죽청리 마을 뒷산 3기의 무덤중의 하나를 지칭하여 장보고 대사의 묘로 구전된다 함.

죽청리 토성 : 장도 건너편 죽청리에 성벽으로 추정되는 40m 정도의 토루.

법화사지 : 고려시대의 절터

중암사지와 관음사지 : 상황산 아래 절터. 조선시대의 목조 불상, 부도 등이 나왔으며 초석과 와류가 산재하나 시기가 다소 늦음.

불지등 절터 : 죽청리 상수원지 부근의 절터, 기와류와 자기류 산재.[24]

한편 지명조사 작업의 결과 청해진과 관련지어 언급된 다음과 같은 곳이 있다.[25]

쏠포등 : 죽청리 248번지, 옛날 장수들이 모여 활을 쏘았다 함. 사현(射峴)이라고 하고 청해진 시대의 포대라고도 함.

부추언 : 거룻배를 수리하던 곳으로 추정.

옛나루터 : 부추언 근처 바닷가에 옛 선창으로 보이는 석축 흔적.

옥담을 : 청해진 시대의 감옥, 혹은 귀빈이 살았던 옥당(玉堂)의 와전으로 구전됨.

이방청 : 죽청리 이사무소 주변. 청해진 시절의 관청이 있던 곳이라 하나 신빙성 없음.

장대 : 완도 향교 위 10m 거리의 대지(밭 862번지)를 장대로 추정함.

청해정 : 죽청리 당목 동남쪽의 샘(답 444)으로 청해진의 군사가 마셨다 함.

---

23) 최성락·강봉룡 등은 약 11기로 추정하였으며 제일 큰 것이 직경과 폭 각 5m 규모이다. 최성락 등, 앞의 『장보고관련 유물·유적 지표조사보고서』 p.75.

24) 단국대 박물관 『청해진유적 지표조사보고서』 1999에서는 이곳을 법화사지로 추정하고 있으나 신빙할만한 근거가 있는 것은 아니다.

25) 김정호·김희문, 앞의 『청해진 옛터 완도지역 지명 유래 조사』 pp.63-95.

청해진 군사시설이 있었던 장도 원경

한들(대평) : 죽청리의 들판으로 청해진 때의 연병장이라는 구전.

매단 : 장좌리 장도 유적 건너편의 구릉의 평탄 대지. 장도와 줄을 연결
하여 건너는 시설이 있어 '매단'이라 한 것으로 봄.

목포대 최성락 교수 등의 2002년도 조사에서는 청해진의 본영을 죽청리
일대로 추정하는 한편 완도 향교 대성전 뒤에서 확인된 주초석, 죽청리의 향
교 뒤편에 토축과 석축의 시설 및 그 정상부에 망대라 불리는 곳이 있음을
주목하고 있다.[26] 등이 그것이다. 그러나 뒤에 언급하는 바와 같이 이같은
주장은 아직은 모호한 점이 많고 또 죽청리 향교 일대의 지리적 여건이 청해
진 본영의 위치로서 과연 적합한 것인지에 대해서도 의문이 있다.

법화사지의 경우는 청해진시대 장보고와의 관련이 기대되어 1990년 국립
문화재연구소에 의하여 2차에 걸쳐 발굴 조사된 바 있다. 장보고대사는 청
해진 설치 이후 산동반도의 문등현 적산촌에 법화원이라는 사원을 건립하
였거니와, 법화사는 장도 건너편에 위치한 같은 이름의 절이라는 점에서 많

---

26) 최성락·강봉룡 등, 앞의 보고서, pp.53-58.

은 관심을 끌었던 것이 사실이다. 주름무늬병과 같은 약간의 통일신라기 유물이 확인되기는 하였지만, 발굴 결과 법화사의 절은 12-13세기를 중심연대로 하는 고려 사찰이라는 결론을 갖게 되었다.[27] 위의 조사 지역은 지금까지의 지표조사의 수준을 종합하고 새로운 자료를 추가한 것이지만, 실제 청해진 시대와 연결될만한 구체적인 내용이 확인된 것은 없다. 물론 그렇다고 하여 청해진 시대에 이들 지역이 청해진과 전혀 무관한 지역이었던 것은 아닐 것이다. 이러한 점에서 현 단계에서는 이들 지역에 대한 조사의 심도를 강화하면서 특히 장좌리 소재 법화사지에 대하여는 추가 발굴조사가 반드시 필요한 유적임을 강조하고 싶다.

3. 완도에서의 청해진 본영의 문제

완도에 있어서 청해진 본영의 위치에 대해서는 일찍부터 관심의 중심이 되어온 것이 사실이다. 이에 대하여 최근영·민덕식은 일찍이 장도 대안의 장좌리 일대(대야리 일부 포함)를 본영의 유력한 후보지로 지목하였다. 이는 장도 유적을 기준으로 하여 추정한 것으로, 식수원으로서 장좌리의 우물, 둔전지로서의 죽청리의 한들 평야 등을 종합적으로 고려한 것이었다.[28] 이같은 연구는 이후 청해진에 대하여 장좌리와 장도에 대한 조사와 관심을 집중시켰고 그 결과 장도의 발굴을 통하여 청해진 관련의 가장 확실한 유적을 확인

---

27) 장도에 대하여 대대적인 정비사업을 시행한 것과는 달리 법화사지는 발굴 이후 지금까지 방치상태에 있다. 법화사지 조사 결과 해무리굽 청자편, 신라시대의 주름무늬병이 출토하여 창건 시기가 소급될 가능성을 배제할 수는 없다. 사역이 모두 발굴된 것도 아니었기 때문에 추가 조사의 결과에 따라서 청해진 시대 창건 여부를 확정할 수 있고 따라서 속단하기는 빠르다고 본다. 그러나 장보고와의 관련 문제와는 별개로 하더라도 법화사지는 매우 중요한 역사적 가치를 갖는 것이어서 추가 발굴과 사역 정비가 반드시 필요하다. 이에 대해서는 문화재연구소 『완도 법화사지』 1992, pp.124-133.

28) 최근영·민덕식 「청해진의 역사적 고찰과 그 성의 분석」 『장보고의 신연구』 완도문화원, 1985, pp.286-291

할 수 있었던 것이다.

한편 목포대 조사팀의 2003년도 조사는 청해진 연구에 있어서 몇 가지 문제를 새로 제기한 것이었다. 한 가지는 청해진 본영의 위치와 관련하여 죽청리, 특히 향교 일대를 주목한 것이고, 다른 한 가지는 청해진과 관련하여 완도항에 대한 주의를 환기한 점이다. 후자의 문제는 장도 혹은 인근 지역이 국제항으로서의 조건에는 부합하지 않는다고 보고, 완도항이 있는 읍내 일대, 특히 동망산과 서망산 사이의 만 일대가 청해진시대의 국제항이 아니었을까하는 견해를 제시한 점이다.[29] 죽청리 특히 향교 일대에 청해진의 본영을 상정하고, 그리고 청해진의 국제항을 완도항에 비정하는 이같은 견해는 종래 장도에 집중되어 있던 청해진에 대한 관심의 범위를 구체적으로 확대시켰다는 점에서 큰 의미가 있다.

청해진 본영에 대하여 장좌리의 남측, 완도읍과의 사이인 죽청리를 새로 지목한 데에는 죽청리 출신의 항일독립투사 응송대사 박영희(1892-1990)의 「답사기」와 박충희의 견해에서 뒷받침 받는 측면이 있다. 박영희는 당목의 우물, 장군바위, '옥터' 등의 예를 거론하여 죽청리를 주장하였는데[30] 역시 죽청리 출신 향토사학자 박충희는 같은 관점에서 이 죽청리설을 더욱 강조하여 제시하면서 특히 향교 뒷담의 큰 돌들이 본영의 건축에 사용된 것임을 증명하는 것이며, 그로부터 400m를 올라 '망터'라는 평지가 일종의 망대로서 기능을 수행하였다고 보았던 것이다.[31] 그러나 향교 부근의 석재들은 이 건축재로 사용한 것인지 확신할 수 없는 자료이다. 더욱이 이것이 청해진의 본영건축 관련 자료라는 것은 상당한 논리상의 비약을 포함하고 있다. 필자의

29) 최성락 등, 앞의 『장보고관련 유물·유적 지표조사보고서』, pp.79-80

30) 응송대사 박영희(1892-1990)는 죽청리에서 출생하여 탑골공원의 3.1운동을 비롯한 국내외 항일독립운동에 참여하였으며 해남 대흥사에서 수도생활을 하였다 한다. 박영희 「응송대사답사기」는 최성락 등, 앞의 보고서, pp.289-299에 게재됨.

31) 박충희 「장보고의 청해진 본영지는 과연 어디인가?」(최성락 등 『장보고관련 유물·유적 지표조사보고서』 2003 소재) pp.310-311

관견으로서는 죽청리 향교 일대는 지형이 좁고 외진 곳이며, 완도항 쪽을 청해진의 국제항으로 상정할 경우 지리적 연결성이 모호하여 청해진의 본영이 위치하기에는 적합한 위치가 아니라는 생각이다.

다음으로 청해진 항에 대한 문제에 대하여 검토하고자 한다. 청해진의 기능 가운데 중요한 것은 중국과 일본을 연결하는 국제항으로서의 역할이다. 이러한 점에서 생각할 때 그동안 청해진 항에 대한 논의가 이루어지지 않았다는 것은 퍽 의외의 일이기도 하다. 장도를 중심 거점으로 상정할 경우 부근의 대안, 장좌리, 죽청리 일대 해안이 항구로서 부적합하다는 것은 우선 이 일대가 간사지가 널리 발달한 지역이어서 선박의 정박이 용이하지 않다는 점 때문이다. 청해진의 국제항은 조석간만에 관계없이 상시 선박의 입출항이 가능하지 않으면 항구로서의 기능을 발휘할 수 없다. 이 점에서 청해진 항은 내해(內海), 혹은 외양(外洋)과의 연결성이 중요하고, 선박의 접안이 용이하면서 동시에 태풍과 같은 자연 재해로부터 다소간 완충이 될 수 있는 특별한 지리적 조건이 요구된다.

청해진 항의 문제와 관련하여 가장 중요한 시사를 주는 것은 조선시대 가리포진(加里浦鎭)의 설치이다. 가리포진은 왜구 문제로 인하여 중종 16년(1521) 설치하여[32] 처음에는 병선 8-10척이 배치되고 군관 30명을 포함한 상비군 5백 여 명이 주둔하였다. 왜구 방어가 주목적이었지만, 치안 행정과 병행한 대민 업무도 수행하였다. 이 때문에 진의 관아에는 6방 관속과 아전도 있었다. 설진과 함께 축성한 가리포진성은 처음 3리 규모였으나, 1647년(첨사 황응길)과 1793년(첨사 진덕리)에 전선구(戰船溝)를 만들어 군선을 제작하였고 성을 증축하였다. 이에 의하여 진성은 둘레 5리, 높이 8척에, 치첩 950여 개소, 곡성 6개를 조성하였다.[33] 가리포진 관아의 건물로서는 선소,

---

32) 가리포의 설진 시기에 대해서는 1521년(『신증동국여지승람』 『동국여지지』)과 1522년(『대동지지』 『가리포진첨사선생안』) 등으로 자료에 따라 1년의 차가 있다. 그러나 실제 설진 시기는 1521년, 초대 첨절제사 이반의 부임이 1522년이다. 이에 대해서는 최성락·고용규 「완도군의 관방유적·기타유적」『완도군의 문화유적』 목포대박물관, 1995, pp.154-155 참조.

군기고, 세미 및 환미고, 관청고, 군관청, 장군청, 진무청, 사포청, 사령청 등의 건물이 있었다고 한다.[34]

가리포는 바로 오늘날 완도항 일대를 가리키는 조선시대 이름이었고, 이곳에 진이 설치되고 성이 축성됨으로써 가리포진성이 된 것이다. '가리'는 '갈'이고 이것은 완도의 '완(莞)'(왕골, 골)과 통하는 것 같다.[35] 이렇게 보면 항구의 기능을 전제로 한 완도의 중심은 역시 완도항이 있는 군내리 일대임을 짐작할 수 있게 된다.[36]

가리포진이 설치된 완도항 일대는 해발 160m를 전후한 산봉우리들로 동서남의 3면이 둘러싸여 있다. 동망산, 서망산, 남망산 등이 그것인데, 다른 한편으로는 신지도가 북면을 가리고 있다. 이같은 지형조건으로 완도항은 외양(外洋)과의 연결성을 가지면서도 밖으로부터는 은폐된 공간으로 되어 있다. 성안에서 밖의 동태가 바로 인지되지 못하는 결함은 있지만 이것은 산정에서의 조망에 의하여 어느 정도 극복이 가능하도록 되어 있다. "진의 동·서, 남 세봉우리에 망왜대를 쌓았는데 여기에 오르게 되면 원근의 모든 섬들을 자세히 살필 수 있다"는 것이 그것이다. 이 때문에 충무공 이순신도 가리포진을 '호남 제일의 요충'으로 평가하였다는 것이다.[37] 가리포진성의 축성은 중종 16년(1521) 설진과 동시에 착수되어 이듬해 7월 이전에 완성되었다.[38]

---

33) 김정호·이명헌 『전남의 옛 진·영』 향토문화진흥원, 1995, pp.81-82

34)「加里浦鎭誌及事例開錄成冊」(이하 「가리포진지」로 칭함)에 의함. 이 자료는 '개국 502년' 즉 1896년의 것으로서, 김정호·이명헌, 앞의 『전남의 옛 진·영』에 원문과 번역문이 다른 진의 자료와 함께 수록되어 있다.

35) 가리포는 '가래골' 또는 '가리개'라 하여, 한자로는 湫島라고 했다 한다. 김정호 외 『완도 장좌리』 향토문화진흥원, p.39

36) 완도항은 1981년 1종항으로 승격된 국제항으로, 1992년 1년 간 완도항에 입항한 선박은 외항선과 연안선을 합하여 1,183척, 470,210톤에 이른다. 해운항만청 완도항에 등록된 선박은 총 129척, 317만 7천 톤의 집계된 바 있다. 이상석 「완도군의 지리적 환경」 「완도군의 문화유적」 p.48

37) 「가리포진지」

38) 최성락·고용규 「완도군의 관방유적·기타유적」 『완도군의 문화유적』 목포대박물관, 1995, pp.156-157

가리포진이 있었던 완도항 원경

　가리포진이 설치된 완도읍 일대는 내해와 외양의 연결점에 위치한다. 이같은 특징이 한반도의 서남해안을 배경으로 중국 및 일본을 연결하는 청해진의 성격상 그 위치가 적합한 공간일 수 있다. 가리포 앞바다로의 중국인의 표류[39], 혹은 왜구의 2대 침입로의 하나로 일본의 고토열도(五島列島)에서 동남풍을 타고 삼도-선산도-고금도와 가리포에 이른다는 이항복의 논의,[40] "일본에 인접하여 한번 돛을 펼치면 (일본에) 도달한다"는 「가리포진지」의 설명이 그 예이다.

　중종 17년(1522) 임오년에 달량첨사진이 설진되므로 인해 진을 옮기어 진명을 가리포라 칭하고, 이름을 '청해'라 했다. 본진의 절목에 이르기를 "강진과 해남 사이에는 완도가 있는데, 즉 옛날 청해영(淸海營)이라 불렀으며 우수사의 행영(行營)이기도 하다"고 하였다. 연해 방비처로 가장 중요한 곳으로서 "일본에 인접하여 한번 돛을 펼치면 (일본에) 도달한다는 이유로 가리포에 설진 하였던 것이다.(「가리포진지」)

---

39) 『명종실록』 17년 5월 을해
40) 『선조실록』 33년 1월 계유

이들 기록에서의 가리포는 일면 완도를 가리키는 것이기도 하지만, 보다 구체적으로는 완도의 가리포진 근처를 의미하는 것이라 할 수 있다.

이상의 조건에서 볼 때 완도의 어느 곳보다 가리포항이야말로 신라시대 청해진의 중심 항구였을 가능성이 많다. 그렇다면 장보고 청해진의 본영 또한 이 청해진 항과 밀접하게 연계되었을 것으로 보는 것이 좋지 않을까 하는 의견을 갖게 된다. 앞서 인용한 「가리포진지」에서도 가리포진의 터와 객사 등의 위치를 설명한 다음에 이어 "신라 때 청해대사의 영이었다(新羅時 以淸海大使營)"는 설명을 계속하고 있다. 적어도 이 문서의 작성자는 가리포진의 관아 지역이 청해진의 영이 소재한 곳이라는 생각을 가지고 있었다고 생각된다.

여기에서 우리는 청해진 본영의 위치에 대해서는 완도항이 소재한 완도읍 군내리, 가리포성 설치 지역을 중요한 후보지로서 검토하지 않으면 안된다. 16세기 가리포진의 설치는 왜구에 대비하는 것이 주목적이었으며, 그것은 가리포 지역이 왜구가 출입할 수 있는 요로에 위치한다는 것이었다. 이점에서 현지의 진영 설치 여건은 9세기 청해진 설치시의 검토 사항과 많은 점이 공통적이었을 것이다. 일반적인 논점에서 이야기 한다면 조선시대 완도의 진성이 가리포항에 설치된 것은 9세기에 있어서 청해진 설치의 공간이 가리포항이었을 가능성을 시사한다.[41] 청해진시대의 거점성의 존재가 여전히 확인되지 않은 현 단계의 시점에서, 완도항이 위치한 가리포진 일대는 청해진의 중심지로서 가능성이 매우 높다는 것이다.

청해진 본영의 공간으로서 가리포진을 연결하는 이같은 관점에서 생각할 때 청해진의 본영 공간이 왜 성곽의 구축을 수반하지 않았는가 하는 점에 대해서도 다소간 이해가 가능해진다. 이 지역은 3면이 산으로 둘러싸인 자연 지형의 조건이어서 성곽의 축조가 큰 의미를 갖지 못하기 때문이다. 가리포진의 진성이 수축되었을 때도 이같은 지리적 특성 때문에 축성에 많은 고민

---

41) 장도 유적, 혹은 죽청리, 장좌리 등이 주목되기 이전에는 청해진의 근거지는 당연히 완도항의 가리포진으로 생각되었다. 최석남 『한국 수군활동사』(명양사, 1964)에서의 비정이 그 예이다.

이 있었고, 막상 축성한 이후에도 성곽으로서의 기능에 미흡한 점이 야기된 것도 이 공간이 갖는 특성이기도 하다. 가리포진에 비할 때 청해진성은 군사적 성격이 상대적으로 약하고 대신 교역항으로서의 성격이 더 강하다. 이러한 점에서 군사적 전투를 전제로 하는 별도의 축성을 생략한 것이 청해진의 본영의 특성이라는 생각이다.

그동안 완도항 일대의 도심이 청해진의 본영 설치 대상으로 본격 거론되지 않은 것은 장좌리의 장도 유적의 존재 때문이라 할 수 있다. 장도 유적이 주목됨으로써 청해진 본영은 장도, 혹은 장좌리와 인근 죽청리 등을 그 대상으로 검토하게 되었던 것이다. 현재까지의 검토 결과로서는 청해진 시대 이들 지역이 일정한 기능을 담당하였으리라는 것을 부인하기는 쉽지 않다.[42] 그럼에도 불구하고 청해진의 본영이 설치되기에 이들 지역이 적합하지 않은 점이 있는 것이 사실이다. 그동안의 조사 결과 청해진 본영에 대한 확증을 얻지 못한 것은 본영이 다른 지역에 설치되었기 때문일 것이다. 그럴 경우 가장 가능성 높은 대상 지역은 역시 가리포진이 설치된 완도항 일대, 현재 완도읍의 중심지가 된다. 이점에서 필자는 청해진 본영에 대한 문제를 다시 검토할 필요가 있다는 생각이다.[43] 가용 부지의 협소성 및 우물이 없다는 문제점을 지적하여 이에 부정적인 의견이 있는 것은 사실이지만[44] 본영에 모든 시설과 군대가 집중되어 있었던 것이 아니며 음용수의 경우 역시 제한된 양이 었을 것이라는 점에서 큰 문제가 있는 것은 아니라는 생각을 갖는다. 이것이

---

42) 앞서 언급한 바와 같이 장도 출토의 중국청자가 청해진시대 무역과는 무관한 9세기 후반의 것이라는 견해가 제출되어 있기는 하지만(이희관 「완도군 장도유적 출토 越窯靑磁의 제작시기 문제」 『해양문화재』 5, 국립해양문화재연구소, 2012), 이러한 편년관은 아직은 소수 견해라 할 수 있다.

43) 작고한 김영현은 「청해비사」에서 완도읍 군내리의 옛가리포진(도서관 부근)이 청해진의 본영터라는 기록을 남겼다 한다. 박충희 「장보고의 청해진 본영지는 과연 어디인가?」(최성락 등 『장보고관련 유물·유적 지표조사보고서』 2003 소재) p.312. 장도의 청해진 관련 유적 및 법화사지를 발굴하였던 김성범 관장의 경우도 청해진의 본영이 가리포진과 같은 공간일 것으로 생각하고 있다.

44) 박충희 「장보고의 청해진 본영지는 과연 어디인가?」(최성락 등 『장보고관련 유물·유적 지표조사보고서』 2003 소재) p.312.

큰 문제가 되지 않는다는 것은 첨절제사영으로서의 가리포진이 1521년부터 1895년까지 거의 4백 년간 이 공간에서 운영되었다는 점이다. 다만 본고에서의 문제는 가리포진이 청해진 본영의 입지와 중복될 것이라는 이같은 의견을 입증할 보다 적극적인 자료를 확보하는 문제이다.

현재 군내리 일대는 건물이 밀집하여 유적을 확인하는 것은 어렵다. 가리포진영이 있었다는 장소에는 군청이 들어서 있다. 그러나 그 외곽지역을 좀더 정밀히 검토하면 이 문제에 대한 단서를 얻을 수 있을 것으로 생각한다. 실제 가리포진 성 부근에서는 조선조의 유물 이외에 고려시대의 청자편과 같은 가리포진 훨씬 이전으로 올라가는 자료가 확인되고 있다. 이것은 가리포진 지역이 어떤 형태로든지 그 이전에 사용되고 있음을 말해주고 있는 것이다.[45]

청해진의 본영과 관련하여, 그 관할 범위에 대한 문제에 대하여 언급하고자 한다. 장보고의 군사력 1만은 해로의 안정을 도모하기 위한 것이었고 따라서 완도를 거점으로 한 청해진의 활동범위는 한반도의 남서해안에 널리 미쳤다고 할 수 있다. 이점에서 청해진의 군사는 완도뿐만 아니라 강진, 해남, 장흥 등 인근지역에 넓게 배치되어 전성기에는 무주(武州) 일대가 그 세력권에 들어 있었을 것으로 보는 것은 자연스러운 견해일 것이다.[46]

그런데 고경석은 청해진의 설치와 함께 바로 이듬해 829년(흥덕왕 4)에 경기도 화성시 남양만에 당성진이 설치된 사실에 주목하고 이들 군진의 설치가 상호 연계된 것이었다고 보았다. 즉 중국과 일본을 연결하는 신라 서, 남해안의 안정성 확보를 위하여는 전남 서남해안의 확보만으로는 부족하며 전체 해로의 안정성이 필요했다는 것이다. 그리하여 신라는 서해안 해로의 안

---

45) 최성락 교수 등 목포대 조사팀은 그동안 청해진에 대한 고고학적 조사 연구에 있어서 완도항이 있는 완도읍 일대가 배제되어 있었던 문제점을 지적한 바 있다. 이 때문에 완도읍 일대에서의 청해진 시대 고고학적 자료가 나오지 않은 것은 "있는데도 찾아내지 못했을 가능성"이 있다는 것이다. 최성락 등 『장보고 관련 유물 유적 지표조사보고서』 2003, p.78.

46) 정태헌, 앞의 「청해진과 타군진과의 비교적 고찰」 p.195; 강봉룡 『장보고』 한얼미디어, 2004, pp.91-93

전을 청해진과 당성진에 분담하였으며, 그리하여 당성진은 황해도 옹진반도에서 산동반도로 연결되는 서해중부 횡단항로를 보호하고, 청해진은 무주 관내의 서해와 남해상을 관할하였으리라는 것이다. 그리고 그 중간에 위치한 전주와 웅주(전북, 충남)의 연안도 이들 기존 군진에 의하여 관할되어 웅주는 당성진에, 전주는 청해진에서 관할하여 전체적 해상항로의 안정을 확보하였을 것이라는 의견을 내놓았다.[47] 이것은 청해진의 관할 범위를 종전의 생각보다 더욱 확대한 것으로서 당성진과 연결하여 한반도 서, 남해안 전체를 구도에 넣고 생각하도록 한 것이라는 점에서 흥미 있는 견해이다.

한반도에서 연안 해상세력의 가장 중요한 거점은 역시 무주(전남)의 서남 해안이다. 여기에 진도, 완도를 포함한 대소 규모의 도서가 밀집되어 있으며 동시에 이 구역은 남해안과 서해안의 연결해로, 중국 혹은 일본과 같은 대외 교통의 결절점이 되고 있어서 이에 대한 장악 없이는 한반도 해상권의 확보는 불가능한 일이다. 나말 여초 이 지역의 해상 세력 발호, 혹은 13세기 삼별초가 이 지역을 거점으로 고려 및 몽골에 저항한 것을 보더라도 청해진이 위치한 서남해안의 전략적 중요성을 인지할 수 있는 일이다. 이러한 점에서 장보고시대 청해진의 영향력이 서, 남해안 일대에 광범하게 미쳤을 것이며 서해안에서의 그것은 당성진의 영향권과 맞닿아 있음으로 전체적인 해로의 안정을 확보 했을 것이라고 보는 의견에 대해서는 주의를 기울일 필요가 있다고 생각된다. 다만 관할범위를 제도화하여 당성진과 그 구역을 구분하였을지는 의문이다.

4. 청해진의 폐진과 벽골군 사민

장보고의 청해진은 841년(846) 장보고가 암살 당한지 수 년이 지난 문성

---

47) 고경석 「신라 하대의 사회상황과 청해진 설치」 『청해진 장보고세력연구』 2005, pp.69-70

왕 13년(851)에 공식적으로 혁파되었다. 동시에 경주의 신라정부는 청해진의 거주민을 벽골제로 집단 이주시키는 조치를 취하였다. 이같은 청해진의 혁파 와 사민 조치는 장보고 세력의 원천적 제거를 위한 조치로 이해될 수 있다. 그러나 한편으로, 이같은 청해진의 폐진이 장보고의 암살 이후 바로 취해지 지 않고 10년이 지난 뒤에 이루어졌는가에 대한 의문이 제기되기도 하였다. 가령 최광식은 청해진의 뒤늦은 폐지를, 장보고를 암살하고 청해진의 새로 운 관리자로 등장한 염장에 대한 견제 조치로 이해하였다. 즉 청해진의 군사 기반을 이용한 염장의 새로운 군사세력화에 대한 우려에서 청해진의 폐지와 사민이 단행되었다는 것이다.[48] 또 강봉룡은 염장에 의한 청해진의 관리 체 제가 더 이상 필요하지 않았기 때문에 청해진을 혁파하고 염장을 중앙으로 소환하게 되었을 것이라는 의견을 제시하였다. 염장에 의한 10년 간의 관리 를 통하여 서남해 지방 해양세력에 대한 안정적 통제가 가능해졌기 때문에 이를 혁파한 것이라는 의견이다. 말하자면 청해진의 폐지는 이의 효용성 상 실의 결과라는 의미인 것이다. 나아가 강교수는 청해진 사람들의 벽골군 사 민을 "벽골제의 수축과 간척사업에의 사역이라는 경제적 목적"에 의하여 이 루어진 것으로 파악하였다.[49]

청해진의 폐지와 벽골군 사민을 벽골제의 수축과 간척사업에의 사역을 위 한 필요로 파악한 것에 대하여는 필자 역시 전적으로 동의한다. 벽골제에 대 한 지금까지의 연구에서는 이를 청해진과 연결시키는 논의가 많지 않았다. 이점에서 청해진민의 벽골군 사민을 벽골제 및 김제지역의 간척사업과 구체 적으로 연결 지은 것은 퍽 중요한 지적이었다. 그러나 851년 청해진의 폐진 에 대해서는, 이것이 장보고세력에 대한 보다 근본적인 제거라는 측면을 주 목해야 한다는 생각이다. 청해진의 폐지가 염장의 세력화에 대한 견제, 혹은 청해진의 무용성에 기인한다는 위의 견해들은 모두 장보고 사후 염장의 역

---

48) 최광식 외, 『천년을 여는 미래인 해상왕 장보고』 청아출판사, 2003, p.264
49) 강봉룡 「벽골제의 축조 및 수축과 그 해양사적 의의」 『도서문화』 22, 2003, pp.417-420

할론을 긍정하는 입장이라는 점에서 공통적인 측면이 있다. 그러나 이것은 청해진과 장보고의 관계를 생각할 때 성립하기 어렵다고 보기 때문이다.

청해진은 근본적으로 장보고에 의하여 설치되고, 장보고에 의하여 양성되며, 그 기능을 확대시킨 군진 조직이다. 이러한 점에서 청해진은 장보고의 절대적 카리스마에 의하여 성장, 발전한 조직이었으며, 어떤 점에서는 장보고를 중심으로 한 군사력이 그 핵심이 되어 있는 것이다. 이같은 청해진 세력이 다른 사람이 아닌 장보고를 암살한 바로 그 인물에 의하여 효과적으로 통제되고, 또 정상적인 작동을 계속 유지할 수 있었을 것으로는 믿어지지 않는다. 따라서 청해진을 중심으로 한 국제적 교역체계는 장보고 사후 급격히 와해되었으며, 사실상 그 기능의 지속적 수행이 벽에 부딪치게 되었을 것이다. 청해진의 국제 교역상의 기능이 마비될 때 완도 청해진의 군민과 조직은 고스란히 경주의 신라 왕부에게 정치적 부담만을 안겨주는 존재가 될 수밖에 없다. 이러한 점에서 생각하면 결과적으로 염장의 역할은 장보고의 제거 이후의 혼란을 억제하면서 실질적으로는 청해진의 조직을 사실상 해체 시키는 것이었다고 생각된다.

청해진 세력의 해체를 위해서는 청해진의 폐지와 청해진 군민(軍民)의 분산이 필수적이었다. 장보고의 제거에도 불구하고 그 세력을 온존시키는 것은 정치적인 위험과 불안을 고스란히 온존시키는 것이었다. 이러한 점에서 851년의 청해진의 폐지는 장보고의 사후 다소 점진적으로 진행된 청해진 해체의 한 과정이었다고 볼 수 있다. 청해진의 해체에 따라 청해진민의 활동과 생존 방식을 어떻게 전환시킬 것인가 하는 문제가 새로운 과제가 되지 않을 수 없었다. 이러한 점에서 청해진의 근본적 해체 작업의 일환으로서 이들 군민을 벽골군으로 이주시킨 것은 여러 가지 문제를 일거에 해결하는 극히 정치적인 조치였다는 생각이다. 청해진민의 벽골군 사민은 장보고 세력이라는 잠재적 불안 요인의 근본적 제거, 청해진의 기능 상실에 의한 군민의 생존 유지 문제 해결, 집단적 노동력을 제방의 수축과 간척지 조성에 투입하여 경제적 동력으로 활용하였다는 점에서 그렇다.

사서의 기록에 의하면 김제의 벽골제(벽골지)는 330년 처음으로 수축되었다. 벽골제의 시축으로부터 이후의 증축 혹은 개축에 대한 사실을 기록에 의하여 정리하면 다음과 같다.

신라 흘해왕 21(백제 비류왕 27,330) '벽골지' 시축, 길이 1,800보(『삼국사기』)[50]

신라 원성왕 6년(790) 전주 등 7주의 사람을 징발하여 벽골제 증축(『삼국사기』)

고려 현종조(1010-1031) 옛 모습으로 보수('修完舊制')

인종 21년(1143) 보수 증축('增修復') (이상 『신증동국여지승람』 소재 벽골제중 수비문)

조선 태종 15년(1415) 보수('更築') (『세종실록지리지』)

김제 시내의 서남쪽 부량면 포교리 일대에는 약 3km에 걸치는 벽골제의 유적이 남아 있다. 『신증동국여지승람』 소재 중수비문에 의하면 당시 벽골제의 높이는 17척, 너비는 상변 30척, 하저 70척, 전장 60,843척으로 되어 있다. 4세기 전반이라는 벽골제의 시축 시기에 대해서는 그것이 너무 빠르다는 점에서 여러 가지 의심이 더해졌지만,[51] 1975년의 발굴 조사에서 제방의 저면에서 채취한 식물 탄화층에 대한 연대 분석 결과 기록상의 4세기 시축설을 뒷받침하였다.[52]

---

50) 『삼국유사』 왕력에서는 벽골제의 시축이 '흘해이사금 기축'이라 하여, 『삼국사기』보다 1년이 빠른 329년으로 되어 있다.

51) 가령 홍사준 선생은 14세기 이제현의 역옹패설에 벽골제가 신라 진흥왕대의 축조였다고 한 것에 근거, 연대를 삼국사기의 기록에서 6갑4회(240년)를 내려 백제 위덕왕 17년(570)으로 추정하기도 하였다. 홍사준 「삼국시대의 관개용 池에 대하여」 『고고미술』 136·137합, 1978, p.7 참조.

52) 원자력연구소의 방사성탄소연대측정 결과 1600±100, 1576±, 1620±100B.P., 즉 4세기 중엽이라는 연대를 확인한 바 있다. 윤무병 「김제 벽골제 발굴보고」 『백제연구』 7, 1976, pp.76-77 참고. 그러나 이같은 자료에도 불구하고 벽골제의 4세기 중엽 시축설에 대한 의문이 완전히 사그라진 것은 아니다. 가령 전덕재는 330년 신라 흘해왕대 축조의 벽골제

위의 연혁 가운데 원성왕 6년(790)의 기록은 두 가지 점에서 주목된다. 하나는 790년의 공사가 전주를 비롯한 7개 주로부터의 징발한 인력에 의하여 방대한 노동력을 충당하였다는 점이며, 둘째는 이 공사가 벽골제의 증축 공사였다는 점이다. 7개 주로부터의 노동력 징발은 전국을 9주로 편제하였던 신라의 지방제도에 비추어볼 때 거의 전국으로부터의 징발을 통하여 이를 충당하였음을 의미한다. 한편 790년의 공사가 벽골제의 증축이었다는 것은 4세기 벽골제 시축시의 규모가 후대에 보다 증축되어 규모가 확대되었음을 의미하는 것이라 할 수 있다. 고려 인종 21년(1143)에도 벽골제는 '중수' 되었다 하거니와, 이로써 벽골제는 단순한 보수 이외에 후대의 증축이 수반되었음을 알 수 있다. 한편 벽골제 중수비문에 의하면 1415년 벽골제의 복구시 그 공사에는 1만 이상의 장정이 동원되었으며[53], 벽골제의 수축은 연인원 32만 여의 인력이 소요되었으리라는 계산도 있다.[54] 이같은 수치를 주의하지 않더라도 벽골제의 시축 혹은 개축에 방대한 규모의 인력이 투입되었을 것은 충분히 상정이 가능하다. 특히 벽골제는 그 기능의 유지를 위한 지속적인 보수와 개축을 필요로 하였다. 가령 조선 태종 15년(1415) 9월에 보수공사가 끝났는데 5년 후인 세종 2년(1420) 9월 대풍우로 크게 훼손되고 논 2,098결이 손해를 보았다. 기록의 소략에도 불구하고 실제 벽골제는 많은 중 개축의 과정이 지속적으로 수반되었음을 알 수 있는 것이다.

는 김제의 벽골제와는 다른 곳일 가능성이 있다고 보고, 역사적 조건상 김제의 벽골제는 백제가 마한지역을 그 영역으로 편제 하였던 6세기 전후에 축조하였을 것으로 추정하고 있다. 국가적 차원의 역역체계가 갖추어지지 않은 상태에서 수 만에 이르는 대규모 노동력 동원은 불가능하다는 전제에 의한 것이다. 이러한 점에서 호남지역의 편제를 6세 기 중반으로 보는 견해와 무령왕 10년(510)의 "제방을 완고하게 하고 서울과 지방에서 유식하는 백성을 귀농시키라"고 한 기록을 벽골제와 관련하여 주목하고 있다. 이에 대해서는 전덕재 「백제 농업기술 연구」 『한국고대사연구』 15, 1999, p.110, pp.118-119 참조.

53) 『신증동국여지승람』에 실린 벽골제 중수비문에 의하면 이때 각 군으로부터의 民丁 1만, 幹事者 3백인이 동원되었으며, 옥구진 병마사 金訓, 지김제군사 金倣이 감독을 담당하였다고 한다.

54) 윤무병은 제방 높이 17척을 4.3m로 환산, 상변 폭 7.5m, 하변 폭 17.5m로 보고, 전체 토량 161,253㎥, 연인원 322,500명이 동원된 대공사로 추산하였다. 윤무병, 앞의 「김제 벽골제 발굴보고」 p.77.

벽골제의 성격에 대해서는 이것이 제천 의림지, 상주 공검지와 같은 관개용 저수지가 아닌 방조제로 축조된 것이라는 다른 견해가 제시되어 논란이 되고 있다. 원래 벽골제는 해안선 가까이에 축조되어 해수 침입을 방지하는 제방이었으며 하구에 제방을 축조하여 개발을 진전시키는 '축제개전(築堤開田)'의 대표적인 예라는 것이다. 벽골제 시축 당시의 표고가 만조위에 비하여 낮았으며, 태종대 공사의 중수 관련 기록에서 북단 대극포 부근 공사에서 '조파(潮波)'가 일어나 어려움을 겪었다는 기록 등이 그 근거이다. 석조 수문은 저수지의 물이 배출되는 취수문이 아니라 만조와 간조에 따라 해수를 막고 내부의 물을 배수하는 일종의 '배수갑문'의 성격이었다는 것이다.[55] 역사적으로 벽골제는 저수 및 관개기능이 그 주 기능이었다. 그러나 벽골제가 처음 조성될 때, 혹은 한동안 조수의 유입을 예방하는 방조제의 성격을 함께 가졌으리라는 것을 부인하기는 어렵지 않은가하는 것이 필자의 생각이다.[56] 토목 전문가들의 의견은 초기의 벽골제는 원평천 연안의 해안 습지에 낮은 방조제를 설치한 것이거나 저류지 형태로 설치하여 이용하였을 가능성을 제

---

55) 小山田宏一 「백제의 토목기술」 『고대 동아시아와 백제』(학술회의 자료집) 충남대학교 백제연구소, 2002, pp.207-223 참조. 이같은 견해에 대하여 성정용은 조선 혹은 고려시대 관련 기록에 벽골제가 실제 대규모 관개 제언으로서 기능하고 있었다는 점, 벽골제와 해안선의 거리가 너무 멀다는 점 등의 이유를 들어 이에 대하여 회의적 견해를 표명하였다. 그러나 벽골제가 홍수의 수위 조절, 만조 혹은 사리 때 바닷물 흐름의 역류 방지, 하천 주변 저습지의 개간 촉진 등 다목적 용도를 가진 것이었다고 보았다.(성정용 「김제 벽골제의 성격과 축조시기 재론」 『한·중·일의 고대 수리시설 비교 연구』(계명대 사학과 쉰돌기념 학술대회 자료집), 계명대 한국학연구원, 2006, pp.39-40)

56) 벽골제의 성격에 대해서는 본고의 성격상 본격적 논의가 불필요한 것이지만, 동진강 하구 김제지역의 평야는 지속적인 방조제의 축조에 의하여 확대되었던 것으로 생각한다. 이같은 관점에서 벽골제의 경우도 방조제의 기능이 보다 우선적이었을 것이다. 13세기 강화도의 개발 때에도 해안선의 築堤를 통하여 수전 경작을 확대해 간 사례를 볼 수 있다. 현재 해안선은 벽골제와는 거리가 멀지만 이 지역의 해발고도가 극히 저평한 지형적 특성을 갖고 있는 점, 벽골제의 시축이 4세기 대로서 오늘날과는 1천 6, 7백 년 전의 매우 오랜 시간적 격차가 있다는 점에서 오랜 기간의 충적에 의한 해안선의 커다란 변화가 충분히 가능하였으리라 생각한다. 벽골제의 축제는 저수 기능이 수반되었고, 이에 의하여 그 아래쪽에 광범한 몽리 면적이 형성되었기 때문에 결과적으로는 역사적으로 관개 기능이 실질적 기능이었던 것은 사실이지만 그것이 처음 조수의 유입을 차단하는 기능을 가졌다는 것은 사실이지 않았을까 하는 것이다. 이에 대해서는 앞으로 보다 과학적인 방법에 의한 확인이 필요하다고 본다.

시하고 있다. 그리하여 만들어진 몇 개의 저류지를 후대에 확장시키는 공사였을 것으로 추정하였다. 벽골제로 유입되는 원평천의 현재(1999년) 바닥 표고가 평균 해수면보다 낮다는 사실, 1930년 경 벽골제 하류에 해창 배수 갑문이 설치되기 전까지 소금배가 김제역 상류의 소검동을 거쳐 봉남면 신웅리까지 출입하였다는 전언을 예로 들고 있다.[57]

벽골제의 보수 혹은 간척지의 확보 등의 작업에는 방대한 인력의 동원이 관건이었다. 그리고 이 작업에는 인명사고의 위험까지 수반한 것이었다.[58] 851년 청해진 사람들의 벽골군 사민에 의한 벽골제의 개축은 앞의 원성왕 6년(790)의 증축으로부터 60여 년 뒤의 일이기 때문에 시간적으로 보수와 개축이 필요한 충분한 시점이 되는 셈이다. 금번 공사에서의 인력 징발의 상당 부분을 청해진의 폐진에 의하여 확보함으로써 전국적인 징발의 수고를 크게 덜 수 있었던 것이다. 더욱이 벽골제 공사 완료 이후에도 청해진민은 인근에서의 지속적인 간척사업에 충당되어 정주하게 되었으며 이에 의하여 신라 정부는 청해진의 세력화 우려, 거주민의 생계 문제를 한꺼번에 해결할 수 있게 된 셈이었다.[59]

김제 일대는 한반도에서 가장 광활한 평야지대이다. 이것은 오랜 역사를 통한 지속적인 간척과 개간의 과정에 의하여 형성된 것인데, 김제 일대에서의 이같은 과정을 이해하는 한가지 자료가 이 지역에 광범하게 조성된 제언이다. 현재의 김제시가 아닌, 조선시대 김제군의 영역에 제언으로 읍지에 기

57) 박상현 외 4인 「벽골제의 방조제 가능성에 관한 연구」『한국관개배수』 10-1, 2003, pp.66-72. 1999년 농업기반공사의 조사에 의하면 원평천의 바닥은 평균 해수면보다 0.3m가 낮은데, 만조 때의 해수면은 평균보다 3.5m가 상승한다고 한다. 또 이 지역 농경지는 표고가 3.8-4.8m로서, 만조시 파도가 진입하면 바닷물의 피해를 입게 된다는 것이다. (p.67)

58) 신라 원성왕대의 벽골제 공사와 관련 김제군수 태수의 딸 단야낭자의 희생설화, 혹은 조선 태종 15년 공사에 대한 중수비의 기록에서 당시 공사가 난공사였음을 전하고 있는데서 이를 짐작할 수 있다.

59) 태종 15년 벽골제 보수 공사와 관련한 제주 방죽 설화는 청해진 사민을 유추하는데 참고가 된다. 제방이 있는 명량산 아래 제주방죽이라는 방죽이 있다. 벽골제 공사를 위하여 제주로부터까지 사람을 동원하였는데 제주 사람들은 오는 도중 태풍을 만나 기일에 늦어 공사가 끝난 다음 도착하였기 때문에 근처에 별도의 작은 규모의 다른 방죽을 만들었다는 것이다. 이들 제주 사람들은 벽골제 사업에 투입된 이후 인근에 정착하여 살게 되었을 것이다

록된 곳만 무려 61개소에 이르고 있다.[60] 이를 방위별로 보면, 군동에 14개, 군서에 9개, 군남에 6개소이고, 나머지 32개소는 군북에 소재한다. 특히 군남에 제언이 희소한 것은 역시 벽골제의 존재 때문이라 할 수 있다. 같은 기록에 의하면 벽골제는 '군남 15리'에 위치하고, 아울러 둑의 길이 1,800보, 둑 안의 둘레 47만 6천 4백 6보, 수거(水渠) 5개처, 물을 대는 논이 9,840결 95부라 하였다.[61] 다만 벽골제의 기사는 『신증동국여지승람』에서와 마찬가지로 '고적'조에 기재함으로써 조선조에 이르러 벽골제의 관개 기능이 크게 위축되고 둑의 안쪽 상당 부분이 전답으로 개간되고 있었던 것을 짐작하게 한다. 새만금사업에서 보는 것처럼 이같은 사업은 지금도 현재 진행형으로 되어 있다고 할 수 있다.[62]

김제의 제언은 이 지역의 평야가 지속적으로 논으로 개간되었으리라는 것을 짐작케 한다. 이같은 간척과 개간의 초기 과정에서 완도의 청해진민은 사민 조치되어 이 사업에 투입되었던 것이다. 이에 의하여 경주의 신라 왕부는 지방에서의 독자적 반정부 세력의 조성을 원천적으로 봉쇄하는 한편 노동력 부족의 필요를 부분적으로나마 해소하는 정책을 채택하였던 것이며 그것이 851년 청해진의 폐진과 벽골군에의 사민이었던 것이다.

맺는말 |　본고는 9세기 완도에서의 청해진의 설치와 폐진에 대한 문제를 검토하였다. 청해진과 장보고 대사에 대해서는 그동안 많은 연구와 조사보고가 간행된 바 있으나, 그럼에도 불구하고 청해진이 소재하였던 완도에서의 자료에 대한 검토 및 청해진 본영 등에 대한 문제는

---

60) 『여지도서』(전라도 김제군), 『동진농지개량조합50년사』 1975에 의하면 김제시의 제언 수는 190개, 洑가 21개소라 하였다.(『김제군사』 1994, pp.120-123에서 재인용)

61) 『신증동국여지승람』 33, 김제군 고적조의 벽골제 중수비문에 의하면 벽골제의 길이는 60,843척, 둑 안의 둘레 77,406보라 하였다.

62) 1924-1929년 사이 6년 간의 경우만 김제군에는 화포, 진봉, 광활, 대창, 서포 등 5개의 방조제가 구축되었는데, 방조제의 총 길이 31.5km, 이에 의한 간척 면적은 4,289정보에 이르렀다 한다. 『동진농지개량조합 50년사』 1975(『김제군사』 1994, p.110에서 재인용)

여전히 많은 의문점을 해결하지 못하고 있다. 이와 관련하여 이미 발굴 조사된 장도 유적에 대한 분석적 연구, 주변지역에 대한 지표조사 자료의 검토 및 이에 근거한 고고학적 조사의 확대가 앞으로 더욱 필요한 실정이다. 본 연구는 그동안 진행된 청해진의 완도 현장에 대한 지표 및 발굴 조사를 포함한 지금까지의 논의를 전체적으로 검토하는 한편, 향후의 연구의 진행을 위한 나름대로의 의견을 제시하였다.

본고에서 검토한 바를 요약하면 다음과 같다.

첫째, 고대 청해진 이전 완도에 군현이 설치되었다는 기록은 없지만, 군현 설치의 가능성을 적극적으로 검토하였다. 완도에 비하여 유사 혹은 작은 규모의 서남해안 섬들에 다수의 군현이 설치된 것을 비교하고, 아울러 백제에 있어서 대일 교통에 있어서 완도의 유용성을 고려할 때 소규모나마 현치의 설치를 상정할 수 있다고 보았다.

둘째, 완도의 청해진 관련 유적에서 가장 분명한 것은 역시 장도 유적이지만, 장도유적은 청해진 본영의 설치 지역이라고 보기 어렵다는 점을 지적하였다. 지금까지 중점 논의되어온 장좌리, 혹은 근년 강조되고 있는 죽청리의 경우 모두 청해진 본영의 설치 지역으로서는 근거와 조건이 모호하다.

셋째, 청해진 본영의 설치는 조선시대 가리포진의 공간인 완도항 일대를 적극 검토해보아야 한다는 주장이다. 청해진 당시의 국제항은 역시 완도항이라고 보아야하고 그렇게 볼 때 청해진의 본영이 이에 연계되는 것이 가장 자연스럽다는 판단이다. 이 지역의 청해진 본영 가능성을 가장 잘 방증하는 것이 17세기 조선조에 있어서 가리포진의 설진이라고 본다. 첨절제사 진영이 4백년 간 설치 운영된 가리포진의 존재는 청해진 본영의 입지로서의 가능성을 무엇보다 강력하게 뒷받침하는 것으로 생각하였다.

넷째, 841년 청해진의 폐진과 완도민의 벽골군 사민은 대규모 노동력이 요구되는 벽골제 보수 공사 및 간척 개간에 인력을 투입함으로써 잠재적 반정부 세력집단의 존재로 인한 경주 정부의 정치적 우려를 불식하고, 노동력의 필요에 부응하는 정치적 조치였다고 보았다. 청해진 폐진 이후 벽골군 사민에 이르는 10년의 기간을 점진적인 청해진의 해체과정으로 이해하였다.

본고에서 논의된 결론은 상당 부분 지금까지의 여러 연구의 결과에 힘입은 것이기도 하고, 한편으로는 입증되지 않은 가설 수준의 제안들도 포함되어 있다. 그러나 본고에서는 기본적으로 청해진의 공간적 검토의 중요성을 환기하고 이점에 있어서 보다 다양한 시각과 가능성을 열어 두어야 한다는 점을 강조하고 싶었다. 지금까지 확인된 청해진에 대한 구체적인 현장 자료가, 청해진에 대한 많은 의문을 정리하기에는 여전히 많이 부족하다고 보기 때문이다.

* 본고는 아세아해양사학회 『장보고대사의 활동과 그 시대에 관한 문화사적 연구』 2, 재단법인해상왕장보고기념사업회, 2007에 실린 것임.

옹진 '영흥도선'의 구조 특징과 역사적 성격
장보고 시대의 신라 연해 선박

머리말 | 　육상만이 아니고 수중도 역사자료의 귀중한 보고일 수
있다는 것을 인식하게 된 것은 비교적 근년의 일이다. 서해
연안에서는 국립해양문화재연구소에 의하여 그동안 적지 않은 사례의 수중
조사가 이루어졌고, 이에 의하여 고려시대 선박의 실체 및 해로의 파악 등에
있어서 중요한 정보들이 제공되어 왔다. 처음 전라도 연안으로부터 시작된
서해 연안에서의 수중 조사는 근년 충남 태안 연해에서 집중적으로 이루어
지고, 경기 연안에까지 미치고 있다. 그만큼 수중 발굴 조사의 영역과 범위
가 확대되고 있는 것이다.

　본고에서 논의하는 영흥도선의 경우 역시 서해 연안에 있어서의 이같은 고
선박 조사의 일례라 할 수 있다. 영흥도 주변 해역은 고려, 조선시대 조운 물
류의 거의 대부분이 통과하던 지점이라는 점에서 해로상의 중요성이 크고,
앞으로도 다양한 유적 유물이 확인될 소지가 많은 지역이다. 영흥도선의 자
료가 햇빛을 보게 된 것은 2012, 2013년 인천 옹진군 영흥도 서쪽, 무인도인
섬업벌 근해에서 자료가 조사됨으로써였다.

영흥도선의 조사지역은 영흥도와 그 서측 자월도 사이 중간에 위치한 무인도 섬업벌 서, 남 해역에 해당한다. 경기 연안 해로의 일부인 것이다. 이 섬업벌 유적은 15,000㎡의 비교적 넓은 면적에 산포되어 있다. 유적은 2010년 이후 2회에 걸친 탐사와 2차에 걸친 발굴 조사에 의하여 작업이 진행되었다. 이에 의하여 고려청자 849점을 포함한 다량의 도자기와 6m 길이(폭 1.5m) 3점의 선체편 등이 수습되었다. 섬업벌의 서남부에서 고려시대의 청자유물이, 특히 2013년 남부 구역에서의 조사에서는 선체편 3점과 함께 도기류, 철제 솥 등이 확인되었다.[1] 이에 의하여 영흥도선은 당연 고려시대의 선박으로 예측되었다. 12세기 후반으로 편년되는 고려청자 유물이 바로 이 영흥도선에서 유출된 것으로 인식되었던 때문이다. 그러나 선체편에 대한 방사성탄소연대 측정에서 아연 '8세기'라는 연대가 나옴으로써 영흥도선에 대한 검토는 새로운 국면을 맞게 되었다.[2]

뒤에 논의하는 바와 같이 이후 출수자료의 재검토 결과에 의하여 옹진 영흥도선 유적은 통일신라와 고려, 서로 시기를 전혀 달리하는 별도의 유적으로 보지 않을 수 없게 되었다. 본고는 이 두 유물군 가운데 통일신라기에 비정되는 영흥도선 자료를 중심으로 논의하고자 한다. 영흥도선은 일단 통일신라기의 선박 자료라는 점에서 선박사에서 특별한 중요성이 있다. 해양에서 출수한 우리나라에서 가장 오래된, 그리고 거의 유일한 해양 고대 선박의 실물 자료가 되기 때문이다. 특히 영흥도선은 대략 8-9세기, 장보고 시대에 비교적 근접한 시점에 해당하는 신라 연안 선박의 예라는 점에서 또 다른 의미를 가지고 있다.

자료는 제한적이지만, 영흥도선은 향후 우리나라 고대 선박에 대한 논의

1) 신종국 「한국 인천 '영흥도선' 수중발굴조사」 「한·중 수중문화유산 발굴현황과 보존」 국립해양문화재연구소, 2013, pp.100-110

2) 필자는 『인천 옹진 영흥도선 수중발굴보고서』(국립해양문화재연구소, 2014)에 「옹진 섬업벌 '영흥도선' 유적의 역사적 성격」이라는 논고를 집필하였다. 그러나 원고 마무리 단계에서 방사성탄소연대 측정 결과가 나옴으로써 원고의 최종 정리에 많은 혼란이 있었다. 특히 고대 선박 자료로서의 영흥도선에 대해서는 자료의 재검토가 불가피한 것으로 생각 되었다.

에서 핵심적 소재가 되지 않을 수 없다. 이러한 점에서 영흥도선을 중심으로 한 몇 가지 논점들을 현재 단계에서 정리하여 두는 것은 반드시 필요한 일이 될 것으로 생각한다. 이것이 본고의 집필 배경이라 할 수 있다.

1. 영흥도선의 구조 특징

1983년 이후 주로 국립해양문화재연구소에 의한 그동안의 수중조사에서 발굴된 고선박 자료는 10건을 헤아리고 있다. 강선(江船)인 나주선을 제외하면 모두 서해(서남해) 연안 해역에서 출수한 자료들이다. 본고에서 논의하는 영흥도선을 포함하여, 조사된 고선박 자료를 우선 간략히 정리하여 제시하면 다음과 같다.

(표) 발굴된 고선박 현황(국립해양문화재연구소)[3]

연번	배이름	조사연도	잔존규모(m)	선형	시기
1	완도선	1983–1984	길이 10, 너비 3.5	평저	12세기
2	진도선	1991	길이 14.3, 너비 2.3	통나무배	13–14세기
3	달리도선	1995	길이 10.5, 너비 2.3	평저	13–14세기
4	십이동파도선	2003–2004	길이 7.0, 너비 2.5	평저	11–12세기
5	나주선	2004	길이 32–42(추정 복원치)	평저	고려
6	안좌선	2005	길이 14.5, 너비 6.1	평저	14세기
7	대부도선	2006	길이 6.6, 너비 1.4	평저	12–13세기
8	태안선	2007–2008	길이 8	평저 ?	12세기 중엽
9	마도1호선	2008–2010	길이 10.8, 너비 3.7	평저	13세기 초
10	마도2호선	2009–2010	길이 12.6, 너비 4.4	평저	13세기 초
11	영흥도선	2012–2013	길이 5.9, 너비 1.5	?	8–9세기

---

3) 김성범 「중국 봉래수성 출토 고려선」『한국중세사연구』 27, 2009, p.280의 표(「수중발굴 선체 인양 현황」)를 토대로 하여 보완한 것임.

위의 자료에 의하면 조사된 고선박 자료는 영흥도선을 제외하면 모두 고려 시대의 것이며, 대부분이 평저의 구조선이라는 점이 중요한 특징이다. 여기에서 예외적인 사례가 바로 영흥도선이다. 영흥도선은 시기가 훨씬 소급된 통일신라 8-9세기의 선박으로 파악되고 있고, 선형의 구조도 기왕의 '평저'와는 다른 것으로 보고되어 있기 때문이다. 8-9세기라면 828년 청해진을 설치한 장보고 시대에 근접한 시기라는 점에서 더욱 의미를 갖는다. 장보고시대 선박에 대한 논의는 매우 활발하였지만, 그것은 나당간 혹은 동아시아 해역의 무역선과 같은 원양항해선에 대한 논의였고 연안 운항의 선박에 대한 것은 거의 전무한 상태이다. 따라서 영흥도선의 구조 특징에 대해서는 좀더 상세한 검토가 필요하다.

조사보고서에 의하면 영흥도선의 선체편 3점은 '중앙저판' 1점과 '외판'재 2점으로서, 잔존 길이는 590cm(중앙저판), 574cm(외판재 1), 164cm(외판재 2)이다. '중앙저판'은 "2개의 부재가 턱걸이장부이음으로 이어져 있는 상태"이고, 턱걸이장부이음에는 견고한 고정을 위해 측면에서 피삭을 통과시켰다고 한다.[4] '복원 예상 단면'에 의하면 저판은 1매에 불과하며 부재의 상단 외측에 조성된 클링커홈을 이용하여 부재를 올려갈 수 있도록 하였다. 선체 자료는 장삭(나무못)을 이용하여 연결하고 있는데, 3점이 '일종의 저판 기능'을 할 수 있도록 연결하였다는 설명이다.[5] 3점이 '일종의 저판 기능'을 한다고 하였지만, 실제로는 1열의 중앙저판과 그 좌우의 '외판'이기 때문에, 복원안에

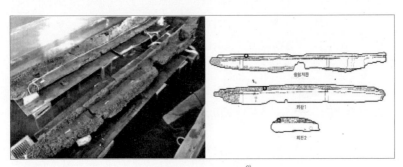

영흥도선의 선체편[6]

의하면 영흥도선은 '첨저'에 가깝다. 정리하자면 '준첨저' 정도에 해당한다.

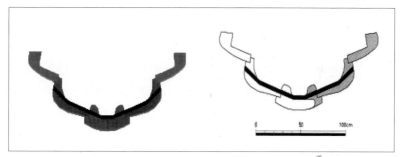

영흥도선의 복원 예상 단면(국립해양문화재연구소)[7]

　보고서의 복원안에 의하면 영흥도선은 '중앙저판'을 중심으로 외판이 좌우로 'L'자형 클링커홈에 올려졌지만 장삭으로 결구하여 이 세 개의 판이 '일종의 저판 기능'을 하는 구조라고 한다.[8] 그러나 만일 좌우 외판이 저판 기능을 하는 것이라면, 아예 처음부터 단순하게 평저의 저판을 만들지 않고 왜 이렇게 불안정한 저판 구조를 갖도록 한 것인지 잘 이해하기 어렵다. 이러한 형태로서 일반적인 운송선으로서의 기능을 할 수 있었을까 의문인 것이다. 선저(船底)의 구성이 불확실하여, 안정적 구조가 확보되어 있지 않고 화물의 적재에도 매우 불리한 형식이다. 선체 구조에 있어서 가장 중요한 것은 항해시의 안정성이며, 다음으로는 화물 선적을 위한 최대한의 용적 확보라 할 수 있다. 이러한 점에서 복원안은 일단 여러가지 의문점을 포함하고 있다.

　지금까지 파악된 고려선의 변화에 의하면 고려선은 만곡종통재의 사용기

4) 국립해양문화재연구소 『인천 옹진군 영흥도선 수중발굴조사 보고서』 2014, pp.84-88

5) 위 보고서, pp.90-91

6) 위 보고서, pp.84-86, p.342

7) 위 보고서, p. 91

8) 발굴조사단은 처음 3건의 선체편중 만곡종통재 2건이 포함된 것으로 파악하였다.(국립해양문화재연구소 〈인천 옹진군 섬업벌 제2차 수중발굴조사 약보고서〉 2013.8) 그러나 보고서 작성과정에서 '중앙저판'과 '외판재'로 용어를 수정하였다.

로부터, 외판에 의하여 이를 극복하는 단계로 진전되었다고 정리하고 있다. 만곡종통재의 사용은 구조선의 초기에 불가피한 것이었는데, 만곡종통재의 사용도 처음에는 좌우 각 2개씩을 사용하는 구조로부터, 하나만 사용하는 시기로 넘어가고, 다시 이를 사용하지 않는 단계로 진전하는 것으로 추정된다. 만곡종통재는 구조선의 건조에 필수적 부재이기는 했지만, 외부로부터의 충격 등에 가장 취약한 부분이기도 하다. 이 저판의 문제와 만곡종통재의 관계, 이에 대한 검토가 영흥도선 구조에 있어서는 가장 핵심적 사안이라 할 수 있다.[9]

제한된 자료이기는 하지만 영흥도선의 선체편은 선박에 대한 중요한 정보를 제공하고 있다. 첫째는 보고서에서도 언급된 바와 같이, 판재를 결구하기 위하여 평면의 앞뒤 2개소에 사용한 장삭(나무못)의 설치법이 고려 선박과 다르다는 점이다. 고려선에서는 나무못이 드러나지 않고 부재를 관통시키는 저판과 외판의 연결 방식인데, 영흥도선에서는 나무못의 상면이 노출되도록 되어 있다.[10] 나무못의 상면이 노출되는 이같은 결구(結構) 방식은 보고서에서 언급한 바와 같이 통일신라시대 연못에서 출토한 안압지선과 공통하는 점이기도 하다.[11] 노출된 나무못이 이탈되는 것을 막기 위해서, 안압지선은 중앙저판 2개소에 나무고리 같은 구조가 설치되어 있다. 저판을 횡으로 질러 연결한 나무못이 이 고리에 눌려 고착상태가 유지되는 것이다.[12] 영흥도선의 경우는 고리 대신에 판재의 한축이 돌출 상태로 조성되어 있다. 나무못은 이 돌출부의 밑을 통과하도록 되어 있는데 형태는 다르지만 기능 자체는 안압지선과도 흡사한 것이다. 이에 의하여 고대 선박은 구조선의 건조에

9) 수종분석 결과에 의하면 영흥도선의 외판재는 소나무, 장삭은 느릅나무이다. 김응호·차미영 「영흥도선 선체편 분석」『인천 옹진군 영흥도선 수중발굴조사 보고서』국립해양문화재연구소, 2014, pp.368-371

10) 강원춘 「영흥도선 실측, 3D Modelling 과정과 小考」『제5회 전국해양 문화학자대회 해양실크로드와 항구, 그리고 섬』(학술회의자료집)4, 목포대 도서문화연구원 외, 2014, pp.138-139

11) 국립해양문화재연구소 『인천 옹진군 영흥도선 수중발굴조사 보고서』2014, pp.84-91

12) 문화재관리국 『안압지 발굴조사 보고서』1987

서 나무못(장삭)이 그대로 노출되는 방식을 사용하였던 것이라는 결론을 일단 확보할 수 있다.

두 번째는 저판의 구조에 대한 문제이다. 보고서의 '복원안'에서는 단면 ㄷ자 형으로 치목(治木)된 선재를 1매의 '중앙저판'으로 파악하고 있는데, 그렇게 되면 앞서 언급한 바와 같이 영흥도선의 구조가 중앙저판을 중심으로 한 '준첨저'의 기이한 구조를 갖게 된다. 문제는 단면 ㄷ자 모양의 판재가 영흥도선에서 처음 출토한 점 때문인데, ㄷ자 단면의 치목이 필요한 이유는 저판을 연결할 때 나무못(장삭)을 고정시키기 위한 고리 역할 때문인 것으로 보인다. 만일 그렇다면 ㄷ자 단면의 저판은 원래 하나가 아니라 3개 이상 복수로 이어지는 저판의 하나일 가능성이 있다. 즉 보고서의 '중앙저판'은 '중앙저판'이 아니고 '저판중의 하나'이며 여러 개의 저판중 하나만 남게 됨으로써 혼선을 빚은 것이 아닐까 하는 의견을 갖게 된다.

세 번째, 영흥도선의 자료는 만곡종통재의 존재를 상기시키는 것으로, 고대선에서 만곡종통재의 사용이 일반화되어 있었음을 입증하고 있는 것으로 보인다. 보고서에서는 '만곡종통재'라는 용어를 사용하지 않고 '만곡종통재와 비슷한 외판'으로 그 성격을 규정하였다.[13] 그러나 만곡종통재를 사용하는 것이 구조선의 보다 원초적 유형이라는 점을 영흥도선에서 확인할 수 있는 것이 아닌가 한다. 만곡종통재는 12세기 십이동파도선 혹은 완도선을 마지막으로 12세기 말, 13세기 초에는 소멸되는 것으로 인식되고 있다.[14] 마도 1, 2호선에서와 같이, 복잡한 만곡종통재를 생략하고 대신 저판을 증가시켜 곡면을 완화하는 것으로 발전하였다는 것이다.[15] 이같은 논리를 소급시키면

---

13) 국립해양문화재연구소애서 발굴 직후 발표한 약보고에서는 이를 '만곡종통재'로 파악하였으나, 보고서의 정리 및 영흥도선 복원안의 작성과정에서 '외판재'라는 용어로 성격을 달리 파악하였다.

14) 선내 청자유물의 편년에 의하여 십이동파도선은 11-12세기, 완도선은 12세기로 십이동파도선이 선행하는 선박으로 알려져 있다. 그러나 선체의 구조상으로는 만곡종통재가 2단으로 된 십이동파도선보다 1단인 완도선이 더 선행하는 양식이라는 의견을 곽유석은 내고 있다. 이에 대해서는 곽유석 「고려전기 고려선의 구조」 『고려선의 구조와 조선기술』 민속원, 2012, p.63 참조.

십이동파도선 이전 단계에서의 고대 선박은 최소 2점에서 4점의 만곡종통재를 사용하였으리라는 예상이고, 영흥도선은 일단 이같은 가설에 부합하는 것으로 해석되는 것이다.

다음으로 영흥도선의 크기에 대한 문제이다. 남겨진 선체편은 길이 6m 미만인데, 선체편의 복원 길이는 6m를 조금 넘는 정도이지 않았을까 생각된다. 판재를 결구한 나무못(장삭) 2개소의 위치에서 추정되는 점이다. 그동안 조사된 10m 이상의 고려선 선체 크기에 비하면 상대적으로 차이가 있다. 전통선박과 저판과 선장(船長)의 비율(0.73:1)을 적용한다면, 영흥도선은 10m 미만의 길이를 가진 선박이라는 추정이 가능하다. 그동안 조사된 사례로 보면 12세기의 완도선(저판 길이 6.5m, 복원 길이 약 9m)에 준하는 규모이다. 이러한 중규모의 선박이라면 화물의 선적 용량, 항해의 범위도 태안 등지에서 조사된 고려선에 비하여 다소 제한적이었을 가능성을 내포하고 있다. 그러나 실제 이용된 선박으로서는 훨씬 일반적 유형의 선박이었을 것이다.

영흥도선의 구조에 대해서는 향후 많은 논의를 필요로 하는 것이기는 하지만, 선박이 갖는 기능적 특성상 기본적으로는 3개의 저판을 중심으로, 좌우 각 2개 분량의 만곡종통재 사용을 전제로 하는 것일 가능성이 많지 않을까 하는 의견을 여기에서 제안한다. 그러나 현재 남겨진 영흥도선의 자료가 정확히 선체의 어떤 부분인지도 불확실한 점이 있으므로, 여러 가능성을 열어두고 검토할 필요가 있다는 생각이다.

2. 영흥도선의 유물과 편년

널리 알려진 바와 같이 한국에 있어서 수중고고학의 출발은 1976년부터 조사된 신안선으로 부터였고, 이후 수중 조사는 주로 전라도의 연안 일대를

---

15) 김병근 「수중발굴 고려선박 구조와 시대구분 고찰」『해양문화재』 3, 2010, pp.153-161; 문경호 「태안 마도1호선을 통해 본 고려의 조운선」『한국중세사연구』 31, 2011, pp.128-130

중심으로 이루어졌다. 국립해양문화재연구소에 의한 2005년까지의 조사 도합 11회 중 9건이 전라도 연안에서의 조사였다. 그러나 2006년 경기도 안산시의 대부도선 조사(12.4~12.13)를 기점으로 충남 혹은 경기 연해 지역으로 조사의 중심 지점이 이동하였다.[16] 그리하여 2011년까지의 조사는 주로 태안반도 연해에서 이루어지고, 이에 의하여 고려시대의 선박을 비롯한 다양한 자료를 조사하는 성과를 이루었다.

　2012년 '영흥도선'이 발굴된 인천 옹진군 섬업벌 수중조사는 2010년 및 2012년 2회에 걸친 탐사에서 246점의 청자류와 75점의 유물을 수습한 데서 출발하였다. 2012년 1차 발굴조사에서 영흥도선의 선체를 확인하고, 도합 403점의 유물이 수습되었는데, 닻돌 7점, 솥 1점을 제외한 나머지는 모두 도자기류였다. 도자기의 대부분은 대접, 접시류의 청자가 차지하고 있어서, 전체적으로 생활용품이 중심이 되어 있는 것을 알 수 있다.[17] 2013년의 2차 조사에서 청자 등의 토도기류 이외에 2점의 닻돌, 2점의 사슴뿔 등이 수습 되었으며 특히 철제 솥 12점과 함께 앞에서 논의한 3점의 약 6m 길이 (폭 1.5m) 선체편을 인양 하였다. 발굴조사에서 수습된 유물은 영흥도선과 그 주변에 산포된 것이어서 출수 유물의 상당한 자료는 일단 영흥도선 관련 유물일 것으로 추측되었다.[18]

　그러나 영흥도선의 선체편에 대한 방사성탄소연대 측정의 결과는 주변에서 수습된 청자류 혹은 도기류가 선체와는 무관한 자료임을 암시하고 있다. 방사성탄소연대 측정의 결과는 일단 이 선체가 고려시대보다 더욱 소급되는 통일신라시기의 것이라는 점을 보여주고 있다. 측정결과 1(Paleo Laba)은 AD 663~866년, 측정 결과 2(BETA)는 AD 660~775년이었다. 이를 위글매치법으로 분석한 결과 95.4% 신뢰구간에서 AD 710~730년과 AD 750~774년으로 정리되었다.[19] 2건의 분석 결과는 대략적 일관성을 유지하고 있고,

16) 국립해양유물전시관 『안산대부도선—수중발굴조사보고서』 2010

17) 국립해양문화재연구소 〈인천 옹진군 섬업벌 제1차 수중발굴조사 약보고서〉 2012.8

18) 국립해양문화재연구소 〈인천 옹진군 섬업벌 제2차 수중발굴조사 약보고서〉 2013.8

이에 근거한다면 영흥도선의 선체의 연대는 대략 8세기 중후반이 되는 셈이다. 연대 측정은 선체에 대하여 실시한 것이므로, 영흥도에서의 조난 시점은 이 연대수치보다 좀 더 늦은 시점, 즉 대략 '8세기 후반'으로 설정할 수 있게 된다.[20]

이처럼 영흥도선의 시기가 처음 예상했던 것과 달리 통일신라기로 설정되고 있다는 점에서 선체에서 함께 출수한 자료들의 편년이 어떤 양상을 보이는지 함께 검토되지 않으면 안된다.

영흥도선은 조사 당시 철제 솥이 12점이나 수습되었고, 여기에 청동제 용기 및 병, 장군 등의 도기류, 사슴 뿔로 추정되는 3점의 골각류가 포함되어 있다.[21] 도기병 하나에서는 '황칠'과 유사한 성분의 내용물이 확인되었다.[22] 동제용기는 단조 제작한 것으로 구연부에 주구(注口)가 있어 액체류를 따르는 용도로 보이며, 광양 마로산성에서 출토한 통일신라기 청동 용기와 비슷하다.[23] 아마 선상에서 사용한 주방 용기로 추측된다.

철제 솥은 그동안 십이동파도, 비안도, 마도 등 고려선의 조사에서 종종 확인되는 자료이다. 선상에서의 취사가 이루어진 까닭에 솥은 필수적인 선상 도구였던 것이다. 그러나 영흥도선 솥의 경우는 이와는 성격이 다르다. 발이 부착되지 않고 길이(높이)가 긴, U자 모양의 장란형(長卵形) 유형이다. 구경

19) 남태광 「인천 영흥도선의 방사성탄소연대 분석」, 『인천 옹진군 영흥도선 수중발굴조사 보고서』 국립해양문화재연구소, 2014, pp.342-347 참조. 분석 작업은 교차 검증을 위해 Paleo Laba사(일본), BETA사(미국) 등 2개사에서 실시되었다. 한편 함께 출수한 초본류의 연대는 893-981년, 775-970년으로 분석되었다.

20) 영흥도선 방사성탄소연대의 연대 수치는 목재에 대한 연대, 즉 마지막 나이테의 연대이기 때문에 이 선박의 활동 시기, 침몰 시기는 분석된 연대의 수치보다 약간 뒤로 설정된다고 볼 수 있다. 선재가 벌채되어 조선이 이루어지고 몇 년 동안 운항을 한 후 침몰에 이르렀을 것이기 때문이다.

21) 신종국, 앞의 「한국 인천 '영흥도선' 수중발굴조사」, p.106; 『인천 옹진군 영흥도선 수중발굴조사 보고서』 국립해양문화재연구소, 2014

22) 김효윤 「영흥도선 출수 도기병의 내용물 분석」, 『인천 옹진군 영흥도선 수중발굴조사 보고서』 국립해양문화재연구소, 2014, pp.360-367

23) 국립해양문화재연구소 『인천 옹진군 영흥도선 수중발굴조사 보고서』 pp.112-113

에 비하여 높이의 길이가 길다. 12점 가운데 10점이 2점씩 포개진 상태에서 응결된 채 수습되었고, 단일개체로 확인된 것은 2점이다. 부식이 심하게 진행된 데에다 유물 전체에 응결물들이 고착되어 상태의 정확한 관찰이 어렵다. 단일 개체로 확인된 2점의 실측자료는 다음과 같다.[24]

철제 솥(13영흥1) 구경 26cm, 저경 23cm, 전너비 4cm, 전위높이 8.7cm, 전아래높이 21cm, 두께 1-1.5cm, 무게 29.54kg

철제 솥(13영흥56) 구경 27.5cm, 저경 26cm, 전너비 3.5cm, 전위높이 9.8cm, 전아래높이 23.5cm, 두께 2.5cm, 무게 43.7kg

12점의 철제 솥은 크기는 대체로 일정하다고 할 수 있지만, 정확하게 일치하는 것은 아니다. 철솥이 각각 개별적으로 제작된 때문일 것이다. 위의 자료에 의하면 영흥도선 철제 솥은 구경이 26-28cm로서 30cm에 조금 못미치고, 높이는 30cm를 조금 상회하는 정도의 크기이다. 전(테두리)의 위치는 구연부에서 아래로 10cm 미만의 위치이다. 구경과 높이로 비교할 때 기왕에 출토한 유사 시기 같은 유형의 철제 솥에 비하여 비슷하거나 약간 작은 정도여서 특이점은 없다. 즉 일반적으로 사용된 제품인 것이다. 기왕의 자료에 의하면 이 시기 'Ⅱb' 형식의 철제 솥 자료는 전의 위쪽으로 표면에 여러 개의 선(線)이 돌아가고 있다. 영흥도선의 경우는 부식과 응결물로 인하여 솥의 원래 표면 상태에 대한 관찰이 어렵다. 그러나 철제솥의 출토례에서 볼 때 영흥도선의 경우도 전 위쪽에는 선이 둘려졌을 것으로 생각된다.

---

24) 위의 보고서, pp.105-111

영흥도선의 철제 솥[25)]

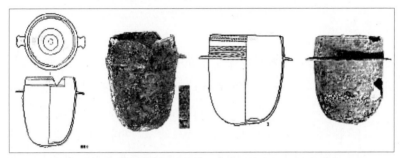

각 지역 출토 철제 솥 자료(좌측 경주 황남동, 우측 당진 대운산리)

한 분류에 의하면 영흥도선 출수의 솥은 'Ⅱb' 형식에 속하는데, 이러한 유형은 통일신라시대부터 고려조에 이르기까지 사용된 것이다.[26)] 충주 지역에서 출토된 사례가 있고, 그 이외에 당진 대운산리(정미면) 나말여초의 토기가마[27)], 경주 황남동 376번지 통일신라유적,[28)] 이천 설봉산성,[29)] 양주 대모산성,[30)] 공주 공산성[31)] 등지에서 출토된 바 있다. 양주 대모산성을 제외하면 모

---

25) 국립해양문화재연구소『인천 옹진군 영흥도선 수중발굴조사 보고서』 pp.105-111

26) 'Ⅱb' 형식은 "전의 하부는 원통형이고 저부는 반원형을 이루고 있어 단면 'U'형을 취하고 전의 상부는 완만 또는 직립하듯 內灣하여 바로 구연단부로 이어져 마무리 되는 것"으로 정의 하였다. 통일신라 및 고려시대 철제 솥의 가장 일반적 형태이기도 하다. 이에 대해서는 정종태「삼국-고려시대 솥(釜)의 전개 양상」『금강고고』 2, 2005, pp.50-56 참조.

27) 솥의 구경 30.5cm, 너비(전 포함) 39cm, 높이 36cm, 전의 폭 3.7cm, 전의 높이 9.8cm이다. 강병권 외『당진 대운산리 호구마루 유적』충청문화재연구원, 2003, 67-68 참조.

28) 높이 33.4cm, 구경 23.7cm, 두께 0.5-1.1cm, 중량 9.9kg. 황상주 외『경주 황남동376

두 통일신라 유적으로 보고된 유적의 자료이다. 따라서 영흥도선 철제 솥의 자료는 시기를 정확히 특정하기는 어렵지만, 일단 '통일신라'라는 연대관을 뒷받침하는 자료임은 분명하다.

통일신라기 철제솥에 대한 현재의 편년관에 의하면 경주 황남동 376번지 출토자료가 8세기 중반에서 9세기 중반, 이천 설성산성 3차조사 자료가 9세기 전반에서 중반, 당진 대운산리 출토자료가 9세기 중반에서 10세기 중반으로 각각 편년되고 있다.[32] 영흥도선의 연대를 만일 8세기 후반에서 9세기 전반으로 설정한다면, 기왕의 출토 자료중에서는 경주 황남동과 이천 설성산성 자료가 비교적 근접한 시점의 자료가 되는 셈이다.

영흥도선에서는 선체 내부에서 6점, 주변에서 5점 등 총 11점의 도기가 수습된 바 있다. 그 가운데 선체 내부의 6점은 병, 호, 장군 각 2점으로 구성되어 있다. 토기반구병은 반구형(盤口形) 구연, 짧은 목, 넓은 어깨 등을 형태적 특징으로 하는데 미륵사지와 울릉도에서의 출토례에 의하여 8-9세기의 편년관을 가지고 있다. 토기소형병은 역시 반구형 구연과 짧은 목을 가지고 있으나, 형태가 아래쪽이 넓게 퍼져 있다. 표면에 등간격의 횡선대가 둘려졌는데, 다치구(多齒具)를 활용한 파상집선문이다. 도기호는 높이 42cm, 동경 약 40cm에 이르는 큰 항아리이다. 장군병은 삼국시대부터 조선시대에 이르기까지 사용된 자료로서 통일신라시대 자료는 많지 않지만 영흥도선의 장군병(2점)이 이 시기에 해당한 것으로 추정된다. 이들 도기 자료에 대한 검토 결과, 유물의 시기는 대략 '통일신라 후기(8-9세기)'라는 의견으로 정리

---

29) 솥의 외경 25.5cm, 너비(전 포함) 32cm, 전의 폭 2.5cm, 전의 높이 8.5cm인데, 하반부는 결실되었다. 박경식 외 『이천 설봉산성 3차발굴조사 보고서』 단국대 매장문화재연구소, 2002 참조.

30) 솥의 외경 26.3cm, 너비(전 포함) 35cm, 전의 폭 3.7cm, 전의 높이 9.5cm이다. 문화재연구소·한림대 박물관 「양주 대모산성 발굴보고서」 1990 참조.

31) 솥의 구경 34cm, 높이(잔존) 42cm이다. 공주대 박물관 『공산성 건물지』 1992, p.148 참조.

32) 정종태 「삼국-고려시대 솥(釜)의 전개 양상」 『금강고고』 2, 2005, p.65 ; 송윤정·이남규 외 「용인 언남리, 통일신라 생활유적」 한신대박물관, 2007, p.359 및 설준원 「고대 무쇠솥 제작기술에 대한 연구」 영남대 대학원 석사논문, 2012, pp.39-41 참조.

되었다.[33]

이상 선체에 대한 방사성탄소연대 측정의 결과(8세기)와 선내 출수의 유물의 편년(8-9세기)을 종합하면 양자의 편년이 일단 부합하는 정황을 보여주고 있다는 점에서 주목된다. 다만 유물의 연대가 대략 '8-9세기'가 됨으로써 뒤쪽으로 조금 여유 있게 설정하고 있다는 차이점이 있는 정도이다.

이러한 단계에서 영흥도선의 연대는 방사성탄소연대 측정의 결과를 중심 근거로 설정하되, 선내 출토유물의 편년관을 참고하여 시기의 범위를 좀 더 넓게 열어 두는 것이 현재의 단계에서는 바람직하다고 생각된다. 그럴 경우 일단 영흥도선은 8-9세기 통일신라시대의 선박으로 설정하는 것이 가능하다. 8세기 후반이라면 통일신라 혜공왕(765-779), 선덕왕(780-784), 혹은 원성왕대(785-798)이다. 9세기는 애장왕(800-808)에서 시작하여, 헌덕왕(809-825), 흥덕왕(826-835)으로 이어진다. 혜공왕을 끝으로 중대가 종료되고 선덕왕대의 하대가 시작된다. 822년 공주에서 경주 정권에 도전하는 김헌창의 난이 일어났고, 828년에는 장보고가 완도에 청해진을 설치하였다. 8세기 말 9세기 초는 점차 정국의 풍랑이 거세게 밀어닥치기 시작하는 시점인 것이다.

현재로서 영흥도선의 연대는 넓게 잡아 '8-9세기'라는 연대를 벗어나기는 어려운 것으로 정리된다. 이렇게 볼 때 영흥도선은 우리나라에서 해양 출수의 가장 오래된 선박이 될 뿐 아니라, 최초의 고대 구조선의 자료가 된다. 지금까지 해양에서 이루어진 고선박의 조사에서 가장 이른 시기가 '11세기 후반'이었다는 점을 생각하면[34], 영흥도선 자료는 갑자기 거의 3세기를 거슬러

---

32) 정종태 「삼국-고려시대 솥(釜)의 전개 양상」 「금강고고」 2, 2005, p.65 ; 송윤정·이남규 외 「용인 언남리, 통일신라 생활유적」 한신대박물관, 2007, p.359 및 설준원 「고대 무쇠솥 제작기술에 대한 연구」 영남대 대학원 석사논문, 2012, pp.39-41 참조.

33) 이종민, 「영흥도선 출수 도자의 양식적 특징과 편년」 「인천 옹진군 영흥도선 수중발굴조사 보고서」 국립해양문화재연구소, 2014, pp.381-385 참조. 단 영흥도선 밖에서 출토한 5점의 도기는 대략 12세기의 것으로 영흥도선과는 관련이 없는 것으로 추정되었다.

34) 2003, 4년에 조사된 군산 십이동파도선의 경우는 동반된 청자 자료에 의하여 '12세기'로 정리되었지만, 출토 유물중의 해무리굽 완, 화형접시 등을 근거로 11세기 후반으로 편년하

오르는 것이 된다. 이러한 점에서 영흥도선의 선체와 관련 자료는 매우 중요하고 흥미 있는 자료가 아닐 수 없다.

3. 영흥도선의 항로와 성격

옹진 섬업벌 출수의 영흥도선은, 12세기 후반의 청자 출수 유적과 8-9세기 통일신라 선박 유적의 두 가지로 대별되는 것으로 된다. 그 가운데 특별히 관심을 끄는 것은 8-9세기 편년을 보여준 '영흥도선' 선체 자료였다. 그렇다면 당시 영흥도선은 어디에서 어디로 가는 중이었는지, 그리고 이 선박은 어떤 성격의 것이었는지, 관심이 옮겨지게 된다.

영흥도선 유적의 위치는 영흥도의 서쪽 3km 지점에 있는 무인도 섬업벌 인근 해역이다. 섬업벌은 두 개의 작은 봉우리가 동서 방향으로 길게 연결된 형상을 하고 있는 무인도로서 봉우리의 최대 높이 75m이다. 영흥도와 자월도, 두 섬 사이에 해당하기 때문인지 조류가 대단히 강하게 흐르는 해역이다. 이 유적의 존재에 의하여 영흥도의 서쪽 자월도 사이의 해역이 해로의 일부로서 실제 이용되는 구간이었다고 단정하는 것이 가능하다.

원래 영흥도를 경유하는 데는 대부도와 영흥도 사이를 지나는 내도(內道)와, 바깥 쪽 큰 바다 쪽으로 도는 외도(外道)가 있었다. 거기에 육지에 가까운 대부도의 동쪽도 연안 해로로 이용되었다. 대부도 동측의 연안 해로는 조선 후기에 오면 토사의 충적 등으로 이용에 어려움이 있었다고 한다.[35] 고려시대 조운선의 경우는 대부도와 영흥도의 사이(영흥도의 동쪽, 內道)를 가장 선호하였을 것으로 보지만,[36] 외도(영흥도 서측) 역시 조운로로서 이용되었다

는 의견이 제안되어 있다.(이준광 「고려청자의 해상운송과 출토유물 연구」 홍익대 대학원 석사논문, 2010, pp.106-110) 해무리굽 완이 12세기 완도선의 유물보다 선행하는 것이라는 의견도 이와 부합한다.(서유리 「고려 철화청자의 발생과 특징」 명지대 석사논문, 2007, pp.67-70)

35) 강석화 「조선후기의 경기남부 해로와 대부·영흥도」 『기전문화연구』 28, 2000, pp.194-196

는 것을 알 수 있다.[37] 특히 닻돌의 산포 사실은 외도의 노선도 선박의 운항
이 적지 않았다는 점을 말하는 것이다. 선체 주변 150m 범위에서 5점이 확
인되었는데, 출토 위치와 수량으로 보아 영흥도선 이외에 시기를 달리한 선
박으로부터 유실된 것으로 보인다.

영흥도선의 시점이 통일신라, 서기 800년을 전후한 시기라고 한다면, 다량
의 철제솥을 적재하고 경기도 연안을 운항한 이유가 무엇이었을까 의문이지
만, 이를 가늠하기는 현재의 자료로서 쉽지 않다. 그러나 이 신라 영흥도선
은 남에서 북으로가 아니고, 반대로 북에서 남으로 내려가던 중의 선박이 아
니었을까 한다. 적재 화물의 소비지가 영흥도 이북일 가능성보다는 이남일
가능성이 높다고 보아지기 때문이다.

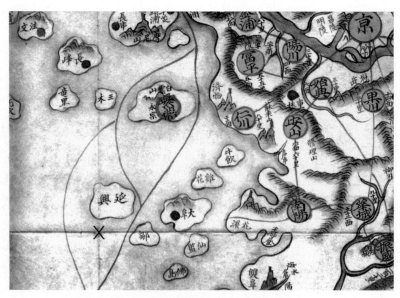

영흥도 주변의 해로(정상기의 팔도지도)와 영흥도선 침몰위치(X)

---

36) 문경호 「고려시대 조운선과 조운로」 『고려시대 조운제도의 연구』 혜안, 2014, p.231
37) 김명진은 이 지역에 대한 현지 조사를 통하여 영흥도 서쪽노선을 '뒷면', 동쪽 노선을
'안면'이라 부르며, '안면'이 보다 안전한 길이지만, '뒷면'이 질러가는 길이었다고 한다.
김명진 「충청지역 공략과 아산만 확보」 『고려 태조 왕건의 통일전쟁 연구』 혜안, 2014, p.75

영흥도선의 선체는 섬업벌 서남측 해안에서의 발견 당시 30도 정도 서쪽으로 기울어져 남북 방향을 장축으로 길게 놓여진 상태였다. 선체의 양단이 모두 부식 훼손된 상태여서 이것으로 선체의 앞뒤를 구분하기는 어렵다.[38] 그러나 철솥 등 선내의 잔존 유물이 북측에 놓여져 있는 것으로 보아 남쪽이 선수(船首) 부분이 아닐까 하는 추측을 갖게 한다. 물론 이 상태가 영흥도선의 진행 방향을 그대로 반영하고 있는지는 단정할 수 없다.

영흥도선에서는 12점이라는 비교적 많은 수량의 솥이 한꺼번에 출수하였는데, 그중 10점이 2점 씩 겹쳐있는 상태로 확인되었다. 또 충전재로 보이는 초본류도 다량 확인되었다. 이것은 출수된 솥이 선상에서의 생활용품이 아니라 공납용이나 판매용과 같은 특별한 목적에 의하여 선적된 것이었음을 암시한다.[39] 이들 출수된 다량의 철제품은 아마 생산지에서 직접 선적하였거나 아니면 생산지에서 운송해온 다음 일괄 선적한 것이었다고 해야 할 것이다.

철은 무기와 농기와 각종 생활용품에 다양하게 쓰일 뿐 아니라 재료적 특성상 특정 장소에서 다양한 물품을 제작하게 된다. 따라서 솥의 경우도 솥이라는 단일 품목 생산이 아니라 생산된 여러 품목 중의 하나가 솥이었다. 영흥도선에 선적된 솥은 일단 철산지의 철장에서 전문적 장인에 의하여 생산된 것으로 보아야 한다. 그렇다면 철제솥의 제작은 일단 철산지와 밀접하게 연관된 것으로 추정된다. 우리나라에서 철소로서 가장 널리 알려진 곳은 충주와 해주이다. 즉 철제솥 생산지의 1차적 후보지가 된다. 다음은 충주와 해주의 철제품 생산에 대한 13세기의 자료이다.

중원(충주)과 대령(大寧, 해주)의 철은 빈철(鑌鐵), 납, 강철, 연철(軟鐵)
을 내는데 바위를 뚫지 않아도 산의 골수처럼 흘러나와 뿌리와 그루를

---

38) 국립해양문화재연구소 『인천 옹진군 영흥도선 수중발굴조사 보고서』 2014, pp.77-79.
보고서에서는 선체의 방향에 대해서는 언급되어 있지 않다.
39) 〈인천 옹진군 섬업벌 제2차 수중발굴조사 약보고서〉 2013.8

찍고 파내되 무진장 끝이 없네. 홍로(洪爐)에 녹여 부으니 녹은 쇠가 물이 되어 불꽃에 달군 양문(陽紋), 물에 담군 음문(陰紋)을 대장장이 망치 잡아 백번 천번 단련하니 큰 살촉(鏃), 작은 살촉(鏑), 창(矛)도 되고 갑옷(釬)도 되고, 칼(刀)도 되고 긴창(槍)도 되며, 화살(鑣)도 되고 작은 창도 되며, 호미(鋤)도 되고 괭이도 되며, 솥(釜)도 되고 물통(鑵)도 되니, 그릇으로는 집안에 쓰고 병기로는 전쟁에 쓰네."(『동문선』 2 및 『신증동국여지승람』 12, 강화도호부 형승조)

여기에서 보면 당시 충주와 해주 지역의 철소에서는 각종 무기와 함께 농기구와 생활 용구들이 만들어지고 있었음을 알 수 있다. 그 가운데는 문제의 '솥(釜)'도 포함되어 있다. 무기를 제외하면 사람들이 가장 일반적으로 많이 사용하는 철제 생활용품의 하나가 솥이었을 것이다. 이 자료는 13세기의 상황을 묘사한 것이지만, 고려시대 만이 아니고, 아마 철산의 전통은 고대 이래의 생산 체계를 계승한 것으로 보아도 좋을 것이다.

영흥도선의 것과 유사한 형태의 철제솥은 충주 본리 노계마을 야철지 유적에서도 보습, 볏 등의 농기구와 함께 출토된 바 있고,[40] 인근 충주 완오리 유적(법고개 1 유적 5호 주거지)에서도 출토되었다.[41] 충주 지역에서 출토하는 유사한 철제솥의 존재는 이것이 혹 충주에서 생산된 것인지도 모른다는 가능성을 갖게 한다. 그러나 충주 못지 않게 서해도 해주 일대의 경우도 철산이 널리 분포하고 있고, 영흥도선의 철제솥과 같은 유형(Ⅱb)의 사례는 앞에서 언급한 바와 같이 충주 이외에 경주, 이천, 양주, 당진, 공주 등 통일신라기(혹은 고려) 유적에서 출토한 바 있어서 충주로 단정하기가 쉽지 않다.

---

40) 송윤정 「중세 철 및 철기 생산의 고고학적 연구현황과 과제」 『한국중세사연구』 36, 2013, pp.18-20

41) 완오리의 철솥은 1/4 정도의 편이 수습되었는데, 높이는 38.45cm, 복원 입지름 29.2cm 로서 위아래가 길쭉한 長卵形을 외형상의 특징으로 하고 있다. 솥 동체의 윗부분에는 폭 3.0cm 크기의 전이 둘려져 있는데, 전 위 쪽으로는 음각선 여러 겹이 둘려져 있다. 중앙문화재연구원 『충주 첨단지방산업단지 조성사업부지내 충주 본리·영평리·완오리유적』 2009, pp.384-385 참조.

특히 충주의 경우는 다양한 철산지의 분포에도 불구하고 시대적으로는 거의 고려시대에 집중되어 있는 것으로 보이고, 통일신라와의 관계성이 아직 명확하지 않다는 점에서 충주를 산지로 지목하는 것은 쉽지 않다.[42]

해주의 경우는 반드시 해주만이 아니고, 해주 주변 황해도 일대가 풍부한 철산지였다. 『세종실록지리지』에 의하면 해주 이외에도 연안, 재령, 서흥, 봉산, 수안, 평산, 장연, 우봉, 은율, 문화, 송화, 신계, 안악, 풍천 등 황해도 거의 전역이 정철, 동철, 석철, 연철 등의 다양한 철산지로 기재되어 있다. 이정신에 의하면 고려시대의 경우 철산지가 가장 집중되어 있는 지역은 황해도의 은율, 재령 일대이고, 우봉철소는 태조 2년(1393)에 '우봉철소 별감'이 파견될 정도로 철산지로 중요한 지역이었다.[43] 우봉은 해주의 동쪽으로 예성강으로 연결되는 곳이다. 따라서 통일신라시대에도 해주 지역 일대가 각종 철물의 주요 생산지로 기능하면서 다른 여러 지역에 철제품을 공급 하였을 가능성도 배제할 수 없다.

본고에서는 영흥도선의 철제솥이 해주 일대의 황해도 지역, 혹은 충주에서 생산된 물품이었을 가능성을 일단 제안하여 둔다. 해주 등지의 황해도 토산중 '정철(正鐵)' 등의 철 이외에 '장록(獐鹿)' 등이 약재로서 기록되어 있는 점도 흥미 있다. 영흥도선의 선체에서 2점의 녹각류가 수습되었기 때문이다. 거기에 이들 황해도의 지역에서는 '칠(漆)'이 특산으로 되어 있기도 하다.

고려시대의 철산지가 신라시대부터의 생산 체계를 유지한 것이라고 단정할 수는 없겠지만, 철소의 성격상 전통이 이어질 가능성도 적지 않은 것이 사실이다. 거기에 녹용, 칠 등 주변 유물의 분포가 황해도에 부합하고 있다는 점에서 영흥도선의 출발지는 충주보다는 일단 황해도 지역일 가능성이 높다는 생각이다.[44]

---

42) 충주지역 야철유적에 대한 전체적인 검토 결과에 의하면 야철지 77개소 가운데 53개소를 고려시대로 지정하고, 나머지 24개소를 삼국(1), 조선 및 미상으로 비정해두고 있다. 반면 통일신라로 비정되는 유적은 전무하다. 이에 대해서는 길경택 「충주지역의 야철유적」 『역사와 실학』 32, 2007, pp.889-891 참조.

43) 이정신 「철광업과 철소」 『고려시대의 특수행정구역 소 연구』 혜안, 2013, pp.356-357

4. 영흥도선의 역사적 배경

취사에 사용되는 철제 솥이 일반화하는 시기는 아마 통일신라시대 이후인 것 같다. 삼국시대 이후 고려시대에 이르기까지 솥은 토제의 도기 솥이 많이 사용된 것으로 보이는데[45], 철제 솥은 도제 솥보다 고급의 물품이었던 것 같다. 신라 진정법사(眞定法師)가 집안에 있는 철솥(鐺)을 절에 시주하고 도제 용기를 솥 대용으로 사용하여 취사를 해결했다는 이야기도 통일신라시대의 철솥이 갖는 의미를 입증하고 있다.[46]

본고에서는 영흥도선이 황해도 해주 주변에서 생산된 철제솥과 다른 여러 물품을 선적하고 출항한 것으로 추정하였다. 신라의 변경지역에 해당하는 황해도 지역은 당시 '패강' 지역으로 8세기 이후 신라에 의한 신개발 지역이었다. 신라가 패강 이남의 땅을 당으로부터 공인받은 것은 성덕왕 34년(735)의 일이었다. 이는 732년 발해의 당 등주 공격 이후로서, 당의 요청에 의하여 신라가 출병한 데 대한 반대급부로 이해되고 있다. 신라는 이후 경덕왕 7년(748) 패강 이남 땅에 대하여 대곡성(大谷城) 등 14군현을 설치하였으며, 선덕왕 3년(782) 경에는 패강진을 설치하여 이 지역에 대한 신라의 지배권은 점차 강화되었다.[47]

---

44) 영흥도선의 선내에서는 '황칠'로 의심되는 특수 물질도 확인 되었는데, 황칠은 완도 등 서남해안의 특산이라는 점에서 영흥도선이 남부지역에서 북으로 운항중인 선박이 아닐까 하는 추측도 가능하다. 그러나 영흥도선의 '황칠'에 대해서는 '황칠과 유사한 성분을 확인' 하였지만, "명확하게 황칠이라 결론 낼 수 있는 자료는 불충분하다"고 하였다.(김효윤 「영흥도선 출수 도기병의 내용물 분석」『인천 옹진군 영흥도선 수중발굴조사 보고서』국립 해양문화재연구소, 2014, p.367) 혹 이 물질이 황칠로 판명된다 하더라도, 영흥도 선내의 황칠이 상품 혹은 공납품으로 적재되었던 물품이었는지에 대해서는 여전히 불확실하다.

45) 삼국-고려시대 토제 솥의 출토사례(15점)에 대해서는 정종태 「삼국-고려시대 솥(釜)의 전개 양상」『금강고고』2, 2005, pp.44-46 참조.

46) 『삼국유사』효선 9, 眞定師孝善雙美. 진정법사는 의상대사의 제자로서 신라 중대(7세기 말)에 활동한 인물이다. 진정법사와 관련 자료에 대해서는 김영하 「삼국유사 효선편의 이해」『신라문화제 학술논문집-신라인들은 효와 선을 어떻게 실천했는가』30, 동국대 신라문화연구소, 2009 참조.

47) 패강진 설치의 배경과 운영에 대해서는 강봉룡 「신라 하대 패강진의 설치와 운용」『한국 고

영흥도선은, 출발지는 물론 행선지 역시 가늠하기 어렵다. 일단 당시 왕경인 경주를 향하여 운행 중이었을 가능성을 상정해 볼 수 있지만, 황해도에서 경주는 너무 원거리가 되어 구태여 쇠솥과 같은 생활 용품을 황해도로부터 운송해올 이유는 없는 것 같다. 경주 일대에도 유명한 철산지가 분포하고 있기 때문이다.[48] 선박의 규모도 원거리보다는 중거리 운항용일 가능성이 많다. 그렇다면 영흥도선의 행선지는 아무래도 서해연안에 인접한 충청 혹은 전라도 지방이 아니었을까 생각된다. 운송된 상품은 1차 목적지 도착 이후 다시 내륙수로와 육로를 통하여 실수요처로 2차 운송되었을 것이다. 충청도 지역에서는 당진 대운산리(정미면) 토기가마 유적과 공주 공산성내 통일신라 건물지에서의 출토사례가 있는데, 모두 해로 혹은 내륙수로에 인접한 지역이라는 점이 공통적이다.

통일신라는 지방에 9주와 5소경이 설치되어 지방의 거점 지역을 이루고 있었다. 8세기 후반 이후 신라는 중앙의 집권력에 한계를 보이면서 각 지역에서 지방 세력의 성장이 이루어지기 시작하는 시점이기도 하다. 780년 혜공왕이 살해되고 선덕왕이 즉위함으로써 하대신라가 시작된다. 중국에서는 755년 안사의 난을 계기로 당 왕조의 지방 통제력은 급격히 와해되었고, 일본에서도 비슷한 변화의 조짐이 나타난다. 822년 웅천주에서 김헌창의 반란이 일어나고, 828년(흥덕왕 3) 장보고에 의하여 완도에 청해진이 설치된다. 청해진 설치의 명분은 '해적의 소탕'이었거니와, 여기에서의 '해적'이 '해상(海商)'으로서의 성격을 갖는 일종의 지방 '해상(海上) 세력'이었다는 것은 시사하는 바가 많다.[49] 청해진의 설치는 결국 지역 해상세력의 성장을 그 배경으

대사연구』 11, 1997; 박남수 「신라 성덕왕대 패강진 설치 배경」 『사학연구』 110, 2013; 박남수 「신라 패강진전의 정비와 한주 서북경의 군현 설치」 『동국사학』 54, 2013; 전덕재 「신라하대 패강진의 설치와 그 성격」 『대구사학』 113, 2013 참조.

48) 가령 경주부 동쪽 感恩浦의 沙鐵이 그것이며, 15세기에 여기에는 鐵場이 있어서 매년 正鐵 6,533근을 공납하였다고 한다.(『세종실록지리지』 경주부)

49) 윤재운 「8-9세기 동아시아의 교역」 『백산학보』 66, 2003, pp.32-35; 권덕영 「신라하대 서남해지역의 해적과 호족」 『한국고대사연구』 41, 2006, pp.299-333; 변동명 「9세기 전반 무주 서남해지역의 해상세력」 『한국사학보』 57, 2014, pp.47-55 참조.

로 하고 있기 때문이다.

청해진 설치는 신라 각 지역 해양 거점에 군진이 설치되는 신호탄이 되었다. 이듬해 829년(흥덕왕 4) 경기도 남양만에 당성진이, 그리고 844년(문성왕 6)에는 강화도에 혈구진이 설치된 것이다. 군진의 설치는 다시 지방세력의 조직화로 이어지는데, 이같은 추이가 다른 한편으로 새로운 물자의 수요를 증가시키고, 북쪽 변경지역인 황해도지역까지 경제활동의 범위가 확장되는 방향으로 진행되지 않았을까.

황해도 지역은 농업 이외에 다양한 특산물과 지하자원으로 풍부한 생산성을 가진 지역이었다는 점에서 이곳의 물산이 신라의 다른 지역으로 이동하였을 가능성은 충분하다. 이러한 물산의 이동은 거의 해로의 선편을 통하여 이루어졌을 것이다. 황해도 지역에서 육로를 통한 타 지역으로의 물자 운송은 불편 요인이 매우 많은데다, 해로는 이 지역이 신라-당 노선의 주요 거점이 되었던 터라 일찍부터 활성화되어 있었기 때문이다.

영흥도선의 편년에 대한 검토에서 정리된 바와 같이 영흥도선의 연대는 일단 8, 9세기에 해당한다. 조금 더 좁히면 아마 8세기 후반에서 9세기 초에 해당하는 것은 아닐까 한다. 경주지역의 강화된 집권력, 그리고 9세기 이후의 지방세력의 성장은 황해도 지역 물류 이동을 촉진하였는데, 영흥도선의 존재는 바로 이 시기 신라사회의 변화를 배경으로 하고 있다고 생각된다.

맺는말 | 이제 지금까지 논의한 내용을 정리하여 본고를 마무리하고자 한다. 영흥도 섬업벌 유적은 서남부에서 주로 12세기 후반의 청자유물이, 남부 구역에서는 선체편 3점과 함께 도기류, 철제 솥 등이 확인되었다. 이들 두 구역의 자료는 처음 하나의 유물군으로 추측되었으나, 선체편에 대한 방사성탄소 연대측정에 의하여 '8세기'라는 연대관이 도출됨으로써 영흥도 섬업벌의 유적은 청자를 중심으로 한 12세기 후반, 영흥도선의 선체를 중심으로 한 8-9세기 등, 크게는 두 건의 서로 다른 자료군

이 겹친 것으로 정리되었다.

　조사된 영흥도선은 위글매치법에 의하여 보정된 방사성탄소 연대측정의 분석에 의하여 '8세기 후반'(AD 710-730년과 AD 750-774년)이라는 연대가 도출되었다. 한편 선내에서 출수한 12점의 철제 솥, 혹은 5점의 도기 편년에 대한 검토 결과는 대략 8-9세기에 해당하고 있어서 일단 선체의 연대와 동반 자료의 연대는 부합하는 양상을 보여주고 있다. 이에 의하여 영흥도선이 통일신라 시기의 고대선박이라는 점은 의심의 여지가 없게 되었다. 다만 선내 출수의 유물 자료가 선체의 연대보다는 뒤쪽으로 설정되는 느낌이 있고, 선박의 시점이 선체의 연대보다는 다소 늦은 시점에 설정된다는 점을 고려할 때, 영흥도선의 연대는 일단 8-9세기를 벗어나지 않을 것으로 생각된다. 그리고 이를 좀더 좁힌다면 8세기 후반-9세기 전반 정도로 편년 설정이 가능하지 않은가 하는 의견이다.

　영흥도선의 선체편 자료는 보고서에서 '1열의 중앙저판과 2단의 외판재'로 정리되었다. 3개의 판재는 '일종의 저판 기능'을 한다고 해석되었지만, 실제로는 1열의 중앙저판과 그 좌우의 '외판'이기 때문에, 복원안에 의하면 영흥도선은 '첨저'에 가깝다. 본고에서는 선박이 갖는 일반적 특성상 이러한 복원안을 받아들이기는 어렵지 않은가 하는 의견을 피력하였다. '외판재'는 '만곡부종통재'와 유사한 형태인데, 이 자료는 고대 선박에서의 만곡종통재의 사용을 입증하고 있는 것처럼 보인다. 보고서에서의 '중앙저판'은 '저판 중의 하나'일 수 있지 않은가 하는 의견을 본고에서는 제안하였다. 9세기 장보고시대의 고대 선박에 대해서는 비교적 많은 논의가 있었지만 그 대부분이 무역선이나 견당선으로 이용된 원양 항해선에 대한 것이었다. 연안에서 운항한 고대선박에 대한 논의는 영흥도선으로부터 이제 시작되는 것이라 할 수 있다.

　영흥도선에 적재된 철제솥에 대해서는 해주와 같은 황해도 지역에서 생산된 것으로서, 당시 영흥도선은 적재한 화물을 수요처에 공급하기 위하여 남쪽(충청 혹은 전라도)으로 항해 중이었던 것으로 추측하였다. 8세기 이후 황해도 지역은 신라에 의한 집중적 신개발 지역이었다. 8세기 말 9세기 초에 이르면 통일신라는 경주의 진골 중심 중앙집권의 권위가 손상되고 지역에서의 독자세력 부상의 움직임이 시작되는 시점인데, 현재로서 영흥도선은 이같은 시대적 배경 하에서 이루어진 물류 이동의 한 측면을 반영하고 있는 것처럼 보인다.

본고에서는 장보고(?-841)에 가까운 시기의 영흥도선에 대하여 선체 구조의 특징, 출발 및 행선지, 역사적 배경 등 여러 문제를 언급하였다. 그러나 편년의 문제를 제외하면 대부분 명확한 근거를 제시하기는 어렵다. 따라서 영흥도선을 둘러싼 여러 문제에 대해서는 앞으로의 활발한 논의를 통하여 사실을 보완해 갈 것을 기대하게 된다. 본고가 이에 대하여 먼저 하나의 화두를 던지는 것이라고 이해해 준다면 더 이상 다행이 없을 것 같다.

* 본고는 『백제문화』 52, 공주대 백제문화연구소, 2015에 실린 논문임.

2장
고려시대
해양사와 해양루트

고려의 뱃길과 섬, 최근의 연구 동향

머리말 | 고려시대는 한국의 해양문화 연구에 있어서 의미 있는 요소를 담고 있는 시기이다. 뱃길을 통하여 서울과 지방을 연계하는 조운제라는 시스템을 정착시킨 것이 이 때였으며, 국내외 뱃길의 활용성을 높이기 위하여 주요 거점 섬에 객관 제도를 운용하였다. 타의적인 상황 때문이기는 하지만 수도를 섬으로 옮겨, 섬을 거점으로 40년 기간 국가를 운영한 것도 고려시대이다. 이 40년 동안은 연안의 모든 섬이 최대한 가용되어 섬으로의 인구의 대량 이동과 거주가 병행되었던 시기이기도 하다.

고려의 섬과 뱃길에 대한 연구는 이러한 점에서 한국 중세사의 일부로서 그 의미가 적지 않다. 여기에 근년 국립해양문화재연구소에 의한 지속적인 고려 선박에 대한 발굴조사는 뱃길과 섬, 해양문화가 차지하는 고려시대에 있어서의 비중을 더욱 높여주고 있다.

본고에서는 근년 고려시대사에 있어서 새로운 진전을 보이고 있는 해양의 역사, 즉 조운제, 뱃길, 선박, 목간 발굴 자료 등에 대하여 개요를 소개, 논의하면서 이들 문제에 대한 개인적 견해를 함께 언급하고자 한다.

1. 서울과 지방을 뱃길로 연결하다

'조운'이라고 하면 일종의 관영 물류운송 제도로서, 고려·조선 1천 년간 왕조를 지탱하는 핏줄 역할을 한 시스템이다. 선박을 이용한 해운 혹은 수운의 유통체계였던 때문에 '조운'이라 하였다. 개성을 수도로 한 고려는 한반도의 지리적 중심을 도읍으로 선택하여 5백 년을 지속하였다. 각 지방에서의 여러 형태로 수취한 조세를 중앙으로 운송하여 국가 재정을 비롯하여 왕실과 관서, 그리고 귀족들의 수요를 충당하였던 것이다. 고려시대 운용된 조세운송체계로서의 조운제도는 조선조에 계승됨으로써 한국의 중세를 일관한 기본적 물류체계로서 국가 운영의 기본 틀의 일부를 구성하였다.

고려 조운제에 대한 연구 역사는 처음 일인 학자들에 의하여 정리되고, 그 체계가 이루어졌다.[1] 이에 비해 국내 연구자들의 연구는 근년에 이르기까지도 극히 산발적이고 단편적 작업에 그치고 있었다. 조운에 대한 연구가 본격화 한 것은 불과 10년 정도의 역사 밖에 되지 않았다. 이점에서 조운은 최근 고려시대 연구 가운데 가장 진전을 보인 주제의 하나라 할 수 있다. 그것이 가능했던 것은 지역 관점에서의 자료의 재해석이 중요한 방법론으로 이용되고 있는 점, 그리고 국립해양문화재연구소의 고려선박 조사 등이 그 기반이 되었다.

고려시대의 조운제는 지방의 조운 거점에 조창이라는 기구를 설정하여 조세의 운송 등을 집중적, 체계적으로 담당하도록 한 것이 특징이다. 이 제도가 성립한 것은 건국이후 일정한 시간이 경과한 이후였다. 따라서 조운제도의 수립과 운영, 변화 등에 대한 전반적 흐름의 정리는 조운연구의 일차적인 과제가 된다.

고려 초, 아직 조운제가 정착하기 이전 단계의 과도적 조치가 '60포제'라는

---

1) 丸龜金作「高麗の十二漕倉に就いて」『青丘学叢』21, 22, 1935; 北村秀人「高麗初 期の漕運についての一考察」『古代東アジア論集』上, 吉川弘文館, 1978, p.359 및 北村秀人「高麗時代の漕倉制について」『朝鮮歷史論集』上, 1979

것이었다. 연안 혹은 강변의 각처에 60개의 포(浦)를 설정하여 지역 호족의 협조 하에 조운의 편을 도모하였다. 즉 고려 초에는 '포'를 거점으로 하여 호족의 협조 하에 조세를 중앙으로 운송하였는데, 성종 11년(992) 개경까지의 운송 거리에 따라 '수경가(輸京價)'를 제정하였으며, 운송에 간여되는 포구의 이름을 국가에서 새로 정하였다. 수경가 제도에 의하면 운송료 1석당 먼 곳은 5석부터 가까운 곳은 21석까지 개경까지의 세곡 운송이 가능하다. 60포의 위치는 현재 위치를 정확히 알 수 없는 곳이 많지만, 수경가 즉 운송운임만으로도 개경과의 거리의 원근을 짐작할 수 있다. 60포의 지역 분포에서 나타나는 특징 한 가지는 개경에 가까운 경기지역 내지 한강 하류의 포구 비중이 매우 높다는 점이다. 이것은 중앙집권이 이루어지지 않은 국초의 조세 수납이, 전국에 걸쳐 고르게 이루어지지 못함으로써 지역에 따른 편차가 매우 심하였던 사실을 반영하는 것이다.[2]

고려 조운제의 근간이 되는 12조창의 성립은 처음 성종조(982-997)[3]에서, 정종대(1035-1046)의 일로 근년까지 간주되어 왔다.[4] 그러나 최근의 연구는 현종대 혹은 다시 성종년간의 일로 정리되고 있다. 성종조는 지방 각처에 처음으로 수령이 파견됨으로써 고려 지방제도에 중요한 전기를 마련 하였지만, 5도 양계제에 입각한 지방제도의 정비가 크게 진전된 것은 현종대의 일이었다. 여기에서 유의되는 것은 국초에 조세의 중앙 수납을 위한 업무를 담당한 것으로 추측되는 전운사(轉運使)가 현종 20년(1029)에 혁파된 사실이다. 전운사의 혁파는 그 기능이 조창의 판관에게로 전환되었을 가능성을 시사하는 것이기 때문이다. 이러한 지방제도 정비의 추이를 고려할 때 현종조(1009-1031)에 조창제가 성립하였을 가능성이 많은 것이 아닌가 한다.[5]

---

2) 한정훈 「고려 초기 60포제의 실시와 그 의미」『지역과 역사』 25, 2009

3) 丸亀金作「高麗の十二漕倉に就いて」『青丘学叢』 21, 22, 1935.

4) 北村秀人, 앞의 「高麗初期の漕運についての一考察」 p.359

5) 문경호는 12조창의 설치 시기를 현종대 이전인 성종 14년 경으로 추정하고 있다. 조창 설치 이전, 60포창에 대한 분석 및 '국초'의 용례에 근거한 것이다. 문경호 「고려시대의 조운제도와

성종, 혹은 정종대가 아닌 현종대를 고려 조창제의 성립기로 보는 이같은 견해는 이미 한정훈에 의하여 제기된 바 있다. 현종대는 왕 9년(1018) '4도호 8목 56지주군사 28진장 20현령'의 설치에서 보는 것처럼 고려 지방제도의 정비가 일단락 완성되는 시기로 인식되고 있지만, 동시에 이 시기는 지방제도 만이 아니라 전국적 육상 교통망인 22역도(驛道)가 완성된 시기이기도 하다. 조운제도와 육상교통로의 정비가 밀접한 연관성이 있다는 점, 과도적 단계에서의 조운 업무 담당관으로 추정되는 전운사가 현종 20년(1029)에 폐지되고 있다는 점에서 한정훈은 바로 현종 말년의 이 시점이 새로운 세공 운송방식인 조창제 성립의 시기가 되는 것으로 추정하였다. 그에 뒤이어 정종대(1035-1046)에 조창별 조선(漕船)의 수가 정해지고, 이후 문종 18-21년 (1064-1067) 사이에 안란창이 추가되어 13조창의 조운제가 확립되었다는 것이다.[6] 조창제에 기초한 고려 조운제는 후기 사회의 대내외적 상황에 의하여 쇠퇴하게 되는데, 그 변화과정은 다음과 같이 간략히 정리되었다.

(표) 고려시대 조운제의 변화[7]

단계	I	II	III	IV	V
변화과정	전운사-조장 (租藏) 체제	60포제	조창 중심의 조운 체제	군현별 조운체제	조전성 (漕轉城) 체제
시 기	태조대 (918-926)-	성종11(992)-	현종20 (1029)-	14세기 전후-	공양왕대 (1389-1392)

조창의 성립과 관련하여 함께 정리되어야 할 기초적 사항은 전국에 설치한 13조창에 대한 문제이다. 흥원창(원주), 덕흥창(충주), 하양창(평택), 영풍

조창」『지방사와 지방문화』 14-1, 2011, pp.22-33 참조.

6) 한정훈 「고려시대 조운제와 마산 석두창」『한국중세사연구』 17, 2004, pp.35-36 ; 한정훈 「고려시대 교통과 조세운송체계 연구」 부산대 대학원 박사학위논문, 2009, pp.94-96

7) 한정훈 「고려 조운제의 해양사적 의미」『해양문화재』 2, 2009, p.175의 표를 재정리함

창(서산), 안흥창(부안), 진성창(군산), 부용창(영광), 해릉창(나주), 장흥창(영
암), 해룡창(순천), 통양창(사천), 석두창(마산), 안란창(장연) 등이 그것인데,
이들 13조창의 시설이 있었던 구체적 위치에 대해서도 근년에 와서야 좀 더
확실하게 정리되고 있다.[8]

조운 제도와 관련, 근년에 논의되고 있는 또 하나의 문제는 조운에 이용
된 선박, 조운선의 실체에 대한 문제이다. 한정훈은 태안 연해 등에서의 발
굴 자료의 성격에 대하여 검토하고, 이들 선박이 국가의 조운선이 아니면서
해운에 종사한 사선(私船)이라는 견해를 내놓았다. 즉 완도선은 12세기 중반
해남에서 생산한 다량의 청자를 남해안 지역에서 판매한 상선, 태안선은 개
인 주문의 강진 청자를 개경 수취인에게 전달하는 청자 운반선, 마도1호는
전라도 서남지역에서 수취한 개인 화물을 싣고 개경으로 출발한 화물 운반
선이라는 것이다.[9] 그러나 마도1호선의 경우, 이를 조운선으로 보아야 한다
는 반론이 곧 제기되었다.

문경호는 마도1호선의 용적이 조운선중 1천 석을 적재하는 초마선 급에
해당하는 것으로 추정하였다. 개인 수취의 물품도 조운선을 이용하는 경우
가 있다는 점 등을 들어 마도1호선에 개인 수취의 화물이 일부 적재되어 있
다 하더라도 이를 조운선으로 보는데 문제가 없다는 주장이다. 마도선의 성
격, 조운선 혹은 사선 여부를 규정하는 것은 앞으로 더욱 많은 논의를 필요
로 하는 것이지만, 2, 3호선까지를 포함하는 마도선의 경우 조운선으로 파
악될 수 있는 개연성은 높다고 하지 않을 수 없다. 국립해양문화재연구소에
의하여 2014년에 마도1호선이 고려 조운선으로서 실물 복원된 것도 이같은
전제에 의하여 추진된 것이었다고 할 수 있다.

근년 고려 조운 연구의 진전에는 국립해양문화재연구소에 의한 일련의 사
업이 큰 동력이 되었다. 2007년 이후 태안 해역에서의 수중 발굴, 2009년 조

---

8) 13조창의 위치에 대한 근년의 검토 결과를 종합적으로 검토하고 정리한 가장 최근의 연구는
   문경호의 논문(「고려시대 조운제도와 조창」, 『지방사와 지방문화』 14-1, 2011)이다.

9) 한정훈 「12·13세기 전라도지역 私船의 해운활동」 『한국중세사연구』 31, 2011, pp.95-109

운 관련 특별전('고려, 뱃길로 세금을 걷다')[10], 2014년 조운 관련 국제학술회의[11] 등이 그것이다. 여기에 2014년 고려 조운선 복원은 그 정점을 찍은 것이었다.[12]

2. 고려의 뱃길과 객관 설치

고려의 뱃길은 연안 해로와 해외로 연결되는 원양 항해 해로가 있다. 원양 항해의 해로 문제에 대해서는 일찍부터 논의가 있었다. 서긍의 『고려도경』 자료에 근거한 것이다. 이에 비해 국내 연근해 해로 문제가 본격 검토되기 시작한 것은 극히 최근의 일이다.

고려의 뱃길은 조운을 위주로 하는 연안 뱃길이 그 근간이다. 고려시대 뱃길에 대한 자료는 많지 않지만, 뱃길의 특성상 조선시대의 그것과 큰 차이가 없었을 것이라는 전제에서 조선시대 자료를 많이 참고하여 이를 참작하여 왔다. 그러나 고려 조운로에 대해서는 고려의 자료를 좀 더 면밀히 검토하고 이를 현지의 자료에 대응하여 해석하는 작업이 중요하다. 이 역시 기초적으로 이루어져야 할 작업이라 할 수 있는데, 근년에 와서야 비로소 작업의 진전이 이루어지고 있다.[13] 서, 남해 연안에서의 국립해양문화재연구소의 지속

---

10) 전시기간은 2009.11.13.–2010.1.24., 후속전시가 서울대 박물관과 공동으로 〈태안 해저 유물과 고려시대 조운〉(2010.3.19.–5.20.)이라는 주제로 서울대 박물관에서 개최되었다.

11) 국제학술회의 〈중세 동아시아의 해상교통과 조세운송 체계〉(2014.9.25.)에서의 발표자와 주제는 다음과 같다. 「중세 해로를 통해본 해상 교역체계의 성격」(기조강연, 나선화), 「한국 중세 조세운송체계의 시기 구분 시론」(한정훈), 「고려–조선시대 조창의 입지」(정요근), 「마도1호선 발굴선박 복원을 통해본 조운선의 구조」(강원춘), 「송·원·명·청 시기 漕賦運輸 노선의 변화와 사회경제 구조의 변동」(吳琦), 「일본 중세의 해상을 통해본 国의 수송시스템의 특징」(関 周一), 베트남 중세국가의 해양운송 체계의 성격」(Dinh Thi Le Huyen).

12) 국립해양문화재연구소 『마도1호선 구조설계 및 조선공학적 분석』(2013)을 토대로 하여 2014년 마도1호선의 실물 복원에 이른 것이다. 진수식은 2014.11.26. 거행되었다.

13) 한정훈 「고려시대 연안 항로에 대한 기초적 연구」『역사와 경계』 77, 2010 ; 문경호 「고려시대

적인 조사는 고려의 뱃길에 대한 또 다른 자료를 제공하고 있다. 확인된 수
중 유적과 유물의 위치가 고려의 뱃길을 암시하고 있기 때문이다.

송의 국신사(國信使) 서긍(1091-1153)의 『고려도경』은 고려시대 뱃길에 대
한 중요한 자료이다. 그가 고려에 온 것은 인종 원년(1123) 6월의 일이다. 1
년 전 훙거한 예종에의 조문, 그리고 송 휘종의 조서를 고려 국왕에게 전하
는 것이 이들 국신사의 중요 임무였다. 신주(神舟) 2척, 객주(客舟) 6척 등 8
척의 선단으로 절강 지역(영파)을 경유하여 고려에 내항한 이들은 1123년 5
월 16일 명주(경원, 영파)를 출발, 6월 3일 흑산도 인근을 경유하고 6월 6일
군산도의 군산정에서, 그리고 8일에는 안흥정에서 정박한 다음 북상하여 13
일 개경에 도착하였다.[14] 본격적인 항해가 시작된 초보산 혹은 정해현 심가
문으로부터는 20일 미만이 걸린 셈이다.[15]

서해안을 중심으로 고려의 뱃길에 대해서 최근 집중적 연구를 진행한 연
구자가 모리히라(森平雅彦)이다. 문헌에 대한 치밀한 검토만이 아니고, 이를
현지 조사에 의하여 꼼꼼히 대조함으로써 고려 뱃길의 복원에 크게 기여하
였다. 그 연구는 처음 흑산도 수역에서부터 출발하여,[16] 전라도, 충청도, 전
라도 연해 등 서해 연안 뱃길에 대한 검토와 정리가 차례로 이루어졌다.[17] 이
러한 연구와는 별도로 최근 고려 조운 연구의 일환으로 연안 뱃길에 대한 검

의 조운로, 『고려시대 조운제도의 연구와 교재화』 공주대대학원 박사학위논문, 2012,
pp.149-207

14) 서긍 『고려도경』 34-39, 해도 1-6.

15) 『송사』 487, 고려전에서는 고려와의 교통에 대하여, 명주·정해로부터 큰 바다까지 3일, 여기
  에서 흑산도 5일, 흑산도에서 서해 연안을 북상하여 예성강에 이르는데 7일 등 도합 15일을
  제시하고 있다. 서긍의 고려 사행을 중심으로 한 당시 송-고려 해로와 교류 등에 대해서는
  일찍부터 많이 관심이 베풀어진 바 있으나, 이들 연구 성과를 소개하는 것은 여기에서는
  생략한다.

16) 森平雅彦 「黑山島海域における宋使船の航路」 『朝鮮学報』 212, 2009

17) 森平雅彦의 연구의 결과는 「全羅道沿海における航路」 「忠清道沿海における航路」 「京畿道沿
  海における航路」 등으로 나누어 정리되었다.(森平雅彦 編 『中近世の朝鮮半島と海域交流』
  汲古書院, 2013) 한편 이 일련의 연구 결과에는 고려와 연결되는 중국(송, 원)의 대표적
  관문인 寧波港 水域에 대한 조사도 포함하고 있다.(「舟山群島水域における航路」)

토가 한정훈과 문경호에 의하여 이루어졌다. 세부적 논의에 있어서는 다소 차이가 엿보이기는 하지만, 고려의 조운로에 대한 상호보완적 논의로서 의미가 크다.

고려시대 서해안의 뱃길에는 주요 지점에 객관을 설치하여 개경에 이르는 데 불편함을 완화하였다. 서긍의 『고려도경』에 의하면 개경에 이르는 서해안 해로에는 군산도(선유도)의 군산정(群山亭), 태안 마도(馬島)의 안흥정(安興亭) 다음에 자연도(紫燕島:영종도)의 경원정(慶源亭)이 있고 예성항에는 벽란도에 벽란정이 설치되어 있었다. 마도의 안흥정은 원래 보령의 고만도에 설치되어 있던 것이 문종 31년(1077) 이후 옮겨진 것이다. 종래 별로 주목하지 않았던 이들 객관에 대해서는 모리히라의 연구가 괄목할 만하다. 특히 군산정과 안흥정에 대한 연구는 문헌과 현지 조사를 면밀히 검토하여 이루어진 의미 있는 연구 성과이다.[18] 이후 경원정에 대해서는 문경호가 정리하였고[19], 국립해양문화재연구소의 수중발굴이 진행되었던 마도의 안흥정 문제에 대해서는 필자도 의견을 보태었다.[20]

고려 객관의 논의와 관련하여, 중국 대표적 무역항인 영파(寧波)에 설치된 고려사관(高麗使館), 혹은 근년 고려 교통로 관련으로 발굴 조사되고 있는 원(院) 등에 대해서도 관심을 가지고 함께 파악할 필요가 있는 것 같다. 영파의 고려 사관은 1995년 그 터가 발굴되어 복원되었다. 발굴 상황의 모형관, 송대 고려사신관의 상상도 등이 설치되어 있는데, 원래 그 일대에는 '고려 장씨'들이 집단적으로 거주했다고도 한다.[21] 조사된 원(院)으로서는 파주 혜음원이 그 대표적인 예이고, 천안의 봉선홍경사(홍경원), 그리고 대전 유성의

---

18) 森平雅彦 「高麗群山亭考」 『年報 朝鮮學』 11, 九州大學 朝鮮學研究會, 2008; 「高麗における宋使船の寄港地馬島をめぐって」 『朝鮮學報』 207, 2008

19) 문경호 「1123년 서긍의 고려항로와 경원정」 『한국중세사연구』 28, 2010

20) 윤용혁 「고려시대 서해연안 해로의 객관과 안흥정」 『역사와 경계』 74, 2010(본서 소수)

21) 신형식 외 『중국 동남연해지역의 신라유적 조사』 재단법인 해상왕장보고기념사업회, 2004, p.327

상대동에서 조사된 고려 건물지(SD 건물지)는 고려전기의 광도원으로 추정된 바 있다.[22] 육로의 경우 원의 설치는 고개 부근의 '험조처(險阻處)'에 집중되는 현상을 보이는데, 객관의 경우도 이점에서 원의 경우와 상통하는 점이 있다는 것이 지적되고 있다.[23]

서해 해로상에 위치한 객관은 '군산정', '안흥정', '경원정' '벽란정' 등으로 이름이 붙어 있는데, 이로써 생각하면 보령의 고만도 정(亭)도 별도의 정호(亭號)가 있었을 것으로 생각된다. '정'이라고 하면 보통은 경치 좋은 곳에 지은 휴게용 건축을 일컫는 경우가 일반적이지만, 원래 '정'이라는 시설은 숙식 등을 해결하는 고려시대의 원과 유사한 점이 있었던 것 같다.[24] 베트남의 마을에는 지금도 '딩(亭)'이라는 공공시설이 있다고 한다. 마을 공동의식의 강화의 차원에서 제례, 사교, 오락 등 다양한 기능을 가지고 있는데, 원래는 행인들이 묵어가는 숙식시설에서 출발한 것이었다는 것이다.[25]

고려시대 이들 서해 '객관'에 대하여, 문경호는 '객관'보다는 '정관(亭館)'이라는 용어가 적합하다는 의견을 제안하였다.[26] 그리고 '관'이 숙식 제공을 포함하고 있는 것에 비해, 서해안의 '정'은 "환영식과 음식접대만 할 뿐 실제로 잠자리를 제공한 것은 아니었다"[27]고 하여 '정'과 '관'을 구분하였다. 『고려도경』의 서긍의 기록에 근거한 것이지만, 이것으로 서해안 객관(정)의 사용이

---

22) 최종석 「대전 상대동 고려유적지의 성격에 대한 시론적 탐색」 『한국 중세사연구』 31, 2011, pp.28–42

23) 한정훈 「고려시대 험로의 교통사적 의미」 『역사와 담론』 55, 2010, p.14, p.26. 객관의 위치는 '험로'의 진입 이전으로, "고갯길 주변에 위치한 원시설과 유사하게 객관이 위치하여 선박과 승선인에게 편의를 제공"하였다는 것이다.(p.26)

24) 송대의 『營造法式』에 "정은 사람이 모이고 머무르는 곳", 『후한서』 백관서에는 정은 "여행길에 숙식 시설이 있고 관리가 백성의 시비를 가리는 곳"이라 기록되어 있다고 한다.(원전 미확인) 박언곤 『한국의 정자』 대원사, 1989, p.68.

25) 송정남 「베트남 딩(dinh; 亭)에 관한 연구」 『국제지역연구』 7-3, 2003, pp.219–228

26) '정관'이라는 용어는 李裕元의 『林下筆記』, 혹은 『증보문헌비고』에서 사용하고 있는 용어이다. 문경호 「1123년 서긍의 고려항로와 경원정」 『한국중세사연구』 28, 2010, p.487 참조.

27) 문경호, 위 논문, p.487

외국 사신에만 한정되었다거나, 숙박의 제공은 하지 않았다고 단정할 수는 없을 것이다.

3. 섬을 서울로 삼았던 시대

반도라는 지리적 조건에도 불구하고 한국의 역사는 육지 중심의 역사이다. 바다와 섬은 그 주변이었다. 고려시대의 경우에도 섬은 육지와 차별되는 또 다른 주변세계였다. 군현체계와 별도의 향·소·부곡의 체계를 가지고 있는 고려에서 거주 공간으로서의 섬의 사회적 지위는 후자 즉 향·소·부곡의 체계에 응하는 것이 많았다. 그리하여 섬에 거주하는 도민들은 "특정의 생산물과 전업적 물품을 납부하는 특정의 역역이 부과된 존재"였다.[28] 이 때문에 섬은 육지에 부속한 주변 공간으로서 별다른 주목을 받지 못했던 것이 사실이다.

고려 전기, 12세기 섬에 대한 자료를 비교적 많이 담고 있는 대표적인 자료로서는 서긍의 『고려도경』을 들 수 있다. 서긍은 주(洲), 도(島), 서(嶼), 섬(苫), 초(焦) 등 섬의 여러 종류에 대해 언급하고 있다. 사람이 거주할만한 섬이 '도'이고, 도보다 작은 것을 '서'라 한다. 서보다 작지만 초목이 있는 것은 '섬', 돌로만 이루어져 있는 것이 '초'라는 것이다.[29] '주'는 도보다 더 큰 섬을 이른다. 이러한 기준을 따른다면 고려에 있어서 비교적 큰 규모의 섬이 '도'이고 규모가 작은 유인도들이 '서', 그리고 섬과 초는 무인도에 해당한다고 해석할 수 있다. 그러나 고려에서 실제 이같은 구분이 적용되었던 것으로 보기는 어렵다.

고려시대 육지와 섬의 관계에 비추어 생각할 때, 1232년 개경의 도읍을 강

---

28) 김일우 「고려와 탐라의 첫 관계 형성과 그 형태의 변화 양상」 『고려시대 제주사회의 변화』 서귀포문화원, 2005, pp.24-40

29) 서긍 『고려도경』 34, 海道 1

화도로 옮긴 것은 극히 파격적인 정책 결정이었다. 한국의 역사에서 수도를 섬으로 정하고 있던 시기는 이것이 유일한 것이다. 강화에의 천도는 물론 몽골의 침략 위협을 완화하기 위한 것이기는 하였지만, 당시 정책 결정자인 무인집정자 이외에는 국왕으로부터 대신 이하에 이르기까지 거의 모두로부터 동의되지 않았던 정치적 결정이었다는 점도 이것이 갖는 파격적 성격을 말해 준다. 이 파격의 결정이 가능했던 것은 몽골 위협에 대한 무인 집정자의 위기의식이 다른 누구보다 그만큼 엄중했다는 것이기도 하다.

강화도에 건설한 강도에 대해서는 전란기의 '임시 수도'로서 인식하는 것이 일반적이다. 그러나 천도를 주도한 무인정권이 강화 천도를 공식적 '천도'로서 인식하고, 강도를 '황도(皇都)'로 지칭한 예에서 보면 단순한 임시적 조치를 넘는 것이었다. 따라서 강도 건설은 서둘러 진행되기는 하였지만, 궁궐, 성곽, 관아, 사원 등 제반 시설이 개경을 방불할 정도로 일정한 규모를 갖추었다.[30] 이것이 가능했던 것은 앞에서 언급한 조운의 시스템이 전란 기간에도 여전히 운용되었기 때문이다.

강화천도와 관련, 이것이 몽골군의 수전 능력의 약점을 이용한 것이라는 점은 널리 알려져 있는 상식이다. 그러나 몽골군이 거란, 여진, 한족 등의 다민족으로 구성된 군사조직이었다는 점에서 몽골군의 수전 능력 미약이라는 것은 근거가 약하다거나,[31] 몽골이 강화도를 공격하지 않은 것은 몽골이 금, 송 전선에 집중함으로써 고려를 몽골제국의 중점 공격 목표로 삼지 않은 소극적 전략 때문이라는, 몽골 수전 취약론에 상반하는 견해도 있다.[32] 1221년 몽골은 조주(趙州)에서 금군과 수전을 벌여 대승하였으며, 1236년 초호(焦湖)에서의 수전으로 남송군 선박 3백 여 척을 노획했으며, 몽케 칸 대에는

30) 윤용혁 「고려 도성으로서의 강도의 제문제」『여몽전쟁과 강화도성 연구』혜안, 2011, pp.244-245

31) 이익주 「고려후기 몽골침입과 민중항쟁의 성격」『역사비평』24, 1994, p.261

32) 주채혁 「몽골-고려사 연구의 재검토 : 몽골 고려 연구의 시각문제」『애산학보』8, 1989, p.16

사천 전투에서 도원수 뉴림(紐琳)이 1만 5천 수군과 2백 척 배로 송 장실(張實)의 수군 5백 척을 격파하였다는 것이다.[33] 그러나 몽골군이 수전 능력이 없어서 강화도를 공격하지 못했다는 것도 문제이고, 몽골이 적극적으로 공격하지 않았기 때문에 강화도가 보전되었다는 것도 적절한 설명이라고 보기 어렵다.[34]

고려에 내침한 몽골군은 수군이 아니고 기병을 주력으로 구사하는 전투부대였기 때문에 수전을 펼치는 데는 그에 상응하는 부담과 별도의 준비를 필요로 하였다. 몽골군의 기본 전략은 강화도에 대한 직접 공격보다는 내륙 지방을 석권하고 유린함으로써 강도 정부를 굴복시키는 것이었다. 강화도는 지리적으로 공격하기 쉽지 않았던 데다, 3중의 성곽, 그리고 훈련된 수군과 전선의 방어력이 집중되어 있었기 때문에 간단히 공격을 결단할 상황은 아니었다. 몽골군의 전선이 금과 송에 집중되어 있었다고 하지만, 금에 대한 공격은 1234년에 이미 종료되었고, 남송에 대한 공격은 1258년에 본격적으로 전개되었다. 고려에 대한 공격은 1231년부터 시작하여 1259년까지였기 때문에, 금, 송에 대한 공격 시기와 크게 겹치고 있지 않다. 따라서 금, 송이 주전선이고 고려는 부차적이었다는 것도 적절한 논리라고 볼 수는 없다.

아시아에 있어서 몽골의 군사 정복과정을 훑어보면, 몽골이 시도한 해상 원정이 모두 실패하였다는 사실이 주목된다. 1274년과 1281년의 일본원정, 1282년의 참파(占城) 원정, 1288년 수군을 동원한 베트남 원정, 1293년 쟈바 원정, 1291년과 1296년의 류큐(流求, 瑠求) 원정 등이 그렇다.[35]

강화도에의 천도와 몽골전란기 40여 년(1231-1273)은 뱃길의 비중을 절대적으로 높이는 것이었고, 동시에 강화 이외 연안 섬들의 존재 가치를 새롭게 인식하게 되는 시기였다는 점에서 중요하다. 강화 천도에 의하여 강도는

33) 보르지기다이 에르데니 바타르 「쿠빌라이 칸과 원·고려 지배세력 관계의 성립」 『팍스몽골리카와 고려』 혜안, 2009, pp.52-53

34) 김기덕 「고려시대 강화도읍사 연구의 쟁점」 『사학연구』 61, 2000, pp.106-108 참조.

35) 송정남 「占城의 대몽항쟁에 관한 연구」 『베트남연구』 5, 2004, pp.29-30

개경의 지위를 지칭하는 '황도'로 칭해지기도 하였고, 또한 강화도 이외에 진도 혹은 제주도와 같은 제2, 제3의 섬의 수도가 구상되고 추진되었다는 점도 흥미 있다. 특히 진도의 경우는 강도시대 말기, 새로운 천도지, 제2의 해양 수도로서 지목되어 사업이 추진되었던 곳이다. 1270년 삼별초가 진도에 거점을 정한 것은 6월 봉기 이후의 결정이 아니었다는 것이 근년 수년에 걸친 목포대 박물관의 조사 결론이었다.[36] 이는 삼별초의 진도 입거 시점이 8월 19일(병술)이 아니고 6월 하순 쯤으로 보아야 한다는 필자의 의견에 부합하는 것이다.[37] 즉 국왕(원종)의 친몽 접근에 대하여 위기의식을 느낀 무인정권은 유사시 강화도를 포기하고 전열을 재정비하여 재기를 기하는 새로운 거점으로서 진도를 지목하고 준비를 진행하고 있었던 것이다. 그것이 바로 봉기 이전 용장성의 건설이었다. 다만 산성의 구축 및 '궁궐'의 조성 시기에 대해서는 약간의 견해차가 노정되고 있다.

진도 용장성의 발굴과 관련, 주변도서에서도 동일 기와를 사용한 건물들이 확인되었다. 완도 법화사지와 압해도 신용리 건물지의 '대장혜인계묘삼월(大匠惠仁癸卯三月)' 명 기와는 용장산성 출토의 것과 동일 기와이며[38], 법화사지에서도 용장성 연화문 와당이 출토하였다. 이것은 진도시대 서남해 연안 여러 도서가 일정한 연관에 의하여 방어선을 형성하고 있었음을 의미하는 것이다. 동시에 진도 용장성에서 출토한 연화문 와당과 유사한 자료가 오키나와에서 다수 출토함으로써 삼별초 일부 세력의 오키나와 이동설도 끊이지 않고 있다.

몽골의 침입에 대한 대응책으로서 섬으로의 입보가 채택되면서, 수도만이

36) 최성락 「진도 용장성의 발굴성과와 삼별초」 『목포권 다도해와 류큐열도의 도서해양문화』(목포대 도서문화연구원 도서해양총서 18), 민속원, 2012, p.40

37) 윤용혁 「삼별초의 진도항전」 『고려 삼별초의 대몽항쟁』 일지사, 2000, pp.197-198 및 윤용혁 「고려 삼별초의 항전과 진도」 『도서문화』 37, 2011, pp.87-89 참조

38) 고용규 「진도 용장산성의 구조와 축조시기」 『13세기 동아시아 세계와 진도 삼별초』(국제학술대회 자료집), 목포대학교박물관, 2010, pp.93-94

아니라 일반 지역민도 섬으로의 이전이 권장되었다.[39] 따라서 바다에서 가까운 지역의 경우에는 많은 인구가 전란 기간중 섬으로 주거를 이동하는 일을 반복하였다. 동시에 새로운 거주 공간의 가치가 높아진 섬의 가용 공간을 확보하기 위하여 둑을 쌓거나 농경지를 간척하는 등 도서 개발이 급속히 진행되었다. 이에 의하여 가장 급속하게 자연 환경의 변화가 수반되었던 곳이 강화도였다. 서남해 도서지역에 대한 지리, 고고학적 조사에 있어서는 이같은 변화점을 잘 파악하는 것이 필요하다고 생각된다. 13세기로 추정되는 울산 앞 바다 연자도 유적(온산읍 당월리)의 경우도 몽골전란기의 입보 유적으로 의심되는 사례이다.[40]

4. 중세의 바다, 고려의 배

고려 해양사에서 근년 가장 중요한 성과로 지목되는 것은 역시 연이은 고려 선박에 대한 수중 조사이다. 특히 태안 해역에서의 일련의 조사는 한국에 있어서 수중고고학의 새로운 단계를 맞게 한 계기가 되었다.

널리 알려진 바와 같이 한국에 있어서 수중고고학의 출발은 1976년부터 조사된 신안선으로 부터였고, 이것이 계기가 되어 1981년 문화재연구소 부설

---

39) 최근 여몽전쟁기의 해도(海島) 입보책에 대한 연구 성과로서는 강재광 「대몽전쟁기 최씨정권의 해도입보책과 전략해도」『군사』 66, 2008; 윤경진 「고려후기 북계 주진의 해도입보와 출륙 僑寓」『진단학보』 109, 2009; 윤용혁 「고려의 해도입보책과 몽골의 전략 변화」『여몽전쟁과 강화도성 연구』 혜안, 2011 등이 있다.

40) 연자도에 대한 조사 결과에 의하면 고려시대 건물지 22동, 수혈식 주거지 13동, 수혈 유구 280여 기가 집중되어 있음이 확인되었다. 그 성격에 대하여 발굴담당자는 "해상 활동과 관련한 세력집단"의 유적으로 추정하는 견해를 피력한 바 있다.(김성식 「연자도 유적을 통해서 본 고려 중.후기 울산지역 취락의 이해」『유적과 유물로 보는 고려시대 경상도 지역문화』(한국중세사학회 학술발표대회 자료집), 2012. pp.42-43) 그러나 13세기는 전란으로 인하여 해상활동의 거점이 등장하기에 적합하지 않은 시기이고, 연자도의 지리적 조건도 해상세력의 거점으로서 부합하지 않는다. 몽골전란기의 해도입보 관련 유적이라는 의견을 제안해둔다.

(표2) 한국 수중문화유산 발굴 현황(국립해양문화재연구소)[41]

연번	발굴연도	발굴유적	조사 지역	발굴유물	유적연대
1	1976–1984	신안선	전남 신안군 증도면 방축리	원대 선박, 동전 28톤, 송원대 도자기 등 22,000여 점	14세기 (1323)
2	1980, 1983, 1996	제주 신창리	제주도 북제주군 현경면 신창리	금제 장신구, 도자기	12–13세기
3	1981–1987	태안반도	충남 보령군, 태안군	고려 청자, 조선 백자 등	14–17세기
4	1983–1984	완도선	전남 완도군 약산면 어두리	고려 선박, 도자기 3만 여점, 선원 생활용품	12세기
5	1991–1992	진도선	전남 진도군 고군면 벽파리	중국 통나무배	13–14세기
6	1995–1996	무안 도리포	전남 무안군 해제면 송석리	고려 청자 638점	14세기 후반
7	1995	달리도선	전남 목포시 충무동 달리도	고려 선박	13–14세기
8	2002–2003	군산 비안도	전북 군산시 옥도면 비안도	고려 청자 등 2,939점	12–13세기
9	2003–2004	십이동파도선	전북 군산시 옥도면 십이동파도	고려 청자 등 8,122점	12세기
10	2004–2005	보령 원산도	충남 보령군 오천면 원산도	청자 편 1천 여 점	13세기 초
11	2005	안좌도선	전남 신안군 안좌도 금산리	고려 선박, 상감 청자 등 4점	14세기
12	2006–2009	군산 야미도	전북 군산시 옥도면 야미도	고려 청자 등 4,547점	12세기
13	2006	대부도선	경기 안산시 대부도 서부해안	선체 편 일괄	12–13세기
14	2007–2008	태안선	충남 태안군 근흥면 정죽리 대섬 인근	고려 선박, 고려 청자, 목간, 선상 생활용품 등 24,887점	12세기 중엽
15	2008–2010	마도1호선	충남 태안군 근흥면 신진도리	고려 선박, 고려청자, 목간 등 940점	13세기 초 (1207, 1208)
16	2009–2010	마도2호선	충남 태안군 근흥면 신진도리	고려 청자, 목간, 선상 생활도구 등 974점	13세기 초
17	2010	태안 원안 해수욕장	충남 태안군 근흥면 용신리	고려 청자 등 106점	고려시대
18	2011	마도3호선	충남 태안군 근흥면 신진도리	고려 청자, 도기호 목간, 선상 생활도구 등 309점	13세기 중엽 (1265–1268)
19	2012–2013	영흥도선	인천시 옹진군 영흥도 섭업별 근해	고려 청자, 쇠솥 등	8–9세기 /12세기
20	2012–2013	진도 오류리	전남 진도군 오류리	고려 청자, 총통 등	고려/조선

목포보존처리장이 설치됨으로써 국립해양문화재연구소의 초기 역사가 시작되었다.[42] 신안선 이후 국립해양문화재연구소의 수중 발굴은 도합 20건에 이르고 있다.

태안 안흥 연해에서 침몰선에 의하여 잔류된 것으로 보이는 자기류의 유물이 구체적으로 조사된 것은 1980년대의 일이다. 1981년부터 1987년까지 문화재청과 해군 해난구조대에 의하여 신진도 부근 연해에서 상감청자 40점을 비롯하여 100여 점의 유물을 인양하였다. 그후 태안에서 고려시대 침몰선의 선체와 유물이 구체적으로 확인된 것은 2007년 근흥면 정죽리 대섬 앞바다에서였다. 국립해양문화재연구소에 의한 현장에 대한 조사는 이듬해 2008년까지 지속되었으며, 청자를 중심으로 한 도자기 23,771점과 34점의 목간, 닻돌 2점과 인골 등 도합 2만 5천 점에 가까운 유물을 인양하였다.

인양된 유물의 절대량을 차지하는 청자는 대접·접시·완·잔 등의 일상용기들이며 음각·양각·철화·퇴화 등의 여러 문양이 있었지만 상감청자는 1점도 포함되어 있지 않았다. 대섬 발굴에서 특히 관심을 끌었던 것은 34점 분량의 목간이었다. 판독된 자료를 분석, 종합해보면 침몰선은 강진(탐진)에서 청자를 적재하여 개경으로 항해중에 있었으며, 이들 자기는 개경의 '최대경(崔大卿)'과 '류장명(柳將命)'의 댁, 그리고 무반 대정(隊正) 계급의 '인수(仁守)' 등에게 전달하도록 되어 있는 것이었다. 선상 생활용품으로서는 바구니, 청동완, 철제 솥, 도기병, 도기호, 동이, 시루편 등이 인양되었는데 도기호 중에는 생선젓갈이 담겨져 있는 것도 확인되었다. 출토 어류는 분석 결과 주로 조기류, 밴댕이, 볼락 등이었다.[43]

국립해양문화재연구소의 태안지역 수중발굴은 2009년부터 안흥항 부근 마도 해역으로 옮겨 진행되어 2011년까지 마도 1, 2, 3호선에 대한 조사가

41) 양순석 「한국 수중발굴 현황 및 매장환경에 따른 발굴 방법」 『농업의 고고학』(제16회 한국고고학 전국대회), 2012, p.492의 표를 약간 보완한 것임

42) 1990년 목포해양유물보존처리소, 1994년 목포해양유물전시관으로, 그리고 2009년에 국립해양문화재연구소로 확대 개편 되어 오늘에 이른다.

43) 국립해양문화재연구소 『고려청자 보물선-태안 대섬 수중발굴 조사보고서』 2009

이루어졌다. 2009년 마도1호선에 대한 조사에서는 선체와 함께 풍부한 목간 (죽찰) 자료가 출토하였다. 적재 화물은 곡식류가 대부분으로서 쌀, 벼, 조, 메밀, 콩 등의 곡류와 메주, 젓갈 등이었다. 특히 밴댕이를 비롯한 각종 젓갈이 든 도기가 거의 30여 점이나 확인됨으로써 당시의 생활상을 이해하는 데 매우 중요한 자료가 되고 있다. 수습된 자료의 내용으로서 보아 원래 적재된 화물은 곡물로서, 말하자면 마도1호선은 곡물 운송선이었던 셈이다.[44]

2010년(5월-10월) 조사된 2호선에서는 청자 매병을 비롯한 자기와 도기류, 화물 물표인 목간과 죽찰, 선상생활 용구(철제솥, 청동수저와 발, 대바구니, 젓가락, 맷돌) 등 도합 4백 여점 유물, 곡식류, 동물 뼈 등이 확인 조사되었다. 도기는 140점 분량의 청자로 기종은 발, 접시 등 생활용기로만 구성되어 있다. 3점의 청자 매병은 중방의 '도장교' 오문부(吳文富)에게 보내지는 것으로 꿀[精蜜]과 참기름[真]이 담아져 있던 것이다. 47점의 목간은 출항지, 생산지로 추정되는 전북의 고창(고창현, 무송현, 장사현)과 정읍(고부군) 등지의 지역이 확인되었다.[45] 마도2호선 역시 1호선과 같이 곡물 운송선이었을 것이다.

2011년 마도3호선 조사에서는 68점에 이르는 다량의 고려 도기호, 선원들의 선상 생활도구(철제 솥, 청동발, 접시, 국자, 수저 등 장기알)를 포함하여 309점의 유물이 인양되었다.[46] 도기호에는 식수 이외에 전복과 홍합 젓갈 등 음식을 보관한 것임이 밝혀졌다. 목간의 화물표에 의하면 이 선박은 전남 여수(麗水) 지역에서 강도로 발송된 공물을 적재하고 있었으며, 적재된 화물의 일부는 수취인이 '김영공(金令公)' 즉 김준(金俊)(1259-1268 집권)으로 되어 있다.[47] 마도3호선의 조사는 일단 종료되고 보고서가 간행되었지만 선체는

---

44) 국립해양문화재연구소 『태안 마도1호선 수중발굴 조사보고서』 2010

45) 임경희 「마도2호선 목간의 분류와 내용 고찰」 『태안마도2호선 수중발굴조사보고서』 국립해양문화재연구소, 2011, pp.438-447

46) 국립해양문화재연구소 〈충남 태안 마도 수중문화재 발굴조사 결과〉(2011.10.27 발표 자료)

47) 임경희 「마도3호선과 여수」 『제3회 전국 해양문화학자 회의(자료집 2)』 2012. 목포대 도서문화연구원, pp.57-58.

아직 인양하지 않은 상태로 매몰되어 있다. 그러나 지금까지 수중발굴에서 확인된 선박 가운데 마도3호선은 "상태가 가장 양호한 것으로 확인"되어[48], 이후 고려선박 연구에 괄목할만한 정보를 제공할 것으로 기대되고 있다.[49]

　지금까지 조사된 선박은 태안 연해에서는 태안선과 마도 1, 2호선 등 3척의 고려 선박이 조사되었다. 12세기 중엽에 해당하는 태안선의 선체는 4단으로 구성된 외판선부로서 평면 규모는 대개 가로 8m×세로 1.5m 정도이며, 총 6재로 짜여져 있었다. 이는 배 우현의 외판재(外板材)로 추정되며, 선체의 복원길이는 약 20m 길이로 추정 되었다. 태안선의 선체 매몰처 부근에서는 닻돌 2점이 수습되었다. 마도1호선의 잔존 규모는 길이 10.8m, 폭 3.7m로서 총 40편의 부재가 수습되었다. 선체는 7열의 저판을 가진 평저형 선박이며, 단면 형태가 거의 원통형에 가까운 부재를 사용하였다. 구조상으로는 만곡종통재가 사용되지 않은 점이 특징이다.[50] 마도2호선은 잔존 길이 12.6m, 중심폭 4.4m 규모이다. 선체의 저판은 1호와 마찬가지로 7열이고, 저판에 깊이 13cm의 돛대 구멍이 잔존해 있고 선수가 선미보다 넓은 구조로 되어 있다. 역시 1호와 같이 대형 원통목이 균일하게 배치되어 있는데, 원통목의 용도는 횡강력 유지, 화물의 받침 등의 필요에 의한 것이었다는 추정이다. 저판과 외판의 연결은 만곡종통재 없이 L자형 턱과 사선절삭의 두 방식을 혼

---

48) 노경정 「마도해역에서 발굴된 고선박의 구조와 성격」 『농업의 고고학』(제16회 한국고고학 전국대회), 2012, p.505

49) 고려시대 선박의 조선 기술 변화에 대한 전반적 고찰로서는 곽유석 『고려시대 선박과 조선기술에 관한 연구-발굴사례를 중심으로』 목포대대학원 박사학위논문, 2010 참조.

50) 보고서에서는 저판의 수는 7열이지만, 실제 저판은 5열이고 좌우 양 측단의 각1열은 다른 저판에 비해 위치가 상대적으로 높아 성격상 일종의 과도적 단계의 만곡부종통재에 해당한다는 의견이 제시되어 있다.(국립해양문화재연구소 『태안 마도1호선 수중발굴 조사보고서』 2010, p.345 및 노경정 「마도해역에서 발굴된 고선박의 구조와 성격」 『농업의 고고학』(제16회 한국고고학 전국대회), 2012, pp.510-512) 그러나 이 좌우측 가장자리의 저판은 선수에서부터 서로 연결되는 것으로, 기본적으로 저판의 일부라는 의견이 제시되어 연구자 간의 견해차가 확인된다.(홍순재 「고려시대 난파선의 구조와 제작기술의 변천」 『해양문화재』 4, 2011, pp.254-257) 마도 1, 2호선의 저판을 일단 7열로 파악하는 것은 문제가 없는 것으로 보인다.

51) 최유리 「마도2호선 잔존선체 구조 고찰」 『태안 마도2호선 수중발굴 조사보고서』 2011, p.463

용하였다고 파악되었다.[51] 다소 애매한 이같은 연결 방식은 "만곡부종통재가 완전히 사라지기 전 과도기적인 형태"일 가능성도 제시되었다.[52] 1, 2호선 모두 13세기 초의 선박에 해당하며 기본적인 구조와 형태가 비슷한 곡물 운송선이라는 점에서, 유사 성격의 선박으로 파악된다.[53]

고려 선박, 특히 태안선 혹은 마도 1, 2호선과 관련하여 문제로 떠오른 것이 조운선의 실체에 대한 문제이다. 가령 고창, 정읍 등 전북의 평야지대에서 개경으로의 곡물을 운송하는 중이었던 마도1호선의 경우는 침몰된 13세기 초 고려의 조운선일 가능성이 있다. 그러나 이에 대해서는 선내에서 발견된 다양한 수취인과 발송인의 각종 화물이 실려 있어 조운의 운영과 성격이 다르다는 것, 수습된 목간 내용에서 조창 혹은 조창민의 존재가 확인되지 않는다는 점 등을 들어 마도1호선은 조운선으로 볼 수 없다는 견해가 발표 되었다. 이 배는 강진에서 청자를 싣고 개경을 향했던 태안선과 마찬가지로 전라도 지역 민간 상인의 사선으로 파악해야 한다는 것이다.[54]

이에 대하여 문경호는 마도1호선의 용적이 조운선 중 1천석을 적재하는 초마선 급에 해당하는 것으로 추정하고 마도1호선에 개인 수취의 화물이 일부 적재되어 있다 하더라도 이를 조운선으로 보는데 문제가 없다고 하였다.[55] 마도선의 성격, 조운선 혹은 사선 여부를 규정하는 것은 앞으로 더욱 많은 논의를 필요로 한다. 그러나 마도1호선이 조운선이 아닌 민간인의 사선이라면, 지금까지 조사된 10여 척의 고려선중 조운선은 한 척도 확인되지 않는 셈이 된다. 이들 고려선 대부분이 조운의 뱃길에서 확인된 자료이고 보면, 이러한 해석은 자연스러워 보이지 않는다. 규모, 적재 화물, 구조 등의 점에서 첫째로 조운선으로 꼽힐만한 것이 마도1호선이 아닌가 생각된다.

---

52) 김병근 「수중발굴 고려선박 구조와 시대구분 고찰」『해양문화재』 3, 2010, p.168

53) 발굴된 고려선의 현황은 본서 p.67의 표 참조.

54) 한정훈 「12·13세기 전라도지역 私船의 해운활동」『한국중세사연구』 31, 2011, pp.101-109

55) 문경호 「태안 마도1호선을 통해본 고려의 조운선」『한국중세사연구』 31, 2011, pp.133-139

5. 목간이 밝혀주는 바다의 역사

국립해양문화재연구소에 의한 최근 5년 간(2007-2011)의 태안 해역에서의 조사는 해양사 및 관련 분야 연구에 다음과 같은 점에서 새로운 전기를 만들었다. 첫째, 다량의 청자 자료의 확보와 함께 도자의 편년 정리에 중요한 기회를 제공하였다는 점이다. 둘째, 선상 도구, 생활용품, 다양한 식문화 자료를 통하여 고려 사람들의 생활 모습에 보다 구체적으로 접근할 수 있게 된 점이다. 셋째, 연대를 가늠할 수 있는 고려 선박을 조사하여 고려시대 선박사 연구에 중요한 자료를 보탰다는 점이다. 넷째, 다량의 목간(죽찰) 자료를 확보하여 발굴된 관련 자료의 편년과 역사적 검토를 가능하게 한 점이다.

사실 태안 연해에서의 목간 자료는 당 시기에 활동한 인물과 연대를 확인할 수 있는 정보를 제공함으로써 선박과 유물 등 관련 자료의 가치와 의미를 극대화시킨 것이었다. 특히 그동안 중세사 영역에서 목간 자료가 거의 출현하지 않았던 만큼, 목간의 출현과 분석은 고려시대 역사 연구에 있어서도 새로운 지경을 넓히는 커다란 공헌이었다. 이들 목간 가운데 편년 확인이 가능한 기록이 나오고 있다는 것은 무엇보다 소중한 사실이다.

태안선 발굴에서 가장 첨예한 논의를 불러일으킨 것은 침몰선의 연대 문제였다. 절대 연대를 알 수 있는 자료가 결여되어 있었던 만큼 침몰선 연대의 추정 작업은 주로 인양된 청자에 대한 연대관에 초점이 모아졌다. 발견 당시의 청자에 대한 의견은 12세기 중후반으로 알려졌으나, 이후 발굴 자료에 대한 총괄적 검토 결과는 12세기 전반, 13세기 초(1210년대) 등으로 전문가에 따라 그 견해가 상당히 엇갈린 바 있다.[56] 이러한 논란을 일거에 잠재운 것이 목간의 기록이었다. 원래 태안선에서는 20건의 목간이 조사되었다. 그런데 간지가 적힌 태안선의 목간이 늦게 확인된 것이다. 목간(25017)의 글자

---

56) 대섬 침몰선 2만 여점의 청자 가운데 상감 청자가 한 점도 포함되어 있지 않다는 점과 굴포 운하의 개착 시도가 1134년이었다는 점을 감안하여 위의 연대관중 12세기 전반의 가능성이 높지 않을까하는 의견을 필자도 제안한 바 있다. 윤용혁 「고려시대 서해 연안해로와 강진청자」『청자보물선 뱃길 재현기념 국제학술심포지엄』강진군, 2009, pp.38-41.

가 적외선 사진에 의하여 '辛亥(신해)' 또는 '辛未(신미)'로 판독되었기 때문이다.[57] 신해는 1131년(인종 9), 신미는 1151년(의종 5)이므로, 여하튼 태안선의 연대는 목간 자료에 의하여 12세기 전반, 혹은 중반으로 확정된 셈이다.[58]

태안선에서의 목간 자료 때문에, 마도 해역에 대한 조사에서도 목간, 특히 연대를 알 수 있는 목간 자료의 출현 여부가 초미의 관심이었다. 과연 마도의 1, 2, 3호선에서도 모두 목간이 확인되었다. 이들 목간은 대개 적재한 화물의 수취인과 발송인을 적은 일종의 화물표이며, 재료는 대나무로 제작한 죽찰(竹札)도 많이 포함되어 있다.[59]

마도1호선에서는 도합 73점의 목간, 죽찰이 발굴되었는데, 이에 의하면 화물의 발송지역은 '죽산현'(현재 해남군 마산면), '회진현'(나주시 다시면), '수령현'(장흥군 장흥읍) 등이었고 '별장 권극평(權克平)' '대장군 김순영(金純永)' 등의 인명이 등장한다. 이와 함께 '정묘'와 '무진'이라는 2개의 간지가 확인되었는데, 그 연대는 1207년(희종 3)과 1208년으로 압축되었다. 마도1호선의 연대를 13세기 초로 확정한 셈이다. 마도2호선에서는 간지의 기록은 없었지만 화물의 수취인 중에서 '이극서(李克偦)'라는 유력한 관료의 이름이 등장함으로써 이 선박의 연대가 1219년에서 수년 이전의 13세기 초라는 사실이 확인되었다. 추밀원부사(1219), 평장사(1220) 등을 지낸 이극서가 '낭중'의 직으로 나오고, 또 '대경(大卿) 유(庾)'라는 인물은 고종조 좌복야를 지낸 유자량(庾資諒, 1150-1229)으로 추정되었다. 유자량은 1213년 퇴임하였기 때문에, 이를 근거로 삼는다면 2호선의 연대는 1213년에서 수년 이전, 1200년 경으

---

57) 임경희 「태안선 목간의 새로운 판독-발굴보고서를 보완하며」 『해양문화재』 4, 2011, pp.322-324

58) 필자는 이 태안선의 연대가 1151년보다 1131년의 가능성이 매우 높은 것으로 판단하고 있다. 태안반도에 안흥량을 피하기 위한 운하 굴착작업이 개시된 것이 1134년(인종 12)이고 보면, 1131의 침몰 사건은 운하 굴착의 정책을 결단하고 추진하는 하나의 계기로서 작용하였을 것으로 생각되기 때문이다.

59) 가령 마도1호선의 경우 총 73점의 화물표중 목간 15점에 죽찰은 58점이었고, 3호선은 35점의 목간중 목간 15점, 죽찰 20점이었다. 임경희 「태안 마도 목간의 분류와 주요 내용」 『태안 마도1호선 수중발굴 조사보고서』 국립해양문화재연구소, 2010, p.607; 임경희 「목간」 『태안 마도3호선 수중발굴 조사보고서』 국립해양문화재연구소, 2012

로 압축되고 있다. 마도1호선에 약간 앞서는 시기이다.[60]

마도선의 목간중 가장 흥미있는 것은 3호선의 자료이다. 3호선에서는 35점의 목간이 발굴되었는데 그 가운데는 '김영공(金令公)' 혹은 '우삼번별초' 등의 수취인 이름이 포함되어 있다. 김영공은 무신집정자 김준(1259-1268 집권)을 가리키는 자료이기 때문이다.[61] 목간에 적힌 수취인 중에는 '김영공' 이외에 시랑 신윤화(辛允和), 승선 유천우(俞千遇)를 지칭하는 '유승제(俞承制)' 등이 있어[62], 마도3호선의 연대는 1265-1268년 사이로 좁혀졌다.[63] 김준은 1264년(원종 5) 교정별감에 임명되고, 이어 1265년 정월 시중에, 그리고 다시 같은 해 10월 해양후에 책봉된다. 이를 종합하면 마도3호선의 연대는 대략 '1265년 경'으로 좀 더 좁힐 수 있는 것으로 본다.[64]

마도3호선의 목간중 '우삼번별초(右三番別抄)'의 묵서 자료가 있다. 이 표찰의 수취인 표시 뒷면에는 물품의 내용이 각각 적혀 있는데, '마른홍합 1석', '상어 1상자' 등으로 해석되었다.[65] 여기에서의 '우삼번별초'가 우별초를 지칭하는 것임은 의심의 여지가 없다. 마도3호선의 시기를 1265년 경이라고 한다면, 이 물품들은 5년 후(1270) 개경정부에 반기를 들고 봉기하여 강화도에서 진도로 거점을 옮겨 신정부를 수립한 바로 그 삼별초 군영에 보내진 물품이

---

60) 임경희 「마도2호선 목간의 분류와 내용 고찰」『태안 마도2호선 수중발굴 조사보고서』 국립해양문화재연구소, 2011, pp.438-446; 임경희 「마도2호선 목간의 판독과 분류」『목간과 문자』 8, 2010

61) '김영공'이 김준(김인준)을 가리키는 것임은 『고려사』 105, 俞千遇傳에서 '令公指仁俊'이라 한 데서도 확인된다. 『고려사절요』에 의하면 '영공' 지칭 관련 사건의 시기는 원종 6년(1265) 3월의 일로 되어 있다. 김준은 2012년에 방영된 MBC 주말 역사드라마 〈武神〉의 주인공이기도 하다.

62) 유천우는 1263년 12월 추밀원 좌승선에 임명되고 이듬해 1264년 7월 지어사대사로 옮겼다. (『고려사』 25, 26 원종세가) '승제'는 왕명의 출납을 담당하는 승선에 대한 지칭이다.

63) 임경희 「마도3호선과 여수」『제3회 전국 해양문화학자 회의(자료집 2)』 2012. 목포대 도서문화연구원, pp.57-58.

64) 近侍職을 지칭하는 '承制'에 해당하는 직책인 유천우 좌승선의 시기는 1263.12-1264. 7, 그리고 김준이 '영공'의 칭에 적합한 것은 해양후에 봉해진 1265년 10월 이후이다. 유천우는 1264년에 7월에 좌승선 직에서 옮기지만 이 화물표가 공문서가 아닌 편의상의 인식표라는 점에서, 마도3호선을 '1265년 경'으로 설정하더라도 문제는 없다고 본다.

65) 임경희 「마도3호선 목간의 현황과 판독」『목간과 문자』 8, 2011, pp.215-219

었던 것이다.

태안 해역에서의 5년 간의 국립해양문화재연구소 조사와 관련하여 마지막
으로 한가지 더 언급하고 싶은 것은, 수중에 산재한 다량의 닻돌을 인양하
여 닻돌 연구에 새로운 계기를 마련한 점에 대해서이다. 마도선 발굴과 관련
한 2009, 2010년 마도 해역에 대한 수중 조사에서 선박에 장착한 닻돌이 국
외의 것을 포함, 무려 60여 점 이상 조사되었기 때문이다.[66] 우리나라에서의
닻돌은 십이동파도선, 태안선에서의 2례의 출토 밖에 없었던 상황이었던 터
라, 조사 결과는 전혀 예상하지 못하였던 것이다. 이에 의하여 한국은 일거
에 다량의 닻돌 보유국이 되었고, 앞으로 닻돌이라는 새로운 연구 소재를 통
하여 중국, 일본 등 주변 국가와 국제적인 연구를 진전시킬 수 있는 조건을
마련한 것이다.[67]

한국의 고려시대 닻돌은 부정형한 석재를 대충 다듬어 이용하는 것에 비
하여, 중국의 송원대의 닻돌은 정교하게 연마하여 제작한 것이 특징이다.[68]
고려시대 송, 원과의 활발한 교류를 감안하면, 중국의 닻돌이 한국의 연안
해역에서 확인되는 것은 앞으로도 가능한 일이다. 동시에 고려선의 닻돌을
해외에서 확인하는 것도 앞으로의 과제가 된다. 가령 13세기 여원군의 일본
침입 때 여원군이 점령하였던 잇키(壹崎)에 소재한 '좌경비(左京鼻) 닻돌(碇
石)'을 비롯한 4기의 닻돌은 고려선의 것일 가능성이 높다.[69] 1994년도 후쿠

---

66) 임경희 「마도3호선 목간의 현황과 판독」『목간과 문자』 8, 2011, pp.215-219

67) 小川光彦 「碇石の分類と變遷」『고려의 난파선과 문화사』(학술회의 발표자료집) 국립해양문
화재연구소, 2011

68) 가령 27번 닻돌이 이에 해당한다. 국립해양문화재연구소『태안 마도해역 탐사보고서』p.186

69) 四日市康博『モノから見た海域アジア史』九州大學出版會, 2008, pp.20-21 참조. 四日市 가
柱狀不整形의 유형으로 분류한 잇키의 닻돌 4점의 출토지 및 소재지는 다음과 같다.(四日
市康博, p.35)

가칭	현 소재지	출토, 발견지
壹崎 左京鼻 碇石	壹崎市 芦邊町 瀬戸浦 少貳公園	芦邊町 八幡 左京鼻沖
壹崎 大師堂	壹崎市 芦部町 鬼川大師堂	壹崎島 芦部町 八幡 瀬戸浦
壹崎 千人堂	壹崎市 芦部町 千人堂	壹崎島 芦部町 八幡 瀬戸浦
壹崎 舊役場横	壹崎市 芦部町 役場横	壹崎島 芦部町 八幡 瀬戸浦

112   한국 해양사 연구

오카 교외 시카노시마(志賀島) 해변에서 발견된 현무암질 닻돌은 제주도산일 가능성이 높은 것으로 보고된 바 있다.[70] 이러한 점에서 생각하면, 최근 태안 해역에서의 닻돌의 대량 확인은 고려 해양사 연구의 새로운 연구 소재를 개척한 작업이었다. 따라서 이에 대한 앞으로의 구체적인 연구가 진전되어야 할 것이다.[71]

맺는말 | 근년 고려시대 연구에 있어서 해양사 연구의 진전은 괄목 할만한 점이 있다. 여기에는 고려시대 선박과 해양사 자료를 지속적으로 확인한 국립해양문화재연구소의 수중 발굴조사가 중요한 계기가 되었다. 다량의 청자 자료, 선상 도구, 생활용품, 다양한 식문화 자료, 수 척에 이르는 고려 선박, 그리고 여기에 더하여 연대를 가늠할 수 있는 목간(죽찰)까지 동반 출토함으로써 역사적 검토의 구체성을 더욱 높였던 것이다.

본고에서는 조운제도, 해로와 객관, 선박, 목간 자료 등을 중심으로 최근의 연구 성과와 그 경향을 개략적으로 정리하고 검토하여 보았다. 이에 의하여 새롭고 의미 있는 논의가 근년 집중적으로 이루어지고 있는 상황을 확인할 수 있었다. 자료 분석의 여지를 아직도 많이 남기고 있기 때문에 관련 연구에 대한 논의는 앞으로도 활발하게 전개될 것이 틀림없다. 최근의 연구 성과들을 통하여 몇 가지 점을 다시 확인하면서 본고를 마무리 하려 한다.

기초적 자료 조사의 중요성이다. 지명 확인, 현지 조사를 통하여 지금까지 소홀히 되었던 현지 자료를 충실히 확보해 가는 노력이 필요하다. 둘째는 발굴 등을 통하여 새롭게 확인된 자료에 대한 치밀한 분석이다. 수중 발굴 자

---

70) 鈴木和博·與語節生·加藤丈典·渡辺誠「博多灣, 志賀島で發見された玄武岩質碇石の産地」『名古屋大學博物館報告』16, 2000, pp.4-5. 志賀島 碇石은 길이 112cm, 폭 30cm, 두께 23cm 크기에 123.5kg 중량으로, 1994년 志賀島 서남부 蒙古塚에서 가까운 해변에서 발견되어 현재 福岡市 埋藏文化財센터에 소장되어 있다.

71) 홍광희「한국 닻돌의 쓰임새 연구」『농업의 고고학』(제16회 한국고고학 전국대회), 2012는 이러한 닻돌 연구의 출발로서 의미가 있다.

료는 매우 복합적인 자료를 포괄하고 있으면서 서로 연관이 되어 있다. 따라서 이들 자료에 대한 개별 분석과 종합적 검토 등 다양한 자료 검토를 통하여 지금까지 전혀 인지하지 못했던 새로운 정보를 확보해 갈 수 있을 것이다. 특히 선박, 음식 문화, 목간 등에 대한 정보는 다양한 검토와 활용의 여지를 내포하고 있다.

자료에 대한 국제적 차원의 검토도 중요하다. 국외 학자들과의 교류 및 관련 유물의 양상을 국제적 시야에서 해외 자료와 비교 검토하는 작업이 그것이다. 이점에서 2010년대 고려시대 해양사 연구는 기초자료의 치밀한 수집 분석과 함께, 국제적 시야에서 이를 검토해가는 투 트랙의 연구 과제를 남기고 있다. 물론 수중 문화유산의 조사 작업이 앞으로도 지속되어야 하기 때문에, 이점에서는 쓰리 트랙의 연구 방향이 전개된다고 할 수 있을 것이다.

해양의 역사는 개방과 포용을 지향하는 역사이다. 이같은 해양 역사의 방향은 21세기 한국과 동아시아의 발전 방향과 맥을 같이 한다. 한편 해양사의 연구 방식도 여타 분야보다 개방과 포용이라는 '해양사적' 연구 태도가 요구된다. 목포대 도서문화연구원이 중심이 되어 2010년부터 연례 학술행사로 추진하고 있는 〈전국 해양문화학자 대회〉는 이같은 '해양사적' 방식을 실험하고 있는 연구 활동이다.

* 본고는 『도서문화』 42, 목포대 도서문화연구원, 2013에 실린 논문임.

중세의 관영 물류 시스템, 고려 조운제도

머리말 | '조운'이라고 하면 고려·조선 중세 1천년을 지속한 대표적 관영 물류운송 제도이다. 선박을 이용한 해운 혹은 수운의 유통체계였던 때문에 '조운(漕運)'이라 하였다. 고려는 한반도의 지리적 중간점에 위치한 개성을 도읍으로 선택하여 5백 년을 지속하였다. 그리고 이 시기 각 지방에서 여러 형태로 수취한 조세를 중앙으로 운송하여 국가 재정을 비롯하여 왕실과 관서, 그리고 귀족들의 수요를 충당하였다. 이러한 고려의 조운제도는 조선조에 계승됨으로써 도합 1천 년 간 한국의 중세를 일관한 기본적 물류체계로서 국가 운영의 기본 틀의 일부를 구성하였던 것이다.

이러한 점에서 고려시대 조운제도의 내용을 검토하는 것은 중세 국가 체제와 사회경제 운영의 파악을 위하여 매우 중요한 것이다. 동시에 조운은 선박을 이용한 운송 체계였다는 점에서 연안 해로, 선박 등 여러 문제와 연계되어 있는 문제이기도 하다.

고려시대의 조운제는 지방의 조운 거점에 조창이라는 기구를 설정하여 조세의 운송 등을 집중적, 체계적으로 담당하는 일종의 관영 운송체계였다고 할 수 있다. 이것이 가능하기 위해서는 제반 사회구조가 이를 뒷받침되지 않으면 안된다. 이러한 점에서 조창 중심의 고려 조운제는 이 시기의 역사적 사회적 특성을 잘 보여주는 제도라고 말할 수 있다. 본고에서는 이러한 관점에서 조창 중심의 고려 조운제가 어떻게 형성되고 정비, 변천해 갔는가 하는 고려 조운제의 역사적 추이를 정리해보고자 한다.

1. 조운제도 성립 이전의 물류

조운제도는 고려시대 이후 중앙집권 국가의 유지를 가능하게 한 경제적 체계로서 중요하게 인식되고 있다. 자연히 조운제도 성립 이전 신라시대에 있어서 지방의 조세는 어떻게 운송 되었을까 하는 의문이 떠오른다. 중앙집권 국가의 경우 조세의 수취와 이의 중앙 운송은 고대 왕국에 있어서도 필수적인 사항이었을 것이기 때문이다. 따라서 중앙집권 국가가 수립된 삼국시대 이후 지방으로부터의 조세 수취와 운송을 위한 최소한의 조치는 이루어지고 있었다고 생각된다. 다만 중앙집권의 집중도가 시대에 따라 차이가 있기 때문에 조세 운송이 어느 정도 이루어진 것은 삼국 후기의 일이었다고 할 수 있다.

삼국 가운데 특히 백제는 조세 운송을 해상 혹은 내륙수로를 통하여 일정 부분 충당하는 운송 체계가 마련되어 있었을 것으로 생각된다. 백제의 수도가 한강과 금강 하안에 시종 존치된 것도 교통상의 편의성 이외에 조세 수취와 물자교류의 용이성의 측면이 개재되어 있었다고 보는 것이다. 백제의 세제가 제도적으로 정비된 것은 대략 성왕대, 부여천도 이후의 일로 추측되며 이때 중앙 행정조직인 22부제와 지방의 방·군·성 체제의 정비가 이루어진다. 이는 일종의 중앙집권의 진전으로서 여기에는 세제 정비 및 조세의 지방 수취와 운송이라는 문제가 연결된 것이었다고 할 수 있다. 특히 백제는 호남평야에서의 대규모 경지 증대에 의하여 수취된 조곡의 중앙으로의 운송이 중요한 문제였을 것이다. 정비된 백제의 22부 중앙 관서중 내관의 곡부

(穀部)와 내, 외량부(內, 外椋部) 등이 조세 수취와 관련한 주요 기관으로 추측되고 있다. 그 가운데 특히 궁내부 12개 관사중 전내부(前內部) 다음의 서열을 차지하고 있는 곡부의 존재가 주목된다. 이들 기구는 통일신라의 창부 혹은 사창 등에 해당하는 것으로 조세 수취와 중앙으로의 운송에 관여하였을 것으로 추측된다.[1] 그리고 백제의 이같은 운송 체계가 부분적으로는 통일 이후 신라의 조세 수취 구조에 영향을 주어 해안 혹은 내륙수로를 이용한 조세 수취 체계를 일정 정도 유지하는 데 기여하였을 것으로 생각된다.

통일신라기에 있어서 기본적인 수준의 조운활동이 있었음은 헌덕왕 2년 (810) 김파형·김승제·김소파 등 3인이 자기 지역(현) 곡식 운송의 책임을 맡아 임무를 수행하던 중 바다에서 해적을 만나 모두 해를 입었다는 자료[2]등에 의해서 유추되고 있다.[3] 그러나 고려 이전 단계에 있어서 조운에 의한 세곡 운송의 비중은 크지 않았을 것이다. 왕경 경주는 조운의 여건에 적합하지 않았으며 따라서 조세운송 활동은 해운이 이루어지기는 하였지만 육운의 비중이 매우 컸던 것으로 보이기 때문이다. 이점은 지방행정제도의 근간을 이루는 9주와의 교통관계를 검토할 때, 연근해 항로 이용이 가능한 지역은 한주·웅주·전주·무주·강주·명주 관내 등으로서 전국적인 체계를 가지기는 어려웠다. 따라서 내륙수로 혹은 연해지역에서의 해로를 이용한 조곡의 수송이 행해지고 있었을 것이나 조세운송은 대부분 육로를 이용하였으며, 재정구조의 중앙과 지방의 비중에 있어서도 통일신라시대는 고려시대에 비하여 중앙재정의 비중이나 집중도가 미약한 것으로 파악되고 있다.[4] 이점에 있어

---

1) 양기석 『백제의 경제생활』 주류성, 2005, pp.61-63

2) "大宰府言 新羅人 金巴兄金乘弟金小巴等三人申云 去年被差本縣運穀 海中逢賊同伴盡沒" (『日本後紀』 21, 홍인 2년 8월 갑술). 이들 3인의 인물은 현의 관리 또는 유력자로서 곡물 운송의 책임자로 차출되어 현민을 이끌고 선박으로 세곡을 운송한 것으로 생각된다. 김창석 「신라 창고제의 성립과 조세 운송」 『한국고대사연구』 22, 2001, p.248 참고.

3) 한정훈 「고려 초기 교통과 조세 운송체계의 성립」 『고려시대 교통과 조세운송체계 연구』 부산대 대학원 박사학위논문, 2009, p.23

4) 위의 논문, pp.18-25

서 조운제가 조곡 수취의 기본 시스템이었던 고려 이후와는 양상이 크게 달랐다고 할 수 있다.

신라 말 각 지방에 호족이 발호하고 농민들의 반란이 촉발되면서 지방에 경제 수취의 방법을 상실한 신라 경주정부의 사정은 이같은 수취 시스템의 미비와도 상당한 관련이 있다. 지방의 조세를 체계적으로 운송하는 체계를 갖추지 못한 신라정부는 농민봉기와 지방사회의 동요에 의하여 순식간에 중앙집권의 능력을 상실해 버린 것이다. 이에 의하여 각처에서 호족 세력이 성장하고 새로운 사회체계를 지향하게 되었던 것은 주지하는 바와 같다.

2. 고려 조운제도의 성립

고려는 물류의 거점으로서 12조창(혹은 13조창)을 설정하고 육로와 내륙수로, 연해해로를 연결하여 전국의 세수 및 주요 물품이 개경으로 수집될 수 있도록 치밀한 물류 체계를 성립시켰다. 그러나 이것이 건국과 함께 바로 이루어진 것은 아니었다. 건국 초에는 호족의 존재로 인하여 지방제도가 정비되지 못한 상태였기 때문이다. 지방제도가 정비되지 않은 상태에서의 조세의 수취를 위하여 마련된 것이 금유(今有)·조장(租藏) 등의 관제이다.[5] 중앙으로부터 직에 임명된 금유·조장은 호족들의 협조 하에 조세수취 혹은 공물 수납과 같은 기본적 업무를 수행하였고 이에 의하여 중앙정부의 재정적 수요 충당이 가능하였던 것이다.[6] 금유(今有)·조장(租藏) 이외에 '국초(國初)'의

---

5) "今有·租藏 并外邑使者之號 國初有之 成宗二年罷"(『고려사』 77, 백관지 외직). 이기백 선생은 柳邦憲 墓誌(『조선금석총람』 상, p.265)에 나오는 '檢務租藏'의 직이 바로 '今有租藏'에 해당하는 것으로 추정하였다. 이기백 「고려 지방제도의 정비와 주현군의 성립」『고려 병제사 연구』 일조각, 1968, p.183 참조.

6) 변태섭 선생은 금유·조장이 중앙으로부터의 파견된 것이라고 보면서도, 전주인 류방헌의 예에 근거하여 토착인에게 그런 사명을 주었을 가능성도 있다고 하였다.(변태섭 「고려 전기의 외관제」『고려 정치제도사 연구』 일조각, 1977, pp.118-119) '외읍의 사자'라 하였으나, 현실적으로 모든 직을 중앙으로부터 파견할 수 있었는지는 사실 의문이다. 따라서

제도라는 전운사(轉運使)가 주목된다. '제도(諸道) 전운사'라는 명칭으로 보아 그 직책은 금유·조장에 의하여 수집된 조세를 각 도에서 중앙으로 옮기는 일을 담당하였던 것으로 보인다.[7] 지방제도와 조운제도가 정비됨에 따라 이들 제도는 미구에 소멸한다. 그리하여 금유와 조장은 성종 2년(983), 그리고 제도(諸道)의 전운사는 현종 20년(1029) 각각 폐지되었다.

고려가 중앙집권이 미흡한 건국 초에 이미 지방으로부터의 조세 수취가 가능한 체제를 가지고 있었다는 것은 퍽 인상적이다. 후삼국 가운데 고려는 지역적 확산도가 가장 높았다. 북쪽의 강원도 혹은 평안도로부터 남쪽으로는 전라도 서해안까지 그 영역을 아우르면서 지역 지배를 확산시켜 나갔다. 지역 지배의 실질적 내용은 조세의 수취와 운송이었으며, 따라서 고려는 태봉대에 마련된 체제를 바탕으로 일찍 원거리 지역 간 지배의 효율화에 진력하였던 것이다. 특히 생산성 높은 영산강 유역을 일찍 점유하여 이를 중부지역의 개성과 연결시킬 수 있었던 것은 고려와 왕건이 가지고 있던 해상 능력에 의하여 가능한 것이었다. 이같은 기반이 바로 지방으로부터의 조세 수취와 운송이라는 구체적인 시스템을 초기에 마련할 수 있었던 여건이었다. 수령의 파견이 늦었음에도 불구하고 고려는 지방에서의 권위를 호족에게 위임한 대신 이들 호족의 협조 하에 일정한 조세 수취가 가능한 체계를 일찍 확보하였고 이것은 고려가 후삼국의 쟁패과정에서 최종적으로 삼한의 통일을 달성하고 통일왕조로서 등장할 수 있었던 배경이 되었다고 할 수 있다.

고려 12조창의 성립은 성종조(982-997) 혹은 정종 년간(1035-1046)의 일로 간주되어 왔거니와, 12조창제의 성립 이전에는 연안 및 강변의 각처에 60개의 포(浦)를 설정하여 지역 호족의 협조 하에 조운의 편을 도모하였다. 이 점에서 조운제의 정비 이전, 고려 초에는 포를 거점으로 하여 호족의 협조 하에 조세를 중앙으로 운송하였던 것이다. 성종 11년(992) 개경까지의 운송

금유·조장은 중앙으로부터의 직이지만 중앙으로부터 파견되는 경우와 현지인을 임명하는 경우가 혼재하였던 것이 아닌가 생각된다.

7) 변태섭 「고려 전기의 외관제」『고려 정치제도사 연구』 1977, pp.119-120

거리에 따라 '수경가'(輸京價)를 제정하였으며, 운송에 간여되는 포구의 이름을 국가에서 새로 정하였다. 이는 조운제가 제도적인 차원에서 마련되는 과정을 반영하는 것이다. 이에 의하여 종래 호족들의 자의적 수취는 어느 정도 국가적 기준에 의하여 일반화하는 과정을 거쳤다고 할 수 있다. 수경가 제도에 의하면 운송료 1석당 먼 곳은 5석부터 가까운 곳은 21석까지 개경까지의 세곡 운송이 가능하다. 60포의 위치는 정확히 위치를 알 수 없는 곳이 많지만, 수경가를 통해 개경과의 거리의 원근을 짐작할 수 있다. 따라서 수경가를 기준으로 60포의 내용을 표로 정리하면 다음과 같다.

수경가, 즉 개경까지의 운임은 수송거리에 의거 10단계로 구분되고 최저 4.85%에서 최고 20.0%에까지 이르고 있다. 60포의 위치는 아직 실제 지점을 확인하지 못한 것이 많고, 사료의 오기, 혹은 지명 비정에 의견이 갈리는 것도 있지만,[8] 전체적으로 보아 한강을 통한 내륙수로에 매우 발달하여 있고, 반면 남해 혹은 서해 연안의 포구는 상대적으로 적은 비중을 차지하고 있다. 수경가의 단계는 대체로 개경까지의 거리와 조운조건의 난이도에 비례한다고 할 수 있을 것이다. A(20.0%)는 경남의 남해안, B(16.6%)는 전남 남해안과 남한강 상류, C(12.5%) 전남 서해안과 황해도 연안, D(11.1%) 전북 연안, E(10.0%), 남한강 중류, F(7.7%) 충남 해안, 그리고 G(6.6%)-J(4.8%)는 경기도 해안과 한강 하류에 대략 해당하는 지역이다.

이같은 60포의 지역 분포에서 나타나는 두드러진 특징은 개경에 가까운 경기지역 내지 한강 하류의 포구 비중이 매우 높다는 점이다. 10단계중 G, H, I, J의 4개 단계가 이에 해당하고 있기 때문이다.[9] 이것은 국초의 조세

---

8) 윤경진은 60포중, 利通浦(D)의 소재지 合豊郡을 茂豊縣의 오기, 白川浦(G)의 소재지 大川郡을 利川郡의 오기 혹은 이칭일 것으로 보았다.(윤경진 「고려 성종 11년의 읍호 개정에 대한 연구」 『역사와 현실』 45, 2002, p.181 참조) 한정훈은 황려포(C)를 여주에, 서하군포(D)를 풍주(서해도), 심원포(I)를 과주 등으로 추정하고, 아울러 이섭포(F)의 소재지 '豊山縣'은 '禮山縣'의 오기로 보았다.(한정훈 「고려 초기 교통과 조세 운송체계의 성립」 「고려시대 교통과 조세운송체계 연구」 부산대 박사학위논문, 2009, pp.58~59)

9) 한정훈 「고려시대 조운제와 마산 석두창」 『한국중세사연구』 17, 2004, p.35

고려 초의 60포와 각 포의 운송료(수경가)[10]

수경가	포구 (옛 지명)		소재지	위치
(A) 5석 (20.0%)	통조포 나포	말조포 골포	사주 통양창 합포현 석두창	경남 남해안
(B) 6석 (16.6%)	파평포 조양포 풍조포 해안포 안파포 리경포 여수포 은섬포	부사포 사비포 마서량포 마로포 동조포 소정포 금천포 섬구포	낙안군 승평군 해룡창 승평군(순천) 광양군 조양현(보성) 여수현 대원군(충주) 평원군(원주)	전남 남해안 남한강 내륙수로
(C) 8석 (12.5%)	조동포 남해포 통진포 덕포 곤강포 황려포 해위포	신포 목포 치을포 덕진포 백암포 황리내지 위포	영암군 장흥창 통의군(나주) 나주 해릉창 무안군 음죽현(여주) (여주) 장연현	전남 서해안 남한강 내륙수로 황해도 연안
(D) 9석 (11.1%)	리통포 부용포 여섭포 제안포 고총포 속통포 조종포 서하군포	굴내포 아무포 주을재 무포 대묘포 소진포 진포 풍주	합포군(함풍현) 영광군 부용창 보안군(보안현) 보안군 안흥창 안산군(안산) 승화군(전주) 임피군 진성창 풍천(장연)	전남북 연안 경기 연안 서해도 해안
(E) 10석 (10.0%)	징파포 안석포 류조포 이화포 녹화포 장암포 양원포 화제포 은파포 여산포 신어포	등승포 범귀이포 류정포 이포 화인수사포 앙암포 황진포 화련체포 구지진 산척포 소신사포	여흥군(여주) 여흥군(여주) 여흥군(여주) 여흥군(여주) 여흥군(여주) 여흥군(여주) 양근군(양평) 양근군(양평) 양근군(양평) 양근군(양평) 양근군(양평)	남한강 내륙수로

(F) 13석 (7.7%)	풍해포 회해포 이섭포 편섭포	송곶포 거이미포 갈성포 타이포	해풍군(홍주) 신평군(당진) 풍산현(예산현) 아주 하양창(평택)	충남 연해안 경기 서해안
(G) 15석 (6.6%)	미풍포 식랑포 백천포	부지포 가서포 금다천포	한남군(수원) 한남군(수원) 대천군	경기도 서해안
(H) 18석 (5.5%)	상원포 화평포 노수포 종산포	상진촌포 무한포 미음포 거지산포	회안군(廣州) 회안군(廣州) 광릉군(양주) 광릉군(양주)	한강 하류
(I) 20석 (5.0%)	덕원포 심원포 향덕포 심축포 단천포	치음연포 과지포 동지포 하치음연포 적어포	광릉군(양주) (과천) 회안군(광주) 시흥 시흥	한강 하류
(J) 21석 (4.8%)	조해포 청수포 광통포 양류포 덕양포 영석포 거안포 자석포	성초포 가을근실포 진포 양등포 소지포 소근포 거을포 감암포	안악? 공암현(양천) 김포현 덕양군(고양) 덕양군(고양) 김포현 김포현	한강 하류

* 수경가는 운임 1석당 가능한 운송량임

수납이 전국에 걸쳐 고루 이루어진 것이 아니고 지역에 따른 편차가 매우 심하였던 사실을 반영하는 것이라고 생각된다. 즉 개경으로의 조세 수납의 많은 비중이 경기지역에 편중되어 있었고 이 때문에 한강 중, 하류의 포구들이 60포에 대거 포함되어 있는 것이다. 3남 지방의 비중은 상대적으로 가벼운 상태이며 특히 경상도의 내륙은 거리상으로도 멀리 떨어진 상태여서 조운에 의한 중앙의 수취능력에 한계가 있었던 것으로 보인다.

---

10) 이 표는 한정훈 「고려초기 교통과 조세운송체계의 성립」『고려시대 교통과 조세운송체계 연구』 부산대 대학원 박사학위논문, 2009, pp.58~59의 표를 간략하게 재정리하고, 문경호의 위치 비정(『고려시대 조운제도 연구』 혜안, 2014, pp.43~51)을 참고하여 보완한 것임.

60포중 경상도의 해안에 위치한 것은 나중에 12조창으로 전환된 사주(사천) 통양창(通陽倉)과 합포현(마산) 석두창(石頭倉)의 2개소에 불과하다. 낙동강 내륙수로에는 유일하게 풍산현(안동) 이섭포(利涉浦)의 존재가 주목된 바 있지만, 이 '풍산현(豊山縣)'은 '예산현(禮山縣)'의 오기일 가능성이 많은 것으로 생각되고 있다.[11] 경상도 내륙지방의 일부는 육로와 함께 한강의 내륙수로를 이용하였을 것이다. 그러나 전반적으로는 '국초' 호족의 위세 하에서 지방에 대한 조세 수취가 일관성 있게 이루어졌다고 보기는 어렵다. 다만 지방관이 파견되지 못한 상태, 그리고 지역적 편차의 한계에도 불구하고 조세 수취를 위한 일정한 조직을 운영하였다는 것이 주목되어야 할 점이다. 12조창을 거점으로 설정한 조운제도의 정비는 이같은 60포의 한계점을 극복하고 보다 체계적인 물류 운송 체계의 확립에 의하여 중앙집권을 뒷받침한 제도라고 할 수 있을 것이다.

3. 조창 중심의 조운 운영

건국 초에 60포제로 운영되던 조운제는 60포 중에서 그 거점에 조창을 설치한 조창제로 전환된다. 60포제가 지역에 따른 여건의 편차 때문에 실제로 균형 있는 물류체계 이전 단계에서의 과도적 방식이었다고 한다면 12조창의 설치는 체계적인 조운제의 시행을 의미한다. 전국에 12조창을 설치한 시점은 '국초'라고만 기록되어 있다. 이 '국초'의 시점에 대해서는 처음 성종조(981-

---

11) 한정훈 「고려 초기 교통과 조세 운송체계의 성립」 『고려시대 교통과 조세운송체계 연구』 부산대 박사학위논문, 2009, p.60) F는 충남의 서해안 혹은 아산만 지역을 묶은 것이어서 '풍산' 역시 충남지역에서 비정하는 것이 타당하다고 생각된다.

12) 丸龜金作 「高麗の十二漕倉に就いて」 『靑丘學叢』 21, 22, 1935. 한편 손홍렬이 12조창의 성립을 '태조조'로 보았다는 정리가 있지만, 이는 사실과 다르다. 이에 대해서 손홍렬 역시 丸龜에 의한 기왕의 논의를 따르고 있다. 다만 조창제의 성립 이전 태조조부터 조운은 이루어지고 있었다는 점을 강조한 것이다. 이에 대해서는 손홍렬 「고려 조운고」 『사총』 21·22합집, 1977 참조.

997)의 일로 인식되었지만[12], 기타무라(北村秀人)의 논증 이후로는 대략 정종(靖宗)년간(1035-1046)의 일로 인정되어왔다.[13] 정종년간을 12조창의 성립기로 보는 것은 이 때 12조창의 조선(漕船) 수를 정하고 있기 때문이다. "정종 때에 12창의 조선(漕船)의 수를 정하였다"는 것이 그것이다. 정종 때 제정된 조선의 수는 각 창마다 1천 석을 적재할 수 있는 초마선(哨馬船) 각 6척씩을 배치하되, 남한강의 내륙수로에 위치한 덕흥창과 흥원창은 2백 석을 적재할 수 있는 평저선(平底船) 각 20척과 21척을 배치하도록 되어 있다.[14] 정종조의 12조창은 그후 문종 때 서해도에 안란창이 추가 되어 13조창으로 운영되었다. 다음은 13조창의 위치와 조선의 보유 상황을 정리한 것이다.

고려 13조창의 위치[15]

연번	조창이름	위 치	보유 조선
1	흥원창 (興元倉)	강원도 원주시 부론면 흥호리 창말	평저선 21척
2	덕흥창 (德興倉)	충북 충주시 중앙탑면 창동리 쇠꼬지	20척
3	하양창 (河陽倉)	경기도 평택시 팽성읍 노양리 · 본정리	
4	영풍창 (永豊倉)	충남 서산시 팔봉면 어송리 3구	
5	안흥창 (安興倉)	전북 부안군 보안면 영전리 · 남포리	
6	진성창 (鎭城倉)	전북 군산시 성산면 창오리 창안마을	
7	부용창 (芙蓉倉)	전남 영광군 입암면 입암리 고법성	초마선
8	해릉창 (海陵倉)	전남 나주시 다시면 회진리	각 6척
9	장흥창 (長興倉)	전남 해남군 마산면 맹진리	
10	해룡창 (海龍倉)	전남 순천시 홍내동 · 오천동 해룡산성	
11	통양창 (通陽倉)	경남 사천시 용현면 선진리(왜성)	
12	석두창 (石頭倉)	경남 창원시 마산합포구 석전동 반월산	
13	안란창 (安瀾倉)	황해도 장연군 용연면 남대천 일대	

13조창의 분포는 한강 수로에 2개소, 남해 연안 3개소, 서해연안 8개소이

---

13) 北村秀人「高麗初期の漕運についての一考察」『古代東アジア論集』上, 吉川弘文館, 1978, p.359 및 최완기「조운과 조창」『한국사』14, 1993, p.403

14) 『고려사』79, 식화지 2, 조운

15) 문경호『고려시대 조운제도 연구』혜안, 2014, p.115의 표에 의거함.

며, 지역별로는 경상도 2개소, 전라도 6개소, 충청도 2개소, 경기도 1개소, 강원도 1개소, 황해도 1개소 등이다. 이들 조창은 이전의 60포에 포함된 포가 조창으로 개편된 것이 포함되어 있다. 위치는 일찍부터 비정되어 왔지만, 충분한 고증이 뒷받침 되지 못하였다. 이 때문에 종종의 이견이 있어왔는데, 앞의 표는 가장 최근의 종합적 고증 결과라 할 수 있다.

조창은 일종의 행정구역적 성격을 가지며, 감독관이라 할 판관이 중앙에서 파견되어 배치되었다. 또 실무의 담당은 조창의 색리(향리)가 있어서 업무를 수행하였다. 여러 고을의 조세는 부근에 있는 창고에 운반하였다가 이듬해 2월까지 운송하게 된다. 개경에서 가까운 곳에서는 4월까지, 먼 곳에서는 5월까지 운송을 완료하게 된다. 조운의 노선에 대한 기록은 없지만 후대의 자료를 참작하면 마산의 석두창으로부터 통영·한산도 사이─고성 사량도 남방─남해 창선도 북방─남해도 북방─전라좌수영 남방─고흥 나로도 북방─완도 북방─보길도 북방─전라우수영·진도 사이─신안 자라도 동방─신안 지도·임자도 사이─영광 법성진 서방─부안 위도 동방─군산 계화도 서방─서천 연도 동방─보령 원산도 남방─태안 안흥진 서방─당진 대난지도 서방─인천 월미도·영종도 사이─강화도·김포 사이─동, 서강을 거쳐 개경의 좌, 우창, 광흥창(廣興倉)과 풍저창(豊儲倉)에 이른다. 조창제의 시행은 조창을 중심으로 조세의 수집 및 중앙에의 운송을 체계적으로 운용한 제도였음을 알 수 있다.

그런데 앞에서 언급한 바와 같이 조창제의 성립 시기에 대해서는 『고려사』에 '국초'라 하였지만, 근년에는 정종대 조창의 조선 수 규정에 근거하여 정종조(1035-1046)를 12조창제의 성립 시기로 인식하게 되었다. 그러나 기록의 문면(文面)만으로 보더라도, 정종조는 '국초'라는 단어로 지칭하기에는 적합하지 않다. 건국한지 1백 년을 훨씬 지난 시점이기 때문이다. 이점에서 필자는 정종조 조선 수의 제정은, 기록 그대로 이미 조창제가 시행되고 있는 시점에서의 조선 수에 대한 규정을 마련한 것이라 생각한다. 그렇다면 조창제의 등장은 정종대 이전의 시기에서 찾지 않으면 안 된다.

고려 조운제의 정착은 지방제도의 정비와 밀접한 연관이 있다. 지방제의 일반적 기초 위에 조창제가 운용되었기 때문이다. 성종조에는 지방 각처에 수령이 파견됨으로써 고려 지방제도에 중요한 전기가 마련되고 중앙 재정 기구인 호부 혹은 삼사(三司)가 설치된 시기이기도 하다. 그리고 그후 현종조에 5도 양계제에 입각한 지방제도의 정비가 크게 진전된 바 있다. 특히 국초에 조세의 중앙 수납을 위한 업무를 담당한 것으로 추측하는 전운사(轉運使)가

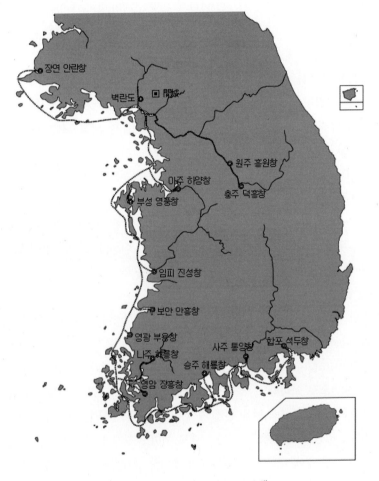

고려 13조창의 위치와 조운로[16]

현종 20년(1029) 혁파된 사실이 주목된다. 이에 의하여 조운 관련 기능이 조창의 판관에게로 전환되었을 가능성을 시사하기 때문이다. 이러한 지방제도 정비의 추이를 고려한다면 대략 현종조(1010-1031) 말에는 조창제가 확립되었을 가능성이 상당히 많은 것으로 생각한다. 정종조(1035-1046)의 조선 수제정은 조창제의 성립 이후 정착 과정을 보여주는 자료일 것이다.

현종조를 고려 조창제의 성립기로 보는 이같은 견해는 이미 한정훈에 의하여 제기된 바 있다. 현종조는 왕 9년(1018) '4도호 8목 56지주군사 28진장 20현령'의 설치에서 보는 것처럼 고려 지방제도의 정비가 일단락 완성되는 시기로 인식되고 있지만, 동시에 이 시기는 지방제도 만이 아니라 전국적 육상교통망인 22역도(驛道)가 완성된 시기이기도 하다. 조운제도와 육상교통로의 정비가 밀접한 연관성이 있다는 점, 과도적 단계에서의 조운 업무 담당관으로 추정되는 전운사가 현종 20년(1029)에 폐지되고 있다는 점에서 한정훈은 바로 현종 말년의 이 시점이 새로운 세공 운송방식인 조창제 성립의 시기가 되는 것으로 추정하였다. 그에 뒤이어 정종대(1035-1046)에 조창별 조선의 수가 정해지고, 이후 문종 18-21년(1064-1067) 사이에 안란창이 추가되어 13조창의 조운제가 확립되었다는 것이다.[17] 이같은 조운제도 확립의 과정에 대한 견해에 대하여 필자 역시 이에 동의하고자 한다.[18]

조창은 주로 조곡을 수집, 보관, 운송하는데 업무의 중심이 있었다. 그러나 개경에서 지방에 수취하는 것은 조곡만은 아니었다. 군현에서 징수한 상공과 별공의 각종 공물, 그리고 소에서 생산된 다양한 생산물이 개경으로

---

16) 문경호, 「고려시대 조운선과 조운로」『고려시대 조운제도 연구』혜안, 2014, p.277의 그림을 옮김.

17) 한정훈 「고려시대 조운제와 마산 석두창」『한국중세사연구』17, 2004, pp.35-36 참조.

18) 최근 문경호는 고려 조창제의 성립 시기를 초기 연구자와 같이 성종대(981-997)로 다시 설정하는 의견을 제시하고 있다. 그 근거는 조창제의 성립시기를 지칭하는 '국초'의 용례상으로 이는 성종대 이전을 지칭하는 것이라는 점, 현종 20년 폐지된 전운사는 안찰사 제도의 정착에 따른 제도 정비의 차원의 것으로서 조운과 큰 관련이 없는 것이라는 점 등을 들었다.(문경호『고려시대 조운제도 연구』혜안, 2014, pp.51-63 참조) 고려 조창제의 성립 시기에 대해서는 추후의 논의가 필요한 것으로 생각된다.

운송되었다. 『신증동국여지승람』에는 도합 244건의 소가 기재되어 있는데, 이는 실제의 수보다 훨씬 적은 수일 것이다. 금·은·동··철·자기·지·묵·와· 탄 등 15개 종류의 생산품이 이 책에는 제시되어 있다. 이를 통하여 고려시대의 국가 재정 경영, 혹은 왕실 및 귀족들의 생활 유지는 각 지방으로부터 징수된 각종 현물에 크게 의존되어 있었음을 알 수 있다.[19]

이들 지방으로부터의 생산물을 중앙으로 연결시키는 데에는 조운제와 같은 국가 관리의 유통 시스템이 핵심이었다. 2007, 8년에 국립해양문화재연구소에 의하여 2만 여 점의 청자가 인양된 태안 대섬 앞바다의 청자선 역시 소(所) 생산품의 중앙 운송과정에서의 사고에 의한 것이었다. 그렇게 본다면 고려시대 조운의 물류 체계는 국가의 기반을 유지시킨 가장 기본적인 제도였다고 할 수 있다.

4. 조운제의 위기

이상 12조창을 근간으로 하는 고려 조창제는 대략 현종 말년에 확립된 것으로 본고에서는 정리하였다. 조창을 중심으로 한 조운제에 의하여 개경의 고려 정부는 안정적으로 재정을 충당할 수 있었다. 그러나 조운제의 운용에 있어서는 실제 여러 문제가 제기되었다. 조운 과정에서 조군(漕軍)들이 배가 침몰하였다는 등으로 속여 조곡을 탈취하는 것도 문제로 떠올랐다. 문종 33년(1079)에 이에 대한 배상 책임을 규정한 것은 운영과정에서의 문제점을 해소하려는 것이었다.[20]

그런데 조운제 운영에 있어서 중대한 문제는 조선의 침몰과 같은 항해상의 안전사고였다. 이 문제는 조운제 운영에 있어서 끊임없이 제기된 문제이기도 하였다.

19) 고려시대의 소에 대해서는 이정신 『고려시대의 특수행정구역 소 연구』 혜안, 2013 참조.

20) 『고려사』 79, 식화지 2, 조운

조운 운영과정에서 야기된 안전사고와 관련하여서는 조운과정에서의 안전 사고 예방, 그리고 사고 발생시의 사후 조치에 관한 문제가 제기 되었다. 해난 사고가 발생하였을 경우의 사후 조치에 대해서는 다음과 같은 규정을 마련하였다.[21]

○ 제 기한 내에 출발하였음에도 선원 다수(초공 3인 이상, 수수와 잡인 5인 이상)가 미곡과 함께 침몰한 경우는 조세의 재징수를 하지 않는다.

○ 기한을 넘겨 출발하였고 선원(초공과 水手)의 1/3까지의 인원이 익사한 경우 조창의 판관, 색전(아전), 선원(초공, 수수) 등에게 고르게 나누어 징수하도록 한다.

이로써 보면 해난 사고로 인하여 운송중의 조곡이 침몰하였을 경우 당해 관원이나 아전, 혹은 조선(漕船)을 움직이는 선원에게 부담되는 경우가 적지 않았을 것으로 보인다. 조운의 역이 가볍지 않은 역이었을 것을 짐작케 하는 대목이다. 실제로 조운의 제도 운용 과정에서 해난 사고는 항상 국가적으로 크게 부담되는 사안의 하나였다. 조선 초의 경우 태조 4년(1395) 경상도의 조선(漕船) 16척 침몰, 태종 14년(1414) 전라도 조선(漕船) 66척 침몰, 200여 명 익사에 미곡 5,800석 손실, 세조 원년(1455) 전라도 조운선 54척 침몰 등이 그 예이다. 이같은 조운선의 빈번한 사고는 고려시대 조운제도가 시작되면서 부터의 문제였다.[22] 세곡은 아니지만 역시 조운로를 통하여 12세기 개경의 최대경 댁(崔大卿宅)으로 운송되던 청자선이 태안반도 안흥량 부근에서 침몰하였던 것도 이같은 해난 사고의 일부였다고 할 수 있다.

태안반도의 연안 통과지점인 안흥량은 특히 험로로 정평이 있었다. 격한 물살, 자주 끼는 안개, 그리고 암초의 발달이 항해의 안전을 저해하는 요인

21) 『고려사』 79, 식화지 2, 조운

22) 안흥량 일대에서의 해난 사고에 대해서는 이종영, 「안흥량대책으로서의 태안조거 및 안민창 문제」, 『동방학지』 7, 1963, pp. 103~104 참조.

이었다.[23] 이를 피하는 방법으로 착안된 것이 운하의 개착이었다. 안면곶(안면도)과의 사이에 형성된 천수만을 따라 북상하여 가로림만을 경유하여 북으로 빠져나가는 데는 대략 10리 정도의 개착만으로 운하 건설이 가능하였기 때문이다. 운하 개착의 논의는 12세기 초 숙종(1096-1105)·예종(1106-1122) 대에 처음 이루어졌는데, 실제 운하 개착이 강력히 추진된 것은 인종 12년(1134) 7월의 일이었다.[24]

인종이 측근 신료인 정습명(鄭襲明)을 파견하여 공사를 감독케 하고 태안 및 인근지역에서 수 천명의 인력을 동원하였던 것은 이 작업이 의욕적으로 추진되었던 사정을 전하는 것이다. 고려 인종대의 굴포 개착 시도는 실제 성공하지 못하였지만, 인종대의 공사는 10여 리의 거리를 굴착한 다음 불과 7리 정도만 남겨져 있다고 하였다. 왕강(王康)의 건의에 따라 공양왕 3년(1391) 태안조거(泰安漕渠) 개착 공사는 재개되었다. 그러나 공양왕대의 이 두 번째의 시도 역시 성공하지 못하였다. 그것은 지하에 깔린 암반층 문제, 그리고 굴착부분을 뒤덮는 뻘흙과 등 시공 기술상의 한계 때문이었다. 고려시대에 성공하지 못한 태안반도의 운하 개착은 조선시대로 과제가 넘겨져 태종 13년(1413) 공사를 재개하여 물길을 통하는데 일단 성공하였다. 그러나 갑문식의 설계와 공사 이후의 토사 퇴적으로 실제 운하로서는 기능하지는 못하였다. 안흥량 극복을 위한 운하 개착은 조선조까지 사업이 이어졌지만 사실상 실패하였던 것이다.[25]

---

23) 해상 조운로상의 대표적 험로로서는 안흥량 이외에 명량항(해남현-진도현), 칠산량(영광군), 착량(강화현-김포현), 장산곶(옹진현) 등이 들어진다. 이에 대해서는 한정훈 「고려시대 험로의 교통사적 의미」『역사와 담론』55, 2010, pp.17-30 참조.

24) 『고려사』 16, 인종세가 12년 7월

25) 조운제가 시행된 고려 조선조에 있어서 태안반도의 운하 개착 공사에 대해서는 다음과 같은 많은 논고가 있다. 이종영 「안흥량 대책으로서의 태안조거 및 안민창 문제」『동방학지』 7, 1963; 노도양 「가적운하 개착의 역사지리적 고찰」『청파집』 1979; 박정현 「한국 중세의 조운과 태안조거」 공주사범대학 교육대학원 논문, 1988; 윤용혁 「서산·태안지역의 조운관련 유적과 고려 영풍조창」『백제연구』 22, 1991; 곽호제 「고려-조선시대 태안반도 조운의 실태와 운하굴착」『지방사와 지방문화』 12-1, 2009; 문경호 「안흥량과 굴포운하 유적 관련 지명 검토」『도서문화』 43, 2014

안흥량은 서해안에서도 특히 험로로 정평이 있었고, 해난 사고의 빈도도 높았다. 그러나 실제 해난 사고는 안흥량 일대에만 집중적으로 발생하였던 것은 아니다. 19세기의 경우이기는 하지만 이 시기(1816-1887) 충청 서해안에서 일어난 해난 사고 146건에 대한 분석 결과는 안흥량(관장항) 이외에도 보령 원산도 근해, 비인의 마량진 근해 등지에서도 많은 조난의 사고가 있었던 점이 확인된다. 안흥 일대를 포함한 태안군 연안에서의 해난사고 발생 빈도는 1/3 정도였다. 조난사고가 해안에 가까운 지점에서 일어난다는 점, 위험지역이 상당히 넓게 분포한다는 점이 특징으로 지적되고 있다.[26] 한편 이 연구에 의하면 해난 원인에 있어서는 바람 또는 그에 기인한 파도가 절대적이었다. 그 가운데는 파도, 안개 등에 의한 좌초도 64건(180건중)이 포함되어 있다. 해난 발생 시기는 7월이 가장 빈도가 높고, 5월부터 11월까지의 7개월에 해난사고의 대부분(87.2%)을 차지하고 있다.[27]

해난사고에 비하여 조운제도에 대한 보다 중대한 위협은 외적의 침입이었다. 그 첫 번째는 13세기의 몽골전란, 그리고 다음 14세기에는 왜구였다.

고종 18년(1231) 몽골군이 침략을 개시하고 개경이 포위당하자, 이듬해 1232년 권신 최우는 강화도에의 천도를 단행하였다. 이후 몽골군은 30년 간 10여 차례를 쳐들어왔다. 충청도와 전라도, 경상도에 이르는 남부 여러 지역도 침략의 피해를 벗어나지 못하였다. 고려정부가 몽골에 복속하여 개경으로 환도하는 것은 원종 11년(1270)의 일이다. 강화도를 거점으로 몽골에 대한 장기 항전이 가능했던 것은 무엇보다 조운의 시스템이 전란에도 불구하고 여전히 작동하였기 때문이다. 강도시대의 이러한 사정이 최자의 시에 다음과 같이 묘사되어 있다.

장삿배와 조공선이 　　　　　　商船貢舶

---

26) 吉田光男 「十九世紀忠淸道の海難-漕運船の遭難 一百九十事例を通して」 『朝鮮學報』 121, 1986, pp. 60-62

27) 위의 논문, pp.64-66

만리에 돛을 이어	萬里連帆
묵직한 배 북쪽으로	艤重而北
가벼운 돛대 남쪽으로	棹輕而南
돛대머리 서로 잇고	檣頭相續
뱃고물이 맞물려서	舟尾相銜
바람편 순식간에	一風頃刻
팔방사람 모여드니	六合交會
산해의 진미를	山宜海錯
안 실어오는 물건 없네	靡物不載

(최자 「삼도부」 「동문선」 2)

작시(作詩)의 의도 때문에 다소 과장된 느낌은 없지 않지만, 몽골과의 전란에도 불구하고 지방 군현으로부터의 조세는 조운의 체계를 통하여 큰 차질 없이 강화도로 운송되었던 것이다. 이 때문에 몽골군은 강화도에 대한 공격을 검토하거나, 조운로의 차단을 통한 해상 경제루트의 마비를 시도하기도 하였다. 고종 43년(1256) 차라대군에 의한 신안 압해도 공격은 바로 조운로의 타격을 의도한 몽골군의 작전이었다. 차라대가 병선 70척이라는 선단을 꾸며 압해도를 공격하였지만 입보민들의 적극적 대응으로 공격은 무산되고 말았다.[28] 이 무렵(고종 43년) 아산만 일대에서의 전투 역시 조운로 문제와 밀접한 관련이 있는 것으로 보인다. 4월 충주도 순문사 한취의 몽병 공격, 강도정부로부터의 장군 이천(李阡)의 파견과 온수(온양)에서의 전투 등이 그것이다.[29] 아산만에는 고려 12조창중 영풍창(서산)과 하양창(팽성읍)이 들어있고, 강도와도 극히 가까운 거리여서 강도정부는 이에 대한 적극적이고 예민한 조치들을 취하고 있다.

---

28) 윤용혁 「고려 대몽항쟁사 연구」 일지사, 1991, pp.321-324

29) 윤용혁, 「1236년과 1256년 아산지역 전투」 「여몽전쟁과 강화도성 연구」 혜안, 2011, pp.211-218

몽골 전란기 연안의 해로만은 끝까지 고려가 장악하였고, 이에 의하여 몽골은 침략전쟁을 조기에 종식시키지 못하였다. 고려의 조운로가 크게 타격을 받은 것은 몽골 전란 말기의 삼별초의 봉기에 의한 것이었다. 원종 11년 (1270) 5월 원종에 의하여 개경환도가 선언되고 무인정권이 무너지자 삼별초가 강화도에서 봉기하여 개경정부에 대항하는 새 정부를 수립하고 진도를 새 거점으로 삼아 몽골과의 항전을 지속하였다. 진도는 서남해안 조운로에 위치한 해상 거점이었다. 삼별초는 이곳에 웅거하며 서남해 연안 일대를 장악하였다. 이 때문에 개경의 고려정부는 커다란 타격을 받았다.

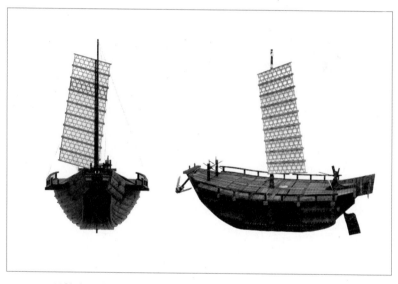

복원된 13세기 초의 고려 조운선(마도1호선)(국립해양문화재연구소)

지금 역적(삼별초)들이 날이 갈수록 번성하여 그 피해가 경상도 금주(김해)·밀성(밀양)에까지 미치었고, 또 남해·창선·거제·합포·진도 등 해변 부락에서는 모두 약탈을 당하였기 때문에 곡물의 징발은 힘들게 되어 있습니다. 경상도, 전라도의 공부(貢賦)는 다 육로로 나르지 못하고 반드시 바다로 운반해야 하는데 지금 역적들이 거점으로 삼고 있는 진도는 뱃길의 목구멍과 같은 요충이어서 내왕하는 배들을 통과시킬 수가 없는 실정입니다.(『고려사』 27, 원종세가 12년 3월)

개경정부로서 진도의 삼별초를 반드시 조속 붕괴시켜야 하는 시급성은 무엇보다 삼별초에 의하여 조운이 마비되어버렸기 때문이다. 이듬해 1271년 5월 진도 삼별초는 개경정부와 몽골 연합군에 의하여 무너졌지만, 삼별초의 잔여세력은 제주 애월의 항파두성을 거점으로 원종 14년(1273)까지 항전을 지속하였다. 1270년 삼별초 봉기 이후 수년 간 조운로는 자연 삼별초에 의하여 장악되었다. 제주 항전기에도 연안 해로는 삼별초로 인하여 조운로의 기능을 제대로 하지 못하였다. 원종 13년(1272) 3월 전라도 회령군에서 조운선 4척, 6월에 역시 회령, 해남과 무안군 일대에서, 그리고 5월에는 목포를 치고 조운선 13척을 붙들어갔다. 이 기간 3월과 5월 사이 삼별초는 조운선 20척, 미곡 3천 2백여 석을 빼앗고, 12명이 피살, 24명을 포로로 하였다. 전라도 해안만이 아니라 서해 연안을 오르내리며 개경을 위협하여 같은 해 8월 전라도에서 개경으로 올라가는 공미(貢米) 8백석을 삼별초가 차지하기도 하였다.[30]

삼별초는 원종 14년(1273) 제주도에서 최후를 맞이하였다. 제주도를 공함한 개경정부와 몽골의 연합군은 이듬해 1274년과 1281년 두 차례에 걸쳐 대규모 일본에의 정벌전을 전개하였다. 3만의 병력, 9백 척의 선단 이외에 각종 군수와 식량의 준비가 대부분 고려의 부담이었다. 연해 주민들의 피해가 극심하였을 것을 쉽게 짐작할 수 있다.[31] 이러한 상황에서 연해지역에 대한 왜구의 침입이 이어진다.

---

30) 윤용혁 「삼별초의 제주항전」『고려 삼별초의 대몽항쟁』 일지사, 2000, pp.246-247
31) 윤용혁 「여원군의 동정과 고려 군선」 본서, pp.213-216 참조.

5. 군현별 조운으로의 전환

13세기 무인정권시대 몽골의 침입이라는 장기적인 재난으로 인하여 국토가 유린되면서 조운의 기능은 크게 악화되었다. 더욱이 고려 후기에는 부곡제의 해체, 농장(農莊)의 확대 현상으로 사실상 중앙정부의 조세 수납 기능이 크게 저하되었기 때문에 조운의 기능도 침체를 면하지 못하게 된다. 조운의 운영에 있어서의 여건 악화와 맞물려 13세기 후반 이후 고려는 물류 유통에 있어서 조창 중심 운영 체계가 동요하게 된다. 조창의 집중 기능이 약화하면서 기능의 일부가 점차 군현에 전가되는 경향이 나타나며, 조운선 규모의 소형화 혹은 사선의 등장 현상이 이어지게 된다.[32] 부곡제의 해체에 따른 사회적 기반 동요와 함께 고려의 조운체계에 가장 큰 타격을 준 것은 역시 왜구의 침입이었다.

기록상 고종 10년 이후 고려 후기 169년 간(1223-1392) 왜구의 침입은 519회, 왜구가 창궐하는 충정왕 2년(1350) 이후 42년 간 506회의 통계치를 보이고 있다. 지역이 확인되는 것은 도합 472건의 사례가 나타나는데, 그 침입은 영, 호남과 함께 충남지방이 특히 심하였다. 고려 말 이후 왜구가 창궐하여 한반도와 중국 연안에 걸쳐 심각한 피해를 끼친 것은 1333년 카마쿠라(鎌倉) 막부 붕괴 이후 남북조의 내란기에 접어든 틈을 타 지방세력이 발호하였던 일본 국내의 정세와 관련되어 있다. 특히 중앙에서 멀리 떨어지고 한반도에 가까운 쓰시마(對馬), 잇키(壹岐), 마츠우라(松浦) 등은 왜구의 주된 근거지였다. 이들은 부족한 식량과 물자 확보의 한 방편으로, 혹은 매매를 위한 인신(人身)을 확보하기 위하여 한반도와 중국 연안에까지 출몰하며 약탈적 노략 행위를 자행하였다. 왜구는 많을 때는 400척 이상의 선단을 동원할 정도의 대규모였고, 해안뿐만 아니라, 하천을 이용하여 고려의 내륙 깊숙이 침입하였기 때문에 당시 왜구의 피해는 특히 연해지역의 경우 상상 이상

---

32) 한정훈 「고려 후기 교통과 조세 운송체계의 변화」 『고려시대 교통과 조세운송체계 연구』 부산대 박사학위논문, 2009, pp.188-196 참조.

으로 광범하고 심각한 수준의 것이었다.[33]

왜적이 검모포에 침입하여 전라도 조운선을 불태웠다. 때에 왜구로 인
하여 조운이 불통하였으므로, 한인(漢人) 장인보(張仁甫) 등 6인을 도
강(都綱)으로 삼고 그들에게 각각 당선(唐船) 1척과 군사 150명씩을 주
어 전라도의 조세를 운송하였는데, 왜적이 바람을 이용하여 불을 놓아
태워버렸다. 우리 군은 패전하여 사상자가 매우 많았다.(『고려사』 39, 공
민왕 7년 7월 임술)

위의 공민왕 7년(1358) 기록은 왜구로 인하여 민간 중국인의 손을 빌려야
할 만큼 고려의 조운 체계가 근본적으로 동요되었음을 말해주고 있다.[34] 고
려는 왜구의 노략을 피하여 연해 지역의 창고를 옮기거나[35], 해로 대신 육로
를 이용함으로써 왜구의 피해를 최소화하고자 하였다.[36] 동시에 왜구에 대
한 대책으로 연해 지역에 읍성을 축조하는 경우가 많아졌다.[37] 조운 기능의
수행을 위하여 조창에 성을 축성하는 사례도 이러한 연해 읍성의 축조와 궤
를 같이하는 것이라 할 수 있다.

조창을 대신한 이른바 '조전성(漕轉城)'의 등장은 왜구 침입 이후 조운 방
식의 변화를 보여준다. '조전성'의 명칭은 경남 김해에서도 보이지만[38], 그 내
용은 공양왕 3년(1391) 충남 신창(아산시)에서의 다음 기록을 통하여 짐작해

33) 왜구 침입의 전반적 경과에 대해서는 이영 「고려 말기 왜구의 실상과 전개」 『왜구와
고려·일본 관계사』 혜안, 2011, pp.206-289 참조.

34) 北村秀人은 이 기사가 배를 소유한 민간 중국인에게 전라도의 조운을 위탁한 것을 말해
주는 것으로 해석하였다. 6척의 배도 본래 장인보 등의 소유선박이라고 보았다. 北村秀人
「高麗時代の漕倉制について」 『朝鮮歷史論集』上, 1979, p.436 참조.

35) "倭寇韓州及鎭城倉 全羅道鎭邊使高用賢 請徙沿海倉廩於內地 從之"(『고려사』 39, 공민왕 7
년 4월 정유)

36) 『고려사』 80, 식화지 3, 진휼, 공민왕 20년 12월 하교

37) 고려 말 연해읍성의 축조에 대해서는 차용걸 「고려 말의 왜구에 대비한 置戍와 축성」 『고려
말·조선전기 대왜관방사 연구』 충남대대학원 박사학위논문, 1988, 27-34 참조.

38) 『신증동국여지승람』 32, 경상도 김해도호부 고적조

볼 수 있다.

> (신창)현 서쪽 장포(獐浦)에 성을 쌓고 인근 주현의 조세를 거두고, 배에
> 실어 바다에 띄어 서울(개경)에 이르게 하고 처음으로 만호를 설치 감무
> 를 겸하게 하였다.(『고려사』 56, 지리지 1, 양광도 신창현)

『세종실록지리지』에서는 장포(獐浦)에 축성한 이 성을 역시 '조전성(漕轉城)'
으로 지칭하였다.[39] 삽교천 하류에 위치한 이 성은 성벽을 쌓고 무관직인 만
호를 임명함으로써 조창, 조운을 위한 방어용 군사력이 배치되었음을 짐작
하게 한다.[40] 고려 말 조전창의 수축은 연해 지역에 대한 읍성의 수축과 궤
를 같이하는 것으로 보인다. 왜구로 인하여 조운로가 마비되고 육로를 운송
로로 정비하는 소극적인 대책에서 벗어나 연해 지역에 읍성을 축조하여 현지
에서 직접 대처하는 이같은 방식이 조창의 경우는 조전성으로의 전환을 가
져온 것이다. 조운에 대한 이러한 적극적 정책은 위화도 회군 이후 정권을
장악한 이성계 세력에 의하여 적극 추진된 것이었다. 중앙집권적 개혁정책의
추진에는 지방으로부터의 원만한 세수 공급이 필수적인 것이었기 때문이다.
공양왕 3년(1391) 왕강의 태안 운하 개착이 다시 시도되는 것도 조운 체계의
재정비를 적극 추구한 신왕조 개창 세력의 정책의 일환이었다고 할 수 있다.
  조선조가 개창되고 수도가 한양으로 옮기면서 조운제의 정비에 의한 조세
수취의 정책은 강화되었다. 조세 수취의 대부분이 3남 지방으로부터의 것이
었다는 점에서 개경에 비하여 한양은 조운의 운영에 지리적으로 더욱 편리
한 점이 있었고 기본 교통 체계의 수정 필요성도 크기 않았다. 따라서 초기
에는 기왕의 고려시대 조운 체계와 조운거점을 복원하는 모습으로 조운제

---

39) 獐浦에 대해서는 "신창현 서쪽 15리 지점으로, 水源이 도고산에서 발원하여 井浦渡로 유입
한다"고 하였다. 한글학회 『한국지명총람』 4, 1974, p.167에서는 아산 선장면 獐串里가 바로
공양왕 3년 성을 쌓고 만호를 두어 조세를 서울로 실어 날린 장포라고 하였다. "지형이
노루의 머리와 같이 들 가운데 깊이 들어가서 갯가에 임해 있으므로 노루고지라 하던
곳"이며, 조선초에 공세포로 조세창이 이전되었다는 것이다.
40) 北村秀人「高麗時代の漕倉制について」『朝鮮歷史論集』上, 1979, p.437

의 정비와 활성화가 추구되었다. 『경국대전』의 완성으로 정리된 조선의 조운 제도는 전국을 9개의 조창을 중심으로 주변지역의 세수를 모아 한양으로 옮기는 것이었다. 이에 의하면 한강 내륙수로 3개소(충주 가흥창, 원주 흥원창, 춘천 소양강창), 황해도 2개소(백천 금곡포창, 강음 조읍포창), 충청도 1개소, 전라도 3개소 등이다. 충청도는 아산의 공세곶창이 새로 거점으로 설정되었으며, 전라도는 영산창(나주), 법성포창(영광)과 함열의 덕성창이, 그리고 경상도 내륙은 해운을 이용하지 않고 낙동강과 부분적 육운을 거쳐 남한강을 이용하여 한양으로 운송되는 체계를 취하였다. 강원도 일부, 경기 등의 지역은 경창에 직납되었다.[41]

『경국대전』에 의하여 정리된 조선왕조의 조운 체계는 조창이 수세와 운송의 거점 역할을 한다는 점에서 고려시대의 조창제를 복원한 듯한 인상을 주지만, 그 실제에 있어서는 일정한 차이가 있었다. 고려시대의 조창제는 군현제에 입각하여 편성된 행정구역으로서의 조창이 관할 지역민을 동원하여 조세수납과 운송을 집중적으로 관리하는 체제였다. 그야말로 조창이라는 국가 기구에 관리와 운영이 집중되어 있는 물류 운영 시스템이었던 것이다. 그러나 조선시대의 조창은 조운 운영의 실무를 대리하는 제한적 기구로서 군현으로부터 위탁된 극히 제한된 범위 내에서의 보조적 업무를 수행하는 것이었다. 운송을 담당하는 노역도 고려시대에는 조창에 속한 조창민의 부담이었지만, 이미 고려적 조창이 해체된 조선조에는 수군이 노역을 겸하기도 하고, 기선군(騎船軍)과 같은 별도의 조군을 확보함으로써 이 문제를 해결하였다. 그러나 관영 운송체계가 갖는 한계 때문에 조선조에는 민간 운송인에 의한 사선 운송이 점차 확대되어 운송의 방식은 훨씬 다원화되었다.[42]

고려시대와 같은 조창 중심의 관영의 물류 체계를 다시 복원하려는 것이

---

41) 조선 전기에 있어서 조운 제도의 정비와 운영에 대해서는 李大熙 「李朝時代の漕運制につい て」『朝鮮學報』23, 1962; 최완기 「조선전기 조운 시고」『백산학보』20, 1976 등이 있으며, 六反田 豊 「李朝初期 田稅輸送體制」『朝鮮學報』123, 1987은 조세 수납의 거점이 된 조창에 대한 상세한 검토 결과를 정리하였다.

42) 고려와 조선 조운제 異同點에 대해서는 문경호 「여말선초 조운제도의 연속과 변화」『지방사 와 지방문화』17-1, 2014, pp.85-95 참조.

정부의 의지이기는 하였지만 이미 그것이 가능하지 않은 구조로 바뀌어 있었다. 이러한 점에서 조선시대는 관영 물류체계를 유지하려는 정부의 지속적 노력에도 불구하고 다원적 방식으로 물자의 유통과 수송이 이루어지는 조운제도의 현실을 피할 수 없었다.

맺는말 | 지방으로부터 징수된 조세가 중앙으로 운송되는 제도는 중앙집권국가의 체제 유지를 위하여 필수적인 것이었다. 따라서 삼국 이후 고대 국가에 있어서도 기본적인 조세의 중앙 운송은 이루어지고 있었다. 그러나 국가주도의 운송체계가 체계적으로 정비된 것은 역시 고려시대의 조운제라고 할 수 있다. 고려는 지방관이 파견되기 이전 단계에 있어서도 최소한의 조운을 운영하였으며 지방제도 정비와 함께 체계적인 제도를 마련하게 된다. .지방의 주요 조운 거점에 조창이라는 기구를 설정하고 이를 중심으로 조세의 운송 등을 집중적, 체계적으로 담당하도록 한 것이 그것이다. 따라서 조창 중심의 고려 조운제는 이 시기의 역사적 사회적 특성을 잘 보여주는 핵심적 제도라고 말할 수 있다. 본고에서는 이러한 관점에서 고려 조운제가 어떻게 형성되고 정비되었는지, 고려 조운제의 역사적 추이를 정리하였다.

고려 조운제의 근간이 된 조창제가 성립을 본 것은 11세기 정종대(靖宗代, 1035-1046)의 일로 인식되어왔다. 이는 정종대에 각 조창의 조선 수를 정한 것에 근거한 것이다. 조창제 성립은 고려 지방제도의 정비와 밀접한 관련을 가지는 것으로, 지방제도 정비 이전의 건국 초기에는 이른바 '60포제'라는 이름의 과도적 단계에서의 조세 수취를 운영하였다. 지방제도 정비 이전에 이미 중앙정부의 재정 운영이 가능하도록 지방으로부터의 조세 수취 시스템을 가지고 있었던 것이다. 이점에서 본고를 통하여 필자는 조창제가 정종대 이전에 이미 등장한 것으로 추정하였다. 즉 정종대 조창의 조선수를 정한 것은 조창제 시행 이후의 후속적 조치로 보아야 한다는 것이다. 지방관 파견

이전 과도적 단계에서의 조세 관련 업무를 담당하였던 금유와 조장은 성종 2년(983), 그리고 제도(諸道)의 전운사는 현종 20년(1029) 각각 폐지되었다. 이것은 조창 중심의 새로운 관영 조운제도 확립과 밀접한 관련을 가진 것이 며, 따라서 지방제도의 정비가 이루어지고 전운사가 폐지되는 현종대, 대략 왕 20년(1029) 전후가 조창제 확립의 시점이 될 것으로 보았다.

가장 전형적인 관영 물류 운송제도라 할 고려의 조운제는 조창을 중심으로 운영되었다. 고려의 조창은 단순한 조운관련 업무 담당 기관이 아니라, 하나의 행정구역적 성격을 동시에 가짐으로써 해당지역민을 동원하여 정해진 규정에 의하여 개경으로의 조세 운송 업무를 총체적으로 책임졌다. 동시에 세곡 이외에 소에서 생산된 많은 특산품과 군현에서 징수된 공물의 상당부분도 개경으로 운송되었다. 이러한 점에서 고려시대는 지방에서 수취된 세곡과 각종 생산품이 가장 집중적으로 중앙으로 운송되는 체계를 수립한 것이었다. 그러나 이것은 인민의 과도한 사회경제적 부담을 전제한 것이어서 12세기 이후 이에 대한 반발이 야기되고, 아울러 13세기 이후 몽골 침입, 삼별초 봉기라는 장기적인 전란을 거치면서 제도 운영 자체가 커다란 위기에 봉착하게 되었다. 14세기 왜구의 침입은 조운의 운송로를 마비시킴으로써 조창중심의 고려 조운제는 사실상 붕괴된다.

조선조에는 일견 고려시대의 조창이 부활되어 조운제가 복구되는 느낌이 있지만, 이는 외형적인 양상일 뿐이고 실제에 있어서는 조선조의 조운제는 고려와는 상당한 차이가 있는 것이었다. 조창 대신 각 군현이 조운의 주체가 된다는 점, 민간에 의한 사설 운송 조직과 병존하면서 조운제가 유지되었다는 점 등이 그것이다. 이러한 점에서 고려 조운제는 국가가 주체가 되는 집권적 관영 운송체계의 전형적 모습을 보여주는 것이었다.

* 본고는 국립해양문화재연구소 『고려 뱃길로 세금을 걷다』(특별전, 2009)에 실린 글을 수정 보완한 것임.

③

고려시대 서해 연안해로의 객관과 안흥정

머리말 | 　고려시대의 해양 교통과 대외교류의 활성화를 생각하면
서해 연안의 교통로에 대한 연구는 매우 중요한 분야라 할
수 있다. 그러나 이같은 문제의 중요성에 비하여 관련 연구는 아직 기초적 연
구조차 미진한 단계에 있다고 생각된다. 이러한 점에서 당시 해로를 파악하
는 기초적 연구는 현 단계에서 이루어져야 할 과제중의 하나라 할 수 있다.[1]

　서해 연안 해로와 관련하여 안흥정은 군산도의 군산정, 자연도의 경원정,
예성항의 벽란정과 함께 서해 항로에 설치된 객관 시설로서 중요한 의미를
갖는다. 그런데 군산정과 달리 안흥정에 대한 자료는 기록에 따라 위치가 전
혀 다르게 정리되어 있고, 심지어 같은 기록 안에서도 서로 다른 위치를 제

---

1) 고려시대 서해 연안 해로에 대한 주요 연구 결과는 다음과 같다. 김상기 「여송 무역 소고」『동방
　문화교류사논고』 을유문화사, 1948; 김위현 「여송관계와 그 항로고」『관대논문집』 6, 1978;
　신채식 「10-13세기 동아시아의 문화교류-해로를 통한 여송의 문물 교역을 중심으로」
　『중국과 동아시아세계』 국학자료원, 1997; 祁慶富 「10-11세기 한중 해상교통로」『한중문화
　교류와 남방 해로』(조영록 편) 국학자료원, 1997; 박진석 「송과 고려의 무역에 관한 몇 개
　문제」『백산학보』 68, 2004; 김철웅 「고려와 송의 해상교역로와 교역항」『중국사연구』 28,
　2004; 강봉룡 「신라말-고려시대 서남해지역의 한·중 해상교통로와 거점 포구」『한국사학보』
　23, 2006

시함으로써 그 소재지를 파악하는 것도 어려운 상태에 있다. 기록에 의거한 안홍정의 위치는 전신인 고만도까지 포함하면 4개소나 된다. 보령현의 고만도 이후 해미현 동쪽 11리 지점, 해미현 서쪽 10리(혹은 5리) 지점, 그리고 태안군의 안홍진 앞 마도가 그것이다.

본고에서는 이러한 안홍정의 문제에 대해서 서해 연안의 해로 및 객관에 대한 문제와 연관하면서 제반 논의들을 정리하고 앞으로의 연구에 일정한 자료를 제공하고자 한다. 서긍의『고려도경』을 기본으로 서해 연안 해로에 대하여 검토하면서 안홍정의 위치와 변화 추이를 중점 검토하게 된다. 안홍정의 문제는 문헌 자료만으로는 한계가 있고 특히 현장에 대한 고고학적 검토가 중요한 관건이라고 할 수 있다. 이러한 점에서 본고는 문헌의 기록의 비교검토와 동시에 현지 자료에 대해서도 유의하고자 하였다.

1. 고려시대 서해 연안해로의 객관

1) 송 서긍의 사행과 객관

고려시대에는 각 주현에 공공시설의 일부로서 객관이 만들어져 있었는데, 대략 조선시대의 객사에 해당하는 시설이었던 것 같다.[2] 빈객의 유숙과 함께, 국왕의 진영이 모셔져 각종 의례의 연출 공간이 되었던 것으로 보인다. 한편 개경에는 외국의 사신단이 마무르는 특별한 객관이 조성되어 있었다. 여기에 서해 조운로 상의 거점에도 객관을 설치하여 운영하였기 때문에 객관에도 여러 종류가 있었던 셈이다.[3]

---

2)『신증동국여지승람』에 의하면 충남 지역의 경우 홍주, 서산, 태안, 한산, 보령, 남포, 석성 등지에 객관에 대한 기문이 실려 있다. 이들 각 읍 객관의 존재는 고려 이래의 것을 반영하는 것이라 생각된다.

3) 문경호는 서해 연안의 해로에 설치된 객관은 사신들이 머물렀던 개경의 객관과는 성격상 차이가 있는 것으로 파악하고, 李裕元의『林下筆記』혹은『증보문헌비고』등을 근거로 '객관' 대신 '亭館'이라는 용어를 제안하고 있다. 문경호「1123년 서긍의 고려 항로와 경원정」『한국중세사연구』28, 2010, p.487 참조.

개경에는 사신들의 접대를 위한 객관이 여러 곳 설치되어 있었다. 송의 사신단이 머물렀던 순천관(順天館)을 비롯하여 거란(요)의 사신을 접대한 영은관(迎恩館)·인은관(仁恩館), 여진(금)의 사신을 접대하는 영선관(迎仙館)·영은관(靈隱館), 그리고 남문 밖의 청주관(淸州館)·충주관(忠州館)·사점관(四店館)·이빈관(利賓館) 등 4개의 객관은 송 상인을 위한 객관이라고 한다.[4] 서긍은 고려의 사관(使館)이 "규모가 화려하여 궁궐을 능가할 정도"라고 극찬하였다. 대표적인 곳이 순천관이었는데 서긍의 사신단도 여기에서 머물렀다. 순천관은 외문과 중문이 있으며 9칸의 정청은 "규모가 장대하며 건축의 내용이 궁궐을 능가 한다"고 하였다. 30칸 크기의 외랑이 있으며, 뜰에 작은 정자 2개가 세워져 있다. 정청 뒤에 낙빈정(樂賓亭)이 있고 그 좌우 두 채 건물에 정사와 부사가 거처하고 내랑(內廊) 12개 처에 상절(上節)의 사신단이 머문다. 서쪽에 관반관(館伴官)의 처소와 조서를 봉안하는 곳이 있으며, 동쪽에 도할관, 제할관, 서장관의 숙소가 있고 아울러 넓은 낭옥(廊屋)이 있어 중절, 하절의 사신단 및 '주인(舟人)' 즉 선원들이 여기에 거처한다. 동쪽 처소의 남쪽에는 청풍각, 서쪽 처소의 북쪽에 향림정이 있는데 조경이 빼어나다. 청풍각은 예물을 보관하는 곳이며 향림정은 낮은 산 중턱에 세운 난간을 두른 팔각정 건물로서 정사 부사가 사신들과 함께 차를 마시거나 바둑을 두면서 쉬는 곳이다. 순천관은 문종대에 별궁으로 조성한 곳인데, 송 사신의 객관으로 전환한 것이라 한다.[5]

순천관의 정청 건물은 5칸이며 그 좌우에 각 2칸의 부속건물이 있다. 동서 양측에 2개의 계단이 있고 그 위에 화려한 장막을 설치하였다. 연회하는 경우에 사용하며, 정청에서는 정사와 부사가 정청의 빈주(賓主)가 되고, 고려의 관원은 그들을 모시는 입장이다. 조서의 봉안처는 낙빈정의 서쪽인데 5칸 규모의 작은 전각이지만 화려한 장식 건물이다. 전각의 양랑(兩廊)에 도

---

4) 서긍 『고려도경』 27, 관사, 객관

5) 송 사절의 영송 의례에 대해서는 김규록 「고려중기의 송 사절 영송과 접반사와 관반사에 대한 일고찰」 고려대 석사논문, 2012 참조.

관(道官) 2인이 거치하며 정사와 부사가 순천관에 들어서면 먼저 이 전각에 조서를 봉안한다. 10일 이내에 길일을 잡아 정사·부사는 상, 중, 하절의 모든 수행원을 거느리고 뜰에서 절을 하고 도할관·제할관과 함께 조서를 받들어 가마(采輿)에 안치하여 이동한다.[6] 그리하여 회경전에서 국왕이 조서를 받는 의식을 거행하게 되는 것이다.

읍치에 설치된 객관은 읍치에 부속한 것이어서 별호(別號)가 없지만, 서해 조운로 상에 설치된 객관은 별호를 가지고 있다. 안흥정에 대한 기록은 우선 『고려도경』에 보이고 있다. 『고려도경』의 저자 서긍(1091-1153)이 송의 국신사(國信使) 일원으로 고려에 온 것은 인종 원년(1123)의 6월의 일이다. 전년 훙거한 예종에의 조문, 그리고 송 휘종의 조서를 고려 국왕에게 전하는 것이 이들 국신사의 중요 임무였다. 신주(神舟) 2척, 객주(客舟) 6척 등 8척의 선단으로 절강 지역(영파)을 경유하여 고려에 내항한 이들은 서해 연안 해로를 이용하여 개경에 이르게 된다. 서긍은 고려에의 항해에 있어서 "떠날 때는 남풍을 이용하고 돌아올 때는 북풍을 이용했다"고하여, 당시 항해에 계절에 따른 풍향이 중요한 관건이었음을 암시하고 있다.[7] 해로에 대한 참고자료로서 서긍의 항로와 항로상의 객관을 간추려 정리하면 다음과 같다.[8]

1123년 5월 16일 명주(영파) 출발→5월 19일 정해현→5월 24일 초보산→5월 26일 심가문→5월 29일 백수양/황수양/흑수양→6월 3일 흑산도→6월 6일 군산도(군산정)→6월 7일 횡서→6월 8일 마도(안흥정)→6월 9일 대청도/소청도/자연도(경원정)→6월 10일 급수문(강화도)→6월 12일 예성항(벽란정)→6월 13일 개경

---

6) 서긍『고려도경』 27, 관사, 순천관·관청

7) 서긍『고려도경』 39, 해도 6, 예성항

8) 서긍『선화봉사고려도경』 34-39, 해도 1-6. 『고려도경』의 번역은 민족문화추진회『국역 고려도경』과 조동원 등 『고려도경』(황소자리, 2005)을 참고하였다.

송과 고려의 사행(使行) 항로는 1074년(문종 28, 송 희령 7) 거란(요)과의 관계 때문에 등주(登州)를 이용하는 기존의 북로(황해 횡단항로) 대신 명주를 경유하는 남로(남중국 항로)를 이용하게 된다.[9] 서긍은 1123년 5월 16일 명주(경원, 영파)를 출발, 6월 3일 흑산도 인근을 경유하고 6월 6일 군산도의 군산정에서, 그리고 8일에는 안흥정에서 정박한 다음 북상하여 13일 개경에 도착하였다. 강남의 무역항 명주(영파, 경원)를 출발한지 한 달에 미치지 못하여 개경에 도착한 것인데 본격적인 항해가 시작된 초보산 혹은 정해현 심가문으로부터는 20일 미만이 걸린 셈이다. 이로써 보면 순조로운 항해가 이루어질 경우 남중국에서 고려 지경으로 바다를 건너는 데는 10일 미만의 기간이 소요됨을 알 수 있다.[10] 이같은 사정에서 13세기의 이규보는 군산도, 위도 쯤에서 중국을 건너는 것이 그리 멀지 않다는 당시 바닷사람들의 인식을 전하고 있다.[11]

2) 군산정

흑산도 이후[12] 군산정과 안흥정, 경원정(자연도), 벽란정(예성항)으로 연결되는 서해 연안의 객관은 고려가 개경에 출입하는 중국으로부터의 사신단, 혹은 상인단 등 해상 교통의 편의를 도모하기 위하여 설치한 숙박기관이다. 특히 송의 사신단이 출입할 경우 객관은 사신단의 영접이라는 공식적 행사와 연회를 개최하는 시설로 이용함으로써 대외 통교의 고려에 있어서의 비

---

9) "往時 高麗人往返 皆自登州 (熙寧)七年 遣其臣金良鑑來言 欲遠契丹 乞改塗 由明州詣闕 從之"(『송사』 487, 고려전)

10) 『송사』 487, 고려전에서는 고려와의 교통에 대하여, 명주·정해로부터 큰 바다까지 3일, 여기에서 흑산도 5일, 흑산도에서 서해 연안을 북상하여 예성강에 이르는데 7일 등 도합 15일을 제시하고 있다.

11) "옆에 큰 바다가 굽어보이고 바다 가운데는 군산도·猬島·鳩島가 있는데 모두 조석으로 이를 수가 있다. 海人들이 말하기를 순풍을 만나 쏜살같이 가면 중국을 가기가 또한 멀지 않다고 한다."(이규보 『동국이상국집』 23, 南行月日記)

12) 흑산도에 대해서는 현지 조사연구 자료로서 목포대 도서문화연구소 『흑산도 상라산성 연구』(2000)가 있고, 근년 森平雅彦에 의하여 상세한 연구검토 (「黑山島海域における宋使船の航路」『朝鮮學報』 212, 2009)가 보고된 바 있다.

중을 반영하고 있다.

서긍은 6월 6일 군산정이 있는 군산도에서 정박하였다. 귀로상의 송 사신 일행은 7월 24일 군산도에 정박하였다가 바람에 막혀 움직이지 못하고 8월 8일까지 14일 간이나 이곳에 머물렀다. 서해 연안의 객관중 군산정은 군산도, 지금의 군산시 옥도면 선유도에 설치되어 있었다. 군산도가 가지고 있던 교통로상의 중요성을 말해주는 것이 군산정이라 할 수 있다.[13] 조선시대 수군의 진영이 설치된 군산도에 대하여 이중환은 다음과 같이 언급하고 있다.

> 군산도는 전라도 만경바다 복판에 있으며 역시 첨사가 통할하는 진영
> 이 설치되어 있다. 온통 돌산이고 뭇봉우리가 뒤를 막았으며, 좌우로
> 빙 둘러 안았다. 그 복판은 두 갈래진 항구로 되어 있어 배를 감출만
> 하고, 앞은 어장이어서 매년 봄 여름에 고기잡이철이 되면 각 고을 장
> 사배가 구름처럼 안개처럼 모여들어 바다 위에서 사고 판다. (이중환
> 『택리지』복거총론, 산수)

'온통 돌산', '두 갈래진 항구' 등의 묘사에서 이 군산도가 선유도임을 확인하게 된다. 평상시에는 교통로상의 기항지로서, 고기잡이 철에는 시장으로서, 긴급한 기상 여건에서는 선박들의 피항지로서, 군산도의 비중은 상당하였다. 이 군산도에는 객관과 함께 일종의 해신당(海神堂)이라고 할 오룡묘(五龍廟)가 있다. 서긍은 이 오룡묘에 대해서 다음과 같이 적고 있다.

> 오룡묘는 군산도의 객관 서쪽의 한 봉우리에 있다. 전에는 작은 집이
> 있었는데 그 몇 걸음 뒤쪽에 새로 기둥이 둘인 집을 지었다. 정면의 벽
> 에 오신상을 그렸는데 뱃사람들은 아주 엄숙하게 제사한다.(『고려도

---

13) 본고의 초고가 작성된 이후 군산정에 대한 森平雅彦 교수의 「高麗群山亭考」(九州大學 朝鮮學研究會『年報 朝鮮學』11, 2008)를 접하게 되었다. 군산정에 대한 문헌 자료만이 아니라 현지조사에 의한 상세한 검토 자료를 담고 있다. 부분적으로는 본고의 내용 일부가 중복된 부분이 없지 않다.

경』17, 오룡묘)

고려시대 오룡묘의 전통은 선유도에 지금까지 전해오고 있다.[14] 오룡묘와
함께 군산도에는 서남쪽 큰 숲속에 숭산신(崧山神)의 별묘(別廟)라고 하는
작은 사당, 그리고 자복사(資福寺)라는 절도 있다고 하였다.[15] 숭산신사(숭산
묘)는 원래 개경의 숭산에 있는 신당이다.[16] 군산도가 육지에서 멀리 떨어진
섬인데도 불구하고 개경의 숭산신 신사가 세워진 것은 외교와 통상으로 개경
과 직접 연결되는 군산정의 특성을 반영하는 것이기도 하다.[17] 다만 토착적
해양신이라 할 오룡묘의 전통이 근년에까지 이어진 것에 비할 때 개경의 정
치성을 반영하는 숭산신 별묘가 오래 전에 소멸된 것이 대비된다. 육지보다
도 인간의 한계를 넘는 자연적 재난을 직접 경험하게 되는 해양활동의 조건
상, 오룡묘와 같은 해양신앙이 오랜 전통을 이어오게 된 것이라 하겠다.[18] 서
긍의 경우도 고려에의 사행에서 몇 차례 위기를 경험했던 사실을 기술하고

---

14) 선유도의 상징인 거암 망주봉의 동측에 오룡묘의 당집이 남아 있다. 3년 1회의 별신제와
매년 당산제를 지냈으며, 건물의 규모는 12칸이며 당집 안에는 오구요왕, 명두아가씨, 최씨
부인, 수문장, 성주 등 5개의 화상이 걸려 있었다 한다. 그러나 지금은 제사도 중단되고
건물도 퇴폐한 상태에 있다. 이에 대해서는 군산대 박물관『옥구지방의 문화유적』1985;
국립문화재연구소『고군산군도』2000, p.13 및 군산대 박물관『문화유적분포지도-군산시』
2001, p.200 참고.

15)『고려도경』17, 사우, 오룡묘 및 같은 책 36, 해도 3, 군산정

16) 숭산신은 거란족이 개경을 함락하였을 때, 그 신이 밤중에 소나무 수만 그루로 변신하여
사람 소리를 내므로 적이 원군으로 의심하고 곧 후퇴하였다고 한다. 그 이후로 그 산을
'崧山'으로 봉하고, 그 신을 제사하게 되었으며 백성들은 재난이나 질병이 생기면 옷이나
말을 바치고 기도한다고 하였다.(『고려도경』17, 숭산묘)

17) 森平雅彦은 숭산신이 개경의 진산 송악산신을 제사하는 것으로 이것은 송악산신을
제사하는 '分廟'와 같은 것이라 하였다. 森平雅彦「高麗群山亭考」『年報 朝鮮學』11,
九州大學 朝鮮學研究會, 2008 참조.

18) 1230년(고종 17) 11월 이규보는 군산도 바로 남쪽의 위도(부안군)에 귀양하였다. 팔관회의
侍宴의 차례가 구례에 어긋났다는 이유 때문이었는데, 위도행의 배에서 돌연한 파도로
위기에 처한 당시 이규보의 모습이 다음과 같이 묘사되어 있다. "나는 술에 마구 취하여
배에 오른 줄도 몰랐다. 밤중에 중류에 다달았는데 잠결에 뱃사공이 시끄럽게 '배 엎어진다,
배 엎어진다' 하며 떠드는 소리가 어렴풋이 들렸다. 곧 나는 놀라 일어나서 술을 떠놓고
하늘에 하늘에 빌며 크게 소리내어 우니 얼마 안 되어 물결이 잔잔해지고 바람이 돌면서
순조로왔다."(이규보『동국이상국집』17, 고율시, 「十二月二十六日將入猬島泛舟 幷序」)

있다. 황수양(黃水洋) 바다에서 세 개의 키가 부러지는 경험을 한 그는 배에서 "머리카락을 자르고 애절하게 기도"하였던 것과 험난한 바닷길을 일엽편주로 건널 수 있었던 것이 오직 "종묘사직의 복에 의지"한 결과라고 말하고 있다.[19] 해로 교통의 특수성을 말해주는 것이다.

옛 군산도에 해당하는 선유도에는 오룡묘의 흔적과 함께 조선조 고군산진의 터가 남아 있다. 선유도 항 부근, 산 중턱의 경사면을 따라 당시 건물터들이 잔존해 있으며 일대는 지금도 섬에서 가장 큰 마을이 조성되어 있다. 동헌 객사 등의 관청건물은 1930년까지 있었으나 실화로 전소되었다고 한다. 주변에 고려 조선에 이르는 고분군과 유물산포지가 확인된 것으로 보더라도, 고려 이래 섬의 중심지였음을 알 수 있다.[20] 군산정의 위치는 이 고군산진의 옛터와 중복될 가능성이 있다. 그러나 서긍은 군산정에 대하여 다음과 같은 기록을 남겼다.

> 접반이 채방(采舫, 배의 종류)을 보내 정사·부사에게 군산정에서 만나기를 청하였다. 그 정자는 바닷가에 있고 뒤로 두 봉우리에 의지했는데, 그 두 봉우리는 나란히 우뚝 절벽을 이루어 수백 길이나 되었다. 관문 밖에는 관아(공해) 10여 칸이 있고, 서쪽 산위에 오룡묘와 자복사가 있고, 또 서쪽에 숭산행궁, 그 좌우 전후에 주민 10여 가가 있다.(서긍 『고려도경』 36, 해도 3, 군산정)

이에 의하면 군산정은 선유도의 상징인 망주봉 앞 해변에 위치한다. 오룡묘와는 같은 방향이며 고군산진의 진영과는 서로 맞보는 건너편 위치가 된다. 군산정 건물의 규모는 10여 칸이라 하였고 오룡묘 신당과 함께 자복사라는 절도 소개되어 있다. 모리히라(森平)는 근년, 망주봉 동측 해안에서 다양

---

19) 서긍 『고려도경』 39, 해도 6, 예성항

20) 고군산진 및 주변지역의 고고학적 현황에 대해서는 군산대 박물관 『문화유적분포지도-군산시』 pp.197-200; 국립문화재연구소 『고군산군도』 2000, p.13 및 곽장근 「고고학으로 본 군산도의 해양문화」 『군산도(선유도)의 문화유산 재발견 심포지움』 2011, pp.40-45 참고.

한 고려청자 편과 고려기 와류를 채집하고 이것이 군산정과 관련 있는 유물일 가능성을 제기하였다. 향후의 보다 구체적인 조사의 진전을 촉구하는 것으로서, 현재로서는 군산정과 관련 소재 지점에 대한 가장 구체적인 추정 자료라는 점에서 주목 된다.[21]

서긍의 송 국신사 일행이 군산도(선유도) 앞바다를 지날 때 고려 측에서는 순시선 10여 척이 깃발을 꽂고 영접하였다. 그 깃발 가운데 홍주, 보령, 공주 등과 함께 '안흥'의 깃발도 포함되어 있었다. 객관에서는 빈객의 접대라는 측면에서 숙박과 연회가 가능한 시설이지만 동시에 각종 공식적 의례를 거행하는 장소가 된다. 사신단 일행이 서해 항로를 운행하는 동안 객관에서는 매번 일정한 연회와 의례가 이루어졌다. 이에 대해서는 군산정에 상세히 기재되어 있고 다른 곳에서의 행사는 유사함 때문에 언급이 생략되어 있다. 따라서 군산정에서의 예를 통하여 안흥정, 혹은 여타 객관에서의 의례에 대한 내용을 짐작해 볼 수 있다. 군산도에 입항하여 이루어진 절차를 정리하면 다음과 같다.

- 6척의 배가 영접하는데 무장한 병사가 징을 울리고 고동나발을 불며 호위함
- 녹색 도포 차림 관리(군산도의 注事)가 소주(小舟)를 타고 나타나 홀을 잡고 배안에서 읍을 함
- 통역관 신기(沈起)가 와서 동접반(同接伴) 김부식과 합류, 지전주사(知全州事) 오준화(吳俊和)가 사자를 보냄
- 배가 섬으로 들어가자 연안에 1백 여인 군사가 깃발을 잡고 늘어서 맞이함
- 동접반이 사신단의 아침 식사를 보내옴[22]

---

21) 森平雅彦「高麗群山亭考」『年報 朝鮮學』11, 九州大學 朝鮮學硏究會, 2008, pp.10-14

22) 입항하여 체류하는 동안 객관에서 식사를 보내오는데 음식 종류는 10여 종, 국수가 먼저 나오고 해산물이 드물고, 그릇은 금 은기와 청자, 옻칠한 목기 등이 사용된다. 이에 대해서는 서긍『고려도경』33, 舟楫, 饋食 참고.

- 오후에 정사와 부사가 송방(松舫)[23]을 타고 수행원들과 함께 상륙하여 군산정으로 들어감.
- 군산정의 뜰에서 고려측 접반과 군수가 와 배례하고, 다시 송황제의 궁궐을 향해 배례한 다음 황제의 안부를 물음
- 양쪽 층계로 나뉘어 당으로 올라가 정사·부사가 상석에 자리하고 차례로 만나 재배
- 사신단 중 상절(上節)·중절(中節)은 당(堂) 위에 차례로서 접반과 읍함
- 도할관이 앞으로 나가 인사말을 하고 재배함
- 정사·부사는 남쪽을 향하고, 접반과 군수는 동서로 마주보고, 하절(下節)과 주인(舟人)은 뜰에서 절한다.
- 상절은 당 위에 나누어 앉고, 중절은 양쪽 낭하(廊下)에, 그리고 하절은 문의 양쪽 곁채에 앉고, 주인(舟人)은 문 밖에 앉는다.
- 술이 열 차례 돌아가는데 중절과 하절은 횟수가 더 적다.
- 처음에는 접반이 술을 따라 바치고 정사는 반배(返盃)한다.
- 주연이 반쯤 진행되면 사람을 보내 술을 권하고, 사신단은 모두 큰 술잔으로 바꾼다.
- 예가 끝나면 상절·중절은 처음처럼 종종걸음으로 읍하고, 정사와 부사는 송방을 타고 자기 배로 돌아간다.

이같은 절차는 사신들이 객관에서 치르는 일반적 형식이라 할 수 있는데, 시간과 형편에 따라 조금씩 가감된 것으로 보인다.

3) 경원정과 벽란정

서긍의 『고려도경』에 의하면 개경에 이르는 서해안 해로에는 군산정, 안흥

---

23) 군산도의 고려 선박으로, 고물과 이물이 다 곧고 선실이 5칸, 위는 띠로 덮었는데, 사신단 중 정사와 부사, 상절이 이용한다. 한편 중절과 하절의 수행원은 靑布로 지붕을 하고 장대로 기둥을 대신한 간단한 幕船을 이용한다. 이에 대해서는 서긍 『고려도경』33, 舟楫, 송방 및 막선 참조.

정 다음에 자연도의 경원정(慶源亭)이 있고 예성항에는 벽란도에 벽란정이 설치되어 있었다. 서긍 일행이 경원정에 이른 것은 안흥정에서 출발한 6월 9일 당일 오후(4시쯤)였다. 경원정은 산에 의지하여 건물을 지었다고 하며 주변에는 임시막사라 할 막옥(幕屋) 수십 칸과 주민들의 초가가 들어서 있었다. 경원정에는 관할인 지광주사(知廣州事) 진숙이 접반 윤언식과 함께 영접하였다. 객관 경원정 부근에는 제물사(濟物寺)라는 절이 있었는데 이는 일종의 신당과 같은 종교적 기능을 담당하였을 것이다.[24] 경원정이 소재한 자연도는 국제공항이 소재한 지금의 인천 영종도이다.[25] 구체적인 경원정의 위치는 모호한 점이 있지만, 백운산 아래 기슭로 추정된다.[26]

예성항 벽란도에 있는 벽란정은 서긍에 의하면 우벽란정, 좌벽란정의 두 채로 되어 있었으며 우벽란정에 조서를 봉안하고 좌벽란정은 정사, 부사를 접대한다고 하였다. 그리고 양쪽 모두 방이 있어 사신단이 숙박하였다는 것이다.[27]

2. 보령 고만도정과 서산 안흥정

1) 보령 고만도정

호남과 개경의 연안 해로를 연결하는 노정에 위치한 안흥정이 창건된 것은 문종 31년(1077)의 일이다. 안흥정이 창건되기 이전에는 고만도(高巒島, 보령)에 정(亭)이 운영되고 있었다. 즉 고만도정이 1077년 이후 안흥정으로 그 기

---

24) 서긍 『고려도경』 39, 해도 6, 자연도

25) 『여지도서』에서 '永宗古號 紫燕島'라 하였다. 조동원 등이 『고려도경』 번역의 해설에서 자연도가 지금의 대부도라 하였으나 이는 착오이다. 자연도가 영종도로 개칭된 것은 조선 효종 4년(1653) 이후의 일로 추측된다. 효종 4년 남양도호부의 '영종포'를 자연도로 이치한 것이 섬 이름이 바뀌는 계기가 되었다. 이에 대해서는 박광성 「자연도고」 『기전문화연구』 6, 인천교대 기전문화연구소, 1975, pp.3-5 참조.

26) 문경호 「1123년 서긍의 고려 항로와 경원정」 『한국중세사연구』 28, 2010, pp.497-504

27) 서긍 『고려도경』 27, 관사, 벽란정

능이 옮겨진 셈이다. 다음이 그 기록이다.

> (고려 문종 31년, 1077) 나주도제고사(羅州道祭告使) 대부소경(大府少
> 卿) 이당감(李唐鑑)이 아뢰기를 "중국 사신들을 영송(迎送)함에 있어 고
> 만도(高巒島)의 정(亭)은 수로가 점점 떨어져 배가 정박하기 불편합니다.
> 청컨대 홍주 관하 정해현 땅에 정각을 창건하여 영송(迎送)의 장소로
> 삼도록 하소서"하니 제서(制書)를 내려 그 말에 따랐으며 정의 이름은
> '안흥'이라 하였다. (『고려사』 9, 문종 31년 8월 신묘)

여기에서 말하는 정(亭)은 군산정과 같이 숙박이 가능한 객관 시설이다.
연안을 통과하는 사신 혹은 관원들이 물때를 기다리거나 폭풍을 피하거나
식량이나 식수의 조달을 위하여 중간의 객관 시설을 필요로 하게 된다. 이에
의하면 안흥정의 전신은 고만도(高巒島)에 있었는데, 고만도가 불편하게 됨
에 따라 새로운 객관 시설을 해미 관내에 설치하도록 한 것이다. 『고려사』에
서는 불편의 내용을 고만도가 "항로에서 점점 떨어져 선박의 정박이 불편하
다"(稍隔水路 船泊不便)는 점을 들었다. 원래의 항로는 고만도에 근접하였으
나, 토사와 갯벌이 충적되어 항로가 서쪽으로 점점 이동됨으로써 고만도와
거리가 있게 되었다는 설명인 것으로 보인다.

『신증동국여지승람』에 "고만도는 (보령)현의 서쪽 해중(海中) 22리 지점에
있다"라고 한 것이 그것이다. 같은 기록에는 고만도가 "옛날의 병수처(兵戍
處)인데 (지금은) 마을이 있다"고 하였다.[28] 고만도가 해운로상의 객관 시설
이었던 점을 생각하면, '병수처'라 한 것은 그러한 사실을 반영하는 것이라
할 수 있다.[29] 객관에는 수군의 정박이 수반되었을 것이기 때문이다. 또 객
관의 이전 이후에도 수군부대는 여전히 주둔하였을 가능성도 많다. 고만도

---

28) 『신증동국여지승람』 20, 보령현 산천조

29) 조선초 고만도에는 수군만호영이 설치되어 군사적 거점으로 기능하였다. 이에 대해서는
　　문경호 「고려시대 충청도 연안의 포구에 관한 연구」 『역사와 담론』 56, 2010, pp.322-328
　　참조

고만도정이 있었던 보령 송도 원경

는 18세기 『여지도서』에는 섬 대신 주포면에 '고만리'라는 마을로 나와 있다. 읍치에서 서쪽 20리라 하여 고만도와 같은 위치임을 말해주는데, 고만리는 "편호 18호, 남 41구, 여 39구"라 하였다.[30]

보령 고만도는 원래 송도(松島)라는 섬과 이웃해 있었다. "읍치로부터 서쪽 22리 지점"이라는 위치가 고만도와 같은 거리, 같은 방향인 것이다. 그런데 송도에 대한 기록 가운데 "(섬의) 둘레는 12리인데, 조수가 물러나면 고만(도)와 이어진다"[31]라고 하여 고만도가 이미 15세기에 조수의 상태에 따라 송도와 이어진 상태임을 말해주고 있다. 현재는 보령시 주교면 해안에 송도 (송학도)라는 섬이 있고 그 대안에 고만마을이 있다. 송도는 지명상 상송도와 하송도로 구성되어 있어 2개의 섬, 즉 고만도와 송도가 합쳐져 지금은 '송학도'로 불리게 되었음을 암시한다. 대동여지도에 의하면 위쪽이 송도, 아래쪽을 고만도라 하였는데, 이로써 상송도가 원래의 송도, 하송도는 고만도였음을 알 수 있다.

고만도(송도)는 안면도 바로 아래쪽, 육지에서는 서쪽으로 돌출되어 있는 위치이다. 고만도를 지나면 바로 원산도와 삽시도, 안면도 서쪽을 지나 태안

---

30) 『여지도서』 보령현 방리조
31) 『신증동국여지승람』 20, 보령현 산천조

반도 안흥량으로 진입하게 된다. 이로써 보면 고만도정은 태안반도와 안흥량을 지나기 전 일단 준비와 휴식을 하는 위치이다. 군산정에서 아침에 출발할 경우 저녁 이전 오후에 도착할 만한 거리이기도 하다. 이러한 점에서 고만도정의 설치 배경을 이해할 수 있지만, 앞에서 언급한 것처럼 지형 조건의 변화 때문에 정박을 위해 일부러 육지 쪽으로 접근해야 하는 문제가 야기되고, 동시에 모래나 갯벌의 퇴적으로 큰 선박의 정박에 장애가 발생할 수 있는 위치이기도 하다. 이로써 고만도정의 설치 이유, 그리고 객관 이전의 필요성을 이해할 수 있게 된다. 정박처로서의 기능약화라는 고만도정의 이 같은 사정이, 안흥정 창건의 배경이 되는 것이다.[32]

2) 서산 해미의 안흥정

서산 안흥정의 위치는 고려시대 정해현 지역으로 지리지에서는 그 위치를 "(해미현의) 동쪽 11리"[33] 또는 '동쪽 5리'[34] 지점이라 언급하였고, 18세기 『여지도서』 혹은 19세기 『호서읍지』(1895)의 해미지도에는 해미읍성의 북서쪽에 '안흥정'의 위치가 표시 되어 있다. 『여지도서』에는 안흥정에 대하여 "지금은 정(亭)은 훼철되고 터만 남아 있다"고 하여 안흥정이 없어진 지 이미 오랜 시간이 지났음을 암시하고 있다. 안흥정의 위치는 현재 해미면 산수리, 한서대 부근에 해당하는데, 해발 200m 신선봉 능선의 거의 정상부에 건물터가 지금도 남아 있다.[35] 지표조사에 의하면 현지에는 2단의 축대, 500평 정도의 평탄대지에 초석과 와편 등이 산포되어 있는 것으로 되어 있다.[36] 필자가 답사한 바에 의하면 고려시대 와류와 청자편, 토기편 이외에 조선시대 백자편

---

32) 고만도에 있었던 객관의 이름은 분명하지 않다. 고만도에 있기 때문에 '고만도정'이지만 그것이 바로 객관의 명칭이었던 것 같지는 않다.

33) 『신증동국여지승람』 20, 해미현 고적조

34) 『여지도서』 해미현 고적조

35) 한글학회 『한국지명총람』 4, 1974, p.86 산수리조에 안흥정에 대한 설명이 있고, 5천분의 1 지도에도 '안흥정'이라는 지명이 현재 한서대 캠퍼스 부근에 표시되어 있다.

36) 충남발전연구원 『문화유적분포지도(서산시)』 1998, p.256

이나 조선 말기의 와류도 다수 확인되고 있어 안흥정은 여러 용도로 계속 건물이 유지되어온 것으로 보인다. 안흥정의 기능은 아마 고려 후기 이후 상실되고 사원으로 그 기능이 전환된 것으로 보인다.[37]

산수리에 있는 이 안흥정에 있어서 한 가지 의문점은 그 위치가 해안으로부터 다소 떨어진 산의 정상부에 입지하고 있다는 점이다. 해운로 상의 객관이라면 선박의 정박처에 인접하여서 출입이 간편해야하는 것이 상식일 것이다. 산수리의 안흥정은 해안선의 변화를 감안하더라도 정박처에서 거리가 있고 산 위에 위치하여 출입이 간편하지 않다. 또 한가지 문제는 개경에 이르는 선박이 해미의 안흥정에 정박할 경우, 안면도에 가로 막혀 다시 남으로 내려가 안면도 남단을 우회하여 북상해야 한다는 점이다. 안면도는 원래 섬이 아닌 육지와 연륙된 곳으로 되어 있던 것이 17세기 인조조에 이르러 인공적인 방법으로 수로를 개착함으로써 섬이 된 때문이다.[38] 이러한 점에서 해미에 설치된 안흥정의 기능은 아직 풀리지 않은 의문점이 있다. 그러나 산수리 안흥정은 15세기 『신증동국여지승람』을 비롯하여 조선조 지지류의 기록과 지도에 의하여 되풀이 확인되고 있을 뿐 아니라 지금까지도 '안흥정'이라는 지명이 남아 있어서 그 위치에 대한 의문을 간단히 정리하기도 어렵다.[39]

그런데 같은 『신증동국여지승람』의 해미현 산천조 기록은 안흥정이 해미현의 동쪽이 아닌, 반대 방향의 서쪽에 있는 것으로 보는 다른 기록을 게재하

---

37) 해로를 통한 고려의 대중 교류는 14세기 이후 침체하였다. 15세기의 『동국여지승람』에서는 해미현 가야산 기슭에 '안흥사'라는 절이 소재한 것으로 되어 있는데, 안흥정지에 다수의 조선시대 와류, 자기편 등이 산포되어 있는 것과 함께 고려하면 안흥정의 기능이 상실되면서 사원으로 전환 유지되었을 것임을 짐작할 수 있다. 1929년 간행의 『서산군지』(『한국근대읍지』 3, 충청도 3)의 고적조에 "按今海美面山水里部落內 有舊名稱安興亭里 其山古有安興寺 疑皆以安興亭之故得名"이라 한 것도 안흥정이 안흥사라는 사원으로 전환된 것임을 말해주는 것으로 보인다.

38) 안면도 굴착 시기는 金堉의 충청감사 재임기간인 인조 16년(1638) 6월부터 이듬해 1639년의 7월 사이의 일로 추정된다. 이에 대해서는 윤용혁 「서산·태안지역의 조운관련 유적과 고려 영풍조창」 『백제연구』 22, 1991 참조.

39) 『신증동국여지승람』(해미현 역원)에 해미의 驛院으로서 '神堂院'이라는 이름의 院이 "해미현의 동쪽 6리 지점"에 등장한다. '신당원'이라는 院名은 인근에 유명한 신당이 존재하였음을 말한다. 안흥정의 위치와 멀지 않고, 가야산의 기슭이기도 하여, 이 신당의 존재가 안흥정과도 연관되었을 가능성을 암시한다.

고 있다.

　　마도(馬島) : (해미) 현 서쪽 양릉포(陽陵浦)의 연안에 있다. 『대명일통지
　　(大明一統志)』에 "국중(國中)의 목지(牧地)로서 옛날에 객관이 있었는데,
　　'안흥정'이라 일컬었다"고 하였다. (『신증동국여지승람』 20, 해미현 산천)

　　안흥정이라는 객관이 마도라는 섬에 있었다는, 15세기(1461) 명대의지지
(地誌)인 『대명일통지』를 인용한 것인데, 양릉포는 "(해미)현의 서쪽 10리에
있으며, 곧 해포(海浦)이다"[40]라고 하였다. 즉 해미의 읍치 서쪽 10리 양릉포
연안에 소재한 마도에 지금은 폐지된 안흥정이라는 객관이 소재하였다는 줄
거리이다. 양릉포라는 이름은 아니지만 해미 읍치 남쪽으로 '양림포(良林浦)'
라는 유사한 이름의 포구는 18, 9세기의 지도에서 확인된다. 중국 사신들의
왕래와 관련하여 해미면 서쪽 경계에 인접한 부석면 마룡리 국사봉에서 중
국 사신이 제사를 지냈다는 구전도 흥미 있는 자료이다.[41] 서산의 천수만 일
대는 간척이 넓게 진행된 지역이라 마도라는 섬이 실제 하였는지 지금은 확
인하기 어렵다. 그러나 19세기의 읍지에는 마도의 위치가 해미 읍치 '서쪽 5
리 지점'이라고 기재되어 있어서[42] 실제로 마도라는 섬이 해미의 서남해안에
존재하였음을 말해주고 있다. 그렇기는 하지만 『신증동국여지승람』의 편자
가 안흥정의 하나를 『대명일통지』를 인용하여 해미현 서쪽 양릉포 연안 마도
라고 지칭한 것은 서긍이 언급한 태안 마도의 안흥정을, 역시 '마도'라는 같
은 이름의 섬이 있는 해미에 설정함으로써 빚어진 착오라고 생각한다. 『대명
일통지』에서 마도의 지명 기원을 '국중(國中)의 목지(牧地)'라 한 것도 '관마의
방목' 때문에 마도라는 이름이 붙여졌다는 서긍의 기록과 일치하고 있고, 이

40) 『신증동국여지승람』 20, 해미현 산천.
41) 한글학회 『한국지명총람』 4, 1974, p.28의 마룡리 국사봉조 참조.
42) 『충청도읍지』(아세아문화사, 『읍지』 충청도편 1, 1984) 해미현 도서에 "馬島 在縣西五里"라
　　하였다.
43) 『고려도경』 37, 海道 4, 마도

책에는 군산정이나 경원정에 대해서 역시 서긍의 『고려도경』에 의하여 언급하고 있기 때문이다.

3. 태안 마도와 안흥정

1) 태안 마도

서해 연안 해로상의 객관 안흥정에 대한 기록은 해미에 소재한 것 이외에 서긍의 『고려도경』에도 등장한다. 서긍이 개경에 사행하면서 안흥정에서의 정박을 기재해 두었기 때문이다. 그런데 서긍이 기록한 안흥정은 해미의 것과는 별도의 것이었다. 서긍에 의하면 안흥정은 '마도(馬島)'라는 섬에 위치해 있다. 그러므로 이 마도가 지금의 어느 섬일 것인가 하는 것이 중요한 문제이다. 서긍은 '마도'라는 이름이 "고려 관마(官馬)를 평상시 이곳에 무리지어 방목하므로" 붙여진 이름이라고 한다.[43] 한편 마도의 지리적 형세에 대해서 『고려도경』에서, "(섬의) 주봉(主峰)은 크고 깊은데, 왼쪽팔로 둥그렇게 감싸 안은 형국이다. 앞으로는 바위 하나가 바다로 잠겨들어 있다.", 또 "샘물은

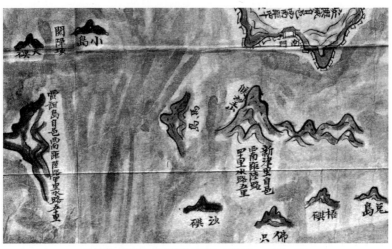

1872년 태안지도(서울대 규장각 소장)에 그려진 마도

달고 초목은 무성하다"고 하였다.

서긍이 마도에 이른 것은 6월 8일 아침 일찍 군산도 남쪽 부근의 횡서(橫嶼)에서 출발하여 홍주 경내의 부용창산(富用倉山, 芙蓉山), 오후 4시 경(申刻) 홍주산을 지나 6시(酉刻) 아자(鴉子, 軋子)섬을 통과한 다음 바람을 타고 날 듯이 마도에 이르러 정박하게 되었다고 한다. '부용창산'은 보령 원산도(혹은 고만도), '홍주산'은 안면도 등으로 추정되고 있다.[44] 마도에 도착한 것은 아마 저녁 7시 경이며, 서긍 일행은 군산도에서 같이 군졸이 도열한 가운데 환영연에 참석하였다. 그리고 다음날 6월 9일 아침 8시(巳刻) 다시 마도를 출발하여 북상하였다.

마도의 위치에 대해서는 앞에 언급한 것처럼 조선초의 지리서인 『신증동국여지승람』에 해미현 서쪽 양릉포(陽陵浦) 연안이라 하였고, 다시 양릉포는 "해미현 서쪽 10리 지점, 즉 해구(海口)"라고 하였다. 또 19세기의 읍지에는 마도의 위치가 해미 읍치 '서쪽 5리 지점'이라고 기재되어 있다. 이러한 자료를 참고한 기경부(祁慶富)는 서긍이 말하는 마도가 안면도를 가리키는 것이라 하였다.[45] 안흥정이 마도에 소재한 것이므로, 이렇게 보면 해미 서남해안의 안흥정을 부정한다 하더라도 해미의 안흥정 이외에 안면도의 안흥정이 새로 등장하게 되는 셈이다. 기록상의 오류를 감안한다 하더라도 현재 기록에 대한 검토 결과는 서산 해미와 태안 안흥 부근에 각각 안흥정이 소재한 것처럼 되어 있다.

---

44) 서긍이 말하는 홍주 경내 富用倉山(芙蓉山)과 홍주산의 현재 지명은 짐작하기 쉽지 않다. 부용창산은 변방의 비상시 수요를 대비하여 산위에 곡식을 많이 저장한 창고가 있다고 하며, 홍주산은 작은 산 수십 개가 성처럼 둘러싸고 있는데 그 산 위에 깊이를 측량할 수 없는 깊은 연못이 있다는 것이다.(『고려도경』 37, 海道 4) 전남 영광의 부용창은 홍주와는 방향이 다르고, '산위의 깊은 연못'도 서천·보령·홍성 등 충남 서해 연안에서는 이에 비정할만한 지점이 얼른 떠오르지 않기 때문이다. 이에 대하여 森平雅彦은 연해지역의 항로를 대비하여 '부용창산(부용산)'을 보령 관내의 고만도 혹은 원산도로, '홍주산'은 태안군의 안면도에 비정하였다. 森平雅彦 「忠淸道沿海における航路」 『中近世の朝鮮半島と海域交流』 汲古書院, 2013, pp.165-174 참조.

45) 祁慶富 「10-11세기 한중 해상교통로」 『한중문화 교류와 남방해로』(조영록 편) 국학자료원, 1997, pp.190-191

2) 마도의 안흥정

기경부(祁慶富)가 말하는 마도=안면도 설의 근거는 무엇인가. 안흥정은 해미에 있었고, 마도는 해미현 서쪽 양릉포 해안가에 있었으므로, "그러므로 마도는 지금의 안면도여야 한다"는 것이다.[46] 그리고 조동원 등의 번역본에서도 마도를 안면도라고 부기하고 있다.[47] 그러나 마도라는 섬은 앞에서 언급한 것처럼, 해미에도 있었고, 태안 안흥 앞바다에도 있다. 반면 마도가 안면도여야 하는 이유는 분명하게 설명되어 있지 않다.

근년 안흥정의 위치와 관련하여 현지 조사에 의하여 문헌자료를 면밀히 검토한 모리히라(森平雅彦)는 안흥정 해미설을 비판하고 서긍의 고려도경에서 언급되어 있는 안흥정이 태안 마도와 관련한 것이라는 결론을 제시한 바 있다.[48]

현재 지도상에서의 마도라는 섬은 태안군에서는 근흥면 안흥 앞바다에 위치하고, 지금은 안흥항에서 신진도와 마도가 모두 연륙되어 있어 차량을 이용한 접근이 가능하다. '마도'라는 섬 이름은 조선조의 고지도에도 표시되어 있기 때문에 예로부터의 지명임을 알 수 있다. 그 위치는 해난 사고가 잦았던 이른바 안흥량 관장항에 이르는 길목이고 고려 조선시대를 거쳐 1천 년간 조운선이 통과하였던 태안반도의 서단에 해당한다. 경사(京師)에 이르는 각종 선박은 이 마도 앞을 통과할 수 밖에 없고, 따라서 송 서긍의 선단도 이 부근을 지났을 것은 틀림이 없는 일이다. 서긍의『고려도경』에는 이 마도의 해양 조건에 대하여 다음과 같은 기록을 남기고 있다.

앞으로는 바위 하나가 바다로 잠겨들어 있어, 격렬한 파도는 회오리치고

---

46) 祁慶富, 위 논문, pp.190-191

47) 조동원 등 번역『고려도경』황소자리, 2005, pp.402-403

48) 森平雅彦「高麗における宋使船の寄港地 '馬島'の 位置をめぐって-文獻と現地の照合による麗宋 間航路硏究序說」『朝鮮學報』207, 2008, pp.26-38 참조. 다만 안흥정의 구체적 위치에 대해서는 현재의 마도보다는 오히려 안흥쪽에 무게를 두고 있다. 이에 대해서는 후술할 것이다.

신진도에서 바라본 마도 원경

들이치는 여울은 세찬 것이 매우 기괴한 모습을 뭐라고 표현할 수가 없다. 그러므로 그 부근을 지나는 배들이 감히 가까이 접근하지 않는 경우가 대부분이다. 암초에 부딪칠까 염려하는 것이다. (여기에) 안흥정이라는 객관이 있다.

마도에 이르는 해상 조건은 파도와 소용돌이, 암초 등으로 매우 위험한 수로였음이 강조되어 있다. 이것은 이른바 안흥량에 대한 묘사임에 틀림이 없다. 안흥량은 원래 바닷길이 험하여 조운선이 종종 엎어지는 해난사고가 야기되어 '난행량(難行梁)' 즉 '행선(行船)이 어려운 곳'이란 이름이 부쳐졌을 정도였다. "예로부터 난행량(難行梁)이라 불려왔는데 바닷길이 험하여 조운선이 이곳에 이르러 여러차례 패몰하였으므로 사람들이 그 이름을 싫어하여 지금 이름(안흥량)으로 고쳤다"는 것이다.[49)]
이 때문에 고려, 조선 수 백년에 걸쳐 안흥량을 거치지 않고 조운을 통하는 방도로서 태안반도에의 조운 개착이 끊임없이 시도되었다. 2008년도 고려청자 유물 2만 여 점을 인양한 태안 대섬 앞바다가 그 지척이며, 최근에는 이 마도 주변에서도 본격적인 수중 발굴조사가 시행되어 여러 점의 닻돌

---

49)『신증동국여지승람』19, 태안군 산천조

이 수습된 바 있다. 특히 이 닻돌 중에는 고려 이외에 중국의 것도 포함되어 있어서 해난 사고가 고려의 선박만이 아닌 중국으로부터의 선박까지 영향을 미쳤다는 것을 알 수 있다.

마도 부근의 수로와 관련한 1123년 서긍의 언급이 안흥량 수로에 대한 것임을 증명하는 자료가 또 있다. 고려 인종 12년(1134) 태안의 굴포 운하 공사에 대한 다음의 기록이 그것이다.

> 이달에 내시(內侍) 정습명(鄭襲明)을 시켜 홍주 소대현(蘇大縣, 태안)에 운하를 굴착하게 하였다. 안흥정 부근의 바닷길(海道)이 사방에서 모여든 물살로 거셀 뿐 아니라 암석의 위험한 곳이 있으므로 종종 배가 뒤집히는 사고가 있었기 때문이다. 혹자가 소대현 경계에 운하(河道)를 파면 배가 다니는 데 크게 도움이 될 것이라 하므로 인근 고을 사람 수천 명을 징발하여 팠으나 마침내 이루지 못하였다.(『고려사』16, 인종세가 12년 7월)

여기에서 "사방에서 모여든 물살"과 "암석의 위험한 곳" 때문에 종종 배가 전복하는 문제의 안흥량을 '안흥정 부근의 바닷길(安興亭下 海道)'로 언급하고 있는 것이다. 이에 의하여 서긍이 정박한 마도의 안흥정이 바로 태안 안흥량의 마도에 소재한 것임을 확인하게 되는 것이다. 서긍의 마도에 대한 묘사에서 "앞으로는 바위 하나가 바다로 잠겨들어 있어, 격렬한 파도는 회오리치고 들이치는 여울은 세찬 것이 매우 기괴한 모습을 뭐라고 표현할 수가 없다"고 하였는데, 여기에서 바다로 잠겨들어 있다고 언급한 바위는 아마 이 마도의 남쪽 끝에 연접되어 있음에도 또 하나의 작은 섬처럼 보이는 '대섬'(해발 53m)을 말하는 것으로 보인다.

앞서 서긍의 기록에서는 마도라는 섬의 이름이 말의 목장에서 유래한 것이라 하였는데, 근년의 지명조사에서는, 섬의 모양이 "말처럼 생겼다"하여 붙여진 이름이며, '마도기암(馬島奇巖)'은 '안흥8경'의 하나라고 하였다.[50] 마

도의 지명 기원이 실제 말 목장에서 유래한 것인지는 잘 알 수 없으나 태안
에 관영의 목장이 많이 설치되어 있었던 것은 사실이다. 이것은 리아스식 해
안이 발달한 태안의 지형에서 섬처럼 돌출한 곶(串) 한쪽을 막아 목장으로
이용하는 것이었다. 지령산곶(知靈山串, 군서 25리), 대소산곶(大小山串, 군
서 25리), 이산곶(梨山串, 군북 42리), 신곶(莘串, 군북 29리) 등이 그것이
다.[51] 한편 마도와 안흥쪽으로 인접한 신진도 중앙의 후망봉(堠望峰)은 "고
려 때 송나라에 사신 갈 때는 먼저 이곳에서 산제를 올리고 일기가 청명하기
를 기다려 떠났다"는 구전을 기록하고 있다.[52]

서긍이 언급한 안흥정의 마도는 태안 안흥 앞바다의 마도임을 이상에서
확인하였다. 마도에 안흥정이 설치된 이유는 연결되는 객관인 군산정, 경원
정과의 거리, 안흥량을 통과하는 길목이라는 점, 그리고 서긍이 언급한 바
양질의 식수 공급이 가능하다는 점이 작용한 것으로 보인다. 해운에서 식수
의 중요성에 대해서는 서긍은 "무릇 선박이 먼 바다를 건너려면 반드시 물독
을 마련하고 식수를 많이 비축하여 마실 것을 준비한다. 대체로 먼 바다에
서는 바람은 크게 걱정하지 않지만 물의 유무로 생사가 판가름 난다."고 적고
있다.[53] 안흥정의 마도에는 양질의 풍부한 식수 공급과 함께 정박 혹은 통행
선박을 위한 신당이 있었을 것이다. 서긍이 언급한 바 "샘물은 달고 초목은
무성하다"는 묘사가 그것이다. 마도의 샘은 앞에 언급한 지구(마도분교)에서
가까운 데 원래 있었다고 하며 신당은 지금은 남아 있지 않지만 폐교된 마도
분교 뒤의 야산에 산제당이 있었다고 한다.[54]

마도에 안흥정이 설치되어 있었다고 보면 그 터를 확인하는 것이 필요하다.

---

50) 한글학회 『한국지명총람』 4, 1974, p.17

51) 『신증동국여지승람』 19, 태안군 산천조에서 이들 4개의 串에 모두 목장이 있다고 하였다.
또 같은 책, 서산군 산천조에서도 지금의 안면도에 해당하는 안면곶에 목장이 설치되어
있다고 하였다.

52) 한글학회 『한국지명총람』 4, 1974, p.17

53) 『고려도경』 33, 供水

54) 공주대 박물관 『문화유적분포지도(태안군)』 2000, p.230, 태안 마도 산제당

마도에는 신진도를 바라보는 쪽에 '마섬'이라는 섬의 중심 마을이 있고 신진
도(또는 안흥진)와 맞바라보이는 동남측 해안에 배가 정박할만한 지형이 2
개소 확인되고 있다. 지표조사 자료에 의하면 이 마섬 마을에 '유물산포지'
가 보고되고 있는데 지형은 "야산의 남향사면 하단, 완만한 경사지대와 평탄
지역이 접하는 곳", 유적 범위는 약 100평이며 기와가 많이 출토된 곳이라는
주민의 전언을 기록하고 있다.[55] 시대는 알 수 없지만 건물터임이 분명하여
안흥정의 일차적 후보지가 된다. 현지 지형에 대한 검토에 의하면 지금은 폐
쇄된 안흥초 마도분교 자리 주변인데 마도의 가장 높은 산의 기슭이고, 선박
의 접안이 가능한 2개소 지역의 중간 연결지점이기도 하다. 대상지역은 한동
안 밭으로 경작한 것 같지만 버려진지 오래여서 잡초의 퇴적으로 상세한 상
황 파악이 어렵다. 그리고 이 때문에 와류와 자기류 등의 수습은 이루어지지
않는다.

　마도에서 선박의 접안이 가능한 2개소 중 보다 북쪽에 있는 곳은 신진도
와 가깝고, 아래 남측 장소는 외양(外洋)과 가까운 위치이다. 따라서 서긍의
송 사선(使船)은 남측 해안을 통하여 안흥정으로 들어왔을 것이라는 추측을
할 수 있다. 그러나 객관의 위치를 구체적으로 확정하기 위해서는 앞으로 보
다 구체적 자료의 근거가 확보될 필요가 있다.[56] 최근 오석민, 김기석 등은
신진도의 특정 지점을 안흥정의 공간으로 제안하고 있어서 안흥정의 위치 문
제는 혼돈되어 있는 감이 있다. 문제 해결을 위해서는 안흥 주변 연안지역에
대한 정밀 지표 조사가 매우 긴요하다고 생각된다.

　서긍은 마도에 진입하기 전 홍주산과 아자섬(鴉子섬;軋子섬)을 거쳤다. 그

---

55) 위의 책, p.229, 태안 마도 유물산포지 참고

56) 森平雅彦는 안흥정 객관의 구체적 위치를 마도보다는 오히려 안흥의 어느 지점으로
　　생각하는 의견을 가지고 있다. 마도의 경우는 지형상 8隻이나 되는 대형 선박이 정박하기
　　어렵다는 것이다. 그리하여 森平는 당시 송 사신 서긍의 정박처를 마도가 아닌 안흥항(안흥
　　舊港)에, 그리고 객관은 "안흥항 연안의 安興集落이나 그 건너편 新津島 東岸의 灣岸"을
　　지목하고 있다. 안흥정 문제에 대해서 향후 보다 종합적이고 정밀한 현지 조사와 고고학적
　　검토의 필요성을 제기한 것이라 할 수 있다. 이에 대해서는 森平雅彦「高麗における宋使船
　　の寄港地 '馬島'の 位置」『中近世の朝鮮半島と海域交流』汲古書院, 2013, pp.48-49 및
　　pp.53-54 참조.

시간은 홍주산이 '신각'(申刻, 오후 4시), 아자섬이 유각(酉刻, 오후 6시)이며, 이후 '일순지간'에 마도에 도착한 것으로 되어 있다. 아자섬은 안면도와 마도 사이의 거아도(居兒島, 태안군 남면)로 추정되는 곳이다.[57] 귀로의 송 사신단은 역시 안흥정이 있는 마도에 정박하였고(7월 22일), 다음날 마도에서 아자섬을 지나 남으로 내려갔다.[58] 안면읍 신야리 이른바 '쌀 쐈은 여' 부근에서 고려 청자유물(대접)이 인양 된 적이 있는데[59] 이는 고려의 청자선박이 안면도 외양을 지나 안흥량을 통과한 사실을 말해주는 것이며, 서긍 역시 동일한 노선으로 태안반도를 통과하였던 것이다.

3) 안흥정의 위치 변천

앞서 언급한 『고려사』(9, 문종 31년 8월 신묘)에 근거하면 문종 31년(1077) 나주도제고사(羅州道祭告使) 이당감(李唐鑑)의 요청에 의하여 고만도정을 폐하고 대신 정해현(해미) 지경에 안흥정을 창건하게 된다. 그런데 그후 1123년(인종 원년) 서긍이 고려에 입국하였을 때 안흥정은 태안의 마도에 설치되어 있었다. 그렇다면 안흥정의 위치는 3, 40년 만에 해미에서 다시 태안의 마도로 이전한 것일까. 현재로서 이 문제는 쉽게 설명되지 않는다. 이같은 문제에 대해서는 이미 서정석이 안흥진에 대한 고고학적 현장 조사과정에서 본격적 의문을 제기한 바 있다.[60]

모리히라는 마도 안흥정에 대한 문제를 검토하는 과정에서, '해미 안흥정설'의 문제를 안흥정 설치 이유와의 모순, 항행상(航行上)의 난점, 지리적 환

---

57) 森平雅彦 「忠淸道沿海における航路」 『中近世の朝鮮半島と海域交流』 汲古書院, 2013, pp.175-178; 문경호 「고려시대 조운선과 조운로」 『고려시대 조운제도 연구』 2014, p.227

58) 신경준의 『도로고』(해로)에서는 태안반도 일대의 해로에 대하여 원산도-항개초외도-안면도-경도-죽도-마도-안흥량 등으로 소개하고 있어서 참고가 된다.

59) 연합뉴스 2007. 8.19

60) 서정석 「태안 안흥진성에 대한 일고찰」 『역사와 역사교육』 3·4합집, 웅진사학회, 1999, pp.179-181 참조. 다만 이 논문에서는 서긍의 『고려도경』 자료는 이용되고 있지 않고 있으며, 논의의 초점은 안흥진성이 중국(명) 사신을 맞이하기 위하여 축성하였다는 당시까지 지역에서의 일반적 설명을 반박하기 위한 것이었다. 중국사신을 맞이하기 위하여 만든 시설은 안흥진성이 아니라 안흥정이었다고 할 수 있을 것이다.

경의 불일치 등을 지적하여 조목 조목 부정하고 있다. 이 문제와 관련하여 해미 안흥정에 대한 의문점을 우선 검토할 필요가 있다. 첫째는 서해안 해로에 있어서 해미 안흥정의 위치는 천수만의 안쪽에 위치하고 안면도에 의하여 외양과 차단되어 있어서 연안 해로에서는 다소 격리된 위치라는 점이다. 해미에 정박할 경우, 선박은 다시 남쪽으로 한참을 돌아내려가 안면도 밖으로 돌아서 북상해야 하기 때문에 상식적으로는 객관의 위치로서 다소 의아한 느낌이 있는 것이 사실이다. 그러나 정해현(해미)에 객관을 설치케 했다는 『고려사』의 기록이 매우 분명하며, 거기에 해미 안흥정에 대한 기록이 조선시대의 읍지에, 그리고 현재까지 지명으로 남아 있는 점을 생각하면 그것이 사료의 부정확이라고 단정하기도 쉽지 않다.[61]

현재로서 해미의 안흥정과 태안의 안흥정을 서로 만족시키는 유일한 해결 방안은 안흥정의 잦은 이전 가능성이다. 즉 보령의 고만도정에서 1077년 해미 안흥정 설치 이후 서긍이 고려에 내방한 1123년 이전의 어느 시기 그것이 태안의 마도로 옮겨졌다는 것이다. 다만 15세기 『동국여지승람』에 다시 해미로 기재되는 것은 1077년 해미 안흥정 설치에 대한 기록을 그대로 따른 것이라 할 수 있다.[62]

맺는말 | 고려시대 서해 해운로상의 객관은 해로를 통한 대외 교류가 발달하였던 고려시대의 관영 시설로서 주목할 만하다. 이에 대하여 12세기 초 송 서긍의 『고려도경』의 자료를 주로 사용하여 당시 서해상 객관이 군산도(군산정), 태안의 마도(안흥정), 자연도(영종도, 경원정), 예성항(벽란정) 등에 설치되어 있음이 밝혀져 있다. 이들은 대략, 1–2일 거리

---

61) 森平雅彦는 '안흥정 해미설'의 근거가 된 부정확한 사료의 형성 배경에 대하여 『고려사』 등 관련 기록의 찬자가 지명을 誤記했을 가능성, 혹은 안흥의 지역이 당시 정해현 소속의 飛地였던 데서 기인한 오류 등을 참고의견으로 제시하고 있다. 森平雅彦, 앞의 「高麗における宋使船の寄港地 '馬島'の 位置」 pp.54–55 참조.

62) 서정석 교수는 태안과 해미 두 지역에 각각 다른 안흥정이 공존한 것으로 결론을 정리하였다. 서정석, 앞 논문, p.180

의 간격으로서 사신들의 접대 및 연안 해로 통행의 편의와 함께 각종 의례를 집행하는 기관으로서 활용되었다.

서해 연안의 객관 가운데 본고에서 특히 중점 검토한 것은 안흥정이다. 그런데 안흥정에 대해서는 서산 해미와 태안의 마도라는 두 지역이 기록되어 있다. 이 때문에 안흥정의 지리적 위치에 대해서는 지금까지 확정되지 못한 채 미해결의 문제로 남겨져 있었다. 본고에서는 안흥정의 위치와 관련, 특히 서긍의 『고려도경』에서 언급된 정박처 안흥정은 태안군 근흥면 안흥진 부근의 마도라는 점을 확인하였다. 그리고 해미에 대한 기록이 남겨진 것에 대해서는 안흥정의 일시적인 이전에 의한 것일 가능성을 제안하였다.

안흥정 객관의 구체적 위치, 송 서긍의 정박처 등에 대해서는 마도에 대신하여 신진도, 혹은 '안흥'일 가능성이 새로 제기된 상태이지만 본고에서는 이 새로운 제안에 대하여 명확한 의견을 제시하지 못하였다. 이 문제에 대해서는 향후 관련 지역에 대한 보다 치밀하고 종합적인 조사가 이루어진 후에 다시 논의할 기회가 있을 것으로 생각한다. 마도 해역에서는 태안선 조사 이후 마도 1, 2, 3호선 등 지속적인 수중조사가 진행됨으로써 한국 중세 역사의 지경을 넓혀왔다. 그러나 수중조사와 함께 관련 연안 도서 지역에 대해서도 종합적인 검토가 이루어져야 할 필요성이 더욱 확실해진 것으로 생각된다.

* 본고는 『역사와 경계』 74, 부산경남사학회, 2010에 실린 논문을 보완한 것임.

3장
여원연합군의
일본침입

삼별초와 여일관계

머리말 | 고려시대 국가적 차원에서의 일본과의 관계는 다른 시대
에 비할 때 전반적으로 소원한 관계가 유지되던 시기이다.
이것은 이 시기 정치적 외교적 측면에서 정부 차원 상호간의 필요성이 그만
큼 높지 않았던 것을 의미한다. 더욱이 13세기에는 몽골의 전란으로 고려의
영토는 피폐되고 정권과 왕조의 명운이 걸린 절대 절명의 조건 가운데 씨름
하고 있었지만, 전란에 처한 대륙의 정세 속에서 일본은 봉건적 체제 가운데
매몰되어 동아시아 교류의 환경은 활발하지 않았던 것이 사실이다. 13세기
일본의 고려에 대한 국가적 관심이 제기된 것은 몽골의 압박에 의한 새로운
정세의 조성 때문이었다. 장기적인 침략전 끝에 일단 복속을 표방한 고려를
앞세워 몽골은 일본에 대한 압박을 가하였고 이같은 몽골의 일본에 대한 '초
유(招諭)' 작업에 고려는 그 향도(嚮導)로 동원되었다.

본고에서는 1270년부터 1273년까지 진도와 제주도를 거점으로 몽골, 고려
연합세력에 저항하였던 삼별초와 일본과의 관계를 고찰하는 것이다. 물론
삼별초 정부와 일본이 상호 어떤 구체적인 외교적 관계를 형성한 것은 아니

다. 1271년 일본에 파견된 삼별초의 사신도 일본 조정의 적극적인 주목을 받지 못한 채 거점으로 삼았던 진도가 함락되고 말았기 때문이다. 그러나 반몽의 전선을 새로 형성한 삼별초 세력이 현상 타개의 새로운 돌파구로서 일본과의 연합전선 구축을 도모하였다는 점, 특히 진도의 함락에도 불구하고 탐라 거점 시기에 있어서도 삼별초의 외교적 전략이 포기되지 않고 일정하게 견지되었다는 점은 주목할 만한 일이다. 그리고 이러한 삼별초의 외교적 전략이 대일 연합전선의 관계에 그치지 않고 남송까지를 시야에 넣은 것이었다는 점을 본고에서 지적하고자 한다.

4년에 걸치는 삼별초의 저항은 실패로 결말 되었지만, 몽골의 대일 정역(征役)에 일정한 차질을 빚었고 결과적으로 일본에 대한 몽골군의 공격은 순조롭지 않은 경과를 보이게 되었다. 이러한 점에서 삼별초와 일본과의 외교적 관계 이외에 삼별초의 항전이 야기한 정세의 변수를 주목하는 것도 필요한 일일 것이다. 본고에서는 이러한 관점에서 우선 삼별초 항전이 갖는 동아시아 전국(戰局)에의 영향 및 대일 관계의 측면을 검토하고, 나아가 삼별초의 대일 외교 관련 문서인 '고려첩장불심조조(高麗牒狀不審條條)'의 문건을 대일관계의 측면에서 분석하고자 한다. 나아가 이같은 삼별초의 외교적 전략이 탐라 거점시기에도 일정하게 견지되었다는 점을 정리하고자 한다.

1. 삼별초, 그리고 몽골의 대일본 초유

고려에서 삼별초 봉기가 야기된 시점은 1170년(원종 11) 6월 1일이다. 몽골군이 고려에 침입을 개시하고 최씨정권이 이에 불복하여 저항을 시작한 1231년(고종 18)으로부터 40년만의 일이다. 이 40년 기간 고려는 최씨정권의 집정자 최우·최항·최의를 거쳐, 김준과 임연, 임유무에 이르기까지 여러 차례 내부의 정치적 변동이 있었다. 그러나 집정자의 교체에도 불구하고 몽골에 대하여 항전을 고수하는 정책노선은 변하지 않았다. 그것은 무인집정자의 교체가 정권의 성격에 큰 변화를 수반하지 않았기 때문이다. 무인정권은 효과적인 저항을 위하여 침략 이듬해인 1232년 왕도 개경에 가까운 도서인 강화도로 수도를 옮김으로써, 결과적으로 고려는 1231년부터 1259년까지 몽골군에 의하여 6차(11회)에 걸친 침략을 되풀이 받으면서 장기적인 저항전을 지속할 수 있었다. 1270년 삼별초의 봉기는 원종의 개경 환도 결정 및 무인정권의 붕괴라는 정치적 변동 상황에서 야기된 것이다.

삼별초는 고려 무인정권하 집정자 최우에 의하여 야별초라는 이름으로 조직된 고려의 군사조직이다. 그 시기는 몽골군의 침입 직전인 1230년(고종 17)[1] 경이다. '별초'라는 말에서 나타난 것처럼 이들은 정예군으로 선발된 조직이었으며, 무인정권이라는 정치적 상황 하에서 만들어진 조직이었던 만큼 친정권적 성격과 기반을 갖게 되었다. 때마침 몽골군의 대대적 침략이 시작되자 삼별초는 고려의 가장 강력한 군사집단으로 부각되었으며, 전쟁의 장기화에 따라 그 규모 역시 확장되었다. 야별초가 '삼별초'라는 조직으로 바뀌는 것 또한 이러한 조직 확대의 결과였다고 할 수 있다. 삼별초는 몽골군의 침입 직전에 무인정권에 의하여 설치되고 1270년 무인정권의 붕괴와 동시에 정부에 의하여 해산 조치가 내려진 무력 집단이라는 점에서 대몽항쟁기 무인정권과 관련한 가장 상징적인 조직이라고 해도 과언이 아니다.

삼별초의 이같은 성격으로 말미암아 무인정권이 붕괴하고 고려정부가 몽골에 복속한 여건 속에서 삼별초 존립의 근거는 완전히 상실된 셈이다. 그러나 강력한 군사력의 보유가 문제였다. 개경정부가 삼별초의 해체를 명하고 나선 것은 당연한 수순이었지만, 삼별초가 보유하고 있는 군사력은 완전한 굴복을 허용하지 않았다. 이점에서 본다면 1270년 삼별초의 봉기는 고려가 몽골에 대한 저항으로부터 복속으로 전환함에 따른 필연적으로 맞게 된 정치적 과정이었다고 할 수 있다. 이제 삼별초는 몽골에 대한 복속이라는 변화된 상황에 대항하는 고려 최후의 세력으로 남게 되는 것이다.

---

1) 야별초의 성립 시기에 대해서는 윤용혁 『삼별초─무인정권·몽골, 그리고 바다로의 역사』 혜안, 2014, pp.13-15 참조.

삼별초의 여일 관계와 관련하여 우선 몽골의 고려에 대한 조군(助軍) 요구와 몽골측 사신의 일본 파견을 살펴보려고 한다. 그것은 몽골의 일본 침입에 대한 전초 단계이기 때문이다. 몽골의 고려에 대한 조군 요구는 처음부터 명확히 일본을 겨냥한 것은 아니었지만 몽사의 일본 파견 추이에 상응하여 일본에의 군사적 공격으로 진전되어간 사안이었다. 몽골의 대일 견사는 1266년에 처음 시도된 이후, 2차 1267년, 3차 1268년, 4차 1269년, 5차 1271년, 6차 1272년, 7차 1273년 등, 여원 연합군의 일본침입(1274)에 이르기 까지 거의 해마다 이루어졌다.[2] 1266년 1273년까지의 추이를 간략히 정리하면 다음 〈표〉와 같다.[3]

몽골의 일본에 대한 초유(招諭) 견사(1266–1273)

차수	연도	견사(遣使) 명단	견사의 경과	국서의 내용	결 과
1	1266	(몽골)黑的(병부시랑), 殷弘(예부시랑) (고려)宋君斐(추밀원부사), 金贊(시어사)	11월 파견, 거제도에서 출항 직전 기상을 핑계로 포기		거제도에서 포기
2	1267	(고려)潘阜(기거사인), 李挺(서장관)	몽골과 고려의 국서 전달, 태재부에서 5개월 대기, 京都에는 가지 못함	(몽골국서) 일본의 복속을 귀유하며 용병의 가능성도 간접적으로 암시 (고려국서) 몽골의 의도가 우호관계 수립이라는 것으로 일본 설득	국서에 대한 회답을 받지 못함. 몽골 및 고려의 국서를 동대사에 전함
3	1268	(몽골) 黑的, 殷弘 외 6인 (고려) 申思佺(지문하성사), 陳子厚 (예부시랑), 潘阜 외 1인 도합 70여 명	12월 파견, 1269년 3월 귀국시 대마도의 일본포로 2명 (塔二郎, 彌二郎) 대동		대일본 군사력 투입 가능성 시사(10월)

2) 원의 견사는 大德 3년(1299) 11차까지 진행되었다. 이에 대한 전반적 설명은 김위현 「여·원 일본 정벌군의 출정과 여원관계」 『국사관논총』 9, 1989, pp.4-10 참조.

3)『고려사』『원고려기사』『원사』 등 참고. 일본측 자료는 장동익 『일본 고중세 고려자료 연구』 서울대출판부, 2004를 참고함.

			7월 왜 포로를 송환한다는 명분으로 파견.		
4	1269	(고려) 金有成, 高柔	대마도에서 보낸 편지는 태재부, 막부를 거쳐 경도에 보냄. 대마도를 거쳐 태재부에서 체재	(원 중서성의 첩장) 일본의 내속 요구 및 무력 사용 가능성도 언급	일본은 거절의 답장을 작성하였으나 보내지는 않음.
5	1271	(몽골) 趙良弼 (고려) 徐稱(별장) 일행 100여 명	9월, 대마도 거치지 않고 19일 큐슈 今津 도착, 태재부로 직행. 국서를 직접 전달하고자 하였으나 실패하고, 국서 사본만을 경도로 보냄. 1272년 1월까지 체재		일본사신 12명을 원에 들여보냈으나 원 세조가 접견 거부(조작된 사신) 조양필이 휴대한 서장이 남아 있음
6	1272	고려 사신	2월 13일 원종이 일본 국왕에게 서신을 보내 초유함 4월 일본 파견 원에 보낸 사신단 호송 귀국케 함		내용 불명확
7	1272	(몽골) 趙良弼	4월 일본 파견, 1273년 3월까지 체재. 태재부에서 경도에는 들어가지 못하고 돌아옴.		

　1268년 고려 반부(潘阜)를 통하여 일본에 전달한 국서가 무위로 끝나자 몽골은 고려에 요구하였던 송 정벌에 대한 조군(助軍) 요구, 군사 1만, 선박 1천 척의 작업을 감독하는 한편, 경우에 따라서는 이를 일본에 투입할 것도 고려하게 된다.

　몽골의 고려에 대한 조군 요구는 처음에는 일본보다 대남송전을 전제로 추진되었다. 1268년(원종 9) 3월 우야손탈(于也孫脫) 등이 전한 세조 쿠빌라이의 조서에서 대송전을 앞두고 고려에 대해 군사와 병선 조달에 대한 준비, 군량의 저축을 주문한 것이 그것이다. 그해(1268) 6월(을사) 몽골은 오도지(吾都止)를 파견하여 병선의 수와 군대 인원수를 점검하고 8월 대장군 최동수(崔東秀)는 몽골에 입조하여 조군(助軍)을 위한 군사 1만의 확보 및 병선 1

천 척 건조를 시작했다고 보고하였다. 10월에는 위 사항을 점검하기 위해 몽골로부터 탈영아(脫朵兒), 왕국창(王國昌), 유걸(劉傑) 등 14명이 입국하였는데 휴대한 몽제의 조서에는 이들 사신의 지시에 의하여 배를 건조할 것이며, 군대와 선박을 잘 정돈하여 남송이든 일본이든 사용할 수 있도록 대비할 것, 흑산도와 일본 간의 길을 탐색하도록 지시하는 내용 등이 포함되어 있다. 왕국창, 유걸 등은 고려 도착 즉시 흑산도 현지를 점검하였고, 흑산도에서 돌아온 유걸은 다시 조선(造船) 상황을 점검하기 위해 서해도로 나갔다고 한다.[4]

이 무렵 몽골은 남송에 대한 공격이 우선적 과제였기 때문에 고려의 조군(助軍) 문제는 일본보다 남송에 대하여 초점이 맞추어져 있었다. 1268년(원종 9) 10월 쿠빌라이는 도원수 아출(阿朮), 유정(劉整) 등에 7만의 군으로 한수(漢水) 북안의 요새 양양(襄陽)을 포위 공격케 함으로써 남송에 대한 본격적인 작전에 돌입하였다.[5] 그러나 남송 공격을 위한 고려의 조군은 실행되지 않았다. 아마 고려에서의 발진과 대남송전에의 투입이 실제 효율성이 크지 않다는 판단이 전제 되었을 수 있지만, 무엇보다 1270년 삼별초의 봉기는 고려의 대송 조군을 현실적으로 불가능하게 하였다. 고려정부가 개경으로 환도하고 삼별초가 진도에 대치하고 있던 1270년 12월 원 세조의 조서는 고려가 조선(造船) 및 징병 명령을 승낙하고서도 성과가 없는 것을 질책하면서, "남송이건 일본이건 유사시에 대비하여 병마와 군선, 식량을 빨리 준비하도록" 다시 지시하고 있는 것을 보면[6] 군선의 조선 문제는 여전히 미완의 단계에 있었으며, 고려군을 남송으로 보낼지 일본으로 보낼지도 결정되어 있지 않는 단계에 있었음을 알 수 있다.

이로써 보면 고려의 대규모 군선 조성과 1274년 일본침략에의 참여는 어느 정도 예견된 것이었던 것이며, 다만 1270년 삼별초의 반몽 봉기와 저항이

---

4) 『고려사』 26, 원종세가 8년 10월

5) ドーソン 『蒙古史』, 三田史學會, 1933, pp.538-539

6) 『고려사』 27, 원종세가 11년 12월

라는 새로운 상황 전개로 인하여 그 일정이 일단 지체되었던 셈이다.

  1266년부터 개시된 몽골의 대일 초유, 1268년 남송전의 본격적 재개 등의 진전을 감안하면, 1270년 삼별초의 봉기가 없었을 경우라면 대략 1271년 경에는 일본에 대한 원정이 시도 되었을 가능성이 높다. 따라서 삼별초 봉기에 의하여 대략 2년 정도 연합군의 대일 공격 시점이 지연된 것이라고 필자는 생각한다. 1270년 삼별초 봉기의 해에 대일 초유의 견사가 1년을 거르게 되었던 것에서도 그러한 결론을 유추할 수 있다.[7] 이에 대해 무라이(村井章介) 교수는 삼별초의 봉기로 인한 일본 침입 저지 요인을 다음 몇 가지로 나누어 설명한 바 있다. 몽골의 둔전군 및 일본 원정에 사용할 함선에 대한 삼별초의 공격, 몽골 둔전군에 공급될 공부(貢賦)가 경상, 전라지역에서 정상적으로 공급되지 못한 점, 일본원정에 투입하려던 둔전군을 삼별초 진압에 전용(轉用)하지 않을 수 없었던 점 등이 그것이다.[8] 그러나 다른 한편 진도와 제주도에서의 삼별초와의 해전 경험은 그 다음해 일본침입과 관련하여 몽골군에게는 하나의 '좋은 연습 기회'를 제공한 셈이라는 평가도 있다.

  대일 초유 과정에서는 제1차 여원군의 일본침입 전년인 1273년까지 4회에 걸쳐 매년 초유 사절이 파견되었다. 앞의 표에서 보는 것처럼 그 가운데 1270년 한 해만 사절 파견이 거르고 다시 속개되고 있는데, 이 같은 1년의 휴지(休止)는 삼별초의 봉기로 인하여 남부 연안 일대가 진도 거점 삼별초의 세력권에 포함된 복잡한 상황 때문이었을 것이다. 삼별초의 대일 연합전선 추구는 기본적으로는 여원관계의 역사성과 지리적 인접성에 의하여 제안될 수 있었던 것이기는 하다. 그러나 동시에 이처럼 수년 전부터 추진해온 일본

---

7) 삼별초 봉기가 여몽군의 일본 침입을 지연 시켰다는 것에 대해서는 많은 동의가 전제되어 있다. 일찍이 旗田 巍는 이점을 지적하여 "이 항전이 없었다면 몽골은 더 일찍 일본을 습격했을 것이다. 일본원정을 위한 둔전군은 삼별초 때문에 움직이지 못하게 되어 삼별초 토벌에 轉用될 수 밖에 없었다. (중략) 객관적으로 보면 삼별초의 란은 몽골의 일본 침입을 지연시키고 방위 준비를 갖출 시간을 준 것"이라고 단정 하였다.(旗田 巍『元寇』中央公論社, 1965, p.106)

8) 村井章介「高麗 三別抄の叛亂と蒙古襲來前夜の日本」『アジアのなかの中世日本』校倉書房, 1988, pp.160-161

에의 초유, 그리고 대일 정역을 염두에 둔 군선의 준비 등 일련의 상황이 삼별초로 하여금 여원연합세력에 대한 열세를 보완하기 위한 방안으로서 일본과의 연대를 구체적으로 모색하게 되는 계기를 자연스럽게 조성한 것이라고 할 수 있을 것이다.

고려의 대일본 초유 과정 및 이후의 사태 진전에서 확인되는 사실의 하나는 고려와 몽골을 하나의 동일범주로 파악하는 일본의 입장이다. 심지어 개경정부와 삼별초에 대해서도 이를 구분하는 의식이 없었다는 점을 주목하게 된다.[9]

2. 삼별초의 대일첩장에 대한 검토

1270년 6월 1일, 강화도의 삼별초는 몽골에 복속하여 개경으로 환도한 원종의 고려정부에 반기를 들고 봉기하였다. 이들은 몽골에 복속한 개경정부를 전면 부정하고, 새로 조직한 그들의 정부야말로 고려의 정통정부라는 인식이었다. 이들은 봉기 직후 강화도로부터 진도로 이동, 용장성을 구심점으로 독자적인 세력을 구축하면서 개경정부와 대결하였다. 구 후백제 지역과 남부 해안지역을 아우르는 연안 해양세력권을 기반으로 하여 개경정부에 대항하는 한편 몽골의 압력에 대응하는 방편으로 일본과의 공동전선을 구축하려 했다는 것은 잘 알려져 있는 사실이다.

삼별초의 대일 교섭에 대해서 그 가능성을 가장 먼저 논의한 것은 네모토(根本 誠) 씨이다.[10] 『길속기(吉續記)』의 문영 8년 9월의 '고려첩장'에 대한 해석이 그것이다.[11] 그리고 이것은 '고려첩장불심조조' 문서의 발견에 의하여

---

9) 남기학 「몽골침입과 중세 일본의 대외관계」 『아시아문화』 12, 한림대 아시아문화연구소, 1996, p.474

10) 根本 誠 「文永の役までの日蒙外交−特に蒙古の遣使と日本の態度」 『軍事史學』 5, 1966, pp.58−60

사실로서 확인되었다. 이에 의하면 진도정부가 일본에 사신을 파견, 대몽항전에 있어 공동의 보조와 협조를 타진하게 된 것은 원종 12년(1271)의 일이다. 진도에서 보낸 편지는 진도정부가 몽골군에 의해 무너진 한참 뒤인 9월 초에야 가마쿠라(鎌倉) 막부를 거쳐 교토(京都)의 조정에 전달되었다. 이 서신을 가져온 사신은 아마 7월 말 이전에 하카타 부근에 도착했을 것이라 추측되고 있는데, 진도에서의 출발을 진도에 대한 대공세가 이루어진 5월 15일 이전으로 본다고 한다면 하카타(博多) 혹은 다자이후(太宰府) 도착은 대략 5, 6월경의 일이어야 한다.

진도정부가 일본에 보낸 편지 내용에 대해서는 『길속기(吉續記)』의 동년 9월 4일조에 몽골이 일본을 치게 될 것임을 먼저 경고하고 아울러 식량과 병력으로 협조해 줄 것을 구체적으로 요청하는 내용이 있다.[12] 잘 알려진 바와 같이, 동경대학 사료편찬소의 보관문서인 〈고려첩장불심조조(高麗牒狀不審條條)〉는 이때 진도정부에서 보낸 편지의 내용에 대하여 좀더 구체적인 지식을 전하고 있다. 이 문서가 진도의 삼별초가 보낸 편지 그 자체는 아니지만, 편지의 주요 내용을 언급하고 있어 삼별초의 일본에 대한 희망과 당시 진도정부의 내부사정에 대하여 귀중한 정보를 얻을 수 있다는 점에서 매우 중요한 자료이다.

高麗牒狀不審條條

一. 以前狀(文永五年)　揚蒙古之德　今度狀(文永八年)　韋毳者無遠慮
   云云如何

一. 文永五年狀　書年號　今度不書年號事

---

11) 일본에 전해진 '고려첩장'에 대한 논의는 『吉續記』의 문영 8년(1271) 9월 2일부터 시작되고 있다. 관련 기록은 장동익 『일본 고중세 고려자료 연구』 pp.139-143에서 볼 수 있다. 장동익에 의하면 『吉續記』는 가마쿠라 시기의 인물인 藤原經長(1143-1200)이 1167년부터 1302년까지의 일기체의 기록으로서 여원연합군의 일본정벌 관련 기록 9건이 포함되어 있다. (張東翼 『일본 고중세 고려자료 연구』 p.143)

12) "件牒狀趣 蒙古兵可來責日本 又乞糴 此外乞救兵歟 就狀了見區分"(『吉續記』 문영8년 9월 5일) 장동익 『일본 고중세 고려자료 연구』 p.139

一. 以前狀 歸蒙古之德 成君臣之禮云云 今狀 遷宅江華近四十年 被
　髮左衽聖賢所惡 仍又遷都珍島事
一. 今度狀 端二八 不從成戰之思也 奧二八 爲蒙被使云云 前後相違
　如何
一. 漂風人護送事
一. 屯金海府之兵 先二十許人 送日本國事
一. 我本朝統合三韓事
一. 安寧社稷待天時事
一. 請胡騎數萬兵事
一. 達冕旒許垂寬宥事
一. 奉贄事
一. 貴朝遣使問訊事

　진도 삼별초정부가 보낸 편지에는 첫째, 몽골에 대한 비난, 반몽 의지가
명백히 나타나 있다. 가령 제1조에서 몽골을 '위취(韋毳)'(짐승의 가죽)라는
말로, 3조에서 몽골풍속(문화)을 '피발좌임(被髮左衽)'(오랑캐의 습속)이라는
문자로 지칭한 것 등은 공식적 외교문서로서는 매우 강렬한 반몽 의지의 표
현들이다.

　둘째, 당시 삼별초 정부는 진도정부야말로 정통의 '고려'정부임을 표방하
고 있다는 점이 주목된다. 이 때문에 본 문서의 제목은 '고려첩장(高麗牒狀)'
이며, 강화도에서의 40년 항전 이후 항몽 전통을 계승하여 진도로 천도하였
음을 제3조에서 밝히고 있다.

　셋째, 진도정부와 일본과의 공동적 운명 내지 진도정부의 일본에 대한 배
려가 강조되고 있다. 이같은 내용은 특별히 몽골 침략의 위기적 상황을 일
본과 공동으로 타개해 나갈 것을 소망하는 삼별초정부의 기대가 표현된 것
이라 하겠다. "정황을 직접 보게 하기 위하여" 사절의 파견을 일본에 요청한
것으로 보아, 진도정부는 일본과의 반몽 항전을 위한 일종의 공동전선을 희

망하였던 것임을 알 수 있다.[13]

고려첩장 문서의 이상과 같은 맥락은 일본과의 공동운명을 강조함으로써 진도정부가 일본의 구체적 지원 가능성을 타진하게 된 것이라 하겠다. 삼별초 진도정부의 대일(對日) 사신 파견은 공동 대처를 주장하는 입장으로서 군량, 병력 등의 실질적인 문제를 타개하기 위한 일정한 목적이 있었다. 실제 진도정부가 식량의 결핍을 우려하고 있었던 사실은 원종 12년 몽골측의 진도에 대한 첩보에 의하여 확인되는 사실이다. 진도정부는 몽골군의 대규모 공세를 목전에 두고 병력면에서도 상대적인 열세에 있었던 것으로 보이며 이 때문에 일본과의 연대를 타개책으로 시도하였던 것이라 하겠다.[14]

문제의 삼별초 첩장 관련 자료에 대해서는 이시이(石井正敏) 씨의 소개와 해석 이래 여러 번의 검토가 있었지만, 삼별초의 대일관계를 엿볼 수 있는 기본 자료라는 점에서 지금까지의 자료에 대한 논의를 정리할 필요가 있다. 문건 중 특히 당시의 대일관계상 직접 연관되는 것은 4, 5, 6번째의 문구이기 때문에 여기에 한정하여 검토하고자 한다. 4번째 문구에서부터 보기로 한다.

一. 今度狀　端ニハ　不從成戰之思也　奧ニハ　爲蒙被使云云　前後相違
　　如何

우선 문자 판독의 면에서는 '사(思)'를 '유(由)'로 보는 의견과[15] '피(被)'를 '소(所)'로 보는 의견이[16] 제기되었다. 문건의 해석에서는 '부종성전지사야(不從成戰之思也)'에 대하여 "따르지 않으면 싸움이 일어난다" 또는 "몽골의 일

---

13) 石井正敏 「文永八年來日の高麗使について」 『東京大學史料編纂所報』 12, 1978; 柳永哲 「高麗牒狀不審條條의 재검토」 『한국중세사연구』 1, 1994.

14) 삼별초 문서를 포함한 진도 삼별초 전반에 대해서는 윤용혁 「삼별초 진도정부의 수립과 전개」 「삼별초의 진도항전」(『고려 삼별초의 대몽항쟁』 일지사, 2000) 참고.

15) 柳永哲 「'고려첩장불심조조'의 재검토」 『한국중세사연구』 1, 1994, pp.163-164

16) 이기백 편 『한국 상대 고문서 자료집성』 일지사, 1987, p.306. 한편 村井章介 교수는 본고에 대한 토론에서 '被'를 '彼'로 보는 견해를 조심스럽게 제시한 바 있다. 필자로서는 이 글자의 실체를 판단하기 어렵다.

본 공격에 따르지 않겠다는 뜻을 나타낸 것으로 이해하는 것도 가능"하다는 해석된 바 있다. 그러나 '위몽피사(爲蒙被使)'에 대해서는 앞의 문장과 그 내용이 어떻게 연결되어 '전후(前後)가 상위(相違)'한 것인지 잘 파악되지 않는다고 하였다.[17] 그후 김윤곤은 위 문장의 내용을 "삼별초 정부에 일본이 군량과 원병을 보내라, 이 명령에 쫓지 않으면 일본과 몽골의 싸움이 벌어지게 될 것이고, 일본은 '몽골에 부림을 당하게 될 것'이다."[18]라고 정리하였다. 여기에서는 '부종(不從)'의 주체를 일본으로 설정하고 그 내용은 삼별초에 대한 일본의 '부종(不從)'을 가정하고, '위몽피사(爲蒙被使)'의 주체 역사 일본으로 설정한 것이다. 이에 대하여 류영철은 '부종성전'의 주체는 삼별초, '위몽피사'의 주체는 개경정부라는 전제하에서 위의 문건을 "(항복 출륙환도 등 몽골의 요구를) 따르지 않은 것이 (삼별초와 몽골·개경정부 간) 전쟁이 이루어진 이유이다", 그리고 '위몽피사(爲蒙被使)'는 "(개경정부가) 몽골의 부림 당하는 바 되었다"고 해석하였다. 일본 입장에서는 고려가 항복하였다고도 하고 몽골과 일전(一戰)을 결(決)하게 되었다고도 하니 혼동을 일으킬 수밖에 없었다는 것이다.[19] 한편 이영 씨도 류영철과 유사한 의견을 제시한 바 있다.[20]

'불심조조'의 문서 내용은 대체로 원래 첩장 내용의 순서에 따라 메모된 것으로 보인다. 위의 문건은 앞 부분에 위치한 것으로서, 대략 지금까지의 경과 설명과 관련한 부분이라 할 수 있다. 따라서 미래형의 요구보다는 과거형의 설명 내용일 것으로 생각된다. 이러한 관점에서 보면 몽골의 요구에 응하지 않아서 우리(삼별초)는 전쟁에 들어가게 되었고, 반면 개경측은 몽골에 복속되어 부림을 당하게 되었다는 류영철의 설명이 설득력이 있다. 이것은 첩장 가운데 1270년을 전후한 고려에서의 정세 변동에 대한 간략한 언급이 포함되어 있었음을 의미한다. 다만 이에 대하여 일본 측에서는 개경정부에

17) 石井正敏, 앞의 「文永八年來日の高麗使について」 p.5
18) 김윤곤 「삼별초의 대몽항전과 지방 군현민」 『동양문화』 21·22합, 1981, pp.4-5
19) 류영철 「고려첩장불심조조의 재검토」 『한국중세사연구』 1, 1994, p.168
20) 李領 「元寇'と日本·高麗關係」 『倭寇と日麗關係史』 東京大學出版會, 1999, p.103

대한 삼별초의 신정부 수립 등 당시 고려의 정세 변화에 대한 사전 지식이
전무 했던 탓으로 그 의미를 파악하지 못한 것으로 생각된다. 이 때문에 전
쟁을 하게 되었다는 것은 무엇이고, 복속되어 부림 당하게 되었다는 것은 무
엇인지 전후가 맞지 않다는 혼동을 야기한 것이다. 이같은 일본 측의 혼선과
불명확한 인식은 '불심조조'에서만이 아니라 한편으로『길속기(吉續記)』기록
가운데서도 나타나 있다.[21] 고려에서 야기된 일련의 정세 변화를 일본에서는
전혀 인지하지 못하고 있었고, 따라서의 첩장의 문면(文面) 내용을 이해하지
못하였던 것이다.

一. 漂風人護送事

일본측의 표풍인을 삼별초가 호송했다는 내용인데, 해석상으로는 별 문제
가 없어 보인다. 원종년간(1263년, 원종 4년 6, 7월) 고려 연해에서 일본 측
의 선박이 조난을 당하고 표풍인(漂風人)들이 고려측에 의하여 본국에 호송
된 사례들이 다음과 같이 보고 되고 있다.[22]

○ 6월, 일본 관선대사(官船大使) 여진(如眞) 등이 불법을 배우려 송으
로 가던 중 바람을 만나 승, 속 합하여 230인이 개야소도(開也召島)에
닿고, 265인은 군산도와 추자도에 머물렀다.
○ 태재부(太宰府) 소경전(少卿殿)의 상선에 탔던 78명이 송에서 일본으
로 귀국하다가 바람을 만나 배를 잃고 소선(小船)으로 선주(宣州) 가차
도(加次島)에 정박하게 되었으므로, 전라도 안찰사에게 명하여 식량과
배를 주고 본국에 호송해 주었다.(6월)
○ 7월(을사) 일본 상선 30인이 바람으로 표류하여 구주(龜州)의 애도

21) "당시의 조정에서는 외교문서를 정확히 읽고 상대측의 입장과 의도를 정확히 파악할
능력을 가진 사람이 없었던 것이다. 그 결과 評定은 일본의 국가로서의 외죠적 대응을
策定하는 중요한 회의라기보다는 高辻長成. 日野資宣. 藤原茂範 등 儒者들이 한문 독해
능력을 다투는 場이 되어버리고 있다."(村井章介「高麗 三別抄の叛亂と蒙古襲來前夜の日本」
『アジアのなかの中世日本』校倉書房, 1988, p.167)

22) 『고려사』27, 원종세가 4년 6월 및 7월

(艾島)에 머무르므로 식량을 주어 (본국으로) 호송하였다.

이에 의하여 당시 고려 연안 해로에서 일본 선박의 해난사고가 종종 발생하고 이에 따른 표풍인의 호송이 이루어지고 있었음을 알 수 있다. 위의 선박들은 모두 남송과 왕래하던 일본의 선박이며, 표류 혹은 정박 지점이 개야소도(서천, 현재는 군산시 개야도), 군산도(군산 선유도), 추자도, 가차도(평북 선천), 애도(평북 구성, 현재는 정주) 등 거의 서해 연안 남북 전역에 걸치고 있어 당시 일본의 대송 왕래가 강남으로의 직항로와 함께 한반도 연해를 북상하여 중국 연해를 돌아 남하하는 연안 항로가 여전히 이용되고 있었음을 말해준다. 그 과정에서 종종의 해난사고가 서해 연안에서 야기되었고, 이들 표풍인을 돌려보내는 일이 있었던 것이다.[23] 1270년 삼별초 봉기 이후 서남해 연안을 삼별초가 장악하고 있었기 때문에, 이 시기 서해 연안 표풍인 문제가 삼별초의 관할 하에 들어가게 된 것이다. 류영철은 이 표풍인의 호송이 구태여 '불심조조'에서 언급되었던 이유는, 당시 삼별초에 의한 '표풍인 호송사'에 대한 사실을 막부에서 알지 못하고 있었기 때문일 것이라고 추측 하였다.[24] 태재부(太宰府)의 소경전(少卿殿) 상선의 경우처럼, 당시 일본은 지방 영주, 혹은 사원이 주체가 되어 직접 상선을 파견하고 교역을 하고 있었기 때문에 이같은 제반의 사실을 일본 정부 혹은 업무 담당자가 상세히 파악하고 있지는 못하였을 것으로 생각된다.

다만 '불심조조'에서 '표풍인'이라 한, 이 표풍인의 성격에 대한 문제가 남는다. 1270년 삼별초 봉기 이후는 서해 연안이 일종의 전시 상태에 놓여져 있었기 때문에, 문제의 '표풍인'은 순수한 표풍인이었다기 보다는 남해와 서해 연안을 장악하고 있던 삼별초에 의하여 항해도중 구류된 집단일 가능성이

---

23) 60년 후인 1323년 寧波(明州)를 출발하여 博多를 향하던 '신안선'이 전남 신안 증도 앞바다에서 침몰한 것도, 혹시는 이 선박이 강남과 일본열도의 직항로가 아닌 고려 연안 해로를 이용 중이었던 것인지 모른다. 이에 대해서는 본서에 수록된 「14세기 동아시아 세계와 신안선」 pp.330-331 참조.

24) 류영철, 앞의 「고려첩장불심조조의 재검토」 pp.168-169

많은 것으로 생각된다. 삼별초는 잠재적 연합세력인 일본과의 통호(通好)를 여는 방안으로 이들을 본국에 호송하였고, 따라서 일본측에의 첩장에서도 이 점을 특히 강조하여 언급하였을 것이다. '불심조조'에서 '표풍인 호송사'라고 언급한 부분은 이러한 맥락에서 읽는 것이 이해에 도움이 된다.

一. 屯金海府之兵 先二十許人 送日本國事

"김해부에 주둔하고 있던 군사중 먼저 20여 명을 일본에 보냈다"는 내용이다. 여기에서 무엇보다 문제가 되는 것은 '둔김해부지병(屯金海府之兵)'의 정체에 관한 문제이다. 이에 대해 이시이(石井) 씨는 이들이 몽골군 병사로서, 일본으로 가는 조양필 일행의 정보를 전하기 위하여 일본에 보내진 병사라고 해석 하였다. 1271년 9월 19일 큐슈의 이마즈(今津)에 도착한 당시 원사 조양필(趙良弼) 일행의 사신단의 규모는 '100여 인'에 이르는 것으로 되어 있는데,[25] 이 문서에서 100명이 아닌 '20여 명'이라 한 것은 그만큼 삼별초 측의 부정확한 정보를 반영하는 것이라는 것이다.[26] 원사(元使) 조양필 일행이 고려에 당도한 것은 같은 해(1271) 정월(기묘일)의 일이었다. 홀림적(忽林赤)·왕국창(王國昌)·홍다구(洪茶丘) 등이 동행하였는데, 조양필 이외의 이들 휘하의 군사는 조양필이 일본에서 돌아올 때까지 금주(김해) 등지의 해변에서 대기하도록 조치하였다.[27] 이는 원사 일행에 대하여 야기될 수 있는 만일의 사태를 대비함과 동시에 이를 예방하기 위한 압력 조치였다고 할 수 있다.

그러나 일본에 파견되는 몽골 사신 조양필 선발대로서의 몽골병사가 금번 삼별초의 사행과 어떤 연관이 있는 것인지는 잘 이해되지 않는다. 이 때문에 김윤곤은 이 김해부의 병사를 몽골병이라 한 해석을 반대하고, 이 20명 군사가 '포로된 왜구'일 것으로 해석하였다. 이에 대해 류영철도 이 일본에 보내진 20명 병사가 김해를 침입했다가 포로된 왜구이며, 원종 12년(1271) 4월

---

25) 『五代帝王物語』(續群書類從完成會本 3) (石井正敏의 앞 논문에서 재인용).

26) 石井正敏「文永八年來日の高麗使について」

27) 『고려사』 27, 원종세가 12년 정월 기묘

삼별초가 금주를 습격했을 때 이를 탈취한 것이며, 이들 탈취한 왜구를 삼별초가 일본 본국에 돌려보낸 것이라고 설명하였다. 이 경우 '둔김해부지병(屯金海府之兵)'의 '둔(屯)'의 의미가 문제인데, 여기에서의 '둔'은 억류의 의미이며, "일본에 대한 외교적 의례로서 김해에 억류되어 있던 왜구들을 김해부의 둔병으로 표현한 것"이라는 것이다.[28]

이영 씨는 이 문제와 관련하여 1271년 3, 4월의 금주 일대에 대한 삼별초의 대대적 공략을 주목하고 있다. 즉 이 시기가 대일본 첩장의 작성 및 발송 시기에 해당한다는 점 때문인데, 그는 첩장의 작성 시기를 원 세조의 조서를 진도에 가져온 박천주의 귀경 이후로부터 삼별초가 장흥부 등을 공격하여 남해 연안에 대한 공세를 본격화하는 2월(계묘일) 사이로 추정하였다.[29] 아울러 삼별초의 첩장이 보내진 후라고 할 수 있는 1271년 5월 조양필은 아직 개경에 머물러 있고, 조양필이 일본을 다녀올 동안 금주에 대기해 있어야 할 홍다구는 삼별초의 거점 진도 공격전에 투입되어 있는 사실을 지적하였다.[30] 조양필이 개경을 출발하는 것이 8월, 이들이 이마즈(今津)에 도착한 것이 9월 19일이라는 점에서 문제의 기록을 원사 조양필과 직접 연관시키는 것은 아무래도 어려운 일이 된다.

문자적으로 보아 김해부의 군사는 '김해부에 주둔하고 있던 군사'이다. 류영철 등은 '둔'을 억류하고 있었다는 의미로 해석하였으나 이는 역시 무리한 감이 있다. 이 때문에 '김해부의 군사'는 금주 주둔의 몽골군으로 처음 해석되었던 것이다. 이에 대해 이영은 1271년 4, 5월 금주 일대에서의 왕성한 삼별초의 군사 활동이 남해도에 거점을 둔 유존혁 부대에 의한 것이었다고 추정하였다. 유존혁의 부대는 전통적인 고려·일본의 우호관계에 근거하여 일본과의 연대를 도모하기 위하여 김해 일대에 진출하였으나, 여몽연합군의 대

28) 류영철 「고려첩장불심조조'의 재검토」 pp.169-170

29) 이영 「여몽 연합군의 일본침공과 여일관계」 『일본역사연구』 9, 1999, pp.65-67

30) 『고려사』 27, 원종세가 12년 5월 정축 및 경인의 기록에서 확인된다. 이영, 위의 「여몽 연합군의 일본침공과 여일관계」 pp.70-71

공세를 앞둔 시점에서의 삼별초의 이같은 병력 분산이 진도 삼별초의 실패에 한 원인을 제공한 것이라는 의견이다.[31]

그런데 이 무렵 몽골군이 김해부(금주)에 주둔하고 있었던 사실은 기록에 의하여 확인된다. 1271년 9월 일본에 도착하여 이듬해(1272) 정월 고려에 돌아온 조양필이 금주의 몽골 주둔군을 이동시킬 것을 건의하고 있는 기록이 그것이다. 몽골군의 금주(김해) 주둔에 대해 일본측은 이것을 자신에 대한 위협으로 인식하고 있었기 때문이다. 이에 몽골은 금주 주둔의 몽골군이 일본을 치기 위한 것이 아니라 제주 삼별초를 치려는 것이었다고 말을 맞추고 있는 것이다.[32] 이로써 보면 1271년 원세조의 국서를 전하기 위하여 일본에 파견되었던 조양필이 일본 측으로부터 몽골군의 금주 주둔이 일본에 대한 군사적 위협 행위라는 항의를 받았다는 것을 짐작할 수 있다. 그렇다면 여기에서 말하는 금주 주둔의 몽골군은 1271년 9월, 조양필의 일본 도착 이전에 이미 주둔하고 있었다는 이야기이다. 일본에 대한 첩장을 휴대한 삼별초가 진도정부에 파견된 시점은 5월 이전으로, 조양필의 견사 수 개월 전이기는 하지만, 첩장에 등장하는 '둔김해부지병'의 정체는 일본에 대한 압박 수단으로서 실제 몽골군이었을 가능성도 적지 않다고 생각된다.

삼별초 첩장에서 언급된 "일본에 먼저 보내진 김해부 주둔의 군사 20여 명"이 만일 몽골군이라면, 이 군사는 삼별초가 이 지역에 대한 공격으로 붙

---

31) 이영, 앞의 「여몽 연합군의 일본침공과 여일관계」 p.74 참조. 한편 진도정부의 급속한 몰락 배경, '김해부 주둔 병사'의 유존혁과의 연관 가능성에 대해서 배상현도 이와 유사한 의견을 개진한 바 있다. (배상현 「삼별초의 남해항쟁」『역사와 경계』 57, 2005, p.105 및 p.111) 그러나 진도 삼별초의 군사적 실패의 한 원인을 남해도 거점의 군사력 분산으로 돌리는 것이 합당한 것인지에 대해서는 의문이 있다. 진도 자체가 연안의 작은 섬으로서 여기에만 병력을 집중하는 것이 반드시 전략적으로 효과적인 것이라고 단정할 수 없기 때문이다. 당시 삼별초는 제주도에 배후를 설정하고 완도, 남해도 등 연안 여러 섬에 거점을 확보하고 있었는데, 오히려 이 같은 지역 거점의 설정은 전략적으로 필요한 일이었다고 생각되기 때문이다.

32) "安童言 良弼請移金州戍兵 勿使日本妄生疑懼 臣等以爲 金州戍兵 彼國所知 若復移戍 恐非所宜 但開諭來使 此戍乃爲耽羅暫設 爾等不須疑畏 帝稱善"(『원사』 7, 지원 9년 3월 을축) 이에 대해서는 山本光朗 「元使趙良弼について」『史流』 40, 北海道教育大學 史學會, 2001, p.39 참조.

잡은 몽골군의 포로일지 모른다. 즉 삼별초는 몽골군의 일본에 대한 위협이 목전에 이른 긴급 사안임을 입증하기 위한 방법의 하나로 금주 공격에서 붙잡은 포로 일부를 일본에 송환하였을 가능성에 대한 문제이다. 조양필이 일본에서 그들로부터 '금주의 수병(戍兵)'에 대한 문제를 지적받고, 귀국 후 즉각 이에 대한 조치를 요구하고 있는 점에서 보면 당시 일본은 매우 구체적으로 조양필에 대해 이점을 압박하였던 것으로 보인다. 이같은 정보를 일본은 삼별초가 제공한 자료에 의하여 파악하게 되었을 가능성이 많고, 첩장에 등장하는 '둔김해부지병'의 존재는 바로 이같은 정보의 근거가 되었던 것은 아니었을까 생각된다.

一. 安寧社稷待天時事

이우성은 이에 대해 "천시(天時)가 돌아오면 사직이 다시 안정될 것이라는 소신을 피력"한 것이라고 하였다.[33] 즉 향후 정국에 대한 삼별초의 자신감과 기대가 반영되어 있다는 의견이라 할 수 있다. 이에 대해 류영철은 "사직의 안녕이 천시를 기다릴 수 밖에 없을 정도로 다급하다"고 해석 하였다.[34] 이 해석과 반드시 배치되는 것이라고 생각하지는 않지만 필자는 이 구절을 "사직을 안녕케 하는 것은 하늘의 때를 기다리고 있다", 즉 "사직의 안녕은 오직 하늘에 달려 있다"는 뜻으로 해석하고 싶다. 이것은 미래에 대한 기대 혹은 위기 의식의 표현일 수도 있지만 이 보다는, 자신의 운명이 오직 하늘에 달려 있다는 것으로서, 거대한 여몽연합군과 군사적으로 대결중인 삼별초 정부의 장엄한 결의의 표명이라고 생각된다. 그리고 이같은 삼별초의 운명이 한편으로 일본의 운명과도 연결되어 있음을 암시함으로써 삼별초와 일본이 공동 운명체임을 강조한 것이 아닐까 한다. 고려 정통정부를 자임하는 삼별초 정부의 수립을 알지 못하는 막부에서는, 이 같은 삼별초의 위기의식과 결연한 정세 판단과 각오를 이해할 수 없었던 것이다.

---

33) 이우성 「삼별초의 천도 항몽운동과 대일통첩」『한국의 역사상』 창작과비평사, 1982, p.185
34) 류영철, 앞의 「고려첩장불심조조'의 재검토」 p.171

一. 請胡騎數萬兵事

 이에 대하여 류영철 교수는 청군(請軍)의 주체는 개경정부이고, '호기 수만(胡騎 數萬)'은 몽골군이라 하였다. 즉 개경정부가 대규모 몽골군을 끌어들인 사실을 의미한다고 하였다.[35]

 이에 대하여 배상현은 이것이 일본군 수만을 요청한 것을 말한다고 하였다.[36] 문자적으로 볼 때 역시 '호기'는 몽골군일 수 밖에 없다고 생각된다. 그렇다면 류영철의 견해대로 개경정부가 청군의 주체라고 하지 않을 수 없다. 즉 고려정부와 연합한 대규모 몽골군의 진입이 예정되어 있는 사정을 전하는 것이라 할 수 있다. 역시 삼별초 정부와 고려정부에 대한 혼선에서 이해의 혼란이 야기된 것이라 생각된다. 삼별초는 이같은 사태가 자신들에 대한 위기인 동시에 향후에 일본에 대한 압박으로 옮겨질 것임을 예고하였을 것이다.

3. 삼별초의 대몽 연합전선 구축 기도

 이제 이상 앞에서의 검토 내용을 정리 요약하고자 한다. 삼별초의 대일첩장에서는 일본에 전달하려는 다음과 같은 몇 가지 단계의 메시지가 파악된다. 첫째 몽골에 의한 고려의 복속 및 저간의 국제 정세 변동과 관련한 상황에 대한 정보 전달, 둘째 서, 남해상에서 확보한 일본 상인 혹은 표풍인의 송환을 통하여 삼별초에 대한 우호적 관심의 도출, 셋째 일본을 겨누고 있는 몽골의 위협에 대한 명확한 증거 입증 등이 그것이다.

 진도 측에서는 혹 일본 측이 제반 상황을 정확히 파악하지 못할 가능성을 상정하고, 필요하다면 진도에 대한 현지 확인도 환영한다는 입장까지 전달하였다. 그러나 당시 일본 조정은 전반적으로 동아시아 정세에 대한 지식

---

35) 류영철, 위의 논문, p.171

36) '호기'의 '호'가 '오랑캐'의 지칭이 아니고 '戈戟'을 의미하기도 하다는 점에서 '호기'는 '잘 무장된 기병'을 요청한 것이라는 것이다. 배상현 「삼별초의 남해항쟁」『역사와 경계』 57, 2005, p.105

이 명확하지 않았고 국제적 인식조차 결여되어 첩장 문구의 정확한 의미 파악조차 하지 못한 채 이를 묻어버리고 말았다. 심지어는 개경 측의 고려정부와 삼별초 정부 간의 구분조차 명확하지 않은 상태였다. 고려와 일본의 외교적 상호 관계가 소원했던 시대적 배경이 첩장의 처리에서 반영된 셈이다. 그러나 다른 한편 이 삼별초의 첩장 접수와 몽골에 대한 정보 제공을 계기로 일본은 몽골의 위협을 현실적 상황으로 인식하는 계기가 되었고 큐슈 방어전에 대한 대비를 구체적으로 시작하게 된다.[37]

그런데 1271년 일본에 파견된 원사 조양필 관련의 기록에서는 탐라의 삼별초가 남송과 함께 조양필의 활동을 방해하고 나섰다는 사실이 지적되고 있다. 조양필이 도착하자 "송인과 고려탐라가 함께 그 일을 방해(沮澆)하려 하였다"는 것이다.[38] 조양필이 일본에 도착한 것은 1271년(원종 12, 문영 8) 9월 19일의 일이었다. 그는 다자이후(태재부)에 머물며 원세조의 국서를 일본 조정에 직접 전달하려고 백방 노력하였으나[39] 쿄토(京都)에는 접근하지 못한 채 고려로 돌아가고 말았다. 이듬해(1272, 원종 13년) 정월의 일이다.

여기에서 언급한 '고려의 탐라'는 삼별초를 지칭하는 것임에 틀림없다. 야마모토(山本光朗)는 이것이 당시 제주도를 거점으로 하고 있던 삼별초를 지칭하는 것으로 보면서도 혹시는 "고려첩장을 가져온 삼별초의 사자가 아직 일본에 체류하고 있었는지도 모른다"고 하여, 앞서 언급된 대일첩장을 휴대하고 진도로부터 파견되었던 삼별초의 사자일 가능성도 배제하지 않았다. 일본에 체류하고 있던 삼별초의 세력이 남송 세력과 연대하여 원의 외교적 시도를 저지하고 이를 봉쇄하였다는 것은 퍽 흥미로운 자료이다.

---

37) 조정에서 삼별초의 첩장에 대한 논의 직후라 할 수 있는 9월 13일 막부에서 큐슈에 영지를 가진 동국의 御家人들에게 자신이 직접 내려가든가 대관을 급히 내려 보내도록 명하고, 이듬해 문영 9년(1272) 정월에는 큐슈의 御家人으로 하여금 연안을 경비하도록 守護에게 명하고 있다. 이에 대해서는 남기학 「중세 일본의 외교와 전쟁」 『동양사학연구』 80, 2002, p.205 참고.

38) "旣至 宋人·高麗聘羅 共沮澆其事"(『元朝名臣事略』「野齋李公撰墓碑」) 인용문은 山本光朗, 위의 「元使趙良弼について」 p.31에서 재인용함.

39) 『원사』 조양필전, 『元朝名臣事略』「野齋李公撰墓碑」 및 山本光朗, 위의 「元使趙良弼について」 pp.29-30 참조.

한편 도단공(徒單公) 이(履)가 찬하였다는 석각사료(石刻史料) 「찬황복현기(贊皇復縣記)」[40]에는 조양필의 공적을 언급하는 가운데 "반적 탐라가 그 길을 막았다(叛賊耽羅蔽其衝)"고 적고 있다.[41] 이것은 조양필이 일본에서 송인과 고려 탐라에 의하여 사행 업무가 방해를 받았다는 앞서 「야재이공찬묘비(野齋李公撰墓碑)」의 비문 기록과도 일치하고 있다.[42] 조양필의 일본에 대한 외교적 작업은 제주의 삼별초에 의하여 방해를 받았고, 그리고 남송에서 파견된 승 경림(瓊林)에 의하여 외교적 시도가 성공하지 못하고 좌절되었다는 것이다.[43]

앞에서 검토한 「고려첩장불심조조(高麗牒狀不審條條)」를 비롯한 몇 가지 자료에 의하여 삼별초가 몽골에 대항하기 위한 대일 관계를 설정을 기반으로 국제적 연대 구축을 기도하였다는 것은 명확해지게 되었다. 동시에 원의 경우 역시 일본을 포함한 반몽골 전선의 구축을 저지하기 위한 외교적 작업에 힘을 기울였다는 점을 확인할 수 있게 된다.

그런데 몽골에의 대항을 위한 일본과의 '국제적 연대'라는 이 같은 착안

---

40) 「贊皇復縣記」는 『北京圖書館藏 中國歷代石刻拓本滙編』(北京圖書館 金石組編, 中州古籍出版社, 1990)의 제48책에 비문의 탁본이 실려 있으며 본문 21행, 1행 53자로 구성되어 있다. 徒單公 履가 찬하고 姚樞가 題額을 書한 이 자료의 석각 시기는 지원 8년(1271)으로 해설되어 있으나, 실제로는 지원 10년(1273)부터 동 13년(1276) 사이의 것임이 논증된 바 있다. 이에 대해서는 太田彌一郎 「石刻史料 '贊皇復縣記'にみえる南宋密使瓊林について－元使 趙良弼との邂逅」 『東北大學 東洋史論集』 6, 1995, pp.374-378 참조. 본고에서 이용하는 삼별초 관련 중요 자료가 소개된 2편 논문(山本光朗과 太田彌一郎의 논문)은 국내에서 아직 참고된 적이 없는 논문으로서, 村井章介·森平雅彦 교수의 후의에 의하여 이용이 가능하게 되었음을 밝혀둔다.

41) "(趙良弼) 承命東使日本 鯨海浩瀚 莫測其際 叛賊耽羅蔽其衝 公仗忠信 直抵其國 論以天子爲德 方制數十萬里 靡不從命 東夷悅服 卽遣使詣闕"(「贊皇復縣記」) 太田彌一郎 「石刻史料 '贊皇復縣記'にみえる南宋密使瓊林について－元使趙良弼との邂逅」 『東北大學 東洋史論集』 6, 1995, p.378에서 재인용함.

42) 太田은 두 기록 사이의 일치감에 근거하여 이것이 동일 사실에 대한 언급일지도 모른다고 추정하였다. 이에 대해서는 太田彌一郎, 위의 「石刻史料 '贊皇復縣記'にみえる南宋密使瓊林について」 p.380 참조. 다만 山本·太田 등의 논문에서는 '宋人與高麗耽羅'를 '송인·고려·탐라'로 읽고 있으나, 이는 '송인과 고려의 탐라'로 읽어야 할 것이다.

43) "日本遂遣使介凡十二人入觀 上慰諭遣還 其國主擬奉表議和 會宋人使僧日瓊林者來渝平 以故和事不成"(「元朝名臣事略」「野齋李公撰墓碑」) 太田彌一郎, 위의 「石刻史料 '贊皇復縣記'にみえる南宋密使瓊林について」 p.380에서 재인용.

은 어디에서 가능했던 것일까. 삼별초가 강화도를 포기하고 진도로 남천 하였을 때 서남해 연안의 도서만으로 여몽연합군의 공세를 방어할 수 있으리라 기대하기는 어려운 일이었다. 일단 진도 이외의 배후기지 확보가 우선적인 관건이고, 다음으로 남송 혹은 일본과의 연결을 모색하는 것은 자연스러운 순서였다고 할 수 있다. 다른 한편으로 1266년 이래 이미 진행되고 있던 대일본 초유에 의하여 몽골의 압력 하에 놓여진 일본의 입지에 대하여 인지하고 있었다. 삼별초는 이같은 국제정세에 대한 인식을 바탕으로 일본을 축으로 엮는 대몽골 연합전선의 구축을 기도하면서 몽골의 외교적 책략에 대응하였던 것이다.[44]

마지막으로 이 문제와 관련하여 검토되어야 할 것은 앞에서 등장하는 '고려 탐라'가 과연 제주도에서 파견된 삼별초의 세력인가, 아니면 진도에서 파견된 첩장을 휴대한 사신단들의 활동이었을까 하는 문제이다. 이를 판단할 명확한 근거는 없지만, 적어도 이들이 제주 삼별초와의 일정한 연관 속에서 활동한 사실만은 분명하다. '고려 탐라'로 지칭된 것이 이를 입증한다. 설령 그 조직이 앞서 진도에서 파견된 사신단이었다고 하더라도 이들이 제주 삼별초와의 새로운 관계의 설정 없이 독자적으로 활동하는 것은 불가능한 일이라고 보아야 한다. 따라서 중국 측 자료에 등장하는 이들 '고려 탐라'의 세력은 문자대로 제주 삼별초 세력의 외교적 책략으로 파악되어야 할 것으로 본다.

삼별초의 대일 첩장은 일본과의 연대에 의하여 공동 대항한다는 것이 일차적 목표였다고 할 수 있다. 다른 한편으로는 위기시의 배후 피란지 확보를 도모한다는 의도도 포함되어 있다고 생각된다. 당시 삼별초는 제주를 배후 기지로서 확보하고 있기는 하였지만, 제주 이후의 배후 기지로서 일본 열도의 유용성에 대해서도 깊은 관심을 가지고 있었을 것이다.

---

44) 삼별초가 일본과의 관계를 구상한 것은 "몽골의 난폭한 침략과 지배에 저항하는 싸움, 장기에 걸치는 억압을 견디어 온 경험에서 온 의식"과 삼별초가 남해안을 거점으로 활동하는 과정에서 "점차 일본의 존재를 발견하고 이해하게 된 것"이라 한 언급(村井章介 「高麗 三別抄の叛亂と蒙古襲來前夜の日本」)에 대하여, 이영은 고려의 일본에 대한 '항상적 외교관계'에 기반한 것이라 하였다.(『倭寇と日麗關係史』 pp.103-104)

맺는말 | 본고는 1270년 강화도에서 봉기하여 진도, 제주도를 전전하며 1273년까지 활동하였던 삼별초에 대하여 특히 일본과의 관계를 중심으로 고찰하였다.

삼별초의 대일 관계를 고찰하는 데 있어서 가장 중요한 자료는 1271년 진도 삼별초가 일본에 보낸 첩장관련 자료(高麗牒狀不審條條)이다. 당시는 원에 의하여 대일 초유라는 외교적 작업이 진행중이었기 때문에, 삼별초는 이에 대응하여 반몽골 연합전선이라는 국제적 연대에 일본을 포함시키고자 하였다. 진도정부에서 보내진 첩장을 통하여 삼별초는 근년의 국제정세 변동과 관련한 정보의 전달과 함께, 서남해에 대한 제해권을 기반으로 확보한 일본 상인과 표풍인의 송환을 통하여 삼별초에 대한 우호적 관심을 끌어내려 하였다. 아울러 삼별초가 포로로 잡은 김해부 주둔의 몽골군(20인 규모)을 일본에 보내 몽골의 직접적 위협이 임박하였음을 입증하고자 하였던 것으로 보인다. 진도 측에서는 혹 일본 측이 제반 상황을 정확히 파악하지 못할 가능성을 상정하고, 필요하다면 진도에 대한 현지 확인도 환영한다는 입장이었다. 그러나 당시 일본 조정의 인식 부족과 삼별초 진도 정부의 붕괴 등으로 말미암아 삼별초가 구상한 국제적 연대는 실현되지 못하였다. 그러나 탐라 거점 시기에도 삼별초의 일본에 대한 외교적 노력은 지속되었던 것으로 보인다.

여몽연합군은 삼별초 진압 이후인 1274년에 일본에의 정역에 나섰지만, 만일 삼별초의 봉기가 없었다면 몽골은 더 일찍, 일본에 대해 무력적 방법에 의한 압박에 나섰을 것이다. 삼별초 봉기 이전의 대일 초유(招諭) 과정에서는 1266년부터 제1차 여원군의 일본침입 전년인 1273년까지 4회에 걸쳐 매년 사절이 파견되었다. 그 가운데 1270년 한 해만 사절 파견을 거르고 있는데, 이 같은 1년의 휴지(休止)는 삼별초의 봉기로 인하여 남부 연안 일대가 진도 거점 삼별초의 세력권에 포함된 복잡한 상황 때문이었을 것이다.

고려는 몽골의 강요에 의하여 일본에 대한 초유 작업을 역할을 담당하였고, 1274년과 1281년의 몽골 침입에 주도적으로 가담하였다. 이러한 점에서 일본, 특히 서일본지역은 고려에 의한 군사적 피해자라고 말할 수 있다. 그러나 고려의 장기적인 대몽항전, 그리고 삼별초의 항전에 의한 가장 큰 수혜자가 일본이었다는 점도 분명한 사실이다. 삼별초의 항전이 없었다면, 아마 일본 열도의 중세 역사는 크게 달리 쓰여지게 되었을 것이다.

* 본고는 한일문화교류기금·동북아역사재단 주최 학술회의 〈몽골의 고려·일본 침공과 한일관계〉(장소 : 안동 한국국학진흥원, 2008. 10)에서 발표한 논문을 수정한 것임.

② 여원군의 동정(東征)과 고려 군선

머리말 | 13세기 후반 여원연합군의 일본 침입은 동아시아 역사에 있어서 흥미 있는 소재중의 하나이다. 이에 대하여 한국사 연구자들에 의한 몇 편의 논문이 공간된 바가 있기는 하지만[1] 그러나 여타 주제에 대한 괄목할 연구의 발전에 비교한다면 지금까지 이 문제에 대한 관심과 논의는 '적막강산'의 느낌이다. 북한의 역사학에서도 고려·몽골전쟁에 대한 각별한 평가와 강조에도 불구하고 그에 연이어지는 여원연합군의 일본 침입 사건에 대해서는 일체 언급하고 있지 않다. 결과적으로 여원연합군의 일본 침입에 대한 연구는 오랫동안 일본 연구자들에 의하여 전담 되어왔던 것이 현실이다. 근년에 이르러 산발적이나마 한국 연구자들의 관심이 표출되고 있는 것은 그나마 작은 변화라고 할 수 있을 것이지만, 오랫동안 일본 연구자들의 독점 상태에 놓임으로써 결과적으로는 일본 입장의 시각이 이에

---

1) 박형표 「여몽연합군의 동정과 그 전말」 『사학연구』 21, 1969; 이은규 「원의 일본정벌 고찰」 『호서사학』 1, 1972 ; 김철민 「원의 일본원정과 여원관계」 『건대사학』 3, 1973 ; 나종우 「여원 연합군의 일본원정」 『한국중세대일교섭사연구』 원광대학교 출판국, 1996

대한 연구의 방향을 지배하게 되었다는 것은 하나의 문제로 지적할 수 있다.

여원연합군의 일본침입은 무엇보다 몽골을 중심으로 한족, 여진족 등 중국대륙의 여러 민족이 연관되어 있고, 고려와 일본이 이 사건의 직접적 당사자가 됨으로써 동아시아 전체가 소용돌이에 휩싸인 국제적인 사건이었다는 점에서 우선 흥미 있는 사실이다. 신라의 통일에 즈음한 백강전쟁이나 조선조의 임진왜란, 근대의 청일전쟁과 같은 여타의 동아시아사적 사건에 비할 때에도 훨씬 드라마틱한 줄거리를 가진 역사적 사건이기도 하다. 그럼에도 불구하고 한국사에 대한 일국사적 시각, 혹은 민족 관점의 역사 서술이 이같은 사실을 본격적으로 검토하는데 제한적 환경이 되었던 것으로 생각된다. 그러나 이 주제는 동아시아에 있어서 중세의 대표적 사건에 속할 뿐만 아니라, 13세기 고려의 정치사 혹은 여몽전쟁사, 생활사 등에 관련한 여러 자료를 포함하고 있는 것이기도 하다는 점에서 이에 대한 연구는 고려사 연구의 일환으로서도 매우 유용한 의미를 갖는다는 것이 필자의 생각이다.

일본에서의 연구는 식민지시대 이케우치(池內 宏)의 연구가 중요한 발판이 되었다. 그의 논저 『원구(元寇)의 신연구』는 일본, 중국, 한국 3국의 사료를 폭넓게 활용하면서 원 세조의 일본침략을 동아시아 전체를 그 시각에 넣고 정리한 방대한 논문이다. 그러나 그가 인식한 3국 관계는 원 지배하의 동아시아였다. 즉 원의 일본침입은 고려를 정복한 원이 다시 고려를 철저히 지배하여 일체화된 힘으로 일본을 압박한 것이었다. 여기에서 고려의 존재는 원에 부용(附庸)하여 일본에 압박을 가한 가해세력으로서의 존재였던 것이다.[2] 그러나 그 실제의 여러 측면을 진지하게 관찰한다면 고려야말로 일본침공에 있어서 가장 큰 피해자였다는 결론에 이르게 된다. 고려는 원의 일본정벌에 있어서 여러 차례 사신 파견의 향도 역할을 담당하였으며[3] 군량 조

---

2) "우리나라에 대한 두 차례의 정벌전을 행하였던 사이 그리고 그 전후 종주국을 위한 커다란 역할을 행한 것은 고려이다. 그러므로 원과 고려와의 관계의 고찰에는 상당한 힘을 기울였다." (池內 宏, 『元寇の新研究』東洋文庫, 1931, p.4 서문)

3) 원의 대일 견사는 원종 7년(1266)부터 대덕 3년(1299)까지 11차에 걸치는데, 고려 측의 모호한 태도로 5차 이후로는 거의 고려 사신이 배제되었다. 이에 대해서는 김위현 「여·원 일본

달을 위한 둔전경략사의 설치, 둔전 준비물자, 둔전 군량료 등이 고려에 요구되었던 것이다.[4)]

원의 일본 정벌 기도에 있어서 고려에서의 군선 제작은 중요한 문제의 하나이다. 이에 대해서는 1931년 이케우치(池內 宏)의 비교적 소상한 사료 고증 이래, 일본 연구자에 의한 일정한 연구와 논의가 진행된 바 있다. 여원군의 동정(東征)과 관련한 조선(造船) 문제는 기본적으로 고려 땅에서, 고려인의 동원에 의하여 이루어진 작업이었다는 점에서 한국사 연구자에 의한 우선적인 검토의 대상이라고 생각되지만, 한국에 있어서 이에 대한 진지한 검토는 아직까지 거의 이루어진 바가 없었던 것이다.

본 연구에서는 여원 동정과 관련하여 논의된 군선문제의 논점을 정리하고, 조선 작업 현장에 대한 검토 및 일본측 자료에서 볼 수 있는 고려군선의 문제 등에 대하여 논의하고자 한다. 이러한 연구는 13세기 고려를 둘러싸고 전개된 동아시아 역사의 추이 및 여원연합군의 동정과 관련한 유용한 논의가 될 것이다.

1. 여원군의 동정과 군선 문제

원 세조 쿠빌라이는 일본 정벌을 위하여 1274년과 1281년의 2차에 걸쳐 출정군을 파견하였는데, 일본에 대한 군사 행동을 위해서는 군사의 보충 뿐만 아니라 군선의 동원이 필수적이었다. 고려가 그 역할을 담당하게 된 것은 피할 수 없는 것이었다. 1273년(원종 14) 4월 삼별초의 반몽세력이 제주도에서 마지막으로 제거됨으로써 40여 년을 끌었던 고려의 항몽전쟁은 한반도에서 종식되었다. 그러나 고려를 디딤돌로 하여 일본열도까지 정복전을 확장한다는 것은 몽골에 의하여 예정되어 있던 수순이었다. 몽골의 일본정벌전의 전

정벌군의 출정과 여·원 관계, 『국사관논총』 9, 1989, pp.4-10 참조.

4) 김위현, 위 논문, pp.10-18

개는 복속한 고려의 군사력과 경제력 동원을 그 기초로 하고 있다는 점에서, 몽골에 대한 복속에도 불구하고 고려에서의 전쟁이 종식되지 않은 셈이었다.

고려 측의 조선작업이 처음 본격화하는 것은 삼별초에 대한 공격 과정에 서였다고 할 수 있다. 진도 공격시 개경 측에서는 4백 척의 선박을 동원하였다. "진도 부근에 현재 보유하고 있는 병선 260척"에 원의 중서성에서 개경 측에 병선 140척을 추가 동원하도록 지시한 것에서 이를 알 수 있는데,[5] 삼별초의 봉기에 의하여 고려의 해상 작전 능력이 크게 타격을 받았던 점을 생각하면 개경측이 동원한 4백 척의 군선, 특히 추가 동원이 요구된 140척 가운데는 신조(新造)의 군선이 일정부분 포함되었을 것이다. 진도 공함이후 제주 공격을 위해서는 큰 바다를 건너야하는 제주도의 지리적 여건상 군선의 보강이 요구되었을 것이기 때문이다. 원종 13년(1272) 9월 삼별초가 충청 서해안(보령)의 고란도에 침입, 병선 6척 소각, 선장(船匠) 살해, 조선관(造船官) 홍주부사 이행검(李行儉) 등을 포로로 잡아간 것은 당시 개경 측에 의하여 병선이 제작되고 있었음을 말해준다.

제주 삼별초의 공격을 바로 앞둔 원종 14년(1273) 정월 개경정부는 경상도에 사신을 보내 병선 건조를 직접 독려하였는데 이때 원의 마강(馬絳)이 대장군 송분(宋玢)과 함께 병선을 점검하였다. 그러나 실제 제주 삼별초 공함에 동원된 연합군의 군선은 160척에 불과하여, 선척의 수만으로는 진도 때에 훨씬 못 미치는 것이었다. 160척은 거의 전라도의 군선이었으며 원래 서해도 및 경상도의 군선이 동원될 계획이었으나 이동 집결 중에 대형 해난사고가 잇달아 차질이 있었다는 것이다. 이때 이동중 침몰한 것은 서해도 병선 20척, 경상도 병선 27척이었다.[6] 제주 공격을 준비하며 개경 측의 군선 조성작업이 일정부분 진행된 것은 사실이다. 원종 13년(1272) 6월 원에 보낸 표문 가운데 조선소에 대한 삼별초의 공격을 우려하여 금주(김해) 주둔의 원

5) 『고려사』 27, 원종세가 12년 4월

6) 『고려사』 27, 원종세가 14년 3월 기묘. 서해도의 대표적 조선지로서는 황해도 장산곶이 들어 지고 있는데(『중종실록』 18년 6월 을축, 『선조실록』 31년 2월 정축), 일대에서는 역시 양질의 재목이 산출되었다.(『선조실록』 18년 4월 경오)

군을 투입해 전라도에 투입해줄 것을 요청한 것[7]이나 원종 14년(1273) 병선의 건조를 언급한 원 중서성에의 서신 자료[8]가 이를 뒷받침한다. 제주 공함을 위하여 새로운 조선작업이 필요하였던 것은 진도와는 달리 대양에 위치한 제주의 지리적 여건에 기인한다고 생각된다. 제주 공함시 연합군의 선단 규모가 160척이었다는 것은 진도 공격에 사용하였던 군선의 대부분이 제주에 투입되지 못하였음을 말해 준다. 따라서 일본에의 군사 작전에는 보다 많은 군선의 신조(新造)가 불가피 하였던 것이 당시의 현실이었을 것이다.[9]

고려의 조선작업과 관련하여 원종 13년(1272) 3월 전함병량도감의 설치가 주목된다. 명칭상 이것은 대규모 군선과 군량을 확보하려는 기구의 신설인데, 단기적으로는 제주 삼별초에 대한 대공세를 위한 준비였겠지만 동시에 그것은 일본정벌까지를 염두에 둔 기구였다고 생각된다. 이 무렵 일본 초유(招諭)에 대한 문제가 점차 현실화되고 있었고 이 도감의 설치가 여원관계의 일환으로 제기되고 있기 때문이다.[10] 원종 12년(1271) 9월 일본에 파견되었던 원사(元使) 조양필(趙良弼)은 이듬해(1272) 정월 13일에 일본 사신 12명을 대동하고 돌아왔고 정부는 서장관 장탁(張鐸)과 함께 이들을 원에 들어가게 하는 등 일본 문제가 차츰 현안으로 대두하는 상황이었다. 일본 사신은 4월에 다시 고려를 경유하여 일본으로 귀국 하였다. 이같은 추이는 고려를 앞세운 차후의 군사적 행보가 이제 남송이 아닌 일본을 향하게 될 것임을 예고하는 것이었다.

고려의 조군(助軍) 및 조선(造船)에 관한 문제는 삼별초 봉기 이전부터 제

---

7) 『고려사』 27, 원종세가 13년 6월 임자의 표문

8) "又年前營造戰艦 至四月 大軍入耽羅討賊"(『고려사』 27, 원종세가 15년 2월)

9) 大葉昇一은 1차 동정군의 군선 대부분이 고려가 보유하고 있거나 삼별초로부터 획득한 것을 충당하였기 때문에 실제 군선의 건조는 별로 많지 않았을 것으로 보았다.(大葉昇一 「文永の役における日本遠征軍の構成」『軍事史學』 1999) 그러나 진도와 제주 삼별초에 동원된 군선수의 차이를 고려할 때 일본 원정에는 기왕의 고려 선박을 재투입하는 데 상당한 제약이 있었던 것으로 생각된다. 따라서 대일본 침략전의 수행을 위해서 실제로 상당 규모의 선박의 신조가 필수적이었다고 생각된다.

10) 戰艦兵糧都監과 함께 鈿函造成都監이 설치되었는데 후자는 원 황후의 대장경 보관을 위한 용품 제작을 위한 것이었다.(『고려사』 27, 원종세가 13년 갑진)

기되었으나 삼별초의 봉기라는 고려의 정치 상황으로 인하여 지연되었다. 그러나 그 과정에서 일본에의 정역(征役)이 차츰 가시화하였으며 이는 원종 13년(1272) 이후 구체화되어 제주 삼별초의 공함 이후 본격 추진되기 시작했던 것이다. 여원 연합군에 의한 삼별초 진압은 삼별초 진압 이후 그대로 일본에 대한 작전으로 전환되었던 것이다.

여원연합군은 1, 2차 공히 9백 척의 선단을 구성하였고, 이들 선단은 『원사』 일본전의 기록에 의하여 대형군선(千料舟), 전투함(拔都魯輕疾舟), 물수송선(汲水小舟) 각 3백 척으로 구성된 것으로 인식 되고 있다. 그러나 당시 동원된 군선의 규모에 대해서도 여러 가지 의문과 기록상의 충돌이 없지 않다. 이에 대하여 혹자는 1차 동정에 동원된 병선의 대부분은 신조(新造)된 것이 아니고 삼별초로부터 획득하거나 고려측이 보유한 병선을 수리한 것이 대부분이라는 주장을 제기하기도 하고, 1차의 경우 병선의 수가 실제 9백 척에 미달하였다는 의견도 제시된 바 있다. 이에 대하여 필자는 일본 원정의 성격상 대형군선이나 급수선 등이 새로 건조될 수밖에 없을 것이라는 점과 실제 군선의 건조를 위한 대대적인 노동력 징발에 관련한 기록들을 참고할 때 상당한 군선이 새로 건조되었다고 보았다. 다만 당시 대선의 규모는 흔히 생각하는 3백 척이 아닌, 126척 규모였다는 의견을 제안한 바 있다. 이는 고려정부가 원 중서성에서 보낸 편지 가운데 대선의 규모에 대해 언급하면서 "지난번 일본 정벌 때 대선이 126척이었다"[11]고 한 기록을 주목한 것이다. 이와 함께 1차에서 동원된 승조원의 수가 2차의 40% 미만이었다는 사실, 1차 동정 준비 과정에서 군선의 준비 기간이 불과 5개월 미만으로 매우 짧았다는 점, 쓰시마에서 파악한 당시 연합군의 군세가 '450척'으로 되어 있다는 점 등 여러 가지 근거를 들어 1차 동정에서 대선의 규모가 2차의 9백 척에 미달하는 규모였다는 의견을 피력하였던 것이다.[12]

여원연합군의 군선 내용에 대해서 특히 오바(大葉昇一)는 고려가 대선 건

---

11) 『고려사』 29, 충렬왕세가 6년 11월 기유
12) 윤용혁, 이 책에 실린 「1274년 여원군의 일본침입을 둘러싼 몇 문제」, 본서, pp.242-245

조 3백 척의 명을 받고 불과 4개월 만에 '대소선 9백 척'의 작업 완료를 보고
하고 있는 것에 비추어, 실제로는 전함의 신조(新造) 대신 중소 다수의 구 선
박을 모아 보고한 것이었을 것으로 추측한 바 있다.[13] 당시 일본 원정에의 기
일이 매우 촉박했던 것은 사실이지만 기본적으로 조선의 준비작업은 보다 일
찍부터 진행되어 왔던 것이고, 조선시대 기록을 참고하면 대선 규모에 속하
는 선박을 목재의 절취로부터 완성까지 약 두 달(61일) 만에 완료했다는 자료
도 있다.[14] 고려의 조선에 있어서 당시 동남도도독사 김방경은 남중국의 조
선법(造船法: '蠻樣')을 채용하지 않고 고려 전통의 방식('本國船樣')으로 공사
를 추진함으로써 공비(工費)를 줄이고 기일을 맞추었다고 한다. 이로써 생각
하면 당시 대규모 선단의 조성으로 막대한 인력이 동원되는 어려움이 있기는
하였지만 4개월 여 작업으로 그것이 불가능한 것은 아니었다고 할 수 있다.

　일본 침공을 위한 원의 조선(造船) 명령은 1274년(원종 15) 1월 3일 고려에
공식적으로 전달되고 1월 15일 조선 준비를 완료하여 16일 착공, 그 해 5월
말 대소 전함 9백 척의 건조 작업이 일단 종료되었음이 보고되었다.[15] 정부
는 이 조선 작업을 위하여 문하시중 김방경을 동남도도독사에, 추밀원 부사
허공(許珙)을 전주도도지휘사에, 그리고 좌복야 홍녹주(洪祿遒)를 나주도도
지휘사에 임명하여 조선 업무를 담당하도록 하였다. 그리고 원에서 파견한
총관 홍다구(洪茶丘)가 관련 업무를 총괄적으로 지휘 감독하였다. 조선에 필요
한 기술자와 노동력의 징발은 전라도(羅裕), 경상도(金伯鈞), 동계(朴保), 서
해도(潘卓), 교주도(任愷) 등 각 지역에서 전국적으로 이루어졌는데 이때 동

---

13) 大葉昇一「文永の役における日本遠征の構成」『軍事史學』1999, p.8 참조.

14) 고성읍 이광현 소장 「軒聖遺稿」(조선작업을 감독한 저술자의 작업지와 實名은 알 수 없음)
에 의하면 '渡海監造'에 임명된 임오년(1822) 3월 25일부터 윤3월을 거쳐 4월 26일까지
61일 간의 船役 과정 등이 기록되어 있다. 그가 76명의 인물을 동원하여 건조한 선박은
本板의 길이가 66척(13把 2㪷)의 큰 규모이고, 175주의 목재가 소요되었다. 작업의 소요
내용은 목재 채벌 6일, 선체 조립 23일, 上粧 17일 등이다.(김재근 「조선후기 선박의 구조-
渡海船造船式圖에 대하여」『조선왕조 군선연구』 일조각, 1977, pp.221-252) 목재를 건조하
지 않고 급히 조립하였기 때문에 문제가 없는 것은 아니지만, 조선시대 자료에 의하면 생목
건조는 흔한 관행이었던 것으로 보인다.(『세종실록』 48, 세종 12년 5월 계해)

15) 『고려사』 27, 원종세가 15년 정월 3일

원한 기술자와 인부들은 도합 3만 5백 명으로 집계된 바 있다.[16] 작업이 한참 추진되고 있을 때 도로에 각 역참의 전령 기병들이 그칠 새 없었고, 공사 기한은 촉박하여 업무의 추진이 마치 우뢰와 번개 같았으므로 백성들의 고통이 매우 심하였다는 것이다.[17]

5월 말(1274) 군선의 건조와 군사 및 군량의 확보 등 대략적 출정 준비가 완료되었다. 이제 출정지인 합포로의 마지막 집결 작업이 진행 중이었다. 그러나 6월 14일(계해) 향년 56세의 원종이 병 끝에 사망함으로써 대일 정역은 차질을 빚기 시작한다. 그리하여 동정군이 비로소 마산을 출발할 수 있었던 것은 원종의 장례식(9. 12)이 끝난 뒤인 1274년(원종 15, 충렬 즉위년) 10월 3일의 일이었다. 합포(마산)를 출발한 여원군은 쓰시마(對馬)와 잇키(壹岐)를 거쳐 10월 20일 하카타(博多)에 상륙하여 일본의 방어군과 치열한 전투를 치르면서 그들을 압박하였으나 주지하는 바와 같이 성과를 거두지 못한 채 철군 중 태풍을 만나 큰 타격을 입고 귀국하고 말았던 것이다.[18]

그후 일본에 대한 재침의 계획이 본격화하는 것은 1279년(충렬 5)부터의 일이다. 6월 일본정역을 위한 전함 900척을 만들라는 통고에 따라, 7월 조인규, 인후를 원에 보내 전함의 수리 건조를 보고하고, 8월 장군 김백균이 원 사신 김종의와 함께 경상도에 가서 군 기자재를 검열하였다. 마침 일본에 보낸 사신 살해 사실이 이 무렵 확인되어, 일본에의 재침은 움직일 수 없는 일이 되었다. 9월 허공을 경상도에, 홍자번을 전라도에 각각 도지휘사로 임명하여 파견하여 "전함을 수리 건조하게 하였다"고 하여 이 시기 조선 작업이 전라도와 경상도에서 각각 진행되었음을 알려주고 있다. 이때 권단(權㫜)을 충청도에 도지휘사로 파견하였고, 계점사(計点使)를 경상도(朱烈), 전라도(郭汝弼), 서해도(禹濬冲), 동계 및 교주도(崔有候) 등지에 파견하였다.[19] 11월 조

---

16) 『고려사』 27, 원종세가 16년 3월

17) 『고려사』 27, 원종세가 15년 정월

18) 1차 침입의 연합군이 하카타에서 철수한 것에 대해서는 태풍 요인설이 많았으나, 실제는 예정된 철수 과정에서의 대풍우였던 것으로 보인다. 원종의 사망에 의하여 여름 출정을 겨울로 미루게 됨으로써 1차 침입은 처음부터 많은 차질이 전제되었던 작전이었다.

인규와 인후를 원에 보내 병선 900척, 초공 수수 1만 5천, 정군 1만[20], 군량은 11만석(중국 석) 및 기타 준비 상황을 보고하면서, 기상 악화 등으로 인한 일정의 지체 가능성과 정군 1만의 한 달 식량 3천석(중국 석)인데 군량과 말의 사료 등이 턱없이 부족하다는 문제점을 지적하고 있다.

1281년(충렬 7) 5월 동로군의 여원 연합군 4만은 9백 척 선단으로 합포를 출항하였고 강남군은 남송의 항군을 주축으로 한 10만 병력이 3,500척의 선단으로 합세하였으나 7월 30일 밤부터 엄청난 태풍이 불어 다음날 윤 7월 1일 원군은 거의 궤멸하고 말았다. 이후에도 세조 쿠빌라이는 일본을 포기하지 않고 3차 동정을 준비하였으나 1294년 쿠빌라이 사망과 함께 재침의 시도는 완전히 포기되었다.

2. 조선(造船) 작업의 현장, 변산과 천관산

일본 침입을 위한 군선의 제작은 고려에 지워진 부담이었다. 2차에 걸친 일본 침입을 위한 군선 제작에 있어서는 무엇보다 다량의 선재(船材)가 필수적이었다.[21] 따라서 이들 조선작업은 무엇보다 해안에 위치한 양질의 소나무 산지를 배경으로 이루어지게 된다.

원의 일본 동정을 위하여 2차에 걸쳐 대량의 군선이 제작되었던 곳은 주로 전북 부안의 변산(邊山)과 전남 장흥의 천관산(天冠山)이었다. 이에 대해

---

19) 『고려사』 29, 충렬왕세가 5년 9월 계축

20) 정군 1만은 전국에서 징발한 병력으로 그 내역은 개경 2,500, 경상도 2,390, 전라도 1,880, 충청도 1900, 서해도 190, 교주도 160, 동계 480 등으로 되어 있어 개경과 3남 지역에서 대부분 충당되었음을 알 수 있다.(고려사』 29, 충렬왕세가 6년 11월의 표문)

21) 다소 막연한 계산이기는 하지만 太田는 대선 3백 척의 조선에 요구되는 송목의 전체 소요량을 다음과 같이 계산하였다.(太田弘毅 「高麗の艦船用 材木事情」『蒙古襲來-その軍事史的 硏究』錦正社, 1997, pp.289-291)

船種＼재료	大松	中松	小松	小小松
戰船	4,200주	26,700주	23,100주	12,000개

서는 원감국사 충지(沖止)의 시에 "세 곳의 산에서 전선을 만들었다(三山造
戰船)"고 하였고[22], 실제 원종 15년(1274) 정월 3일에 추밀원 부사 허공(許
珙)을 전주도 변산에, 좌복야 홍녹주(洪祿遒)를 나주도 천관산에 파견하여
재목을 준비토록 한 것에 의하여 확인된다.[23] 이들 두 지역은 예로부터 질
좋은 목재의 산출지로서 널리 알려져 있는 해안의 산지이다. 변산의 경우는
'나라의 재목창고(國之材府)'라 칭해질 만큼 양질의 목재 산출지로 유명하였
고, 이 때문에 변산은 궁궐 건축과 같은 용도에 사용하기 위하여 목재에 대
하여 특별히 관리하고 있었다. 시기는 다소 차이가 있지만 조선 숙종조(17
년, 1691)에 제정된 '변산금송절목(邊山禁松節目)'은 변산의 선재(船材)를 보
호하기 위한 법제적 조치로서 변산의 중요성을 말해준다.[24]
『신증동국여지승람』에 "봉우리들이 백 여리를 빙 둘러 높고 큰 산이 첩첩
이 싸이고, 바위와 골짜기가 깊숙하며 궁실과 배의 재목은 고려 때부터 모
두 여기서 얻어갔다"[25]고 하였고,

> 변산은 나라 재목의 창고이다. 소(牛)를 가릴만한 큰 나무와 찌를 듯한
> 나무줄기가 언제나 다 하지 않았던 것이다. 층층의 산봉우리와 겹겹의
> 산등성이에 올라가고 쓰러지고 굽고 퍼져서, 그 머리와 끝의 둔 곳과 밑
> 뿌리와 옆구리의 닿은 곳이 몇 리나 되는지 알지 못하겠으나 옆으로 큰
> 바다를 굽어보고 있다.(『신증동국여지승람』 34, 부안현 산천)

라 하여 변산이 조선(造船)과 건축에 적합한 양질의 목재 산지로 유명하였음
을 알려준다. 이규보의 경우도 한때 변산에서 벌목하는 일을 맡기도 하였다.
변산의 이러한 사정이 그의 글에 다음과 같이 나타나 있다.

---

22) 沖止 『圓鑑錄』 79, 「嶺南艱苦狀二十四韻(庚辰年造東征戰艦時作)」

23) 『고려사』 27, 원종 15년 정월 및 6월 신유 원 중서성에의 서장

24) 절목은 『비변사등록』 45책, 숙종 17년 8월 24일조에 게재되어 있으며, 이에 대해서는 강만
 길 「조선업과 조선술의 발전」 『조선시대 상공업사 연구』 한길사, 1984, pp.198-201 참조.

25) 『신증동국여지승람』 34, 부안현 산천조

12월(1200)에 조칙을 받들어 변산에서 벌목하는 일을 맡아보았다. 변산
이라는 곳은 우리나라의 재목창(國之材府)이다. 궁실을 수리 영건하느
라 해마다 재목을 베어내지만 아름드리 나무와 치솟은 나무는 항상 떨
어지지 않는다. 내가 벌목하는 일을 항시 감독하므로 나를 '작목사(斫木
使)'라 부른다. 나는 노상에서 장난삼아 다음과 같은 시를 지었다. "군
사 거느리고 권세 부리니 그 영화 자랑할 만한데, 벼슬이름 작목사라
하니 창피하기 그지없네." 이는 나의 맡은 일이 짐꾼이나 나무꾼의 일과
같기 때문이다. (이규보 『동국이상국집』 23, 南行月日記)

　변산에서의 벌목 관리는 거의 노동자에 준하는 고된 업무여서 그 스스로
공무(公務)치고는 일종의 천역이라는 생각을 가진 것 같다. 한편 전남 장흥
의 천관산에 대해서는 『신증동국여지승람』에 "예전에는 천풍산(天風山)이라
불렀고, 혹은 지제산(支堤山) 이라고도 하였는데, 몹시 높고 험하여 가끔 흰
연기와 같은 이상한 기운이 서린다"[26]고 하였다. 또 천인(天因)이 지은 「천관
산기」에서는

　　이상하고 기괴한 바위들이 많은데, 오뚝한 것, 숙인 것, 우묵한 것, 입
　　을 벌린 것, 우뚝 일어선 것, 숨어 엎드린 것, 울퉁불퉁한 것 등이 천태
　　만상 기괴하고 이상하여 이루 다 적을 수가 없다. 어찌 조물주가 여기
　　에 종수(鍾粹)를 모아 놓고 바다를 한계로 하고서 넘어서 달아나지 못
　　하게 한 것인가. (『동문선』 68)

라 하여 그 기괴한 경승을 묘사하고 있다.[27]
　천관산은 예로부터 명산으로 이름이 있었지만 목재의 산지로서의 유명도

---

26) 『신증동국여지승람』 37, 장흥도호부 산천조
27) 천관산의 일반적 개요 및 관련 자료에 대해서는 김희태 「천관산 천관사의 역사와 연혁
　　변천」 『장흥천관산 천관사 지표조사보고서』 순천대박물관, 1999, pp.18-58 참고.

는 변산에 비하여 미치지 못하였던 것 같다. 『조선왕조실록』에 의하면 조선시대 목재의 가장 유명한 산출지는 변산 이외에 전남의 완도, 충남의 안면도 등이었다. 그밖에 황해도의 장산곶이나 거제도, 남해도 등이 언급되기는 하지만, 천관산에 대해서는 주요 목재 산지로서의 언급이 거의 보이지 않는다. 이로써 생각하면 당시의 천관산에서의 벌목과 목재 공급은 천관산 만이 아니라 그 주변지역을 포함한 것이었을 것으로 생각된다.[28] 이 경우 가장 유력한 곳이 완도이다. 완도는 천관산과 지척의 거리일 뿐 아니라 조선시대 양질의 목재 산지로 꼽히는 지역이었고 후대이기는 하지만 조선(造船) 관련의 사실도 확인할 수 있다.[29] 아마도 이같은 사정은 13세기에서도 별로 다르지 않았을 것이다. 이점에서 천관산에서의 조선은 소요 목재가 천관산만이 아니라 인근의 완도 등지에서까지 조달되었을 것으로 생각된다.

변산과 천관산이 충지가 언급한 '3산' 중에 포함되는 것은 분명하지만, 다른 1산이 어느 곳인지는 나타나 있지 않다. 혹은 이 1산이 전북 군산지역 금강 하구의 '공주산'이 아닐까하는 추측이 있으나[30], 공주산의 지리적 조건이 충분한 목재의 공급에 적합한 조건이 아니라는 점에서 그 가능성은 적은 것으로 생각된다.[31] 변산과 천관산 이외에 군선이 제작된 다른 1산이 있다면,

---

28) 지금의 천관산은 임목이 밀집되어 있지 않다. 이에 대하여 주민들은, 당시에는 배가 관산읍까지 들어왔으며 천관산에 나무가 많지 않은 것은 여원연합군의 군선 건조로 인한 벌채 때문이라고 말하고 있다. 또 현재 방촌리 입구에 옮겨져 있는 진서대장군과 미륵불이 이때 일본정벌의 무사함을 빌기 위하여 세운 것이라는 구전도 있다. 이에 대해서는 장흥군, 『전통문화마을, 장흥 방촌』 1994, p.75 참조.

29) 『성종실록』 5년 10월에는 "조선용 변산의 소나무는 이미 다 없어져 완도로 자리를 옮겼다"하였고, 『세조실록』 6년 7월 을해에, 변산과 완도 2개소에 漕轉船 1백 척 건조를 위한 기술자 파견에 대한 기록이 보인다. 완도는 신라 청해진의 폐진 이후 군현이 설치되지 않은 채 주민의 거주가 일정하게 제한되면서 특히 黃腸木과 같은 고급 목재의 산출지로 이용되었다. 18세기의 인구는 382호(『여지도서』), 449호(『호구총수』)로서, 이는 고금도 (613호, 690호), 신지도(509호, 581호), 청산도(428호, 490호) 등 주변의 작은 섬에도 미치지 못하였다.(이해준「역사적 변천」『완도군의 문화유적』 목포대박물관, 1995, p.29)

30) 진성규「원감록을 통해서본 원감국사 충지의 국가관」『역사학보』 94·95, 1982, p.263

31) 공주산은 전북 군산시 나포면 나포리 금강 하류변에 위치한 작은 산으로 중류의 공주로부터 떠내려왔다는 전설이 있다. 『신증동국여지승람』에서는 공주산 주변 사람들이 "뱃일을 업으로 삼고 있다" 하였으나, 여기에서의 뱃일은 조선 관계라기보다는 船運의 일로 보아야

그곳은 어디일까. 이 제3의 지역으로서는 우선 제주도(한라산)의 가능성을 검토할 필요가 있다. 원에서 고려에 군선 제작을 요구하였을 때의 서장에 의하면 "대선 300척을 전라도와 탐라 두 곳에서 만들도록 하라"고 전라도와 함께 제주도에서의 건조를 명시하고 있기 때문이다.[32] 제주도에의 조선은 3차 동정 대비와 관련하여 군선 건조에 대한 지원 19년(1282) 원 세조의 조칙에서 평란(平灤)·양주(揚州)·융흥(隆興)·천주(泉州) 등과 함께 고려, 탐라에 명하여 대소선 3천 척을 만들도록 명하였다.[33] 평란·양주·융흥·천주 등은 강남 지역이고 평란(平灤)은 발해만으로 유입되는 하천 난하(灤河)의 하류 연안 북중국의 도시이다.[34] 이 가운데 고려와 탐라가 조선지로 병기되고 있음이 주목된다. 또 2차 동정 당시 제주에서 제작된 동정용 군선 1백 척을 고려에 하사하였다고 한다.[35] 다음 기록은 제주에서 실제 군선의 일부가 제작되었음을 뒷받침하는 자료이다.

지원 신사년(1281, 충렬왕 7) 원이 일본을 정벌하고자 전 왕조에 명하여 전함 9백 척과 군수물자 및 무기 일체를 준비하게 하였다. 때문에 명을 탐라에 내려 1백 척을 건조하게 하고 물자도 맞추어 부족함이 없게 하였는데 그 계획은 모두 인탄(仁坦, 고인단)으로부터 나온 것이다. 지원 21년(1284)에 또 왕명으로 금패에 명위장군 안무사사를 제수 받았다. (『동문선』 101, 「星州高氏家傳」)

인탄(고인단)은 탐라총관부에서 몽골 다루가치 막하의 총관직에 있던 인

할 것이다. 이곳에 조선시대 나리포창과 수신당이 있었고 고려시대에는 12조창의 하나인 진성창이 가까운 곳에 위치하였다는 것이 이에 참고 된다.(윤용혁 「금강의 하운과 공주산」 『공주, 역사문화론집』 서경문화사, 2005, p.149 참고)

32) 『고려사』 27, 원종세가 15년 2월
33) 『원사』 12, 세조본기 지원 19년 9월 임신
34) 太田弘毅 「第三次日本遠征計劃と中國大陸の艦船等供給事情」 『蒙古襲來-その軍事史的研究』 錦正社, 1997, pp.195-198
35) 『원사』 13, 세조본기 22년 4월

물로서 이는 원의 동정에 부응하여 제주의 토착세력이 적극 협조하여 실제 조선작업이 이루어졌던 사실을 전한다. 제주에서의 조선작업은 한라산의 목재를 이용하여 북제주 연안의 조선장에서 이루어졌을 것이다. 그러나 제작된 선박을 다시 큰 바다를 건너 마산 등지로 옮겨야 했기 때문에 현실적으로 간단하지 않은 점이 있다. 따라서 실제 일본정벌에 참여하였던 군선 가운데 제주도 조선의 군선이 포함되었는지는 잘 알 수 없다.[36]

부안과 장흥 이외에 군선을 조성한 다른 한 지역으로서는 한라산을 배경으로 한 제주도의 가능성이 일단 부각되지만, 이외에 몽골군의 주둔지 금주에서 가까운 경상도 남해 연안이었을 가능성도 배제할 수 없다. 풍부한 목재 산지로서의 지리산과 연결되고 연합군의 출정지와도 근접한 지역이기 때문이다.[37] 또 원감국사 충지의 시 가운데 1280년 전함 조성시 영남지방에서의 어려웠던 상황을 묘사하고 있는 것도 당시 영남 지역 남해 연안에서 실제 이 같은 역사가 이루어지고 있었음을 의미하는 것이 아닌가 한다. 따라서 고려 군선의 조성지는 변산(부안)과 천관산(장흥) 이외에 제주, 혹은 지리산을 배경으로 하는 경상도 남해안의 가능성이 있다는 정도로 일단 정리해 두고자 한다.

다음으로 목재 산지와 조선장과의 관계이다. 변산과 천관산의 목재는 인근 가까운 지역에 조선장이 설치되어 군선 제작이 이루어졌다고 보는 것이 상식일 것이다.[38] 앞서 충지의 시에서 '3산에서 전선을 만들었다'한 것처럼 당해 지역에서 집중적으로 조선작업이 이루어진 것으로 생각된다. 이 사실은 윤해가 장흥부 수령으로 파견되어 일본 정벌을 위한 전함 건조하는 것을

---

36) 실행에 옮겨지지는 않았지만, 문종 년간 송과의 통교를 위해 탐라와 영암에서 목재를 베어 대선을 만들고자 한 기록이 보인다.(『고려사』 문종 12년 8월 을사) 造船과 관련하여 몽골의 탐라에 대한 언급이 자주 보이는 것은 고려의 대남송전 지원이 추진될 경우 주 군선 제작지를 제주와 전라도로 설정하고 있었기 때문이라고 생각된다.

37) 3산 중의 1산이 공주산은 아닐 것이며, "경상도와 전라도의 경계에 있고 울창한 산림을 가진 지리산"이지 않았을까 하는 의견은 이점에서 시사적이다. 구산우 「일본원정, 왜구 침략과 경상도 지역의 동향」『한국중세사연구』 22, 2007, p.241 참조.

38) 본고의 작성 과정에서 필자는 변산과 천관산 주변을 여러 차례 답사하였으며 그 과정에서 부안군 유종남 씨, 장흥읍사무소 양기수 씨의 도움을 받았다.

감독하였다[39]고 한 것에서도 확인된다. 이로써 보면 현지 작업의 수행에는 지방 수령들도 작업의 진척을 위하여 투입되었음을 알 수 있다. 특히 장흥의 경우 당시 관아가 천관산 아래에 위치하여 있어서 관아 자체가 작업 현장에 위치하였던 셈이었다.[40]

변산의 조선지는 현재 부안군 진서면의 곰소 일대, 그리고 장흥은 관산읍 죽청리 일대로 알려져 있다.[41] 진서면 진서리의 곰소 일대는 조선조 검모 포진(黔毛浦鎭)이 설치된 곳이다. '검모'는 곰소의 '곰'과 같은 어원의 지명이라 생각된다. 곰소는 원래 범섬(虎島)과 웅연도(熊淵島) 등의 섬이 있었으며, "그 앞에 깊은 소(沼)가 있어서" 곰소라 하였다고 한다.[42] 공민왕 7년(1358) 7월 왜적이 검모포에 침입하여 전라도 조선(漕船)을 불태웠으며[43], 우왕 2년(1376)에 "왜선 50여 척이 웅연에 와서 정박하며 적현(狄峴)을 넘어 부령현을 노략질하였다"[44]고 하여 중요한 정박처 혹은 수륙을 연결하는 출입처로서 이용되었음을 알 수 있다. 그러나 일제 때 섬을 깎아 연륙시켜 육지로 변하여 오늘에 이른다.[45] 검모포진이 있었던 구진마을 해안 갯펄에서는 다량

---

39) 『고려사』 106, 尹諧열전

40) 장흥은 공예태후 임씨로 인하여 인종대 장흥도호부가 되었다가 원종 6년(1265) 懷州牧으로 승격하였다. 이 무렵의 치소가 천관산 기슭이며,그후 왜구가 창궐하자 비로소 바다로부터 내지로 치소를 옮기게 된 것이다. 원종 6년 회주목 승격의 이유는 잘 알 수 없지만, 특별히 유의해 볼 사항이다.

41) 장흥군 『고줄고을 장흥』 1982, p.131

42) 한글학회 『한국지명총람』 15, 전남편 장흥, 1983, p.464

43) 『고려사』 39, 공민왕세가 7년 7월

44) 『신증동국여지승람』 34, 부안현 교량 및 『고려사』 133, 신우전 2년 10월

45) 『문헌비고』에 "黔毛浦鎭; 城池는 지금 폐했고 倉이 둘"이라 하였고, 이규보의 시에서는 변산 곰소만 일대의 풍광에 대하여 "흐르는 물소리 속에 저녁되고 다시 아침이 되니/바다마을 울타리는 그리도 쓸쓸하구나/호수가 맑으니 마음의 달은 교묘하게 도장 찍은 듯하고/개포 넓으니 포구로 이른 조수 마구 삼킨다/낡은 돌 물에 잠겨 편평하게 숫돌 되었고/부서진 배 이끼에 싸여 다리 만들었네"라 하였다.

46) KBS역사스페셜 『역사스페셜』 효형출판, 2003, pp.192-193

47) 전북문화재연구원 『부안 우금산성 정밀지표조사보고서』 2005

48) 한글학회 『한국지명총람』 전북편 부안, 1981, p.383

의 원목 통나무가 1930년대 갯펄 개간시 나왔다고 한다. 선박 조선 작업시 통나무 받침대('바탕')로 사용된 것으로 추정되는 원목이라는 것이다.[46] 변산 반도의 송목을 이용하여 오랫동안 배를 만들어왔던 조선작업의 잔적이라 할 수 있을 것이다.

변산은 백제 부흥운동군의 거점으로 추정하는 우금산성이 소재한 곳이기도 하다. 이곳에서는 고려시대의 기와편과 청자, '천순(天順) 8년'(1464, 세조 10)명 기와가 출토된 바 있어 고려 조선 시기 사용을 입증하고 있다.[47] 상서면 고잔리의 목포(나뭇개)는 옛날에 배가 드나들던 곳이며, 나무가 많아 '목포'라 했다고 한다. 부근의 군역들(군전들)은 옛 싸움때 군인들이 주둔했던 곳이라고 한다.[48]

부안 변산
곰소만

장흥
관산읍 죽청리

변산과 함께 대표적인 조선지가 장흥 천관산 기슭의 해안이었다. 구체적으로는 관산읍 죽청리 일대가 지목된다.[49] 죽청리의 일대는 간척 등으로 지형변화가 매우 심하지만 죽청포는 일찍부터 제주도와 일본으로 가던 배가 드나들었다고 한다.[50] 죽청포는 죽천의 하구로서, 『신증동국여지승람』에 '죽포'라는 이름으로 등장하는데 지금은 육지이지만 원래 장곶도, 고마도 등이 앞을 가려 호수와 같은 만을 형성한 지역이다. 또 조선시대 읍지의 지도에는 죽청리보다 조금 위쪽에 있는 지천(芝川) 해변에 선소(船所)가 있었음이 표시되어 있다.[51] 이러한 점에서 죽청리 일대가 천관산의 조선장이 설치되었으리라는 것은 충분히 납득 되는 점이 있다. 그러나 조선장 관련의 구체적 유적이나 유물이 전혀 검증되어 있지 않은 시점에서 당시의 조선지의 범위를 위의 조사에서처럼 좁은 지점에 설정하는 것은 적절한 것 같지 않다. 당시의 조선(造船)은 대형 군선을 단기간에 집중 제작하는 것이기 때문에 조선장의 범위는 자연 넓게 형성되었을 가능성이 많기 때문이다. 더욱이 조선장은 배의 건조만이 아니라 작업에 투입되는 기술자와 인부들의 주거 및 이를 지휘 감독하는 군 조직과 관리의 주둔을 수반하는 것이어서 조선장의 영역은 상당히 넓은 범위에 걸칠 수 밖에 없었던 것이다. 한편 앞에서 언급한 바와 같이 천관산에서의 조선(造船)은 인근 완도로부터의 선재 공급이 일정 부분 수반되었을 것으로 본다. 죽청리 일대에 대해서는 향후 도로 개설과 개발 사업의 진행시 관련 유적 검출의 가능성을 염두에 둘 필요가 있다. 죽청리에서 조금 떨어진 곳이기는 하나 대덕읍에서 신리로 가는 고개인 원무덤재에서 도로공사중 철갑과 철모가 나왔다는 사실도[52] 이러한 가능성을 시사하

---

49) 『문화유적분포지도』에서는 관산읍 죽청리 산 26-1(임) 지점을 '장흥 죽청리 조선장지'로 수록하고 있다. "마을 앞 선창에서 보이는 좌측 일대가 조선장이다. 이곳은 과거 려원연합군이 일본 정벌때 배를 건조하였다는 곳으로 주민들은 이곳을 '뱃공장'으로 부르고 있다. 지금은 축사가 지어져 있으며 또한 해안 도로 건설로 인하여 원형은 파괴되어 있다."(남도문화재연구원 『문화유적분포지도(전남 장흥군)』 2004, p.212)

50) 한글학회 『한국지명총람』 전북편 부안, 1981, p.380

51) 『장흥도호부지』, 1871

52) 장흥군 『고줄고을 장흥』 1982, p.159

는 것이다.[53)

부안 변산과 장흥 관산 일대에서의 조선 작업과 관련하여 한 가지 흥미있는 것은 두 지역이 모두 고려 청자의 대표적 산지에 근접한 지점이라는 점이다. 부안 변산은 유천리와 진서리의 이른바 부안 청자의 주산지이며, 장흥의 조선지는 강진 청자 도요지와 가까운 지역이다. 이는 조선을 위한 지리적 조건이 한편으로 청자 제작의 지리적 조건과 일치하는 점 때문일 것이다. 그러나 다른 한편으로 13세기 말의 대규모 조선작업이 실제 이들 청자 생산지에 어떠한 형태로든지 영향을 미쳤을 것이라는 점에서 유의하여야 할 점이 있다고 생각된다.

3. 조선작업과 고려민

여원연합군의 동정 실패에도 불구하고 일본 침입에 투입된 고려선에 대한 군사적 평가는 긍정적인 것이었다. 원의 정우승(丁右丞)이란 자는 "강남의 전선은 크기는 하나 무엇에 부딪히면 쉽게 부서지기 때문에 지난번에 실패하였습니다. 만일 고려로 하여금 전선을 만들게 하여 다시 정벌한다면 일본을 정벌할 수 있을 것입니다"[54)라고 하여 남송의 함대보다 훨씬 높은 평가를 하고 있으며, 또 다른 자료에서도 "대소의 선함이 파도와 바람으로 허다히 부서졌는데 오직 고려선만 견고하여 보전되었다"[55)하여 역시 강남의 구 남송선에 비하여 견고성에 있어서 높은 평가를 받고 있는 것이다.[56)

---

53) 관산에서 조금 떨어진 대덕읍에 "예로부터 전하기를 胡僧의 關支像이라" 전한다는 연지대 석상(『장흥읍지』 大興坊, 1910), 혹은 고려 때 허연지라는 처녀가 원나라 임금의 후궁으로 뽑혔는데 갑자기 병이 들어 죽으니 그 원혼을 풀어주려고 대를 쌓고 그 위에 그 처녀의 석상을 들여놓고 해마다 제사를 지냈다는 설화(한글학회 『한국지명총람』 전남편 장흥, 1983, p.475)는 동정 관련의 자료는 아니지만 관심을 끄는 이야기이다.

54) 『고려사』 30, 충렬왕세가 18년 8월 정미

55) "大小艦船 多爲波浪揃觸而碎 唯句麗船得全"(『秋澗先生 大全文集』 40, 汎海小錄)

56) 2차 동정에서 고려의 함선이 긍정적 평가를 받은 것에 반하여, 특히 1차에서 연합군의 함선

고려는 원의 일본 침공에 군사와 뱃사공을 동원하여 파견한 것 이외에 대량의 군선을 건조하여 제공하였고, 식량과 무기 등의 군수를 공급하지 않으면 안되었다. 이같은 문제 때문에 몽골의 일본에 대한 침공 의도가 표출되면서 이를 가장 우려하였던 것이 또한 고려정부였다. 일본 침공에의 준비가 당시의 고려민, 특히 남부지역의 농민들에게 얼마나 큰 고통이 되었는가를 묘사한 시가 전한다. 원감국사 충지(沖止)의 작품이 그것이다.[57]

다음은 '경진년 조동정전함시작(庚辰年 造東征戰艦時作)'이라는 부제가 붙은 「영남지방의 어려운 모습(嶺南艱苦狀二十四韻)」이라는 제목의 시이다.[58] 경진년은 충렬왕 6년(1280), 제2차 동정의 1년 전으로서 전함과 식량의 조달에 한참 부심하였을 시점이다.

영남지방의 간고한 모습	嶺南艱苦狀
말하려하니 눈물이 먼저 흐르네	慾說涕將先
두 도(道)에서 군량을 준비하고	兩道供軍料
세 곳의 산에서 전선(戰船)을 만들었네	三山造戰船
부세와 요역은 백배나 되고	征徭曾百倍
역역(力役)은 삼년에 뻗쳤네	力役亘三年
징구(徵求)는 성화(星火)같이 급했고	星火徵求急
호령은 우뢰처럼 전하네	雷霆號令傳
(중략)	
수수(水手, 뱃사공)는 밭고랑으로 몰고	水手驅農畝

이 대풍우로 크게 피해를 입은 것에 대해서는 당시 군선 건조가 시일에 쫓긴 '부실공사' 였기 때문이라는 견해가 제출되어 있다. 이에 대해서는 黑田俊雄『日本の歷史』中央公論社, 1965, p.95; 太田弘毅「元寇時の高麗發進 艦船隊の編制」『蒙古襲來-その軍事史的 硏究』 錦正社, 1997, pp.294-295 참고.

57) 번역은 진성규 역『원감국사집』아세아문화사, 1988에 의함.

58) 원감국사 충지의 이들 시는 진성규「원감록을 통해서본 원감국사 충지의 국가관」(『역사학보』94·95, 1982)에 처음 소개된 바 있고, 14세기 대외관계의 상황에서 경상도 지역민의 사정을 정리하는 차원에서 구산우「일본 원정, 왜구 침략과 경상도 지역의 동향」(『한국중세사연구』22, 2007, pp.238-241)이 참조된다.

초공(梢工, 키잡이)은 해변으로 가네	梢工卷海埂
하인 뽑아 갑옷 입히고	抽丁擐甲胄
장사 뽑아 창메게 하네	選壯荷戈鋋
단지 시간이 촉박하니	但促尋時去
어찌 촌각이라도 지연이 용납되랴	寧容寸刻延
처자식은 땅에 주저앉아 울고	妻孥啼躄地
부모는 하늘보고 울부짓네	父母哭號天
유명(幽明)이야 다르지만	自分幽明隔
목숨 온전함을 어찌 기약하랴	那期性命全
남은 사람은 노인과 어린이뿐	孑遺唯老幼
억지로 살려니 얼마나 고달프랴	强活尙焦煎
고을마다 반은 도망간 집이요	邑邑半逃戶
마을마다 모두 전지가 황폐했네	村村皆廢田
어느 집인들 수색하지 않으며	誰家非索爾
어느 곳인들 시끄럽지 않으랴	何處不騷然
관세도 면하기 어려운데	官稅竟難免
군역을 어찌 덜겠는가	軍租安可蠲
백성의 질고는 날로 심하고	瘡痍唯日甚
피곤과 병은 어찌 회복되랴	疲瘵曷由痊
접하는 일마다 모두 슬픔을 견디려니	觸事悉堪慟
삶이란 진정 가련하구나	爲生誠可憐

　여기에서는 '2도에서 군량을 준비하고, 3곳(3산)에서 전함을 건조하였다'고 밝히고 있다. 그가 특별히 '영남 지방'을 언급한 것은 이 무렵 충지가 경상도 지역에 거주하며 군역으로 인한 참담한 상황을 직접 목도하면서 억누를 수 없는 감정을 시로 적은 것으로 보인다.[59] 그러나 다른 한편으로 그는 여원

---

59) 2차 동정이 끝난 후 새로 戰役을 다시 준비하는 1283년의 작품이기는 하지만 충지의 다음

연합군의 일본 침입에 대해서는 이를 당연한 정책으로 인식하는 이율배반적 면모를 보여준다. 연합군의 일본침입을 원황제 중심의 천하 구현을 위한 당연한 조치로서 묘사한 '동정송(東征頌)'이 그것이다.

그때에 우리임금에게 명령 했네	時乎命我君
천 척의 용작(龍鵲)의 배와	一千龍鵲舸
십 만의 호표군(虎豹軍)으로	十萬虎豹軍
부상(扶桑, 일본)의 들에서 문죄하고	問罪扶桑野
합포(合浦, 마산)의 물가에서 군사 일으켰네	興師合浦漬
북소리 큰바다를 진동시키고	鼓鼙轟巨浸
깃발은 먼 구름을 떨쳤다오	旌施拂長雲
용감한 장수들은 모두 죽음을 맹세하고	驍將皆趨死
영웅들은 공훈을 다투었네	英雄競立勳
강가에서 한신(韓信)의 배수진을 생각하고	江思韓信背
배에서는 맹명(孟明)같이 화공(火攻)하려 했네	舟慾孟明焚

원감국사 충지(1226-1292)는 전남 장흥 출신으로 본명이 위원개(魏元凱, 혹은 魏珣), 19세에 예부시에 장원 급제하여 관직에 나아갔다가 전란중인 29세가 된 고종 41년(1254) 승려로 출가한 인물이다. 원종 7년(1266)부터 수년 간 김해현의 감로사(甘露社)에, 그리고 순천 정혜사(定慧社, 송광사)에 주석하는 등 특히 영, 호남 지역에 깊은 인연을 가지고 있었다.[60] 그가 일본 원정으로 인한 민생의 피폐를 가슴 아파 하면서도 그 원인을 제공한 일본 정벌전을 두둔하는 것은 모순 되는 것이 사실이다. 아마 관직에 있는 가족과

작품 역시 유사한 사정을 전한다. "일본정벌이 시급한데/농삿일은 누가 다시 생각하랴/사신은 끊이지 않고/동으로 서로 달리네/백성들이 전역에 가니 고을은 비었고/말은 달려 강가로 향하네/밤낮으로 벌목하여/전함 만들다 힘은 다했고/尺地도 개간하지 못했으니/백성은 무엇으로 연명하랴/가구마다 묵은 양식 없고/태반은 벌써 굶어서 우노라/하물며 다시 농업을 잃었으니/당연히 다 죽음만 보겠네"(憫農黑羊四月旦日雨中作)

60) 원감국사 충지의 이력에 대해서는 진성규 「원감국사 충지의 생애」『부산사학』 5, 1881 참조.

친지들과의 교류 속에서 자연히 현실을 수긍하는 입장을 함께 갖게 된 때문으로 생각된다.[61] 그러나 영호남 지역에서의 승려 생활, 거기에 그의 출신지인 장흥은 바로 동정 전함의 주요 건조지중의 하나였다. 이른바 3산의 하나가 장흥 천관산이었던 것이다. 이같은 사정이 충지에게 있어서 민생의 간고함을 더욱 깊이 체감하는 여건으로 작용하였던 것 같다.

위에 인용한 충지의 시에 의하면 우선 군선의 제작은 3개처에서, 그리고 군량의 공급은 2개도에 의하여 마련되었다. 군량 공급의 2개도는 경상도와 전라도임이 분명하다. 경상, 전라도는 고려 조선 일대를 통하여 원래 조세 비중이 많은데다, 여원연합군의 집결처였던 마산을 기준으로 할 때 운송의 측면에서도 다른 어느 도보다 유리하기 때문이다. 군량의 조달은 군현 행정 체계를 통한 전반적 조치였을 것이지만 경상도의 경우 낙동강 중류에 위치한 밀양 일대가 그 주요 공급처의 하나로 주목되었음을 다음의 자료에서 확인할 수 있다.

> 수산제(守山堤) : 수산현(守山縣)에 있는데 둘레가 20리이다. 세상에 전하기를 고려 김방경(金方慶)이 이 제방을 쌓아서 밭에 물을 대어 일본을 정벌하기 위한 군량을 준비하였다.(『신증동국여지승람』 26, 밀양도호부 고적)

원래 밀양 수산제는 김제의 벽골제, 제천 의림지, 상주의 공검지 등과 함께 삼한시대 이래 논농사의 근거지로서 주목받아온 지역이다. 『밀주구지(密州舊誌)』에서는 이 수산제를 속칭 '국농소(國農所)'라고 하며 "신라왕이 행차하여 배를 띄우고 놀던 곳"으로 전한다고 하며, 김방경이 '제방을 증축하려 한 것'인데 성공하지 못하였다고 하였다.

---

61) 이점을 주목한 구산우 교수는 이를 "그가 형세론적 세계관을 가졌거나, 원의 요청에 의하여 마지못해 지었던 것"으로 추정하였다.(구산우, 「일본 원정, 왜구 침략과 경상도 지역의 동향」 『한국중세사연구』 22, 2007, p.239)

수산제는 현의 북쪽 2리 쯤에 있으며 국농소라고도 한다. 둘래가 30리이다. 세모마름·연·마름·귀리가 멀리까지 가득하였다. 그 가운데 죽도(竹島)와 오산(鰲山)이 있는데 세상에서 전하기를 신라왕이 이궁(離宮)에 유행(遊幸)하여 배를 타고 노닐던 곳이라 한다. 뒤에 고려 김방경이 원나라의 명에 따라 일본을 정벌할 때 이곳에 주둔하면서 장제(長堤)를 증축하여 군수(軍需)로 삼으려 했으나 그 토질이 모래흙인지라 끝내 이루지 못하였다.(『密州舊誌』府南面 坊里)

신라왕의 행차는 수산현 서쪽 5리에 있었다는 이궁대(離宮臺)의 존재와 관련이 있는 것처럼 보이는데, 수산제의 기원이 고대로부터이며 경상도 농업 생산에 중요한 지역이었음을 알 수 있다.[62] 수문(水門)을 중심으로 한 부분적인 발굴 조사 결과에 의하면, 수산제는 산 계곡을 막은 일반적 저수지가 아니고 높은 지점의 평지 골짜기 양쪽을 막아 제방을 쌓고, 낙동강의 범람한 물을 가두어서 골짜기 내부의 낮은 경작지로 공급한 것이라 한다. 수문은 조선시대 조성된 것이지만 기록과 주변 유적의 성격에 비추어 수산제가 고대 이래의 농업 유적일 것이라는 판단이다.[63] 조선 전기에도 진수군을 동원하여 토지를 경작하는 관둔전으로 운영되었는데[64], 이는 이 지역이 개인 경작이 쉽지 않았던 여건 때문인 것으로 보인다. 13세기 김방경의 수산제 증축은 바로 둔전 운영에 의한 군량 조달의 목적이었음을 짐작할 수 있다. 『밀주구지』에서는 수산제의 토질이 모래흙이라 '끝내 이루지 못하였다'라고 하지만, 이것은 둔전이 성공적으로 지속되지 못하였다는 의미라고 할 수 있고, 소요 군량의 일정량을 수산제 일대에서 공급한 것은 사실이었을 것이다. 당시 고려는 대량의 군량 확보를 도모하기 위하여 일반적인 추가 징세의 방식

---

62) 수산제에 대해서는 이한상 「우리나라 고대 수리시설과 수산제」 및 김광철 「여말선초 밀양 지역사회와 수산제」(『석당논총』 36, 동아대학교 석당전통문화연구원, 2005)를 참고하였음.
63) 이동주 「밀양 수산제 수문의 발굴조사와 성격」『석당논총』 36, 2005, pp.36-37
64) 염정섭 「조선초기 밀양 수산제 국둔전의 설치와 경영」『석당논총』 36, 2005 참고

이외에 새로운 식량 공급원 확보를 위하여 부심하였던 사실을 말해준다고 생각된다.

전라도의 경우 역시 동정용(東征用) 군량의 확보는 전 지역에 걸쳤을 것이나, 가장 중요한 농업생산지였을 김제 벽골제 지역이 식량 확보원으로 특히 주목 되었을 것으로 생각된다. 김제평야는 백제 이래 대규모 노동력 투입에 의하여 새로운 간척과 농지확보가 끊임없이 진행되었던 지역이기 때문이다. 몽골 침입기 벽골제 '조연벽 장군'의 전설은 김제 지방의 이러한 사정을 전하는 것이 아닐까 생각된다. 김제 조씨의 시조 조연벽은 벽골제에서 벽골제를 빼앗으러 온 청룡을 물리치고 나중에는 몽골군의 침입도 막았다는 이야기이다.[65]

이 전설상의 조연벽 장군은 고종 19년(1232) 처인성 싸움에서 몽골의 살리타이를 사살하는 인물로 연결되고 있다.[66] 청야전과 산성·해도에의 입보가 중요한 전략이었던 대몽항전기의 실상에 비추어 생각할 때, 위의 설화가 실제 김제 지역의 방어전과 연결될 가능성은 크지 않다고 생각된다. 그러나 이 전설은 당시 식량의 확보를 둘러싸고 벽골제 일대 김제평야가 가지고 있던 전략적 중요성을 가지고 있었음을 상기시키는 자료라고 할 수 있다. 특히

---

65) 김제군 『김제군사』(1994, pp.1424-1426)의 「조연벽과 벽골룡 이야기」를 간략히 정리하면 다음과 같다. "벽골제에는 많은 이야기가 전해온다. 그 가운데 하나가 김제 조씨의 시조 趙連壁 장군과 벽골룡에 얽힌 이야기이다. 조연벽은 어릴 때부터 기골이 장대하고 무술을 좋아하여 김제 고을에서는 당할 사람이 없었다. 어느 날 하얀 옷을 입고 하얀 수염을 한 할아버지가 나타나 부탁하는 것이었다. '나는 벽골제를 지키는 벽골룡인데 내일 정오 부안 변산에 사는 청룡이 벽골제를 뺏으러 올 것이니 나를 도와 청룡을 물리쳐다오.' 깨어 보니 꿈이었다. 다음날 조연벽은 활과 화살을 가지고 벽골제에 나갔다. 갑자기 먹구름과 함께 비바람과 천둥이 몰아쳤다. 먹구름 속에서 청룡이 머리를 내밀고 불을 토하자 벽골제의 물이 부글부글 끓으며 백룡이 하늘로 솟구쳐 올랐다. 청룡과 백룡은 하늘에서 뒤엉켜 업치락 뒤치락 반나절을 싸우더니 마침내 힘에 부쳐 도망하는 백룡을 청룡이 뒤쫓는 찰나 조연벽은 청룡을 향해 힘껏 활을 쏘았다. 화살을 배에 맞은 청룡은 어디론가 사라지고 말았다. 그날 밤 벽골룡이 나타나 '나를 살려준 보답으로 자손 대대로 영화를 누릴 것이다'고 사례하였다. 조연벽은 얼마 후 무과에 급제하였고 1232년 몽골군이 쳐들어오자 처인성에서 적장 살리타이를 사살하고 몽골군을 섬멸하였다."

66) 벽골제의 조연벽 장군 설화에 대해서 주목한 강봉룡 교수는 이것이 대몽항전기 "몽골의 침략으로부터 김제를 지켜낸 역사적 사실의 반영"일 것으로 정리한 바 있다. 강봉룡 「벽골제의 축조 및 수축과 그 해양사적 의의」 『도서문화』 22, 목포대 도서문화연구소, 2005, p.421

벽골제를 위협한 청룡이 부안의 변산으로부터 라는 이야기는 여원군의 일본 원정과 관련된 군량의 확보를 상징하는 이야기일 수 있다고 생각된다. 앞서 수산제의 경우에 비추어볼 때, 전라도의 경우에는 당시 군량의 확보를 위하여 아마 대규모 노동력 투입에 의한 벽골제 일대의 새로운 정비 작업이 수반되었을 가능성이 충분하기 때문이다.[67]

4. 〈몽고습래회사〉의 고려 군선 자료

마산(합포)에서 발진한 연합군의 선단은 1, 2차 공히 대소 9백 척 규모로 알려져 있다. 그리고 9백 척의 구성은 천료주(千料舟), 발도로경질주(拔都魯輕疾舟), 급수소주(汲水小舟) 각 3백으로 기록되어 있다.[68] 그리고 2차 원정에서는 10만 규모 1천 척의 구남송군이 주로 영파(경원) 일대로부터 출정하였다. 따라서 1274년, 1281년 마산 출정의 군선은 모두 고려에서 제작된 것이고, 1281년 구남송군의 선박은 강남선이라 할 수 있다. 여몽군의 일본에서의 전투에 대해서는 전투상황을 두루마리로 그린 그림 자료가 전하고 있다. 여원연합군의 일본 침입 10여 년 뒤, 13세기 말 제작으로 알려진 〈몽고습래회사〉가 그것이다.[69] 이 그림 가운데는 군선이 포함된 전투 장면이 등장하고

---

67) 벽골제는 330년 시축 이후 지속적으로 보축된 기록이 있으며, 관개 기능을 갖는 저수지의 성격 이외에 간척에 의한 농지 확대의 성격이 강하다. 851년 청해진의 폐진에 따른 벽골군에의 대규모 사민도 농지의 새로운 개간과 관련이 깊은 것으로 생각되는데, 동정용 군량의 확보를 위하여 어떤 형태로든 김제 평야의 생산성을 확대하려는 노력이 이때 기울여졌을 것이다.

68) 『원사』 208, 일본전

69) 〈몽고습래회사〉는 전투에 참가한 肥後國의 御家人 竹崎季長에 의하여 제작된 것으로, 제작 시기는 永仁 元年(1293) 경으로 추정되고 있다. 竹崎季長(타케자키 스에나가)이 자신이 견문한 것을 화공 土佐長隆·長章 부자에게 그림(繪)을 그리게 하고 설명(詞)을 자신이 붙인 것으로 大矢野十郎의 添狀(「蒙古襲來繪卷物幷軍旗之由來」)에 기록되어 있다. 그러나 畵師의 문제는 분명하지 않은 채 쿄토의 화공, 큐슈 태재부의 화공, 熊本의 화공 등 여러 의견이 제시되어 있는 상태이고, 그림 畵風의 분석 결과에 의하면 대략 5개의 화풍이 나타나 실제 작업에는 여러명의 畵師가 참여하였을 가능성을 암시하고 있다. 이에 대해서는 大倉隆二『〈蒙古襲來繪詞〉を讀む』海潮社, 2007, pp.62-71 및 太田 彩『繪券蒙

있기 때문에 이 자료를 통하여 고려 군선의 모습을 보다 구체적으로 논의하는 것이 가능하다.

〈몽고습래회사〉에 등장하는 군선의 선적(船籍)에 대한 문제는 여몽전쟁과 관련한 문제를 논의하는데 대단히 중요한 의미를 갖는다. 이것은 군선의 구별만이 아니라, 이에 승선한 군사와 군복, 그리고 이들이 휴대한 무기류와 기물, 깃발 등의 자료를 검토하는데 기초적인 출발점이 되기 때문이다. 그러나 문제의 중요성에 비한다면 이에 대한 논의는 지금까지 거의 이루어지지 않았다고 할 수 있다. 실제 그림 상으로 선적 문제를 명확히 가르는 데는 여러 난점이 있는 것이 사실이기도 하지만, 지금까지의 관련 연구가 일본 연구자에 의해서만 진행되어 왔던 것도 문제가 해명되지 않은 중요한 요인이라는 생각이다. 일본 연구자의 관점에서 고려 몽골의 구분은 상대적으로 관심이 크지 않은 문제일 수 있기 때문이다. 그러나 국내에서의 군선 연구자들에 있어서도 이 자료는 그동안 고려 군선과 관련한 적극적 자료로 활용되지 못하였다. 그것은 무엇보다 그림 가운데 등장하는 선박이 고려의 것이라는 확증을 가질 수 없었고[70] 혹 고려의 것이라 하더라도 그림에서의 선박이 실제 고려선의 본 모습을 충분히 반영하는 그림은 아니라는 생각 때문이었다.[71]

〈몽고습래회사〉에는 원군의 군선으로 3종류의 군선이 등장한다. 군선이 등장하는 장면은 순서로 보아 그림의 뒤쪽(하권 제26지-34지)으로서, 모두

古襲來繪詞』(日本の美術 414), 至文堂, 2000, pp.64-71 참고.

70) 다음의 언급이 이에 대한 참고가 된다. "고려가 건조한 군선이라는 확증은 없어도 일본에 있는 〈몽고습래회사〉에 여원군 군선 그림이 몇 장 들어 있는데 (중략) 이 배는 그 船尾 부분의 구조와 舵樓의 모양 등으로 보아서 중국 강남선인 것으로 보이나 그래도 당시의 고려 군선을 유추할 수 있는 점들이 있다."(김재근 「고려의 선박」 『한국 선박사 연구』 서울대학교출판부, 1984, p.51)

71) 그 후 같은 필자의 언급은 승선한 병사의 변발로 동로군의 군선이 포함되어 있다는 池內 宏의 고증을 인용하면서도 "그러나 이 그림의 배를 가지고 그것이 곧 당대 고려 군선의 모습이라고 단정하기는 어렵다. 전란이 경과한지 10여 년 후에 다분히 상상적으로 그린 것이기 때문에 고려선으로서는 납득하기 어려운 점도 있다."고 하여 여전히 부정적인 입장을 견지하고 있다.(김재근 「고려의 배」 『우리 배의 역사』 서울대학교출판부, 1989, pp.171-173) 그런데 정작 池內 宏이 마산 출발의 동로군(여원연합군) 군선으로 지목한 그림(본고에서의 C에 해당함)은 다시 논의하겠지만 사실 동로군의 것으로 보기 어렵다.

1281년 2차 동정시의 것으로 인정되고 있다. 〈몽고습래회사〉의 제작을 1293년으로 본다면 10여 년 뒤에 그림이 이루어진 것이라는 점에서 강남선과의 혼선 등으로 다소 실제에 어긋나는 점이 있을 수 있지만, 여몽군의 군선에 대한 대단히 중요한 자료임을 부인할 수 없다. 하권 그림에서 보이는 대략 3종의 군선은 다음과 같다.[72]

(A) 〈26지(紙)-27지(제16그림)〉 누마루가 설치된 '위풍당당한' 3척의 대선이 등장하며, 일본군(大矢野 3형제·季長 등)과의 치열한 접전이 묘사됨.

(B) 〈28지-31지(제17, 18그림)〉 전투 병력만을 가득 적재하고 이동중인 도합 3척의 경량선박.

(C) 〈33지-34지(제19 그림)〉 대선 규모의 3척이 등장하나, 선박 및 승선자가 (A)와는 다른 성격의 군선이며 승선자의 분위기는 이완된 상태.

그림에 등장하는 군선에 대한 검토에 앞서 이 그림이 어느 전투에 대한 묘사인가 하는 것이 우선적인 문제이다. 이에 대하여 이들 그림이 주로 시카노시마(志賀島) 일대에서의 전투라는 사실이 일찍이 이케우치(池內 宏)에 의하여 논증된 바 있다.[73] 고마쓰(小松茂美)는 〈몽고습래회사(蒙古襲來繪詞)〉의 해설에서 26-27지(A)의 전투장면은 시카노시마(志賀島) 해전, 33-34지(C)는 시카노시마 해전 종료 이후 정박상태로 추정된다고 하였고, 28-31지(B)의 그림은 순서(그림의 위치)가 분명하지 않다고 하였다.[74] 여하튼 이 그림의 대략적 시기를 1281년 제2차 일본침입 가운데 시카노시마 해전 전후에 두고 있는데 이것은 일찍이 이케우치(池內)의 상세한 고증의 결과에 의하여 정리된 내용이다. 1281년 5월 3일 마산을 떠난 여몽군은 거제도를 거쳐 5월 21일

---

72) 필자가 주로 참고한 〈蒙古襲來繪詞〉 그림은 中央公論社 간행의 『蒙古襲來繪詞』, (日本繪卷大成 14, 1978)이다. 원본은 일본 宮內廳 三丸尙藏館 소장이며 크기는 상권 40.2× 2324.3cm, 하권 39.5×1985.6cm 이다.

73) 池內 宏 『元寇の新硏究』 東洋文庫, 1931, pp.236-258

74) 中央公論社 『蒙古襲來繪詞』, 1978, p.98, p.100, p.106

1(A)

2(B)

3(C)

〈몽고습래회사〉의 군선

쓰시마[佐賀村], 그리고 이어서 잇키(壹岐)를 공격하고 6월 6일부터 13일까지 시카노시마 일대에서의 해전으로 이어진다. 이후 여몽군은 서쪽 히라토(平戶)부근으로 나아갔으며 영파에서 출발한 구남송의 강남군과 히라토(平戶)에서 합류한 것은 7월 초의 일이었다. 이들 연합군은 7월 27일 다카시마(鷹島)를 점령하였으나 다음달 윤7월 1일 돌연한 태풍으로 일거에 궤멸된다.[75] 이상과 같은 2차 동정의 경과를 감안할 때 원의 군선이 등장하는 장면들이 시카노시마 일대에서의 전투 장면일 가능성이 매우 높다는 것을 알 수 있다. 그러나 강남군의 경우는 아직 시카노시마에 이르지 못한 상태이기 때문에 이러한 점도 역시 유의할 필요가 있는 것으로 생각된다.

1281년 6월 초에 전개된 하카타 외곽 시카노시마 일대에서의 해전에 대해서는 고려측 기록에 다음과 같이 정리되어 있다.

6월 8일(임신) 김방경·김주정·박구·박지량·형만호(荊萬戶) 등이 힘써 싸워 일본 군사의 머리 3백 여 급을 베었다. 일본군이 돌진하여 오니 관군이 무너지고 홍다구는 말을 타고 달아났는데, 왕만호가 다시 측면에서 이들을 공격하여 50여 급을 베니, 일본군이 마침내 물러가고 다구는 겨우 목숨을 구하였다. 이튿날 다시 싸우다가 패전하였으며 군중에 전염병이 크게 유행하여 전쟁과 전염병에 죽은 자가 모두 3천 여 명이나 되었다.(『고려사절요』 20, 충렬왕 7년 6월)

당시 원군 휘하 한군(漢軍)의 일원으로 참전한 상백호(上百戶) 장성(張成)의 묘비에는 이 전투에 대하여 다음과 같이 묘사되어 있다.

6월 6일의 왜의 시카노시마(志賀島)에 이르렀다. 야반(夜半)에 적병이 내습하므로 공은 함선에 의지하여 맞서 싸웠으며 새벽이 되자 적이 물러

---

75) 2차 동정군의 전투 경과에 대해서는 池內 宏『元寇の新研究』pp.222-236에 상세한 논의가 있다.

갔다. 8일 적이 육지로부터 다시 오므로 공(張成)이 궁수(弓手)와 쇠뇌
군을 대동하여 먼저 해안에 올라 적을 맞아 싸워 그 요해처를 점령하므
로 적이 나오지 못하였다. 저녁이 되어 적군이 다시 모였으나 패퇴시켰
다. 다음날(9일) 왜병이 크게 몰려오므로 공은 휘하군을 거느리고 뛰어
들어가 분전하므로 적이 버티지 못하고 살상이 많았으므로 적이 패하
여 물러갔다.(「元 敦武校尉 管軍 上百戶 張成 墓碑銘」[76])

　이 시카노시마 일대에서의 전투는 2차 동정군이 치렀던 가장 치열한 전
투였으며, 이 섬의 위치가 하카타의 바로 외곽에 해당하였기 때문에 일본군
의 저항도 그만큼 필사적이었던 것이다. 다만 위의 3종의 그림중 (C)의 경우
는 마산 출발의 동로군으로 보기 어려운 점, 전투 휴지 상태의 이완된 시점
의 모습이라는 점에서 시카노시마(志賀島) 전투와는 무관한 별도의 장면으
로 생각된다.

5. 고려 군선 자료에 대한 검토

　이제 위에서 언급한 〈몽고습래회사〉의 3건의 군선 자료에 대하여 좀 더 구
체적으로 검토하고자 한다. 건별로 군선 그림의 내용을 간단히 설명하면 다
음과 같다.

　(A) 〈26紙-27지〉　누마루가 설치된 '위풍당당한' 대선으로 전투병력
　이외에, 악대, 水手 등이 다수 등장하고 있다. 고물(船尾)에 누(樓)가 설
　치되어 있으며 이물(船首)에 닻을 오르내리게 하는 물레 혹은 바퀴 모
　양의 기구를 설치하고 있음이 흥미롭다. 이물과 고물에 모란당초를 화
　려하게 그리고 뱃전에는 인동무늬를 장식하였다.

---

76) 장성의 묘비문은 池內 宏 『元寇の新硏究』 p.229에서 재인용함.

(B) 〈28지-31지〉   전투 병력만을 적재한 경량의 선박. 도합 3척의 선박이 등장하며, 각각 약간씩 차이를 보인다. 창과 활 등을 들고 밀집한 '이국조(異國調)'의 군사들이 상부를 꽃잎모양으로 한 방패로 뱃전을 완전히 방호하고 있는 것이 인상적이다. 그중 제1선은 방패에 검은 색 卍자를 장식하였다. 이 문양은 송·원 시대 건축의 장식이나 의복, 기물(器物)의 문양으로 흔히 사용하였던 것이라 한다.[77] 3척의 배는 각각 조금씩 차이가 있으나 이물(船首)의 바깥 부분에 둥근 고리를 부착한 점이 공통하고 있어 기본적으로 유사한 형태의 군선임을 추측케 한다.

(C) 〈33지-34지〉   3척이 등장하며 규모는 대선. 이물과 고물에 누(樓)를 가설한 것은 26-28지의 대선과 같으나 구조는 차이가 있다. 독특한 머리 스타일과 복장의 인물들이 승선하여, 일찍이 이케우치(池内 宏)는 이를 변발을 한 몽골군으로 간주하여 여기에 등장하는 배가 마산 출발의 동로군이라 단정한 바 있다.[78] 그러나 이들은 머리 스타일과 인상 착의로 보아 오히려 강남에서 출발한 구남송군의 함선들로 추측된다.

이상 3종의 군선에서 A와 C가 대선(千料舟), 군선 B는 전투형 선박인 이른바 경질주에 해당한다고 생각된다. 그러나 여기에서 무엇보다 본고에서의 관심의 초점은 이들 군선의 선적, 즉 강남에서 출정한 중국선인지 마산에서 출정한 고려선인지에 관한 문제이다. 이에 대한 논의와 관련하여 우선 〈몽고습래회사〉의 그림에 실린 고마쓰(小松茂美)의 해설이 좋은 참고가 된다. B의 전투선에 대한 해설 가운데 고마쓰는 그림에 보이는 군사의 "얼굴색이나 표정에 극단으로 이국조(異國調)가 풍기고 있는 점, 앞 페이지의 군병이 고려군이라면 이것은 몽골군이 이닐까" "꽃잎 모양의 방패에 卍자 문양을 표현한 것이 흥미로운데, 이것은 송·원시대 건축의 장식이나 의복·기물의 문양으로

---

77) 中央公論社『蒙古襲來繪詞』p.101

78) 池內 宏『元寇の新研究』東洋文庫, 1931, pp.333-334

흔히 사용되었던 것"[79]이라는 설명을 가하고 있다. 또 그는 C의 대형 군선에 대하여 "장병들의 머리 모양이 흥미롭다. 뒤에서 가른 머리카락을 좌우로 각발(角髮)의 둥근 테를 만들어 귀 쪽에서 묶고 있다. 송·원시대 남자의 발형(髮型)을 보여주는 귀중한 자료가 아닐까"[80]라고 하였다. 즉 이에 의하면 고마쓰는 A를 고려선, B를 몽골군의 전투선, C를 구남송군의 군선으로 보고 있는 것이다.

〈몽고습래회사〉에 등장하는 군선의 국적 문제와 관련, 필자는 (A)고려군 (B)몽골군 (C)남송군이라는 고마쓰(小松)의 해설에 기본적으로 동의하는 입장이다. 그렇다고 한다면 위의 군선 가운데 고려군의 A와 몽골군의 B는 모두 고려에서 제작되어 마산(합포)에서 발진한 고려 군선에 해당한다. 그 가운데 우선 우리의 관심은 군선 A에 모아지게 된다. 필자가 A를 합포에서 출항한 고려 제작의 군선(대선)으로 확신하는 이유는 우선 승선하고 있는 군사들의 복장, 그리고 선함에 장식된 문양에 근거한다.

〈몽고습래회사〉에는 앞쪽 그림에 1274년 1차원정 때의 장면을 포함하고 있는데, 여기에서의 장병은 크게 3종의 군복 복장이 등장한다. 얼굴만을 노출시킨 투구(군모)에 두루마기같이 긴 길이의 무거운 군복, 이에 유사한 형태의 금속제(철 혹은 은) 갑주를 착용한 경우, 그리고 털모자에 짧은 두루마기 형태의 경량(輕量)한 전투복이 그것이다. 이들이 1차 원정에 참여한 군사들이고[81] 따라서 이들은 모두 당시 마산항에서 출전하였던 군사들이었던 것이다. 제2차 원정의 그림중 A형 군선에는 그중 세 번째, 털모자에 경량한 두루마기 군복을 착용한 군사들이 모두 승선하여 있다. 이는 이 군선이 2차원정 시 마산에서 출항하였던 군선임을 말해주는 것이며, 따라서 이 군선은 고려

---

79) 中央公論社『蒙古襲來繪詞』pp.100-101, 小松茂美의 해설

80) 中央公論社『蒙古襲來繪詞』p.106, 小松茂美의 해설

81) 털모자에 짧은 두루마기 형태의 輕量한 전투복을 착용한 '원군'은 1차 동정에서 그림7(前卷 제23-24지)의 鐵砲 폭발장면에 3인이 등장한다. 이 3인의 '원군' 그림은 후대(江戶시대)에 새로 그려 넣은 것이라는 주장이 제기되기도 하였지만(佐藤鐵太郎「蒙古襲來繪詞의繪의後世의改竄」『蒙古襲來繪詞와竹崎季長의硏究』錦正社, 2005, pp.21-34), 일반화된 논의는 아니다.(大倉隆二『〈蒙古襲來繪詞〉를讀む』海潮社, 2007, pp.73-76)

제작의 것임에 틀림이 없다. 이같은 고려 군선의 가능성을 더욱 뒷받침하고 있는 것은 이 배에 장식된 문양이다.

앞에서 언급한 바와 같이 이 배에는 뱃전에 인동무늬를, 그리고 이물과 고물 등에 풍성한 모란당초문을 화려하게 장식하였는데, 이 무늬는 청자그릇 혹은 암막새 기와 등에 자주 등장하는, 우리에게 매우 낯익고 친근한 무늬이다.[82] 이는 이 군선이 고려에서 제작된 것임을 말해주는 또 하나의 근거라고 할 수 있다. 인동문의 경우 다른 종류의 B, C에도 등장하지만 A에서와는 매우 다른 형태로 나타나 있다.

A 군선에 보이는 인동문과 모란당초문

앞서 언급한 3종의 군선중 A에 수수(水手)들이 등장하는 것에 비하여 전투용 경질주로 추정되는 B에서는 전투병력만 승선하고 있음이 유의된다. 이는 수수(水手)의 대부분이 대선에 충당되었던 것을 말해주는 것이 아닌가 생각된다. 전투용 경질주의 선박들이 공통적으로 선수부(船首部)에 금속제 고

---

82) 인동문은 고려시대 절터에서 출토하는 암막새 무늬로 흔히 볼 수 있는 종류이며, 모란문은 고려 청자에서 즐겨 문양으로 채용된 무늬이다. 즉 국보 116호 청자상감모란문 표주박형 주전자, 국보 98호 청자상감모란문 두귀 항아리 등에서 유사한 문양의 분위기를 느낄 수 있다.(필자가 참고한 청자 문헌에서는 방병선 등『토기·청자Ⅱ』예경, 2000, pp.376-377, pp.400-401에 해당함.) 한 송이 풍성한 모란을 묘사한 모란문은 12세기(1154) 고려 석관 (李初元 妻 金氏 石棺)에서도 그 예를 볼 수 있다. (국사편찬위원회『고려·조선 묘지 신자료』 2006, p.44의 앞면 안쪽 모란도)

추정 고려군의모습과
고려인 수수(水手)
《몽고습래회사》

리를 부착하고 있는 것도 이러한 기능성의 문제와 연관이 있는 것은 아닌가
추측해본다. 이 전투선이 남중국에서부터 대양을 건너온 것으로 보기는 어
렵고, 따라서 이 역시 고려에서 제작되어 마산에서 발진한 전투선의 일부라
고 해야 할 것이다.

이제 군선 A, B가 마산에서 출항한 것이라고 한다면, 우리는 궁금하였던
고려제작의 대선과 전투선을 직접 그림으로 확인하는 셈이다. 물론 여기에
등장하는 군사들이 각각 몽골군인지 고려군인지 하는 문제가 다시 제기된
다. 실제 이 그림에서는 몽골군과 고려군을 명확히 구분하여 묘사한 것 같
지는 않고 이 때문에 이를 명확히 구분할 경우 모순점이 야기된다. 이같이
착종(錯綜)하는 점이 있기는 하지만 대체로는 앞의 해설에서 제안한 (A) 고
려, (B) 몽골, (C) 남송의 구분은 어느 정도 적절한 구분이 아닐까 생각된다.

혹자는 금속제로 보이는 군모를 착용한 B를 고려, 털모자의 A를 몽골군
으로 보기도 하지만[83], 필자는 얼굴의 모습, 군선에서의 역투(力鬪) 모습, 그
리고 대형 군선에서의 노를 젓고 있는 고려인 수수(水手)의 존재 등으로 보
아 털모자 형태 투구를 착용한 병사가 고려군일 가능성이 많다는 생각을 가

83) 앞의 『蒙古襲來繪詞』(中央公論社 간)에서는 이 문제에 대한 구체적 언급을 피하였지만,
    군선 B와 A를 비교하면서 앞의 A의 군병을 '고려군이라고 한다면 이것(B)은 몽골군일까'
    하고 가벼운 추측을 던지고 있다.

지고 있다. 특히 마산 출항의 대형 군선에서 노를 젓고 있는 수수(水手)야말로 고려에서 동원된 1만 5천의 승조원의 모습이라 할 수 있다.[84]

마산에서 출발한 고려 제작의 대선의 형식에 대하여는, 김방경전의 기록에 고려 방식에 의한 제작이었음이 분명히 기록되어 있어 의심의 여지를 남기고 있지 않다. 그럼에도 불구하고 정작 〈몽고습래회사〉에 등장하는 대선의 모습에 대해서는 그것이 고려가 아닌 중국 선형의 모습일 것이라는 견해가 일반적이었다. 가령 〈몽고습래회사〉 군선의 복원도를 작성한 나카니시(中西立太)와 야마가타(山形欣哉)의 그림에서는 이같은 기왕의 관점을 잘 보여준다. 나카니시(中西)는 〈몽고습래회사〉의 몽골 군선은 강남 제작의 중국선이라는 전제하에 복원도를 만들었으며 이 때문에 첨저(尖底)와 격벽(隔壁) 등 중국 강남선의 특징을 복원도에 반영하였다.[85] 야마가타(山形) 역시 마산 출발의 연합군의 군선은 고려선이었지만, 〈몽고습래회사〉의 군선은 제2차 침입에 동원된 강남군의 군선이었다고 보고 군선의 복원도를 그렸다.[86] 〈몽고습래회사〉의 군선을 고려선으로 연결하는 것에 주저한 것은 일본 학계에서만이 아니라 국내에서도 마찬가지였다.

이러한 점에서 그림에 등장하는 군선의 구조에 대한 면밀한 검토는 필수적인 기초 작업이 된다. 그런데 이시이(石井正敏) 교수의 최근 연구는 이점에 있어서 새로운 관견을 제시해주고 있다. 고려의 선박에 관심을 가진 이시이

---

84) 역사스페셜 〈고려몽골 연합함대 일본원정, 주력은 고려군이었다〉(2002.2.9)에서 전통의상 전공의 김정자 교수(우송정보대)는 이 그림에서의 투구, 袍型(두루마기 형) 갑옷, 검은 군화 등의 모양으로 보아, 털모자 모양의 군모를 착용한 군사들이 고려군일 것으로 추정하고 있다.(KBS 역사스페셜 『역사스페셜』 6, 효형출판, 2003, pp.131-135) 이에 대해서는 앞으로 보다 구체적인 실증 작업이 필요한 부분이라 할 수 있다.

85) 中西立太 「日本遠征を可能にした蒙古軍の軍船を推理する!」 『蒙古襲來と北條氏の戰略』 成美堂 出版, 2000, pp.16-19

86) 小學館 발행 『蒙古襲來と戰いの繪卷』(週刊 日本の美をめぐる, 47, 2003, 4, pp.18-19) 가운데, A그림 군선의 해설에서도 역시 그림상의 군선을 '중국의 목조 대형범선' '당시 중국 범선 유일의 회화 자료' 등으로 언급하고 있다. 이같은 시각이 〈몽고습래회사〉의 국내에서의 사료적 이용을 제한시켜왔던 것이다.

(石井)는 이에 대한 논의 과정에서 〈몽고습래회사〉의 군선 그림을 주목하고 있다. 그리하여 이에 대한 기왕의 논의로서 중국 강남에서 발진한 것으로 보는 요시다(吉田光芳), 야마가타(山形欣哉) 등의 논의를 소개하는 한편 11세기 초의 고려 병선 및 조선시대 군선에 관한 자료의 검토를 통하여 〈몽고습래회사〉의 군선 그림(A, B)이 마산 발진의 고려 제작의 것이었을 가능성을 긍정적으로 제시하였다. 이것은 그동안 관련 문제에 대한 무관심 혹은 중국선으로의 단정이 일반적이었던 학계의 흐름에 비추어 대단히 의미 있는 작업이었다고 할 수 있다. 특히 고려 및 조선의 군선의 구조와 특징에 대한 검토를 바탕으로 이같은 의견이 제안되었다는 점은 새로운 연구상의 진전이라 할 수 있다. 이점에서 이시이(石井) 교수의 논의를 보다 구체적으로 소개할 필요가 있다. 그는 〈몽고습래회사〉의 군선이 갖는 구조상의 특징을 다음과 같이 정리하였다.[87]

① 갑판이 2층으로 되어 있고 상갑판(上粧甲板)에는 좌현(左舷)·우현(右舷) 모두 여장(女墻)이 설치되어 있다.(다만 그림상으로는 좌현측의 여장은 생략되어 있음)
② 상갑판과 하갑판 사이 좌우현측을 따라 앞뒤에 망대벽(網代壁)이 만들어져(단, 그림상으로는 좌현측 망대벽만 나와 있음) 선실로 되어 있다. 이 망대벽은 판옥선에서 말하는 '패판(牌板)'에 해당하고 개폐식의 창도 만들어져 있다.
③ 노 젓는 일은 안전한 선실 내에 배비(配備)되어, 노를 젓도록 하였다.
④ 상갑판(상장갑판) 선미(船尾)에 조타수를 보호하기 위한 소옥(小屋)이 만들어져 있다.
⑤ 오르내리는 데는 사다리(계단)가 사용되고 있다.

---

87) 石井正敏「〈小右記〉所載 '內藏石女等申文'にみえる高麗の兵船について」『朝鮮學報』198, 2006, pp.56-57

이상과 같은 논점을 통하여 〈몽고습래회사〉의 군선(A, B)은 "선체의 기본적 구조에 있어서 조선시대 판옥선에 유사하고 도이(刀伊)의 적(賊)을 격파한 고려 병선과 공통하는 점이 있다"고 보고, 이것이 "고려에서 건조된 배로보는 것도 충분히 가능"하다는 결론과 함께 "〈몽고습래회사〉의 몽골군선 그림은 고려 병선과 조선시대 판옥선 사이 약 5백년의 공백을 메우는 구체적사료가 되고, 고려 전기 병선 조선 기술이 조선시대까지 연면(連綿)히 전승되었음을 증명하는 귀중한 사료"라는 평가를 내리고 있다.[88]

  이상의 논의를 통하여 볼 때, 적어도 〈몽고습래회사〉에 등장하는 해전장면의 유명한 그림의 원군의 군선이 바로 고려 제작의 것임을 말할 수 있게되었다. 물론 이 그림이 어느 정도의 사실성을 확보하고 있는가는 별문제이지만, 〈몽고습래회사〉에 등장하는 군선을 모두 일괄하여 원의 군선으로, 이그림의 군병을 '몽골군'으로 일괄 지정하는 것은 상당한 문제가 있음을 확인하였다. 그리고 그중에서 우리는 고려의 군선, 고려군의 존재를 찾을 수 있다는 개연성을 확인하였다. 다만 고려군 혹은 고려 병선, 군사에 대한 분석은 이제부터 보다 심도 있는 연구를 필요로 한다.

맺는말 | 본고는 1274년과 1281년 2차에 걸쳐 일본 정략을 위하여 마산에서 발진한 여원연합군의 이른바 9백 척 규모의 군선문제에 대하여 검토한 것이다. 당시 이들 군선이 모두 고려에서 건조된 것이었다는 점에서 이 문제는 고려의 대외관계사 및 선박사 연구에 중요한 위치를 점하고 있다. 그러나 지금까지의 연구는 이러한 문제를 개괄적으로, 혹은 일본중심의 치우친 시각에서 접근함으로써 군선과 고려의 관계가 충분히 인식되지 못하는 문제점이 있었다.

---

87) 石井正敏「〈小右記〉所載 '內藏石女等申文'にみえる高麗の兵船について」『朝鮮學報』198, 2006, pp.56-57

88) 石井正敏, 위 논문, p.57

이러한 여건을 배경으로 본고에서는 군선 조성의 경과를 개관하는 한편, 이들 군선이 건조된 고려의 제작지인 장흥과 부안의 현장에 대하여 검토하였다. 1차 동정에 동원된 병선의 대부분은 신조(新造)된 것이 아니고 삼별초로 부터 획득하거나 고려측이 보유한 병선을 수리한 것이 대부분이라는 주장을 반박하고 제한된 여건 아래 대대적인 군선의 실제적 건조가 있었음을 확인하였다. 아울러 13세기 말의 일본 자료 〈몽고습래회사〉에 그림으로 등장하는 군선의 일부가 마산 출정의 군선임을 논의하였다. 종래 〈몽고습래회사〉의 군선은 중국 강남에서 제작한 군선이라는 인식, 혹은 그림중의 군선이 실제 고려 군선의 실제와 거리가 멀다는 의견이 지배 하였고, 이 때문에 〈몽고습래회사〉를 고려 군선 연구와 연결하는 구체적인 논의가 부족한 실정이었다.

충지에 의하면 고려 군선의 조성지는 변산(부안)과 천관산(장흥) 이외에 1개소가 더 있는 것으로 되어 있는데, 나머지 1개소의 가능성으로서는 제주, 혹은 지리산을 배경으로 하는 경상도 남해안 지역을 언급하였다. 전라도와 경상도에서의 군량 확보 과정에서 경상도는 밀양 수산제, 전라도는 김제 벽골제의 집중 개발과 노동력 투입을 통하여 농업생산 증식에 노력하였을 것이라는 추측을 보태었다.

본고는 특히 부안, 장흥 등 군선 제작의 현장에 대하여 주목하고, 아울러 〈몽고습래회사〉에 등장하는 군선이 고려 제작의 것임을 구체화하였다. 향후 이를 근거로 한 자료의 적극적 활용 가능성을 열어놓은 것은 본 연구의 성과에 해당한다고 생각한다. 그러나 본문에서 언급한 바와 같이 조선지 현장에서의 결정적 자료가 아직 미흡하고, 또 〈몽고습래회사〉 자료 자체에 대한 연구 축적이 미흡한 한국학계의 현 단계에서 앞으로 이를 보다 심화 연구하여야 한다는 당위성을 강조하였다. 이점에 있어서 본고에서 전개한 논점에 대해서는 여전히 향후 연구의 확산이 더욱 필요한 것이라 할 수 있다.

* 본고는 『군사』 69, 국방부 군사편찬연구소, 2008에 실린 논문임.

3

1274년 여원군의 일본침입을 둘러싼 몇 문제

머리말 | 　1274년과 1281년 2회에 걸쳐 시도된 고려 몽골연합군의
　　　　　　일본 원정은 중세 한일관계사에 있어서 가장 흥미를 끄는
주제의 하나이다. 일본원정이 비록 고려의 자의에 의한 것이 아니었다하더라
도 이에 참전한 주력군의 상당수가 고려군이었던 데다, 고려는 군선과 군수
물자의 공급을 거의 전담하였으며, 일본에 가까운 고려의 항구가 그 발진기
지로 사용되었다는 점에서 고려의 역할은 절대적인 것이었다. 그럼에도 불구
하고 이 사건은 일본의 연구자에 의하여 연구가 독점되어왔다. 여원연합군
의 일본정벌은 일본사상에 있어서 거의 유일한 이민족의 침략이었다는 점,
그리고 그 거대한 압력을 극복하였다는 점에서 특별한 관심의 대상이었고
그 결과 이에 대한 수다한 논저가 일본에서 쏟아져 나온 것이다.[1]

　여원연합군의 일본 원정에 대한 한국사 연구자들의 논의가 전혀 없었던

---

1) 1975년까지의 여원군의 일본 원정에 대한 논고에 대한 개략적 소개는 川添昭二『蒙古襲來研
　究史論』雄山閣, 1977 참고. 이 책의 문헌목록에 의하면 1873년부터 1975년까지 일본에서
　제출된 이른바 '원구' 관련의 저서, 자료집, 논문 등의 총수는 455건으로 집계되고 있다.

것은 물론 아니다. 그러나 양적 빈약은 물론이지만 그나마도 『고려사』 정도
를 바탕으로 한 여원군의 일본 침공에 대한 단순한 전말의 정리[2]에 그치고
있어 연구의 축적이 거의 이루어 진 것이 없다고 해도 과언이 아니다.[3] 이
는 기본적으로 그동안 이 문제에 대한 학문적 관심이 거의 기울여지지 않은
때문이다. 한국사 혹은 한국의 연구자들에 의한 상대적인 관심의 단절은
이 사건이 고려의 주체적 행동이 아닌, 원의 강제에 의하여 이루어진 자랑
스럽지 못한 사건이었다는 점에 주된 이유가 있는 것 같다. 즉 한국사의 전
개에 있어서 이 사건의 의미를 적절히 위치 짓기 어려운 난점이 없지 않았던
것이다.[4]

그러나 관점을 달리하게 되면, 13세기 말에 이루어진 여원연합군의 일본
침공은 한국 역사에서도 흥미있는 주제가 될 수 있다. 이 사건 자체가 중세
동아시아사상에서 간과할 수 없는 중요한 하나의 파장(波長)이었고 고려는
가장 중요 당사국의 하나였기 때문이다. 특히 고려군의 일본원정은 외세의
강요에 의한 것이기는 하지만 최초의 본격적인 대외전쟁에의 참여라는 점에
서 시사하는 점이 있다. 즉 1274년 고려군의 일본 원정은 한국사 초유의 본
격적 해외원정 사례이며, 외세의 강요에 의한 파병이었다는 점에서, 한국사
의 입장에서도 흥미를 끌 수 있는 요소가 많다는 것이다.

여원군의 일본 침입에 대한 연구가 일본 학계에 의하여 거의 독점됨으로
써, 사안에 따라서는 국가적 입장이 고려된 편협한 논의가 공인되고 있는 것

2) 박형표 「여몽연합군의 동정과 그 전말」 『사학연구』 21, 1969 ; 이은규 「원의 일본정벌 고찰」
   『호서사학』 1, 1972 ; 김철민 「원의 일본원정과 여원관계」 『건대사학』 3, 1973 ; 나종우 「여원
   연합군의 일본원정」 『한국 중세 대일교섭사 연구』 원광대학교 출판국, 1996

3) 김위현 「여원 일본정벌군의 출정과 여원관계」(『국사관논총』 9, 1989)는 여원군의 일본침공
   이전의 준비과정에 대하여 비교적 소상하게 고찰한 것이다. 이영 「여몽연합군의 일본침공과
   여일관계」(『일본역사연구』 9, 1999), 채상식 「여·몽의 일본정벌과 관련된 외교문서의 추이」
   (『한국민족문화』 9, 부산대 한국민족문화연구소, 1997)는 근년의 전문적인 관련논문 으로서
   평가할만하다. 그러나 이들 논문도 여원연합군의 東征 사건 자체를 고찰한 것은 아니다.

4) 북한의 역사서에서 여원군의 일본침입에 대하여 전혀 언급하고 있지 않다는 것은 흥미 있는
   일이다. 가령 『조선전사』(1979), 『조선인민의 반침략투쟁사』(1988) 등의 상설서에서조차 이에
   대한 언급이 완전히 배제되어 있다. 국내의 경우는 고려의 복속이후 원의 정치적 간섭의
   구체적 실례로서 간략히 언급되는 정도로 취급되고 있다.

은 하나의 문제점이었다. 따라서 고려 입장에서의 이 사건에 대한 진지한 검토는 매우 중요하다는 생각이다. 양적으로 보면 특히 일본으로부터 많은 연구 성과가 생산되고 축적된 것이 사실이지만 고려 측의 관점에 의하여 사실 자체에 대한 조명이 보완될 수 있는 여지도 없지 않다. 반대로 이에 대한 연구가 여몽전쟁, 혹은 한국 중세문화의 내용을 보완하는 데 도움이 될 수 있는 점도 있다. 이같은 점에서 여원군의 일본원정 사건은 대외관계사로서 뿐만 아니라 고려사의 연구라는 점에서도 유용한 내용을 포함하고 있다고 생각된다.

본고에서는 여원연합군의 일본 침입과 관련하여 1274년의 1차 침입만을 논의의 대상으로 삼았다. 그리하여 1274년도 전쟁의 전체적 경과를 염두에 두면서 각 단계의 주요 사안을 점검하는 방향으로 이 문제를 정리하고자 한다. 즉 여원군의 규모, 군선의 조성, 전쟁의 경과, 철수 등의 문제를 검토한다. 여원군의 동정과 관련하여서는 이 이외에도 많은 논의들이 필요하지만, 우선 전쟁 자체의 진행을 중심으로 한 논의가 필요하다는 생각 때문이다.

1. 1274년 여원연합군의 병력

1273년 여원연합군은 한반도 반몽세력의 최후 거점인 제주도를 공함하였다. 그리고 곧이어 1274년 제1차 일본정벌을 단행하게 된다. 이러한 점에서 여원군의 일본 침공작전이 삼별초 토멸 이후에 개시된 것으로 보이지만, 원에 의한 대규모 원정은 삼별초의 봉기 이전부터 요구되고 있었다. 가령 삼별초 봉기 2년 전인 원종 9년(1268)에 몽골은 강화도의 고려정부에 대하여 군선 1천 척, 병력 1만의 확보를 지시하고 있다.[5] 고려측에 요구된 '군선 1천척, 병력 1만'이라는 규모는 일본 정벌시 고려에 요구된 수량과 매우 흡사하

---

5) 『고려사』 26, 원종세가 8월 및 10월

다. 이때 고려정부는 반몽책을 견지한 무인정권이 여전히 지속되고 있는 상태였고 제반 정세의 유동성 등으로 그 준비는 몽골의 의도대로 진척되지 못하였음이 분명하다. 이러한 상황에서 1270년 삼별초가 봉기하여 진도에 거점을 잡고, 고려정부가 개경으로 환도하는 등의 변화가 야기되었다. 삼별초의 봉기에 의하여 결과적으로 몽골의 일본 정벌 작전은 뒤로 미루어지게 되었고, 다른 한편 여원연합군에 의한 진도 및 제주도에서의 군사작전은 향후 일본원정의 전초적 연합훈련의 성격을 결과적으로 갖게 되었다.

1274년도 여원군의 1차 동정과 관련하여서는 몇 가지 논의점이 있다. 그 중의 하나가 당시 일본 정벌전에 파견된 여원군 병력의 규모문제이다. 병력의 규모는 군선의 규모와도 밀접한 관련이 있는 것이므로 먼저 이에 대하여 검토해 볼 필요가 있는데, 논의의 편의상 1281년 2차 원정군의 조직과 군선 등의 내역을 제시하면 다음과 같다.

몽한군 15,000
고려군 10,000
고려 초공(梢工), 수수(水手) 17,000인
            계 4만 2천인
            대소선함 900척
            식량 12만 3천석

만자군(蠻子軍, 구남송군)   10만인
선함   3천 5백 척

이상 2차 동정의 규모에 대해서는 별다른 혼동이 없지만, 1274년 1차 동정군의 경우는 기록간의 불일치와 해석의 상이로 논자와 책에 따라서 차이가 있다. 1차 동정군의 규모와 그 내역에 대한 논의를 간략하게 정리하면 다음의 표와 같다.

여원군 1차 원정군의 규모에 대한 여러 견해

구분	병력 수			승조원 수	원정군의 총규모	비고
	몽한군	고려군	병력 계			
『고려사』 세가, 김방경전	25,000	8,000	33,000	6,700	39,700	김상기, 이은규, 김위현, 나종우, 相田二郎
『원사』 (세조본기,일본전)	15,000					『원사』 (홍복원전) 몽한군 20,000
池內 宏	20,000	5000여 (6천 미만)	25,000여	15,000	40,000여	이병도, 中村榮孝, 旗田 巍
田中政喜	15,000	8,000	23,000	15,000	약 30,000	
魏榮吉	20,000	5,600	25,600	6,700	32,300	
大葉昇一	19,000	5,500	24,500	2만-3만	4만-5만	

표에 보이는 바와 같은 이같은 견해 차이는 우선 기본적으로 사료상에서의 기록의 불일치에 기인한다. 『고려사』 『원사』 등의 기록은 같은 책 안에서도 서로 다른 통계치를 보여주고 있기 때문이다. 『고려사』 충렬왕 세가(즉위년 9월)에 몽한군 2만 5천, 고려군 8천, 승조원 6,700이라하여 승조원을 제외한 1차 원정군의 규모가 도합 33,000이었다고 기록되어 있는데,[6] 주로 한국의 논저에서는 이 기록이 주로 인용되고 있다.

그러나 이에 대해서는 일찍이 이케우치(池內 宏)가 상세한 논증을 시도한 바 있고, 일본의 논저들은 대체로 그의 견해를 그대로 받거나 혹은 이를 조금 수정한 정도의 경우가 대부분이다. 우선 몽한군의 수에 대해서는 『원사』의 일본전과 세조본기에서는 1만 5천, 같은 책 홍다구전에서는 2만이라 하였다. 이케우치(池內)는 흔도의 둔전군 4천 5백, 홍다구 둔전군 5백, 여기에 5월 원으로부터의 증원군 1만 5천을 합하여 몽군 병력을 홍다구 열전의 2만으로 추산하였다. 한편 고려군의 수에 대해서는 『고려사』 원종 15년(충렬 즉

6) 이은규(1972), 김위현(1989), 나종우(1996) 등 근년의 국내 연구자들과 책은 거의 어김없이 『고려사』의 이 기록을 채택하고 있다. 일본의 경우 相田二郎『蒙古襲來硏究』(吉川弘文館, 1958, p.14)에서 "송과 원의 군 2만 5천, 고려의 군인 8천, 초공 수수 6천8백인, 도합 3만 9천 7백인, 전함은 9백 척이었다"고 하여, 『고려사』의 기록에 의존하고 있다.

위년 9월)에 8천으로 명시되어 있지만,『원고려기사』(지원11년) 3월 4일의 기록('高麗簽軍 五千六百人 助征日本'),『고려사』 원종세가 15년 3월 9일('命發軍 五千 助征日本'), 8월 ('令加發 京軍 458人) 등의 기록을 근거로 하여 그 수를 6천 이내로 추산하면서 아울러 충렬왕 6년 원에의 상서에서 밝힌 '5천 3백'을 추가적인 증거로 들었다. 또한 승조원에 대해서는『고려사』 충렬왕 즉위년 10월에 '초공(梢工)·인해(引海)·수수(水手) 6천 7백'이라 하였다.

이제 이케우치(池內)가 논증한 이상의 내용을 다시 요약하면,『고려사』에는 "몽한군 2만 5천, 고려군 8천, 승조원 6,700"이라 하였지만, 실제 몽한군의 수는 2만, 고려군의 수는 6천 미만(5천 남짓)으로, 승조원을 제외한 군사의 규모는 2만 5천 여명 정도였다는 것이다.[7]

1차 동정군 규모에 대해서 필자는 이러한 이케우치(池內)의 계산에 대하여 상당부분 동의한다. 그러나 승조원 '6,700'이라는 기록에 대해서 이케우치(池內)는 승조원의 전체규모는 '1만 5천'이었고, 그중 고려의 승조원이 6,700, 그 나머지는 원측에 의하여 추가 공급되었다는 주장이다. 그의 계산대로라면 1차 원정군의 전체규모는 전투병력 2만 6천에 승조원 1만 5천, 도합 4만 여명이었다는 것이다. 필요한 승조원 1만 5천 가운데 고려가 6,700을 충당하였기 때문에 당연히 나머지 8,300인 정도는 원으로부터 공급된 것으로 파악한 것이다.[8] 그러나 승조원에 대한 이같은 추론에 대하여 필자의 의견은 다르다.

우선 승조원의 부족분을 추가 공급하였다는 기록을 어디에서도 확인할 수가 없다는 점이다. 원종 15년 4월 (갑자)에 고려정부는 간의대부 곽여필을 원에 파견하여, 홍다구가 김방경에게 요구한 '배 300 척과 초공 수수 1만 5

---

7) 池內 宏『元寇の新研究』pp.124-126. 국내에서는 이병도『한국사(중세편)』1961, 을유 문화사, p.604에서 "병수는 여원 통합 2만 5천 여명, 그 중 몽한군이 약 2만, 고려군이 5천 3백이었고, 함선은 9백여 척에 달하였는데, 전부 고려의 부담한 바이었다"고하여 池內의 연구를 충실히 반영한 반면, 같은 시기에 출판된 김상기『고려시대사』(동국문화사, 1961, p.601)에서는 기록의 차이를 밝히면서 2만 5천, 8천, 6천 7백이라는『고려사』쪽의 기록을 채택하여 서로 비교되고 있다.

8) 中村榮孝 역시 池內의 주장을 그대로 수용하여 "승조선원 1만 5천중 6천 7백인은 고려에서 부담하는 것으로 결정했다. 출정군은 총계 2만 5천 6백"이라 하였다. (『日鮮關係史の研究』 吉川弘文館, 1973, p.32 참조)

천명'의 수량이 '너무 많다'고 전제하고, 따라서 제주, 동녕부, 북계 등 지금
은 원의 관할 하에 들어간 고려민으로부터도 이들을 선발할 것을 요구하는
내용을 편지에서 요구하고 있다. 원의 정동군 1만 5천이 고려에 당도한 것은
5월 기축일이었는데, 고려의 요구에 의하여 원측에 의한 대규모 승조원의 지
원이 있었다는 암시를 받을 수 없다. 혹 정동군 1만 5천중의 일부가 승조원
의 임무에 투입되었을 가능성이 있었을지는 모르겠다. 오히려 1차 원정시 원
측에서의 승조원 지원이 없었음을 암시하는 듯한 다음과 같은 자료를 찾아
볼 수 있다. 2차 동정을 앞둔 충렬왕 6년 8월 왕은 동정 문제와 관련한 몇
가지 요구안을 가지고 원에 입조하여 황제를 면담하였다. 충렬왕의 요구에
는 7가지 요구가 있었는데, 그것은 대체로 고려의 동정을 당연한 것으로 전
제하면서도 고려의 부담을 최소화하려는 요구였다. 그중 제5항은 "한지(漢
地)의 연해민도 초공과 수수로 충당할 것"을 요구하는 것이었다.[9] 즉 승조원
의 일부를 원측에서 부담토록 요구하는 것이었는데, 이것은 구체적으로는
고려 부담 승조원 1만 5천에 대하여 원측에서 3천을 부담하는 문제였다. 이
를 참고하여 생각하면, 1차의 경우 원으로부터 승조원의 부담은 없었으리라
는 점이며, 혹 승조원을 지원하였다면 그 규모는 2차의 3천을 넘을 수 없다
는 점이다. 한편 1차 원정시 승조원 수의 미달은 "지난 번 일본정벌 때에 대
선이 126척이었음에도 초공 수수는 오히려 부족하였다"[10]고하여, 승조원의
부족을 지적하고 있음을 주목할 필요가 있다. 따라서 1차 동정에서 적어도
8천 이상, 1만에 가까운 승조원을 원에서 지원하였으리라는 추측은 성립되
기 어려운 것으로 생각된다.[11]

---

9) 『고려사』 29, 충렬왕세가 6년 8월

10) 『고려사』 29, 충렬왕세가 6년 11월

11) 大葉昇一은 몽한군 1만 9천(홍다구 둔전군 2천, 용복흥의 中衛軍 2천, 둔전군+양양생권군
   +여진군 1만 5천) 고려군 5천 5백에 초공 수수가 2-3만을 더하여 계 4-5만이라는 계산을
   내놓았다. 특히 초공 수수를 2-3만이라 추산한 것이 주목되는데, 『고려사』의 6,700인이
   대선 126척분이고, 따라서 900척 전체를 따지면 2-3만이 된다는 것이다. 그리고 이를
   일본 수군의 安宅船의 경우를 관찰할 때 전투요원에 대한 수수의 비율이 더 높다는
   것을 이유로 들었다.(大葉昇一「文永の役における日本遠征軍の構成」『軍事史學』 pp.8-13)

『고려사』 원종 15년(충렬왕 즉위년)의 기록을 그대로 인용하면 1차 동정군은 "몽한군 2만 5천, 고려군 8천, 초공(梢工)·인해(引海)·수수(水手) 6,700, 전함 9백 척으로 일본을 정벌하였다"고 하였는데, 이는 일본 원정군의 내역을 망라하여 언급한 것으로, '초공 인해 수수' 역시 동원된 전체 승조원의 수를 언급한 것이라고 보지 않으면 안된다. 또한 뒤에 언급하는 바와 같이 일본침공 선단의 구성에 있어서 파견된 대선(大船)의 규모가 1차의 경우 2차에 비하여 절반 미만이었다는 사실도 승조원의 수가 1차에서 크게 적은 이유를 설명해준다. 이러한 점에서 이케우치의 논증을 충실히 받아들이면서도 1차 원정군의 전체 규모를 32,300인으로 파악한 위영길(魏榮吉)의 다음 정리가 매우 합리적인 수치라 생각한다.[12]

```
1차    몽한군   흔도군      4500인(둔전군)
                홍다구군     500인(둔전군)
                증원군    15,000인          계 2만
          고려군              5600       전투원 합계 25,600

          고려선원 및 초공 수수  6700       총 32,300
```

이렇게 볼 경우, 1차와 2차 실병력의 규모는 대개 2만 5천 정도로서 비슷한 규모였다고 할 수 있으나 승조원의 규모가 2차에서 크게 늘었다는 차이점을 읽을 수 있다. 또 1차에 비하여 2차의 경우 상대적으로 고려의 부담이 증가하였다고 할 수 있다. 1차 동정의 패배와 관련한 '개선책'의 결과였다고 생각된다.

그런데 승조원을 전투요원의 수 이상으로 계산할 경우 2차 동정군의 경우 승조원의 수가 최소 2만 5천 이상이어야 하는데, 기록으로는 1만 7천에 불과하여, 그 비례가 맞지 않는다. 원종 13년 12월 제주 삼별초 정벌을 위하여 원은 고려에 군사 6천에 수수 3천의 징발을 요구하고 있어 승조원의 수가 전투요원의 절반 안팎으로도 가능한 것이었음을 암시하고 있다. 전투요원에 대하여 승조원의 수를 대비하면 2차 동정군은 68% 수준이 된다.

12) 魏榮吉『元·日關係史の硏究』敎育出版センター, 1985, pp.135-136

2. 군선의 규모

잘 알려져 있는 것처럼 합포(마산)에서 발진한 연합군의 군선 규모는 1, 2차 공히 9백 척이었다. 그리고 '대소선 9백 척'의 내용은 『원사』 208, 일본전에 "천료주(千料舟)·발도로경질주(拔都魯輕疾舟)·급수소주(汲水小舟) 각 3백"으로 되어 있다. 1차원정의 경우 처음 원의 고려에 대한 요구에는 '대선 3백 척'으로 되어 있으나, 작업 종료후 고려의 보고에는 '대소선 9백척'이 건조 완료된 것으로 되어 있다. 이와 관련하여 이케우치(池內)는 김방경 등 고려의 '대선 건조 3백 척'에 대하여, 홍다구가 발도로경질주 및 급수소주 각 3백 척의 건조 책임을 맡았기 때문이라 해석하였다.[13] 일본원정과 관련한 조선작업의 핵심이 대선 3백 척의 건조였고, 이 때문에 『고려사』의 경우는 기록상에 '대선(大船)'이 강조된 결과라고 생각된다.

이들 군선은 고려의 3개 지역에서 매우 서둘러 제작되었다. 당시 동정을 위한 군선의 제작을 둘러싼 고려민의 고통은 장기간의 전란에 피폐해진 인민들을 더욱 도탄에 빠뜨리는 것이었다. 이 군선 건조와 관련하여 오바(大葉昇一)는 1차 원정군의 병선의 대부분이 사실은 고려가 보유하거나 삼별초로부터 획득한 군선을 수리한 것이었다는 또 다른 의견을 제시한 바 있다.[14] 이는 경청할만한 의견이기는 하지만 일본원정의 성격상 어차피 대선이나 급수선 등이 거의 새로 건조되었을 것을 생각하면, 전체적으로는 긍정하기 어려운 의견이다. 군선 건조와 관련한 대대적인 노동력의 동원 사실을 감안하더라도 이 의견에는 문제가 있다.

군선에 대한 이러저러한 논의가 있었지만, '9백 척'이라는 군선 규모에 대해서는 그동안 아무런 이의가 없었다고 할 수 있다. 그러나 이점에 있어서 필자는 실제 동정에 출정한 군선의 규모가 '9백 척'에 미달하였으며 특히 군선

---

13) 池內 宏 『元寇の新研究』 pp.121-124

14) 大葉昇一은 고려가 대선 건조 3백 척의 명을 받고 불과 4개월 만에 '대소선 9백척'의 작업 완료의 보고를 하고 있는 것에 비추어, 실제로는 중소 다수의 선박을 모아 보고한 것이었을 것으로 추측하였다. 大葉昇一 「文永の役における日本遠征の構成」 『軍事史學』 1999, p.8 참조

의 중심이었던 대선의 수는 실제 3백 척에 크게 미달하였으리라는 의견이다. 이와 관련하여 1차 동정시 동원한 대선의 규모가 300척이 아닌 '126척'이라는 기록의 신빙성을 검토할 필요가 있다.

2차 동정준비가 거의 마무리 되어가는 충렬왕 6년 11월, 고려는 원 중서성에 보낸 편지에서, 1차 원정시의 대선 규모가 '126척'이었다고 밝히고 있다. 이 문제는 대선에 소요되는 초공·수수 등 승조원 확보를 둘러싼 논의에서, "지난번 일본 정벌 때에 대선이 126척이었는데도 초공·수수가 오히려 부족하였는데 하물며 지금 3백 척에 소요되는 인원을 무엇으로 다 보장하겠습니까?"[15]라고 언급되고 있다. 이 편지에서는 2차 원정과 관련, 대선 3백 척에 소요되는 초공·수수 등 승조원 수를 1만 8천으로 계산하고, 그중 1만 5천은 고려측이 확보하였지만, 부족한 나머지 수수 3천은 원측이 동녕부 혹은 동경로의 연해지역에서 동원하여 지원할 것을 요청하는 것이었다. 이 자료를 통하여 우리는 1차 동정시 고려가 동원한 대선의 규모는 3백 척에서 크게 미달하는 126척이었다는 점을 확인하게 된다. 그런데 이 편지에서는 1차 원정시 고려측이 실제 일본원정에 동원하였던 병력의 경우도 알려진 8천에 훨씬 미달한 5천 3백 정도였다는 사실도 함께 언급되어 있다. 만일 이 때 동원된 대선이 126척이었다면 이는 원래 계획 3백 척의 절반에도 미치지 못한 것이었다.

필자는 1차에서 동원된 군선은 알려진 900척 보다 적은 규모였을 것으로 판단한다. 그 이유의 첫째는 고려정부가 원에 보낸 서신에 당시 대선이 300척이 아닌 126척이라고 구체적으로 언급되고 있는 점이다. 둘째, 승조원(뱃사공, 인부)의 수에 큰 차이가 있다는 점이다. 대선 3백 척에는 승조원의 수가 최소 1만 8천이라고 밝히고 있고, 2차원정에서 1만 7천이 동원된 것에 비하여 1차에 동원된 승조원 6천 7백은 2차의 절반 이하였다는 점이다. 대선(大船)만의 비교에 의하면 1차 126척은 2차 300척에 비하여 42%, 승조원 1

---

15) 『고려사』 29, 충렬왕세가 6년 11월 기유

차 6,700은 2차 1만 7천에 비해 39.4 %로서, 서로 거의 비례되고 있음을 볼 수 있다.[16] 기록에 의하면 승조원의 대부분이 대선에 소요되는 인원이었던 것 같다. 대선의 부족에도 불구하고 대선 이외의 다른 종류의 선박이 상대적으로 3백 척을 넘어 전체적으로 9백 척을 유지하였을 가능성도 생각해 볼 수 있다. 그러나 '대선 3백 척'의 조선 요구에 "그 수량이 너무도 많다"고 하며 승조원도 적은 수를 확보하는데 그친 고려정부가 9백 척을 과연 채웠을지 의문이다.

대선의 규모가 300척 목표에 미달하였으리라 보는 또 하나의 상황은 1차 원정군의 대규모 선단이 불과 5개월 이내의 기간에 급조되었다는 사실이다. 이에 따라 군선의 건조가 부실하여 결과적으로 태풍을 만나자 쉽게 파손되었다는 것이다.[17] 즉 군선 준비기간의 촉박이 대선 규모의 확보에 제약이 되었을 것이라는 점이다. 1차 원정 군선의 규모가 900척보다 적었을 가능성은 일본측의 기록에 의해서도 생각해 볼 수 있다. 『팔번우동기(八幡愚童記)』 등에 의하면 쓰시마에서 파악한 당시 연합군의 군세는 '450척, 3만인'이었다는 것이다.[18] 이에 대하여 혹자는 "총수 900척 중 전투상륙용은 대선(大船), 발도로경질주(小舟) 600척이므로 쓰시마인이 실감할 수 있었던 숫자에 가깝다"[19]고 하지만, 그 점을 고려하더라도 역시 연합군의 군세가 '450척'이라 한

---

16) 제주 삼별초 공함시 여몽연합군의 전투병력은 각 6천 씩, 도합 1만 2천이었고, 이에 따른 승조원은 3천을 요구받았다. 1차 동정군의 병력을 2만 5천 6백으로 볼 경우, 이는 제주 공함시의 여몽군의 2배에 해당하며, 1차 동정시 승조원 수 6,700 역시 대략 제주 공함전의 2배에 해당한다. 이에 비추어 어렵기는 하였겠지만 6,700 승조원으로 일본에의 진공작전이 불가능한 것은 아니었다는 생각이다.

17) "고려는 12월에 세조의 조칙을 받들어 목재의 채벌을 개시, 5월 말에는 이미 소정의 선박 건조의 임무를 끝냈다고 하기 때문에 당연히 이들 목재를 완전히 건조시킬 여유가 있었다고는 생각할 수 없고, 아직 이러한 단기간에 건조시킬 기술도 없었을 것이다. 따라서 이들 선박이 거칠고 함부로 만든 것이었음은 상상하기 어렵지 않다. 그러므로 후일 일본에서 만난 태풍에 이겨나지 못하고 다수가 난파, 침몰한 것도 당연 그 이유가 있었다고 할 수 있다."(魏榮吉『元·日關係史の研究』教育出版センター, 1985, p.80)

18) "異國兵船 四百五十수 三萬餘人乘寄來"(『日蓮註畵讚』5, 「蒙古來」篇) 같은 내용이 『八幡愚童記』上, 문영 11년 10월 5일에도 실려 있다.(이들 자료는 池內 宏『元寇の新研究』pp.131-133을 참고함)

19) 佐藤和夫『元寇』『北條時宗』學習研究社, 2001, p.142

것은 '900척'에 대하여 퍽 적은 수임을 부인할 수 없다.

합포에서 출정한 여원연합군의 전투 병력은 1, 2차 공히 대략 2만 5천으로 비슷한 규모였다. 그럼에도 1차원정군의 대선 규모가 2차의 절반 이하였다는 것은 상식적으로 잘 이해되지 않는다. 여기에는 식량 등의 군수품이나 마필(馬匹)의 적재와도 관련이 있는 것으로 보인다. 즉 1차 침입시 군수품의 적재량이 많지 않았다는 점이다. 후술하는 바와 같이 1차 침입은 당초의 계획에 비하여 일정 등에 큰 차질이 있었고, 결과적으로는 처음 계획보다 전체 일정을 단축하여 군수품의 적재량을 크게 줄였을 것이라 추측할 수 있다.

3. 전투의 경과와 '태풍' 문제

1274년 10월 3일 합포(마산)를 출발한 여원군은 쓰시마(5일)와 잇키(14일)를 거쳐 히라토(平戶)·다카시마(鷹島, 16일)에 이르고, 10월 19일에는 드디어 하카타 만에 당도하였다. 그 과정에서 이들 섬에 대한 과도한 살육이 있었던 것으로 되어 있다. 이들은 다음날 10월 20일 하카타 일대에 상륙하여 일본의 방어군과 치열한 전투를 치르면서 그들을 압박하였다. 그러나 날이 저물자 여원군은 선박으로 되돌아왔고, 그것이 그대로 곧 철군에 연결되었다. 따라서 연안의 섬을 제외한, 일본 본토에서의 전쟁은 10월 20일 단 하루의 전투에 그치고만 셈이었다. 1281년 2차의 경우, 연안에서의 상륙전을 성공적으로 전개하지 못한 채 태풍의 세례로 전쟁이 종료되었던 탓으로, 사실상 일본 본토에서의 전투다운 전투는 1274년 10월 20일의 단 하루였다고도 할 수 있다. 따라서 10월 20일 전투의 개황을 여기에서 간략히 소개하는 것이 좋다는 생각이다.[20]

---

20) 1차 동정에서의 전투의 상세한 경과 및 이에 대한 고증은 池內 宏『元寇の新研究』pp.130-152에 상세하다.

고 려

한포

거 제 도

對馬島

小盞田

熊本

芸岐島

長 門

筑 前

豊 前

今津 博多
百道原

平戸島 平戸 志在 肥 前 筑 後

여원연합군의 일본침입과 하카타만 상륙

하카타만(博多灣)에서의 연합군의 상륙은 3지점으로 나누어 이루어졌다. 홍다구의 몽한군은 하카타의 서쪽 이마즈(今津) 해안, 김방경의 고려군은 모모치하라(百道原)에 상륙하여 소하라(簏原), 벳푸(別府), 아카사카(赤坂)로 진격하였다. 당시 일본 타케자키(竹崎季長)의 여원군과의 전투 장면이 〈몽고습래회사>에 남겨져 있어 치열한 전투의 일단을 실감하게 한다. 한편 도원수 흔도의 본대는 하카타에 상륙하여 하카타에서 하코자키(箱崎)에 걸쳐 전투를 전개하였는데, 이들의 유린으로 하코자키신사(箱崎宮)가 불타고 다수의 사상자를 내면서 일종의 시가전에 흡사한 격렬한 전투가 일몰의 시간까지 이어졌다. 적의 피해에 대하여 『고려사』는 왜군의 "죽어 넘어진 시체가 삼을 베어 눕힌 것처럼 많았다"고 적고 있다.[21] 연합군의 피해도 적지 않았다. 좌부원수 유복형(劉復亨)이 화살에 부상을 입기까지 하였다. 당시 큐슈지역의 행정 중심이었던 태재부 수호소는 가마쿠라(鎌倉)에 사건을 급보하는 동시에 진서봉행(鎭西奉行) 쇼우니 츠네스케(少貳景資)를 중심으로 방어군을 편성하여 이에 대응하였다. 이들 방어군은 큐슈 제국(諸國)으로부터 각양의 집단이 모여졌으며 그 규모는 수만에 이르렀다.

저녁이 되자 연합군의 지휘부는 이후의 작전에 대하여 협의하였다. 고려의 김방경은 계속적인 결전을 주장하였다. 그러나 도원수 흔도(홀돈)의 생각은 달랐다. '회군'해야 한다는 것이었고, 그 이유로서 군사의 수적인 열세, '피핍(疲乏)한 군사'의 상황을 들었다. 군사의 '피핍'이란 장기간의 원정에 따른 피로, 그리고 군수 공급의 결핍을 의미하는 것이다. 연합군은 하카타에서의 하루 전투에서 승기를 잡기는 하였지만, 승패를 완전히 결정짓지 못한 상태에서 다시 회선(回船)한 것이다. 그후 이들 연합군은 연해상에서 폭풍을 맞아 피해를 보았으며, 11월 27일 합포에 귀환하였다. 귀환 당시 연합군의 미귀환자는 13,500여 명에 이르렀다는 것이다.[22] 연합군의 적지 않은 피해를 말해준다.

1차 여원군의 일본침입에서 가장 논란이 되어온 문제중의 하나는 연합군의 퇴각과 태풍과의 관련 문제이다. 연합군이 태풍으로 절단이 나 철수하였던 것처럼 흔히 알려져 있지만, 이것은 1281년 제2차 침입 때의 일이고, 1274년 1차 침입 때도 여원군이 태풍 때문에 철수하였는가에 대해서는 논란

---

21) "倭兵大敗 伏屍如麻"(『고려사』 104, 김방경전)
22) 『고려사』 28, 충렬왕세가 즉위년 11월 기해

이 많다. 이에 대해서는 이른바 '신풍설'로부터 '태풍은 없었다', 혹은 태풍은 아니지만 대풍우가 있었고 그것은 하카타만으로부터의 철수 이후의 일이라는 등 다양한 견해가 제시되어 있다.

초기의 연구에서는 신풍, 혹은 태풍설이 당연하게 받아들여지고 있었다.[23] 그러나 이에 정면으로 반기를 든 것은 기상학자 아라가와(荒川秀俊)였다. 그는 10월 20일(양력 11월 26일)은 이미 태풍 시즌이 아니고, 신뢰할만한 문헌에 이에 대한 기록이 없다는 점을 이유로 들어 1274년 당시 '태풍은 없었다'는 결론을 제시하였다. '대풍우'에 대한 약간의 기록은 "연합군의 말일 뿐" 사실이라 인정하기 어렵다는 입장이었다.[24] 이에 대하여 나카무라(中村榮孝)는『감중기(勘仲記)』『고려사』등 대풍우에 관한 기록을 담고 있는 자료가 신빙성 있는 자료라는 점, 태풍이 없었다는 것은 사실일 수 있지만 대풍우는 있을 수 있었다는 점에서, 아라가와(荒川)의 주장을 반박하였다.[25] 다만 대풍우의 시점은『고려사』의 문면에 의거, '그날 밤', 즉 10월 20일의 밤이었다고 하였다.[26]

한편 몽골의 일본 침략과 관련한 연구를 집중적으로 해온 가와조에(川添, 昭二)는 이상의 견해를 바탕으로 1차 침입 당시 태풍인지 계절풍인지는 알 수 없지만 역시 폭풍우는 있었다고 보았다. 다만 가와조에의 경우 그 때문

---

23) 여원군의 동정에 대한 근대사학 초기의 상세한 연구서인 池內 宏『元寇の新研究』(p.151)에서는 이 부분에 대하여 다음과 같이 간단히 정리하고 있다. "그러나 밤중에 일어난 태풍으로 병선은 거의 엎어져버렸고, 愚童記에는 '날이 밝은 21일 아침, 海面을 바라보니 몽골의 배는 모두 사라져버렸다'고 적고 있다. 전사 및 익사자가 무려 1만 3천 5백여인, 나머지는 도망하여 고려의 합포에 귀환하였다." 20일 밤의 태풍이 여원군을 결정적으로 궤멸시켰다는, 널리 알려진 바와 같은 정리이다. 그러나 池內가 인용한 愚童記(『八幡愚童訓』)에는 몽골 군선이 해안에서 사라진 것이 '태풍'이나 '풍우' 때문이었다 는 언급은 없다. 오히려 "그림자(影)도 형체(形)도 없어, 크게 안도하였다"고 한 것을 보면, 21일날의 상황은 여원군이 하카타만에서 완전 철수한 상태였음을 보여준다. 태풍으로 인한 조난이었다면, 몽골군이 '그림자도 형체도' 없을 수가 없기 때문이다.

24) 荒川秀俊「文永の役の終りを告げたのは台風ではない」『日本歷史』120, 1958

25) 中村榮孝「文永・弘安兩役に關する史料の解釋」『日鮮關係史の研究』(上) 吉川弘文館, 1965, pp.105-110

26) 山口 修『蒙古襲來』(光風社出版, 1988, p.135)에서도 '10월 20일 밤의 폭풍'설을 택하고 있다.

에 몽골군이 철퇴한 것은 아니고, 하루 전투 끝에 스스로 철퇴했던 것인데 도중에 '신풍'을 만난 것이라 하여 연합군이 대풍을 만난 것은 철수의 원인이 아니었고, 철수 도중에서의 사건이었다는 의견을 피력하였다. 필자로서도 당시의 사정이 철수 이후의 일이었으며, 태풍의 시즌이 아니었다는 점에서 해상(가령, 壹崎島 연안)에서의 폭풍우였다는 의견에 동의하게 된다.

『고려사』에서는 당시 연합군을 엄습한 대풍우에 대하여, "날이 저물어 포위를 풀었는데 때마침 밤에 대풍우가 일어나서 전함들이 암벽에 부딪쳐 많이 부서졌고, (좌군사) 김선(金侁)이 익사하였다."고 기록하고 있다.[27] 이에 의하면 연합군은 대풍우로 인하여 적지 않은 피해가 있었고, 특히 좌군사 김선이 이 때문에 익사한 것으로 되어 있다. 이것을 사실과는 별개의 꾸며진 것, 철군의 핑계를 대기 위하여 만들어진 것으로 이해하기는 어렵다. 수 만의 군대가 작전을 전개하면서 이같은 꾸민 이야기로 철군을 합리화할 수 있다는 것은 불가능한 것이기 때문이다. 특히 1차 침입의 결과 미귀환자가 13,500여 명이나 되었다는 기록은 폭풍과 같은 돌연한 자연적 재해가 아니고서는 설명할 수 없는 수치이다. 양력 11월 하순이라면 태풍이 발생하기 어려운 시기인 것은 사실이지만, 태풍이 아니더라도 바다에서의 돌연한 폭풍은 있을 수 있는 일이다. 따라서 연합군이 대풍우에 의하여 피해를 입은 것은 사실이었다고 보지 않으면 안된다. 김선의 익사 사건의 경우도 사고 당시 위득유가 자기의 상관인 김선을 구하지 않았다 하여 위득유를 파직시켰다는 기록이 보인다.[28] 대풍우로 인한 일정한 피해는 있었던 것이 확실하다는 생각이다.

다만 대풍우의 시점이 문제인데.『고려사』충렬왕 세가에서는 대풍의 사건이 전투 당일인 10월 20일의 밤중이었던 것처럼 되어 있다. 그러나 김방경전에서는 대풍우의 시점에 대해서 이와 약간 차이가 있다. "드디어 군사들을 이끌고 귀환하게 되었는데 때마침 밤에 대풍우가 일어났다"는 것이다.[29] 즉

---

27) 『고려사』 28, 충렬왕 세가 즉위년 10월 기사

28) 『고려사』 104, 김방경전

29) "遂引兵還 會夜大風雨" (『고려사』 104, 김방경전)

귀환의 도중 대풍우를 만나 피해를 입었다는 이야기이다. 하카타만 연안의 지형조건을 생각하면 폭풍으로 '전함이 암벽에 부닥쳐' 파선하는 것은 얼른 납득되지 않는다. 전함이 암벽에 부닥치기 위해서는 그 장소가 해중(海中)의 어떤 섬, 잇키와 같은 섬이지 않으면 안 된다. 따라서 대풍우의 시점은 하카타 일대에서 치열한 전투를 벌인 10월 20일로부터 얼마간 뒤의 일이었던 것으로 보인다. 10월 3일 합포를 출발한 연합군이 쓰시마, 잇키 등에서 치열한 전투를 치르고 히라토(平戶)를 거쳐 하카타만에 이른 것이 10월 20일이었다. 10월 20일에 폭풍이 일었다면, 바람이 잦은 즉시 정리하여 곧장 합포로 물러났을 것이고, 이것은 출정시의 기간 17일을 결코 넘기기 어렵다. 그럼에도 불구하고 철수한 연합군이 합포에 귀환한 것은 11월 27일(기해)의 일이어서 하카타 일대에서의 전투로부터 1개월 이상 뒤의 일이다. 대풍우의 사건은 하카타 격전으로부터 얼마간 뒤의 일이었다고 보아야 하는 이유 중의 하나이다.

연합군의 합포 귀환 시점을 고려하면, 해상에서의 대풍우의 사건은 11월의 일이었을 것이다. 이와 관련한 일본측 기록을 찾을 수 있다.[30]

> 문영 11년 11월 5일 밤 10시 경(亥刻) 맹풍(猛風)이 줄곧 불어, 몽골의 대선(大船) 백 여 척이 해중(海中)에 침몰했다고 서국(西國)으로부터 전갈이 있었다.(『西大勅 諡興正菩薩 行實年譜』)

이에 의하면 문제의 대풍우가 10월 20일 밤이 아닌, 11월 5일의 밤에 있었다는 이야기가 된다. 폭풍으로 인한 참사를 겨우 수습하고 대오를 정비하여 합포에 귀환한 것이 11월 27일이었다고 하면, 11월 5일의 대풍우는 시간적으로 맞아들어 간다고 할 수 있다.[31]

---

30) 이 자료는 筑紫 豊「文永の神風と敵國降伏の假翰について」『日本歷史』186, 1963에서 처음 소개 되었다. 그후 그는 『元寇危言』(積文館, 1972) 등을 출판하였는데, 川添과 같이 연합군 철퇴중의 대풍우설을 주장하였다.

이상과 같은 점을 종합하면 10월 20일 이후 연합군은 하카타만에서 일단 물러서 있다가 연안의 섬 일대에서 폭풍을 만나 피해를 입었던 것이라고 정리해 볼 수 있다. 그리고 그 시기는 11월 5일 밤의 일이 된다. 만일 3만 중의 13,500명이 미귀환이라고 한다면, 거의 절반에 육박하는 수가 사망 혹은 행불이었다는 계산이 나온다.[32] 이점에서 적어도 연합군이 대풍우의 피해자였던 점은 부인하기 어렵다는 생각이다. 폭풍으로 피해가 특히 컸던 것은 수전에 익숙하지 못한 자들 다수가 비전문가로서 전쟁에 강제 동원되었기 때문이라고 한다. "동정 당시 수전에 익숙하지 못한 자들로 하여금 초공, 수수를 삼아 전투에 불리한 결과를 초래하였다"[33]는 것이 그것이다. 연합군 내부의 이같은 복잡다기한 요소는 결과적으로 전투의 조직적 전개에 큰 장애였다는 이야기이다. 그러나 그 피해 기록은 실제에 있어서는 다소 과장된 수치일 수는 있다고 보아진다. 합포에서 출발한 여원군의 규모 혹은 군선의 수가 말보다 실제로는 축소된 규모였다는 점이 그 가능성을 암시한다.[34]

---

31) 당시 폭풍우의 성격에 대해서는, 기상학자 安倍正規의 다음과 같은 해석이 도움이 된다. "寒候期에는 대륙으로부터 나온 저기압은 일본해에서 급속히 발달하는 경우가 있고, 그 중심으로부터 뻗은 한냉전선이 일본 부근을 통과할 때 가끔 雷雨나 돌풍을 동반한다. 문영의 역의 신풍의 정체는 일본해에 저기압이 들어가 남에서 북으로 불어제친 逆風일 가능성이 높다는 생각이다."(安倍正規 〈神風은台風か?〉『チンギス·ハン』下, 學習研究社, 1991, p.127)

32) 미귀환자 13,500여 인이 전투원을 지칭한 것인지 아니면 승조원을 포함한 숫자인지는 밝혀져 있지 않다. 魏榮吉은 이 수치가 미귀환 전투원에 대한 것이고, 따라서 여기에 승조원의 피해를 합하면 그 수는 훨씬 많아질 것이라고 하였다.(魏榮吉『元日關係史の研究』 p.106) 그러나 1차 원정군의 전투원 총원을 2만 5천으로 볼 경우 '미귀환 1만 5천여'라는 수치는 1일간의 격전과 대풍의 피해로서는 이해하기 어려운 수치이다. 역시 총원중의 미귀환 인원수라고 해야 할 것이다. 연합군측의 이러한 피해 때문에 1274년의 전쟁은 '결국 여몽군의 패전'으로 인식될 수 있다.(김위현 「여원 일본정벌군의 출정과 여원관계」 『국사관논총』 9, 1989, p.29) 그러나 전체적으로 보아 '패전'으로 단정하기는 어려우며, 연합군의 일본침입을 구태여 승패 개념으로 가를 필요가 있는지도 의문이다.

33)『고려사』 104, 김방경전

34) '미귀환자 13,500여 인'이라는 수는 당시의 정황을 검토하면, 아무래도 과도하여 實數라고는 생각되지 않는다. 1차 동정군의 수치를 출정시에 부풀린 탓에 더 많은 계산이 나왔을 수 있고, 합포 귀환에 1달 여 긴 기간이 걸린 것과 관련, 중도 도망자 등이 포함되었을 수도 있을 것이다. 1차에서 고려군의 전투병력을 8천이라 하였지만 실제로는 5천 3백 정도였다는 것도 처음의 병력규모가 부풀려졌을 가능성을 암시한다. 연합군은 그 인원 격차를 자연 재해의 피해 탓으로 돌려버림으로써 책임을 모면하였다는 것이다.

4. 연합군 조기철수의 요인

제반 기록의 검토를 통하여 볼 때 대풍우가 여원연합군에 큰 피해를 주었
다는 것은 부인하기 어렵고, 또 그 시점은 1274년 10월 20일 격전의 밤이 아
니고, 그로부터 수 일이 지난 후(가령 11월 5일), 철군의 과정에서였다는 주
장이 설득력이 있어 보인다. 여원 연합군이 만난 대풍우가 일본으로부터의
철군 도중의 일이었다고 한다면, 연합군은 왜 10월 20일 이후 더 이상의 전
투를 벌이지 않았을까, 다시 새로운 의문이 제기된다. 여기에서 우리는 10월
20일 저녁 연합군 지휘부의 작전 논의에 대하여 주의해 볼 필요가 있다.

10월 20일 하카타에서의 전투 끝에 날이 저물자 연합군 지휘부는 전투를
중지시키고 일단 배로 돌아가려고 하였다. 이에 대해서 고려군 측이 정식으
로 이의를 제기한다. 배수의 진을 치고 강공을 계속해야 한다는 것이 김방경
의 주장이었다.

> 병법에, 천 리를 멀리 달려온 군대는 그 예봉이 꺾을 수 없을만큼 강하
> 다고 하였다. 지금 우리 군이 수적으로는 적지만 벌써 적의 지경에 들어
> 서 있어 사람들이 각기 힘써 싸우게 되었다. 이것은 곧 맹명(孟明)이 배
> 를 불사르고 회음(淮陰)에서 배수의 진을 친 격이다. 그러므로 다시 싸
> 우도록 하자.(『고려사』 104, 김방경전)

그러나 원군의 지휘부는 이미 이날의 육상전을 더 지속할 생각이 없었다.

> 병법에, "적은 수의 군사가 강하게 덤비다가는 결국 많은 수의 군사에
> 붙잡히게 된다"라고 하였다. 그러므로 지치고 부족한 것이 많은 군대를
> 몰아 날로 많아지는 적군과 싸우게 한다는 것은 완전한 계책이라고 할
> 수 없으니 군을 돌이켜 돌아감만 같지 못하다.(위와 같음)

10월 20일의 전투 상황을 고려할 때, 김방경이 주장하는 강공과 원군 지휘부가 생각한 일단 회선(回船)의 방책 모두가 연합군으로서는 나름대로 각각의 타당성을 갖는다는 점이다. 하카타 일대에 대한 제압이 미진한 단계에서 적진 한 가운데서 밤을 지낸다는 것이 위험한 도박이라 생각되는 것도 무리한 것은 아니다. 더욱이 일측은 계속 주변 지역으로부터 군대를 증원하는 과정이어서 사태의 변화를 가늠하기 어려웠을 것은 분명해 보인다. 연합군의 전투병력이 약 2만 5천이라 하지만, 첫 상륙전에서 상당수의 병력은 연안의 선중에서 대기상태로 남겨져 있었을 가능성이 많다. 실제는 반드시 그렇지 않았지만, 하카타 일대에서 3곳으로 나누어 상륙한 연합군은 일측의 방어 전력에 비하여 숫적으로 열세라는 느낌을 가지고 있었고, 따라서 사태의 추이를 점검하며 강공 여부를 판단할 여유가 필요할 수도 있었다. 이점에서 1일간의 상륙 전투 후 연안의 섬으로 회선한 것은 그 자체로서 큰 문제가 있는 것은 아니었다는 생각이다.[35] 따라서 10월 20일 밤 연안 정박선으로의 회군이 바로 전투의 종지를 의미하는 것은 아니었다고 할 수 있다.

10월 20일 전투로 인하여 불태워졌던 하코자키 신사

문제는 회선(回船)이 아니라, 회선 이후에 연합군이 재상륙에 의한 본격적 공격이 가능하지 않았다는 점이다. 여원 연합군이 일본에 대한 공격을 더 계속하지 못하고 조기 철군하게 된 이유에 대해서는 『원사』 일본전의 기록이 자주 인용된다. 즉 당시 연합군이 "정돈되지 못하고 또 화살이 다하여 사경 (四境)을 노략만하고 돌아왔다"고 기록되어 있는데.[36] 여기에서는 연합군측 이 안고 있던 두 가지 약점을 읽을 수 있다.

하나는 조직 운용에 있어서의 문제점인데, 이는 당시 연합군이 몽골·고 려·한·여진 등 다민족, 다국적군으로 구성된 데서 오는 조직상의 느슨함을 지적한 것이라 할 수 있다. 연합군 구성의 대부분이 피정복민을 꾸려 급조한 것이고, 억지로 내몰리다시피 온 것이라 사기도 높지 않았다. 또 피정복민, 정복민의 혼성부대였던 탓으로 지휘계통도 충분히 정리되지 않았고, 전쟁의 목표 의식이 명확히 설정되지 못하였을 것도 물론이다. 몽골의 침입으로 수 십 년을 시달린 끝에 다시 동원된 이 무익한 전쟁에 대하여, 참여하는 고려 군이 적극적인 입장을 가졌을 리가 없는 것이다.[37]

다른 하나는 당시 연합군이 군수 보급상의 문제점을 안고 있었다는 점이 다. 연합군은 하카타 만에 이르기까지 쓰시마와 잇키 등을 거치면서 살육전 을 벌였고[38], 그리고 이어 하카타 일대에서의 치열한 전투를 단기간 전개하

---

35) 이들의 회선과 관련하여, 당시 연합군의 상륙은 전군이 상륙한 것이 아니고 일부가 선박에 잔류하여 있었으며, 이것이 몽골군이 배로 돌아간 한 이유였다는 竹內榮喜의 주장은 매우 흥미있다. 相田二郎 『蒙古襲來の硏究』吉川弘文館, 1958 pp.16-17에서 재인용.

36) "冬十月 入其國敗之 而官軍不整 又矢盡 惟擄掠四境而歸"(『원사』208, 일본전)

37) 『고려사』의 기록에는 고려군의 善戰에 대한 자료가 포함되어 있다. 가령 상륙 후 김방경이 회선론을 반대하고 강공책을 주장한 것, 고려군이 하카타에서의 전투에서 용전한 것 등이그것이다. 고려군의 용전에 대하여 연합군의 사령관 흔도(홀돈)가 "몽골군이 전투를 잘 한다해도 어찌 이보다 잘하겠는가"고 감탄하였다는 기록이 그것이다.(『고려사』104, 김방경전) 그러나 이같은 단편적 기록에 의하여 고려군이 이 전쟁에 적극적이었다고 해석할 수는 없다. 전투에서의 승패는 곧 생사를 가르는 것이어서, 일단 적진에 투입된 이상 생존을 거는 전투행위는 당연한 것이기 때문이다.

38) 연합군의 쓰시마, 잇키에의 엄습은 배후지의 제압이라는 점에서 당연한 수순이지만, 한편으로 물의 운반과 보급이라는 측면에서도 중요성이 있었다는 추측이다. 太田弘毅 「文永·弘安の役における元軍の水と糧食問題」『軍事史學』11-1, 1975, p.36

였다. 이것만으로 벌써 무기류 등 보급상의 한계가 드러났다면, 연합군은 처음부터 일본을 격파시켜 완전히 제압한다는 단계까지의 목표를 갖지 않고 있었던 것 같은 느낌을 받는다. 일본에 대한 전면전쟁이었다면 이를 위해서는 보다 장기적인 전쟁이 가능한 준비가 필수적이었을 것이기 때문이다.

원의 일본침입은 일본을 굴복시키기 위한 '강한 압력'의 단계였고, 한 번의 전쟁으로 일본 정복을 완성한다는 식의 목표는 처음부터 가지고 있지 않았던 것 같다. 이같은 제한적 목표 설정이 연합군이 정작 상륙후의 작전전개에서 소극적 입장에 서게 되는 중요한 이유가 아니었나 생각된다. 실제 몽골군은 동아시아 각국의 정복에 수십 년의 시간을 필요로 하였다. 고려정부가 몽골의 지배권에 들어온 것이 정복전쟁을 일으킨 지 40년이 지난 대략 1270년 경이었고, 남송의 경우는 아직도 몽골의 지배하에 들어오지 않고 있던 시기였다. 한 번의 군사작전으로 일본을 제압한다는 목표는 처음부터 없었다고 보아야 한다. 다만 무력적 위협에 의하여 일본을 원의 정치적 영향권 안에 들어오게 하는 것이었고, 이에 의하여 상대적으로 남송을 더욱 고립화하는 효과도 얻을 수 있었다.[39]

따라서 여원군의 일본 침입은 처음부터 군사적 기대에 일정한 제한점이 있었다고 할 수 있다. 이 때문에 제1차 여원군의 일본 침입은 기본적으로는 남송 공략에 초점을 둔 전략상의 한 작전이었다는 점, 그리고 무거운 부담을 지우는 것에 의하여 고려에 대한 지배를 강화하기 위한 것이 아니었을까 하는 의견이 제시되기 하였다.[40] 즉 원에 있어서 일본 정복이란 일본 자체보다 남송 혹은 고려에 대한 지배권 확립에 보다 관심이 많았다는 의견인 셈이다. 이러한 주장을 액면대로 받아들이기는 어렵지만, 당시 동아시아의 정세상 적어도 일본에의 작전 목표가 처음부터 분산적인 측면이 있었으리라는 의견은 설득력이 있어 보인다. 그 결과 일본에 대한 침입이 '무력적 위협'이라

39) 川添昭二 「元軍敗退の論」『蒙古襲來硏究史論』雄山閣, 1977, p.36 ; 杉山正明『몽골 세계 제국』(임대희 등 역) 신서원, 1999, pp.281-282

40) 川添昭二, 위의 「元軍敗退の論」, p.36

는 정도의 수준에 맞추어져 있었고, 이같은 목표하에서 전면적 전투에 의하여 연합군이 많은 희생을 치를 각오는 되어 있지 않았던 것 같다.

여원군에 보급상의 문제가 있었던 것도 지적되고 있지만, 이와 관련하여 이들 동정군이 이미 고려 출발 이전부터 작전상의 차질이 있었던 점은 주목할 필요가 있다고 생각한다. 1274년 일본침입은 양력 11월에야 비로소 합포 출발이 가능했다. 이것은 전투를 새로 시작하기에는 매우 늦은 시기이다. 원래 몽골군의 계획은 여름에 출진하는 것이다. 원군 1만 5천 병력이 고려에 당도한 것은 1274년 5월의 일이다. 동정의 병선 작업도 5월 말에 기한을 맞추어 마무리되었다. 천관산과 변산에서 건조된 이들 전함은 6월 16일 이전에 김해에 모이고, 6월 하순 준비는 완료되었다. 그런데 그 6월에 고려의 국왕이 사망하였고, 원의 황녀와 갓 결혼한 새 임금이 8월에 즉위하였다. 그리고 9월에는 원종의 장례식이 치러졌다. 원종의 사망과 충렬왕의 즉위로 합포에서 출진하려던 김방경과 홍다구는 개경으로 올라와 조문하였다. 이 때문에 동정의 기일이 늦어져, 늦가을인 음력 10월에야 비로소 일본을 향한 출정을 개시하였던 것이다. 여진군은 이때까지도 도착하지 못한 듯하다. 이같은 예상외의 상황이 작전 여건과 보급 등에 있어서 일차적으로 큰 차질을 빚은 것이라 생각한다. 1차 연합군이 계획된 대선의 규모 3백 척에 크게 미달하는 126척만을 사용한 것도 결국 식량과 무기 등 군수물자의 적재량을 처음 계획보다 크게 줄인 때문이 아닌가 생각한다. 이에 의하여 처음부터 전투의 일정을 단기간으로 설정하였으리라는 것이다.

연합군이 여름에 출발하는 계획이었다는 것은 2차 동정군이 음력 5월에 고려에서 출정한 것을 보더라도 그렇다. 동정 직전에 행해진 삼별초에 대한 몽골군의 작전도, 진도에서는 5월, 제주도에 대해서는 4월에 이루어졌다. 10월에야 발진한 1차 동정군은 처음부터 전투를 장기적으로 할 의사가 없었으며, 상륙 이후 일본군의 강한 저항에 부딪혀 치열한 전투를 치르게 되자, 스스로 전투의 한계를 정하게 된 것은 아닐까. 결과적으로는 쓰시마, 잇키에서의 살육을 포함하여 이제까지의 전투의 결과로서 전과를 호도하는 것으로 적당한 시기의 철수를 도모하였던 것이라는 생각이다.

맺는말 | 장기간의 여몽전쟁 끝에 이루어진 13세기 후반 여원연합
군의 일본침략은 원의 고려 지배를 실현하는 하나의 방책
이었다. 몽골에 대한 고려의 저항이 실패하고 이제 고려가 그 정치적 지배하
에 들어갔다는 변화를 가장 실감하게 하는 사건이었다. 이같은 전쟁의 성격
때문에 한국사에서 여원연합군의 일본침입에 대한 문제는 본격적 연구의 대
상에서 사실상 제외되어 있었다. 이 때문에 이 문제는 일본측에 의하여 연
구가 일방적으로 주도되어 왔고, 그 결과가 정치적으로 이용되기도 하였다.

그러나 고려가 이 사건의 가장 중요한 당사국의 하나라는 점, 1274년 고려
군의 일본 원정에의 참여는 한국사 초유의 본격적 해외원정 사례이며, 외세
의 강요에 의한 파병이었다는 점에서, 한국사의 입장에서 흥미를 끄는 점이
있다. 따라서 이 전쟁에서의 고려의 역할문제는 짚어야 될 점의 하나이다.
특히 여원연합군에 의한 일본침입에 있어서 고려군은 일견 가해자로서의 입
장이 되기 때문에, 심지어는 14세기 이후 왜구의 고려침입을 여원군의 일본
침입에서 그 원인을 구하는 주장이 풍미하기도 하였다. 일본에서 이루어진
기왕의 연구가 은연중 이같은 관점을 방조하는 경향도 없지 않았다. 가령 이
케우치(池内 宏)의『원구의 신연구』는 일본, 중국, 한국 3국의 사료를 폭넓게
활용하면서 원 세조의 일본침략을 동아시아 전체를 그 시각에 넣고 정리한
방대한 논문이다. 그러나 그가 인식한 3국 관계는 원 지배하의 동아시아였
다. "우리나라〈일본을 말함: 필자〉에 대한 두 차례의 정벌전을 행하였던 사
이 그리고 그 전후 종주국을 위한 커다란 역할을 행한 것은 고려이다."[41] 즉
원의 일본침입은 고려를 정복한 원이 다시 고려를 철저히 지배하여 일체화
된 힘으로 일본을 압박한 것이었다. 여기에서 고려의 존재는 원에 부용하여

---

41) 池内 宏『元寇の新研究』 p.4 서문

일본에 압박을 가한 가해세력으로서의 존재였던 것이다.

그러나 그 실제의 여러 측면을 진지하게 관찰한다면 고려야말로 일본침공에 있어서 가장 큰 피해자였다는 결론에 동의하게 된다. 고려는 원의 일본침공에 다수의 전투병력과 승조원을 동원하여 파견하였을 뿐아니라 이외에 대량의 군선을 건조하여 제공하였고, 식량과 무기 등의 군수를 공급하지 않으면 안되었다. 이같은 문제 때문에 몽골의 일본 침입 의도가 표출되면서 그 사태의 진전을 가장 우려하였던 것이 고려였던 것이다.

여원연합군에 의한 일본 침략은 1274년과 1281년의 두 차례에 걸쳐 이루어졌다. 그리고 두 차례 모두 전투와는 별도로 태풍 혹은 대풍우의 천재(天災)가 연합군을 덮쳐 일본열도가 전화(戰禍)를 면하는데 큰 도움이 되었던 것이 사실이다. 본고는 두 차례의 사건중 1274년 1차침입을 중심으로 당시 여원연합군의 병력규모와 군선규모에 대하여 논의하고, 이어 이른바 '태풍'의 문제, 연합군 조기 철군의 이유 등 주요 관심사에 대하여 정리하였다.

본고에 의하여 정리한 결론을 요약하면 다음과 같다.

첫째, 1차 동정군의 병력 규모에 대하여 '32,300'이 가장 합리적 산정치라고 보았다. 그 내용은 몽한군 2만, 고려군 5,600, 고려의 승조원 6,700 등을 합한 수치이다. 이에 대해서는 사료 해석상의 문제가 다소 복잡하여 3만으로부터 4-5만에 이르기까지 그동안 다양한 의견의 제시가 있었고, 책에 따라서도 차이가 많이 있었다.

둘째, 고려측이 부담하여 합포에서 출진한 군선의 규모에 대해서는 전체 9백 척, 그중 대선이 3백척으로 알려져 있지만, 실제 대선의 수를 채우지 못하였고, 그 결과 출정한 대선의 규모는 126척이었다는 의견이다. 대신 식량과 무기, 마필 등 군수 보급 면에서 충분하지 못하였고 이것이 실제 전투에서 일정한 제약을 가져왔다고 생각된다.

셋째, 여원연합군의 철군과 관련하여 태풍에 의한 패퇴주장은 사실과 다르다. 상륙전 이후 연안으로 철군한 상태에서 대풍우가 있었던 것은 사실이지만, 그것은 이미 철군의 도중에 있었던 일이라는 주장에 동의한다. 연합군은 처음부터 조직과 보급 등 내적 문제점을 가지고 있었고, 이것이 조기 철군의 중요한 요인이 된다는 점에서 연합군의 원정 실패 요인은 복합적 요인의 결과라 할 수 있다.

본고에서의 논의는 기왕에 생산되어 있는 일본 학계의 견해를 많이 참고하면서 상이한 주장들에 대해서는 필자 나름의 입장에서 정리하여, 객관성 있는 견해를 취하려고 노력하였다. 그리고 그 과정에서 기왕의 의견과는 다른 결론들을 제시하기도 하였다. 대체로 이같은 작업은 문제에 대한 기초적 논의의 성격을 갖는다. 이같은 기초 작업은 앞으로의 문제의 지속적 천착을 위하여 반드시 필요한 단계라는 생각이다.

* 본고는 『도서문화』 25, 목포대 도서문화연구소, 2005에 실린 논문임.

4장
14세기
동아시아 세계와 신안선

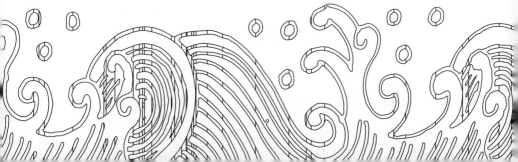

일본에 있어서 '원구(元寇)' 연구의 현황
(1976-2011)

머리말 |　'원구(元寇)'[1] 연구는 일본사 연구에서 가장 오랜 연구사
　　　　　　 적 축적을 가지고 있는 주제 중의 하나이다. 이 사건은 한
국과 일본과 중국, 동아시아 3국이 직접 연관되어 야기된 전근대에 있어서
대표적인 '동아시아적 사건'의 하나이다. 그럼에도 불구하고, 이 사건은 그동
안 '동아시아적' 사건으로서보다는 주로 '일본의 역사' 범주에서 다루어져왔
다. 이 사건이 특히 일본 역사에 커다란 영향을 미친 사건이었고, 관련 자료
와 현장이 주로 일본이었다는 점에서 이 사건이 일본 중심으로 다루어져 온

* 본 논문은 九州大學 한국연구센터의 객원교수로 있는 동안(2011.11.15-2012.3.14) 작성하여
  2012.2.28 동 센터에서 구두 발표한 것을, 수정 보완한 것이다. 본 연구가 가능하도록
  지원한 한국연구센터(소장 松本孝俊 교수)에 지면을 통해 감사를 드린다.

1) 13세기 일본에 침입한 여원연합군을 '元寇'라고 칭하는 용어는 매우 익숙한 용어중의
   하나이기는 하지만, 학술 용어로서의 적정성에 대해서는 문제점이 없지 않아, (杉山正明
   「大陸から見た蒙古襲來」『逆說のユーラシア史ーモンゴルからのまなざし』日本經濟新聞社,
   2002, pp.172-178); 近藤成一「蒙古襲來」『歷史評論』734, 2011.6, pp.53-54) 근년에는
   '蒙古襲來'라는 용어를 더 일반적으로 사용하고 있다. 그러나 본고에서의 경우 여기에서
   다루어지는 논의의 범위를 간단히 규정하고 전달하는 데에는 '원구'라 지칭하는 것이 다른
   어느 용어보다 편리한 점이 있다. 따라서 본고에서는 '元寇'라는 용어를 중심용어로서 편의상
   사용한다.

것은 당연하다고 할 수 있다.

'원구(元寇)'는 한편으로 근대 일본제국주의 시대에 일본중심의 국수적 '국민정신'을 고양하는 근거로 이용되었다는 점에서, 한국에 있어서는 주제 자체에 대한 거부감이 작용하였다. 또 한국에서는 '민족정신'을 고취하는 측면에서 역사연구와 교육이 많이 이루어졌기 때문에, 이에 상충하는 '원구(元寇)'의 역사적 사실은 한국사의 범주에서 거의 제외되고 연구자의 관심 밖에 두어졌다. 이 때문에 근년에 이르기까지 한국에 있어서 '원구(元寇)' 관련 연구는 거의 이루어지지 않았으며[2], 한국사 개설서 혹은 국사 교과서에서의 소재로서도 배제되어 있다.[3] 원구 문제가 이 시기 고려 역사에서 어떻게 해석되어야 하고, 어떤 정치적 맥락을 갖게 되는 것인지에 대한 고민이 제기된 바가 없으며, 이 사건을 한국 역사에서 어떻게 지칭해야 할 것인가 하는 역사적 용어 문제에 있어서도 논의나 합의가 없는 상태이다.[4] 다만 최근에 들어서 한국 역사를 보다 넓은 시야에서 보고 싶어 하는 욕구가 반영된 것인지, 사건 자체에 대한 대중적 관심이 조금씩 나타나는 변화가 있다.[5]

---

2) 2000년까지 발표된 한국에 있어서의 '元寇' 관련 논문은 모두 합하여 10편 미만에 그치고 있다. 그중의 절반은 1990년대에 발표된 논문이고, 1990년대 논문의 절반은 일본에서 학위를 받은 일본중세사 전공자에 의하여 발표된 것이다. 발표논문을 열거하면 다음과 같다. 박형표 「여몽연합군의 동정과 그 전말」『사학연구』 21, 1969; 이은규 「원의 일본정벌 고찰」『호서사학』 1, 1972; 김철민 「원의 일본원정과 여원관계」『건대사학』 3, 1973; 김위현 「여원 일본정벌군의 출정과 여원관계」『국사관논총』 9, 1989; 나종우 「여원 연합군의 일본원정」『한국중세 대일교섭사 연구』 원광대학교 출판국, 1996; 남기학 「몽고침입과 중세일본의 대외관계」『아세아문화』 12, 1996; 채상식 「여·몽의 일본정벌과 관련된 외교문서의 추이」『한국민족문화』 9, 1997; 이영 「여몽연합군의 일본침공과 여일관계」『일본역사연구』 9, 1999.

3) 한국의 국사교과서에서는 2차 교육과정기(1963-1972)에 교과서 기술에 포함된 적이 있으나, 이후 다시 제외되었다.(문경호·윤용혁 「국사 교과서 속의 몽골 관련 서술」『교과교육연구』 15-1, 이화여대 교과교육연구소, 2011, pp.6-7) 한편 북한에서는 元寇 관련 논문이 全無하고, 개설서 혹은 교과서의 경우 元寇 문제는 전혀 취급되지 않는다.

4) 13세기 후반 여몽군의 일본침입에 대하여 한국사에서 사용하는 용어는 '일본원정' '東征' '일본침공' '일본침입' 등으로 정리되어 있지 않다. 이점에 대하여 森平雅彦은 『고려사』에 근거하는 '甲戌.辛巳의 役'이라는 용어를 제안하여 사용하고 있다.(森平雅彦 「高麗」『朝鮮史研究入門』(朝鮮史研究會 編), 名古屋大學出版會, 2011, p.105)

5) 정순태 『여몽연합군의 일본정벌』 김영사, 2007; 제성욱 『일본정벌군』 중앙북스, 2008; 이승한 『쿠빌라이 칸의 일본원정과 충렬왕』 푸른역사, 2009; 김종래 『결단의 리더 쿠빌라이 칸』 꿈엔들, 2009 등의 간행이 그 예이다.

'원구(元寇)'라는 사건은 일본만이 아니라 주변 국가와 밀접한 연관을 갖는 '동아시아적 사건'이라는 점이 그 특징이다. 이러한 점에서 이 주제는 일본 이외에 한국, 혹은 중국과의 역사 연구의 공동참여 영역이 될 수 있는 주제이다. 뿐만 아니라, 원구(元寇) 관련 연구는 13세기의 고려의 대몽골 관계사 연구에 있어서도 그 깊이를 더할 수 있는 유익한 자료를 제공받을 수 있는 원천이 될 수 있다. 따라서 한국에 있어서도 '원구(元寇)'에 대한 관심과 연구가 필요하며, 동시에 동아시아적 사건으로서의 원구(元寇) 문제에 대하여 공동으로 접근해야 하는 여지도 있다는 생각이다.[6] 본 연구는 이러한 취지에서 일본에 있어서 원구(元寇) 연구의 흐름과 내용을 파악하는 기초적 작업으로서의 성격을 가지고 있으며, 특히 한국의 연구자와 관심자에게 정보를 공급한다는 의미를 가지고 있다.

1975년까지의 일본에 있어서 '원구(元寇)'에 대한 연구 성과 혹은 연구 경향에 대해서는, 큐슈대학에 재직하고 있던 가와조에(川添昭二) 교수에 의하여 전문적으로 분석되고 정리되어 그 성과가 단행본으로 출간된 바 있다.[7] 따라서 본고는 그 이후의 시기를 중심으로 관련 연구 현황을 파악하는 것을 목적으로 한다. 일본에 있어서 근년 '원구(元寇)'에 대한 일반인의 관심을 크게 불러일으킨 것은 2001년 드라마 〈호조 도키무네(北條時宗)〉의 방영이었다. 다른 한편 이 시기에는 〈몽고습래회사(蒙古襲來繪詞)〉의 연구가 계속 이어졌으며, 여몽군의 군선이 집단 침몰한 다카시마(鷹島) 해저유적에 대한 고고학적 조사가 이루어지고 있다. 동시에 '원구(元寇)'에 대한 새로운 관점에서의 시각이 제기되고 검토되었다. 이같은 점에 유의하여 1976년부터의 원구(元寇)에 대한 일본에서의 연구 현황을 파악하고, 이를 통하여 향후 한국에 있어서의 관련 연구, 즉 13세기 고려와 몽골관계, 여일 관계사 연구에 도움

---

6) 이같은 생각에서 필자는 기왕에 「여원군의 일본침입을 둘러싼 몇 문제-1274년 1차 침입을 중심으로」, 「여원군의 동정과 고려군선」 등을 발표한 바 있고, 비슷한 시기 구산우의 「일본 원정, 왜구 침략과 경상도 지역의 동향」, 『한국 중세사연구』 22, 2007), 김보한 「중세 일본의 여몽위기론」, 『문화사학』 2005) 등에 의하여 발표된 논고도 있다.

7) 川添昭二 『蒙古襲來研究史論』 雄山閣, 1977

이 되는 기본 정보를 제공 하고자 한다.[8]

1. 가와조에(川添昭二)의 '원구(元寇)' 연구사 정리

1975년까지의 원구(元寇)에 대한 논고에 대해서는 개략적 소개와 연구사 정리가 가와조에(川添昭二)에 의하여 체계적으로 이루어져 연구자들에게 많은 도움을 주고 있다. 그의 관련 〈문헌목록〉에 의하면 1873년부터 1975년까지 1백 여 년 동안 일본에서 제출된 이른바 '원구' 관련의 저서, 자료집, 논문, 단문 등의 총수는 455건으로 집계되고 있다.[9] 또 시기에 따른 연구 경향 혹은 사실 인식의 차이도 적지 않아 이에 대한 정리가 중요한 작업의 하나가 되었다.

가와조에(川添)에 의하여 정리된 '원구' 연구 현황은 18세기로부터 1975년까지이다. 이후 36년의 시간이 경과하는 동안 시대적 변화와 연구 환경에 일정한 차이가 있게 되었고, 그 사이 일정한 연구의 결과가 다시 축적되었다. 본고에서 범위로 잡은 1976년으로부터의 36년은 메이지시대(明治時代) 44년, 다이쇼시대(大正時代) 14년, 쇼와(昭和) 전전기(戰前期) 20년, 쇼와(昭和) 전후기(戰後期) 30년에 이어지는, 또 하나의 시기라고 생각하면 좋을 것이다.

가와조에(川添)는 위의 책에서 그동안의 '원구'에 대한 연구 내용을 에도시대(江戸時代), 메이지시대(明治時代, 1868-1911), 다이쇼시대(大正時代, 1912-1925), 쇼와(昭和) 전전기(戰前期, 1926-1945), 쇼와(昭和) 戰後期(전후기, 1946-1975) 등, 5시기로 나누어 시기별로 정리하였다. 메이지(明治) 시

---

8) 본고의 초고가 완성된 이후에 본고와 유사한 주제의 논고로서 남기학의 논문(「몽골의 일본 침략-연구사적 고찰과 교과서 비판」『한림일본학』 19, 한림대 일본학연구소, 2011)을 확인하게 되었다. 본고가 일본에서의 연구에 초점이 맞추어져 있는 것에 비하여, 남교수의 논문은 한국에서의 연구 및 일본 역사 교과서의 관련 기술에 대해서까지 보다 폭넓게 문제를 다루고 있다는 점에서 차이가 있다.

9) 川添昭二, 『蒙古襲來研究史論』 雄山閣, 1977, pp.290-307

대는 일본이 근대화에 의한 제국주의 체제를 갖추고 조선의 식민지화를 달
성한 시기이다. 자유주의적 분위기의 다이쇼(大正) 시대를 거쳐 쇼와(昭和)
전전기(戰前期)는 제국주의 침략 정책이 세계대전으로 확산함으로써 국민의
식의 고양이 크게 부르짖었던 시기이다. 1945년의 패전에 의하여 일본은 민
주주의라는 새로운 체제로 전환하였다. 이러한 시대적 변화는 '원구'라는 사
건을 바라보는 시각에 있어서도 적지 않은 영향을 미쳤다고 할 수 있다. 근
년의 연구 현황을 논의하기 위하여 우선 가와조에(川添)에 의하여 정리된
'원구' 연구사를 각 시기별로 나누어 설명하면 다음과 같다.

에도시대 (江戸時代, 18,19세기)

에도시대 말 대외관계의 긴박함에 대한 인식이 元寇에 대한 관심을 촉발하
였다. 미토번(水戸藩) 오미야야마(小宮山昌秀)의 『원구시말(元寇始末)』은 러시
아 세력의 남하를 배경으로, 나가무라(長村鑑)의 『몽고구기(蒙古寇記)』는 페
튼 호 사건, 오하시(大橋訥庵)의 『원구기략(元寇紀略)』은 페리의 내항을 계기
로 만들어진 것이다. 이것은 '원구' 연구가 일찍부터 대외관계의 긴장이라는
외부적 여건에 의하여 관심이 촉발되었음을 암시하고 있다. 그리고 이같은
경향은 이후 근대국가의 수립 및 제국주의의 전개에 따라 보다 명백해진다.[10]

메이지시대 (明治時代, 1868-1911)

청일전쟁과 러일전쟁의 발발에 의하여 원구 연구의 '제2차 고양'이 이루어
진 시기이다. 유명한 원구 관련 사료집 『복적편(伏敵編)』(山田安榮 編, 1891)
이 간행 되었으며, 국민운동으로서 원구 기념비 건설운동이 전개되었다. 그
러나 학문적 수준은 질량적으로 아직 미숙한 단계이다.[11] 가와조에(川添)의
원구 〈문헌목록〉에는 이 시기 40여 년 간 도합 32건의 문헌 목록이 등재되
어 있다.

---

10) 川添昭二「江戸時代における蒙古襲來研究」『蒙古襲來研究史論』1977, 61-104쪽.
11) 川添昭二「明治時代における蒙古襲來研究」『蒙古襲來研究史論』1977, 105-143쪽.

다이쇼시대(大正時代, 1912-1925)

지역 현지에서의 연구가 활발히 행해지면서 '원구방루' 등 유적의 조사와 발굴이 진행되어 그 결과가 『원구사적(元寇史蹟)의 신연구』(1915)로 정리되었다. 한편으로 1차대전 이후 자유주의 경향의 영향으로 원구(元寇)를 동아시아사 관계사 속에서 연구하는 경향이 나타났으며, 신사료가 발견 소개되고 새로운 사실에 대한 활발한 논의가 전개되었다.[12] 가와조에(川添)의 원구〈문헌목록〉에 의하면 다이쇼 24년(1912-1925) 동안 총 74건, 5년 단위 평균으로는 대략 25건 이상의 논저가 산출되었다. '원구' 연구가 활성화되기 시작한 것이다.

쇼와 전전기(昭和 戰前期, 1926-1945)

일본이 1931년 이후 15년 전쟁이라는 대장정에 매진하는 시기였던 만큼, '원구' 연구는 '국민 정신' 진작에 매우 중요하였던 역할을 하였던 시기이다. 1931년 '홍안(弘安)의 역' 650년을 맞는 것을 기회로 각종 행사와 자료의 제작이 성하였다. 가와조에(川添)의 원구〈문헌목록〉에 의하면 1931년 한 해 동안 무려 38건의 '원구' 관련 문헌 목록이 기록되고 있다. 연대별로 수량을 산정하면 최고치를 기록한 해라고 할 수 있다.[13]

바로 그해(1931) 만주 사변과 함께 대외 전쟁의 길로 접어들면서, '원구' 문제는 '신국 일본' 혹은 '황국 일본'을 강조하는 국민교육의 중요한 자료가 되고, 시국(時局)의 홍보에 적극 동원되었다. 그러나 다른 한편 이 시기에 국내외 사료를 폭넓게 검토한 이케우치(池內 宏)의 『원구(元寇)의 신연구』가 출간되고, 아이다(相田二郎)에 의한 '국제사적(國制史的)' 연구가 활발히 이루어졌던 시기이기도 하다.[14]

---

12) 川添昭二 「大正時代における蒙古襲來研究」『蒙古襲來研究史論』 1977, 144-170쪽.

13) 1926년부터 5년간은 26건이던 논저의 수량이 1931년부터 1945년까지의 15년 전쟁 기간 동안 제출된 논저의 수량은 무려 165건에 이른다. 1931년부터 1935년까지의 5년이 최고의 피크를 이루어 75건으로 집계되고 있다.

14) 川添昭二 「昭和戰前期における蒙古襲來研究」『蒙古襲來研究史論』 1977, 170-220쪽.

쇼와 전후기(昭和 戰後期, 1946-1975)

'원구' 역사가 갖는 군사적 혹은 정치적 성격 때문에 전쟁이 끝난 후 한동안 '원구'에 대한 논의는 거의 이루어지지 않았다. 1946년부터 1955년까지를 예로 들면, 이 10년 동안 논저의 산출량은 12건에 그치고 있다. 전쟁기의 10분의 1 분량인 것이다. 1956년 이후로 논저의 수량이 늘어 5년 단위로 집계할 경우 대략 30건 수준을 유지한다. 그러다 1971년부터 1975년의 5년 동안은 56건으로 크게 증가세를 보인다.[15]

후쿠오카 시의 도시적 발전에 따른 조사 연구로서 큐슈대학을 중심으로 한 원구방루에 대한 조사가 이루어지고, 원구방루 관련 사료집 『주해(註解) 원구방루 편년사료』(川添昭二)가 간행되었다. 〈몽고습래회사(蒙古襲來繪詞)〉 연구의 진전, 주인공 다케자키(竹崎季長)의 거성인 다케자키성(竹崎城)에 대한 조사, '신풍(神風)'의 실체에 대한 논쟁이 있었으며, 이케우치(池內 宏)의 연구를 재검토한 야마구치(山口 修) 『몽고습래(蒙古襲來)』가 간행되었다.[16] 이상의 시기별 문헌목록 수량을 5년 단위로 집계하면 아래의 표와 같다.[17]

1911 -15	1916 -20	1921 -25	1926 -30	1931 -35	1936 -40	1941 -45	1946 -50	1951 -55	1956 -60	1961 -65	1966 -70	1971 -75
30	22	24	26	75	53	37	2	10	30	33	27	56

1930년대에 원구에 대한 논의가 피크를 이루고, 반대로 전쟁이 끝난 후 10년 동안(1946-1955) 이 주제가 완전히 외면되었던 상황을 잘 보여준다.

원구 역사의 정치적 이용, 그리고 그에 대한 반작용의 흐름을 잘 읽을 수 있다.[18]

---

15) 1974년 '文永役 700년'과도 관련이 있을 것인데, 1274년과 1275년 2년 동안 38건에 달하고 있다.

16) 川添昭二 「昭和戰後期における蒙古襲來硏究」『蒙古襲來硏究史論』 1977, 221-289쪽.

17) 川添昭二 『蒙古襲來硏究史論』의 〈문헌목록〉은 논문, 저서, 글 등이 평면적으로 열거되어 있기 때문에 이에 의하여 수량을 정확히 계량할 수는 없다. 그러나 전체적 추이를 파악하는 데는 참고 되는 점이 있는 것으로 생각한다.

2. '원구(元寇)' 연구와 호조 도키무네(北條時宗)

근년 일본에 있어서 '원구' 문제는 가마쿠라(鎌倉)시대사의 논제로서 종종 관련 분야가 언급되기는 하였지만, 전체적으로 보면 주된 관심의 영역에서 벗어나 있었다. 그리고 군사적 측면보다는 정치사 혹은 대외관계사의 측면에서 일정한 학문적 정리가 이루어졌다.

위영길(魏榮吉) 『원일관계사(元日關係史)의 연구』(1993)는 '원대 문화의 동전(東傳)' '원일(元日) 무역' 등을 함께 다루었지만, 내용의 절반 이상이 원구에 대한 전반적 경위를 정리한 것이다. 특히 그동안 일본에서의 연구 성과를 참조하여 이를 원, 남송, 고려 등 주변국과의 관계에 유념하여 재정리한 것이다. '문영(文永)의 역(여원연합군의 1차 침입)'을 '갑술(甲戌)의 역', '홍안(弘安)의 역(2차 침입)'을 '신사(辛巳)의 역'으로 지칭하고, 원종의 죽음이 연합군 1차 침입 차질의 중요한 요인이 되었음을 지적하는 것 등이 눈에 뜨인다.[19]

'원구' 자체에 대한 연구 업적으로 대표적인 것은 오다(太田弘毅)의 연구(『蒙古襲來-その軍事史的研究』)이다.[20] '원구' 문제를 군사적 측면에서 검토한 도합 13편의 논문을 수록하였는데,[21] 그 가운데 강남군(江南軍, 구 남송군)에 대한 문제, 함선과 식량 보급에 대한 문제를 중점 검토하여 나름의 견해를 제시하고 있다. 가령 '홍안(弘安)의 역'에서 강남군과 동로군이 회합하려 했던 중요한 이유가 동로군(마산 출정군)의 식량 부족을 강남에서 공급하

---

18) 戰後에 있어서는 1970년대 전반에 피크를 이루고 있는데, 이는 1974년 '文永의 역' 700년과 관련이 있는 것으로 생각된다.

19) 魏榮吉 『元日關係史の研究』教育出版センター, 1993

20) 太田弘毅 『蒙古襲來-その軍事史的研究』錦正社, 1997

21) 「文永の役, 元軍撤退の理由」;「第二次日本遠征時の東路軍·江南軍」;「江南軍艦船隊の編制」;「弘安の役の東路軍·江南軍會合と糧食問題」;「弘安の役における江南軍の發進地」;「第二次日本遠征參加降宋職業軍人立場」;「元朝による第三次日本遠征計劃と遼陽行省」;「第三次日本遠征計劃と中國大陸の艦船等供給事情」;「文永·弘安の役における元軍の水と糧食問題」;「蒙古襲來時, 日本側戰線の糧食事情」;「高麗の艦船用材木事情-元の日本遠征に關聯して」;「元寇時の高麗發進艦隊の編制」;「蒙古襲來時, 元軍使用の矢について」

기 위한 것, 원(元)이 3차 침입을 단념한 중요한 이유의 하나가 식량 보급의 어려움이었다는 것, '홍안의 역'에서는 강남군의 발진(發進)은 경원(慶源:寧波) 1개소에서 이루어진 것이 아니라, 혹은 양주(揚州), 호남(湖南), 천주(泉州) 등 조선지(造船地)에서 직접 발선(發船)하는 경우를 포함하고 있었다는 것 등이 그것이다. '문영의 역'에서 원군(元軍)의 조기 철퇴 이유에 대해서는 '관군부정우시진(官軍不整 又矢盡)'(『元史』 208)이라는 기록을 중요시하여 연합군의 내부 사정에 유의하고 있는 점도 흥미 있다. 큰 줄거리를 새로 세우는 것은 아니지만, 사료의 부족으로 접근하지 못했던 여러 문제들에 대하여 보다 깊이 있는 검토를 추구했다는 점에서 의미 있는 연구 성과라 생각된다. 오다(太田)는 논문집 출간 이후에도 『송포당연구(松浦黨研究)』라는 지역 잡지에 '원구'의 군사적 문제를 비롯한 관련 연구 결과를 계속 집필 하였다.

2000년을 전후하여 '원구'에 대한 관심이 크게 증폭되었다. 그것은 2001년 NHK에서의 대하드라마 〈호조 도키무네(北條時宗)〉의 방영이 직접적 계기를 조성하였다. 드라마의 영향으로 일반인들의 '원구' 혹은 이 시기 정치사에 대한 관심이 고조되면서 호조(北條時宗) 또는 '원구'에 대한 다양한 도서가 출판되고, 전시회와 강연회 등이 많이 개최되었는데,[22] 특히 '호조 도키무네(北條時宗)'라는 인물을 중심으로 원구 문제가 많이 다루어졌다는 것이 특징이다.[23]

이 시기 간행된 저작의 일부는 호조(北條時宗)를 '국난'을 타개한 '결단력 있는 시대적 영웅'으로 부각시키는 것이었다. 일반인들의 흥미와 요구에 부응하는 이같은 대중서의 출판에서 일반인을 끌기 위하여 사용한 키워드는

---

22) 2001년(1.7) 〈北條時宗〉 드라마의 방영을 계기로 후쿠오카에서는 '中世博多展'(3.2-12.2)을 개최하는 한편 '元寇 時代'라 題한 3회에 걸친 심포지움, 4회에 걸친 기념강연회, 元寇방루 유적의 공개, 사진전 등 각종 행사가 이루어졌다. 이에 대한 자세한 내역은 西原禮三. 柳田純孝『元寇と博多-寫眞で讀む蒙古襲來』西日本新聞社, pp.2001, 110-111쪽에 정리되어 있다.

23) 필자가 이번에 작성한 〈元寇 관련 문헌(1976-2011)〉에 의하면, 발간 문헌의 수량이 1996-2000년, 2001-2005년에 38건과 44건을 각각 기록함으로써, 다른 시기에 비하여 2배 이상으로 급증해 있다. 그 가운데 2000년 1년 동안 16건, 2001년 23건으로 집계되어 다른 시기 5년간의 수치보다 높게 기록되고 있다. 〈北條時宗〉이 얼마나 많은 영향을 미쳤는지를입증하고 있다. 작성된 전체 통계를 주)78에 제시한다.

쇼와 전기(昭和前期)의 전시(戰時)에 고양되었던 국가주의 사상과 일면 맥이
닿고 있다. '원구'라는 주제는 그만큼 '민족' '국가' 등을 감정적으로 자극할
수 있는 소재로서 여전히 활성 요소를 가지고 있는 것이다. 이러한 역사 인
식의 문제점에 대해서는 무라이(村井章介)에 의하여 정면으로 지적된 바 있
고[24], 한편으로 전문가들의 연구 성과를 정리한 책들이 함께 간행되어 대중
의 역사적 필요를 공급하였다.[25] 호조(北條時宗)에 대한 과도한 부각에 대한
경계로서 아다치(安達泰盛)라는 또 하나의 관련 인물을 주목하게 된 것도
이 시기의 일이다.[26]

한편으로 일본에서 '원구' 문제에 대하여 끊임없이 관심이 이어진 것은 사
건과 지역적인 연관을 갖는 지역의 전문 학자, 향토사학자들이었다는 점도
지적하고자 한다. 근년의 연구중에서 후쿠오카의 도시사(都市史)와의 관련
에서 '원구' 관련 자료가 유용하게 활용되고 있는 점도 유의되는 점이다.

3. 〈몽고습래회사〉의 연구

〈몽고습래회사(蒙古襲來繪詞)〉자료에 대한 연구는 에도시대 이래 일찍부
터 관심을 모으면서, 지속적인 연구가 진행되어온 분야이다.[27] 일찍이 이케
우치(池内 宏)는 그의 '원구' 연구에서 〈몽고습래회사〉(이하 〈회사〉로 칭함)

---

24) 村井章介『北條時宗と蒙古襲來』日本放送出版協會, 2001, pp.3-8.

25) 佐藤和彦 編『北條時宗のすべて』新人物往來社, 2000; 奧富敬之『北條時宗と蒙古襲來』
日本放送出版協會, 2000; 佐藤和彦, 錦昭江 編『圖說北條時宗の時代』河出書房新社,
2000; 石井 進『鎌倉びとの聲を聞く』NHK出版, 2000; 關幸彦『神風の武士像-蒙古合戰の
眞實』吉川弘文館, 2001

26) 福島金治『安達泰盛と鎌倉幕府』有隣堂, 2006; 福島金治『北條時宗と安達泰盛-新しい幕府
への胎動と抵抗』山川出版社, 2010

27) 〈繪詞〉의 성립 연대는 〈繪詞〉詞 15.16에 표기된 '永仁 원년 2월 9일'에 근거하여 영인
원년(正應 6년, 1293) 이후 성립 했다는 것이 일반적 인식이지만, 이 글 자체가 한참
뒤에 쓴 것이라는 주장, 혹은 글 자체가 그림과 별도의 문서라는 주장 등 다양한 이론이
제기되어 있다.

를 역사적 사료로서 적극적으로 검토하고 활용함으로써 연구의 새로운 단계의 진전을 가져온 바 있다.[28] 〈회사(繪詞)〉는 전, 후 2권으로 되어 그림이 도합 21장면, 글(詞書)이 16장면으로 되어 있는데, 1차원정(文永의 역)에 대한 것이 전권에, 2차원정(弘安의 역)에 대한 것은 후권에 실려 있다. 〈회사(繪詞)〉는 에도시대 이후 많은 모사본이 만들어져 그 수량이 40종을 훨씬 넘는다.[29] 이에 대한 연구는 〈회사〉의 성립 연대, 제작 의도, 화가와 제작지, 전래 문제와 개찬(改竄), 그림의 배열, 화풍(畵風)과 서풍(書風) 등 여러 문제에 대하여 각각 심도 있게 이루어져 왔다.[30]

〈회사(繪詞)〉 자료의 출판에 의하여 원색 그림을 생생히 접할 수 있게 된 것은 회사 연구의 중요한 계기가 되었다.[31] 근년에 있어서 이에 대한 연구가 지속적으로 활발히 이루어지고 있고, 대중서의 간행 혹은 13세기 역사 전문서에서 특히 비중 있게 취급하고 있는 내용이 되고 있는 것은 이같은 자료의 보편화에 의하여 뒷받침 되었다고 할 수 있다.

근년의 〈회사〉 연구에서 가장 주목되는 것은 '그림7'에 해당하는 '다케자키(竹崎季長)의 분전도(奮戰圖)' 중, 다케자키에게 활을 쏜 3인의 몽병 그림이 후대에 추필(追筆)된 것이라는 점을 밝힌 점이다.[32] 이 그림은 그동안 많이 인용되고 널리 알려진 그림이었던 만큼, 크게 흥미를 끌었다. 〈회사〉에 대하여 근년 가장 집중적 작업을 한 것은 사토(佐藤鐵太郎)이다. 1994년『몽고습래와 다케자키(蒙古襲來と竹崎季長)』(擢歌書房) 출간 이후 이를 크게 보완

---

28) 池內 宏『元寇の新研究』東洋文庫, 1931

29) 堀本一繁「『蒙古襲來繪詞』の現像 成立過程について」『福岡市博物館研究紀要』8, 1998, pp.23-25의 표에 의하면 모본의 수량은 현재 47건에 이른다.

30) 川添昭二『蒙古襲來研究史論』雄山閣出版, 1977

31) 角川書店『新修日本繪卷物全集』10(平治物語繪卷, 蒙古襲來繪詞), 1975; 每日新聞社, 『皇室の至寶 I 御物』1, 繪畵, 1991; 中央公論社『蒙古襲來繪詞』日本の繪卷 13, 1988 ;宮內廳三丸尙藏館,『繪卷-蒙古襲來繪詞, 繪師草紙, 北野天神繪卷』1994

32) 松本 彩「『蒙古襲來繪詞』についての一考察-新たな問題點を加えて」『繪卷-蒙古襲來繪詞, 繪師草紙, 北野天神繪卷』宮內廳三丸尙藏館, 1994; 佐藤鐵太郎『蒙古襲來と竹崎季長』擢歌書房, 1994

에도시대에 추가된 그림으로 지적된 〈몽고습래회사〉의 '다케자키 분전도'[33]

하여 2005년 『몽고습래와 다케자키 연구(蒙古襲來と竹崎季長の研究)』(錦正社)를 출간하였다.[34] 여기에서는 앞에서 언급한 '다케자키 분전도(季長 奮戰圖)' 중의 몽병 3인의 그림을 포함, 철포(鐵砲), 다케자키(竹崎季長) 주변의 화살, 창 등이 모두 에도시대의 후필(後筆)이라는 점을 논증하였다.[35] 또 그림의 묘사 방식에 대해서는 미야(宮 次男), 사쿠라이(櫻井清香) 등 기왕의 연구를 재검토하여 A형과 B형의 분류를 일부 수정하는 의견을 제출하고[36], 사서(詞書)의 경우도 한자에 붙은 후리가나(振假名)의 유

---

33) '3인의 몽병' 그림은 〈회사〉 중에서도 가장 멀리 알려진 것으로서, 현재 사용되고 있는 고등학교 『동아시아사』 교과서에서도 삽도로 채용되어 있다.

34) 도합 9편의 논문을 수록한 이 책의 구성은, 제1장 蒙古襲來繪詞 총론, 제2장 蒙古襲來繪詞 그림의 後世 改竄, 제3장 蒙古襲來繪詞의 두 종류의 그림, 제4장 蒙古襲來繪詞의 두 종류의 詞書, 제5장 蒙古襲來繪詞에 그려진 宇都宮氏의 武士團, 제6장 蒙古襲來繪詞의 弘安의 役에 대한 그림의 배열, 제7장 蒙古襲來繪詞의 遺存, 제8장 竹崎季長의 삶, 제9장 竹崎季長과 霜月騷動, 岩門合戰 등으로 되어 있다. 『蒙古襲來と竹崎季長』(擢歌書房, 1994)에 수록된 6편 논문에 일부를 더하고 수정한 것이다. 이 책의 중심논문이라 할 제1, 2, 3, 4장은 평성6년도(1994) 제27회 일본고문서학회 대회에서 「蒙古襲來繪詞考」라는 제목으로 처음 발표되었다.

35) 佐藤鐵太郎「蒙古襲來繪詞의 繪의 後世의 改竄」『蒙古襲來と竹崎季長의 研究』錦正社, 2005

무(有無)에 착안, B형 그림과 후리가나(振假名)가 있는 것이 먼저 성립한 것이고, A형에 후리가나(振假名)가 없는 것은 뒤에 성립한 것이라고 그 순서를 재정리하였다.[37] 검토 작업은 매우 심층적으로 이루어졌지만, 그러나 각각의 결론에 대해서는 여전히 이론이 있을 수 있는 여지를 가지고 있다.

〈몽고습래회사〉의 제작지는 종래의 구마모토(熊本) 혹은 다자이후(太宰府)설에 대하여[38], 큐슈에서 만들어진 것이 아니고 '조정(朝廷)의 회소(繪所) 회사(繪師), 즉 교토(京都)의 궁정회사(宮廷繪師)'에 의하여 만들어진 것이라 단정하였다. 그 근거는 〈몽고습래회사〉가 같은 시기에 만들어진 두루마리그림(繪卷物)인 〈일편상인회전(一遍上人繪傳)〉 등과 비교하여 손색이 없는 뛰어난 작품이라는 점[39], 그림중 다케자키(竹崎季長)의 날뛰는 말 그림이 〈평치물어회사(平治物語繪詞)〉의 신서권(信西卷) 혹은 육파라행행권(六波羅行幸卷)에 그려진 말과 비슷하다는 것을 근거로 들었다. 연력사(延曆寺) 비장(秘藏)의 〈평치물어회사(平治物語繪詞)〉는 그 열람이 극도로 제한되어 있어서 궁정회사(宮廷繪師) 정도는 되어야 열람이 가능하였으리라는 추정이다. 정안(定安) 원년(1299) 교토의 1급 화가 원이(圓伊)가 그린 환희광사(歡喜光寺) 소장의 국보 〈일편상인회전(一遍上人繪傳)〉에서 바다와 강의 묘사가 〈회사(繪詞)〉와 공통한다는 점도 〈몽고습래회사〉가 지방의 화사가 아닌 교토의 궁정화사(宮庭畵師)였음을 뒷받침한다는 것이다.[40] 그러나 그림 중에 나오는 약간의 '공통점'만으로 이를 단정할 수 있는지는 의문이다. 더욱이 히고(肥

---

36) 佐藤鐵太郎「위 책의 蒙古襲來繪詞の二種類の繪」

37) 佐藤鐵太郎「위 책의 蒙古襲來繪詞の二種類の詞書」

38) 畫師가 季長과 같은 지역의 肥後(熊本) 출신일 것이라는 주장은 櫻井淸香의 저서『元寇季長繪詞』(德川美術館, 1957, 109-111쪽)에 논증되어 있다. 〈繪詞〉그림의 지리적 설정이 정확하다는 점, 일본측 大名의 깃발중 肥後와 島津만이 정확히 표시되어 있다는 것이 季長과 같은 지역 출신이라는 근거이며, 京都의 일급화가를 초빙하는 것은 경제적으로 불가능하다고 보았다.

39) 〈蒙古襲來繪詞〉에 대한 이러한 평가는 "〈平治繪詞〉에 비하여 훨씬 떨어진다"(위의『元寇と季長繪詞』p.192)는 櫻井淸香의 평과 어긋난다.

40) 佐藤鐵太郎「蒙古襲來繪詞總論」『蒙古襲來と竹崎季長の研究』pp.12-20.

後) 재주(在住)의 다케자키(竹崎季長)의 그림이 왜 교토의 회사(繪師)에 의하여 그려져야 했는지 연결되지 않기 때문이다.

사토(佐藤)는 〈몽고습래회사〉에 대한 연구 이후 중근세 하카타(博多)의 성곽에 대한 연구에 집중하였는데, '원구방루'에 대한 그림 자료가, 잘 알려진 〈몽고습래회사〉의 후권 그림12의 그림 이외에 그림13에도 있고, 그밖에 〈성복사지회도(聖福寺之繪圖)〉에 그려져 있어 도합 3건이 남아 있는 셈이라 하였다. 그림13의 석루(石壘)는 그림12와 같은 위치인 '이키노마츠바라(生の松原)' 방루를 육지 쪽에서 묘사한 것, 그리고 〈성복사지회도(聖福寺之繪圖)〉의 것에 대해서는 "분명히 가마쿠라(鎌倉)시대 말에서 남북조시대 전기 무렵의 석축지(石築地)를 그린 그림"이라 하여 원구방루임을 확실히 하였다.[41]

이상 사토(佐藤)의 논저 내용 일부를 소개하였지만, 다른 연구자들이 이것을 어떻게 받아들이는지도 궁금한 문제이다. '다케자키 분전도'라 불리는 유명한 몽골군 3인의 그림이 후대에 그려 넣은 것이라는 주장에 대해서는 특별한 반론이 없는 것 같다. 1차 침입과 2차 침입의 여몽군 복장을 비교하면 큰 차이가 있다. 1차의 경우 목까지 덮은 두터운 복장인 데 비하여, 2차에서는 겉옷이 얇아지고, 하의의 길이도 짧아지는 등 훨씬 경장(輕裝)의 느낌을 준다. 이러한 복장의 차이는 계절의 차이를 반영하는 것으로 생각된다. 1차는 음력 10월 하순, '홍안역(弘安役)'은 6월 초(음) 이후이기 때문이다. 그런데 '다케자키 분전도'에 등장하는 3인의 몽병 복장은 1차 침입 때의 복장을 하고 있다. 만일 이것이 후대의 삽입이라 한다면 의문은 간단히 풀린다. 그러나 후대에 이러한 추가 작업을 해야 했던 이유가 무엇이었는지에 대해서는 언급하고 있지 않다. 철포(鐵砲)의 폭발장면에 대해서도, 그것이 몽골군이 아닌 다케자키(竹崎季長)의 방향에서 던져진 것처럼 후대에 잘못 가필되었다고 하는데, 사실은 폭발 방향이 다케자키를 향하고 있는 것이어서[42], 그러한 '가필(加筆)' 주장을 어디까지 수용해야 할지는 의문이다. 성복사(聖福寺)

___

41) 佐藤鐵太郎「蒙古襲來繪詞總論」『蒙古襲來と竹崎季長の研究』pp.4-9 ; 佐藤鐵太郎「聖福寺之繪圖について」『元寇後の城郭都市博多』海鳥社, 2000, pp.262-264.

의 그림에 등장하는 석축이 '원구방루'일 것이라 한 데는 별 이의가 없는 것으로 보인다.

호리모토(堀本)의 연구는 후쿠오카(福岡)시박물관에 소장된 〈회사(繪詞)〉의 사본 2종(靑柳種信 本)에 대하여 그 작성 경위를 세밀히 검토하고, 다른 모본(模本)의 분류 정리를 통하여 원본의 현상 성립 과정을 고찰한 것이다. 아오야나기본(靑柳種信 本)은 관정(寬政) 9년(1797) 수리 이후, 다시 사(詞)2와 회(繪)2를 끼워 넣어 현상에 이른 것이며, 모본(模本) a, b, c, d, e, f의 6개 유형으로서, 원본의 상태는 a→b→c형을 거쳐 문정(文政) 말기에 현상(現狀)의 성립에 이르렀음을 지적하였다. 이러한 작업은 〈회사(繪詞)〉의 원상 확인 및 복원에 중요한 과정이 된다. 사토(佐藤)의 조본 복수설(祖本複數說), 마쓰모토(松本)의 수 단계 성립설 등이 제기되어 있기 때문에 모본(模本)의 비교 검토에 의한 원본의 조성과정에 대한 검토가 매우 중요한 문제로 되어 있다.[43]

〈몽고습래회사〉 연구에 있어서 그림의 화풍, 혹은 서지적 연구, 다케자키(竹崎季長)를 중심으로 한 재지무사(在地武士)들의 움직임에 비하여 〈회사(繪詞)〉의 주요 화재(畵材) 중의 하나인 여원군에 대한 내용 분석은 상대적으로 정밀하게 이루어지고 있지 않다.[44] 〈회사(繪詞)〉에 등장하는 '원군(元軍)'이 구체적으로 고려군인지, 몽골군인지 아직 구분이 되고 있지 않다. 〈몽고습래회사〉는 몽골 연합군 침입 사건으로부터 대략 10여 년 경과 후 제작된 것으로 생각되고 있지만[45], 그림의 내용, 가령 전투 장면, 군사의 대열, 군선 등이 매우 구체적으로 그려져 있다. 배경이 되고 있는 전투 현지에 대

---

42) 철포 폭발장면에 대하여, 가령 藤本는 "파열할 때 불은 8방으로 흩어지지만, 여기에서는 季長 쪽으로 집중적으로 향하고 있다"고 설명하고 있다. 藤本正行「蒙古襲來繪詞」 『北條時宗のすべて』(佐藤和彦. 樋口州男 編), 新人物往來社, 2000, p21.

43) 朱雀信城『「蒙古襲來繪詞」 硏究の現象と課題」『博多硏究會誌』 5, 1997; 朱雀信城『「蒙古襲來繪詞」 傳存過程の復原について」『博多硏究會誌』 7, 1999

44) 〈繪詞〉의 그림 내용에 대한 분석은 池內 宏『元寇の新硏究』 이후 櫻井淸香에 의하여 종합적으로 검토된 바 있다.(『元寇と季長繪詞』 德川美術館, 1957) 그러나 이후 연구상의 진전이 별로 눈에 뜨이지 않는다.

한 묘사도 사실성을 담고 있다. 이것은 이 그림이 비록 사건으로부터 일정 시간이 경과한 뒤에 제작된 것이기는 하지만, 제작 당시 일정한 원본 자료가 있었을 것임을 암시한다.

〈몽고습래회사〉는 '원구(元寇)'와 관련한 전투 장면에서 사실적 요소를 많이 담고 있으며, 따라서 전투 장면과 내용에 대한 보다 깊이 있는 분석이 이루어진다면 당시 여원군에 대한 보다 다양한 정보의 수집이 이 자료에 의하여 가능할 것이다.[46] 이점에 있어서 고려 및 중국의 관련 자료의 원용(援用)에 의하여 〈회사(繪詞)〉에 등장하는 '원군(元軍)'의 실체에 대해서 검토될 여지를 남기고 있다.

4. '원구방루'와 다카시마(鷹島) 해저유적

1) 원구방루(元寇防壘)

'원구방루(元寇防壘)'[47]는 1276년 3월부터 8월까지 약 반 년 간 이마즈(今津)에서 카시이(香椎)에 이르는 하카타만(博多灣) 연안 약 20km에 걸쳐 구축한 방어시설이다. 고고학적 연구에 있어서는 일찍부터 이에 대한 조사와 연구가 매우 중요한 내용이었다.[48] 그러나 원구방루에 대한 신 자료의 출현이 제한되었기 때문에, 근년의 논의는 활발하지 않았다. 다만 도시 개발 등의 과정에서 종종의 자료가 확인, 검출되어 원구방루에 대한 자료를 보완하

---

45) 藤本正行의 경우에는 "최초의 『蒙古襲來繪詞』는 泰盛의 生前에 만들어졌다"는 의견을 피력하고 있다. 1285년 이전이라고 보는 것이다. 藤本正行「蒙古襲來繪詞」『北條時宗のすべて』新人物往來社, 2000, p.132.

46) 山形欣哉『歷史の海を走る-中國造船技術の航跡』(圖說 中國文化百華 16), 2004, pp.44-54에서 〈蒙古襲來繪詞〉에 등장하는 군선 10건에 대하여 검토하는 내용이 포함되어 있다.

47) '元寇 防壘'라는 용어는 「元寇當時の防壘と博多灣の地形變化」(『元寇史蹟の新硏究』丸善, 1915)에서 中山平次郎이 사용한 이래 일반적으로 쓰여지고 있다.

48) 元寇방루는 1931년에 今津, 今宿(2지점), 生の松原, 姪浜(2지점), 地行, 箱崎의 7지구, 10지점이 국가 史跡으로 지정되었다.

고 정비 혹은 복원을 통한 자료 보존을 진행하고 있다. 즉 1999년 하카타(博多) 시내에서의 조사에서 방루(防壘)로 추정되는 유구가 검출되었고, 같은 해 세이난학원대학(西南學院大學) 건축 공사를 위한 과정에서 방루(防壘) 유구 일부가 조사되어 보존된 것, 1998년 이키노마츠바라(生の松原)지구 사적에 대한 조사와 복원 등이 그 예이다.

1999년 하카타소학교(博多小學校) 건설에 따른 발굴조사에서 13세기 이후의 석루(石壘) 유구, 석적(石積)의 토광, 우물, 굴립주(堀立柱) 건물, 도랑(溝) 등이 확인 되었다. 그중 석루(石壘) 유구는 길이가 53m에 이어지고, 방향은 쇼와도오리(昭和通り) 길과 거의 병행하여 북북동−남남서로 진행된다. 기저부(基底部)의 폭 3.3-3.5m, 양측에 큰돌을 쌓고 그 안에 잔돌을 채운 형태인데 돌은 3단, 높이는 1.4m 정도가 남아 있었다. 석루(石壘) 앞에서 출토한 유물의 연대는 13-14세기로서, 이 석루가 바로 하카타 지역(息の浜)에 건설된 원구방루의 일부임을 뒷받침한다.[49] 그럼에도 불구하고 공식적으로는 '석루(石壘)'라 하여, '원구방루'라는 명칭은 사용하고 있지 않다.[50]

1999년 9월 조사된 세이난(西南)학원대학 유구는 기저부의 돌이 1-2단 부분적으로 남아 있는 것이 확인되었다. 규모는 길이 20m, 기저부 폭 3.3m, 석축에 사용한 돌은 밤톨모양[栗石狀]의 자연석이고 인위적인 할석(割石)은 전혀 사용되지 않았다.[51] 한 가지 특이 사항은 석축 이외에 그

---

49) 西原禮三. 柳田純孝『元寇と博多-寫眞で讀む蒙古襲來』西日本新聞社, 2001, p.15, pp.48-49 및 福岡市敎育委員会『博多 85-博多小學校建設に伴う埋葬文化財發掘調査報告書』 2002, pp.96-105 참조. 2001년 4월 博多小學校가 개교하면서 유구의 일부는 '石壘遺構展示室'로 만들어 개방하고 있다.

50) 발굴조사보고서에서는 이 유적에 대하여 고고학적 혹은 문헌적 검토 결과, "원구방루일 가능성이 대단히 높다"고 하고, 특히 다른 지역에 비하여 더 큰 돌을 사용한 것은 "당시의 博多의 町을 방호하기 위하여 더 强固한 방루를 쌓았다고도 생각 된다"(福岡市敎育委員会 『博多 85-博多小學校建設に伴う埋葬文化財發掘調査報告書』 2002, p.105)고 결론짓고 있다. '원구방루'가 아닐 가능성에 대해서는 아무런 언급이 없이 이를 '원구방루'로 하지 않고 '석루'라는 명칭을 공식 사용하고 있는 점은 다소 이해되지 않는다. 아마 護岸用 석축 가능성을 염두에 둔 것 같으나, 이 지역에서 이러한 규모의 호안 석축이 확인된 예가 없기 때문에 현 단계에서 이를 논의에 포함시키기는 어려운 것으로 생각한다.

51) 福岡市敎育委員会『西新地區元寇防壘發掘調査報告書』 2002, pp.6-10.

50cm 안쪽으로 평행하여 2-3m 폭의 토루 유구가 함께 검출되었다는 점이다. 토루는 점토를 사용한 판축기법으로 만들어졌는데 검토 결과에 의하면 토루의 구축이 석루보다 약간 선행한 것이며, 그 시간적 간격은 대략 수개월 혹은 수년의 간격으로 추정된다. 조사보고서에서는 토루의 구축시점을 원구 방루가 만들어지는 1276년으로, 그리고 석축은 "수리(修理)의 결과 당초의 방루 전면(前面)에 새로 개량된 것을 축조한 것"으로 판단하고 있다.[52]

1998년부터 시행된 이키노마츠바라 지구(生の松原地區) 사적에 대한 원구 방루의 복원은, 방루의 계획적 복원 작업의 대표적 사례이다. 우선 1998년 복원 예정지구내의 유적에 대한 보충조사를 실시하여 잔존 유구를 노출하고 잔존석축의 석질과 산지를 조사하는 동시에 기왕의 원구방루에 대한 자료 검토를 통하여 약 50m 규모를 가능한 한 원래의 모습에 근접하도록 복원하였다.[53]

1970년대 후반 이후 '원구방루' 조사 현황[54]

조사 차수	조사연월일	조사 지점	조사 내용
4차	1978.10.19-10.30	姪浜의 脇지구	기저부 3-5단의 석축 검출, 기단폭 4m, 석루 내부는 돌로 채우고, 점토는 사용하지 않음
5차	1993.5.13-5.31	箱崎	假設鐵道 공사 건설에 따른 사적 지정지내 조사. 소량의 석재 검출.
6차	1996.12.26	百道	공동주택 건설에 따른 조사. 산재한 방루의 석재 검출.
7차	1998.6.5-8.24	生の松原地區	보존 정비를 위한 조사로서, 석적의 背面 구조가 모래와 점토의 互層임을 확인.
	1999.7-8	博多小學校	元寇방루의 가능성이 높은, 53m 길이의 석적 조사. 元寇방루로 확정하지는 않음.

---

52) 福岡市敎育委員会『西新地區元寇防壘發掘調査報告書』2002, pp.11-16, 18-20. 조사된 유구는 西南學園大學의 校舍 내에 토루와 석축을 복원하여 2001년 4월부터 공개하고 있다.

53) 복원을 위하여 1998년 실시된 이 조사는 '사적 元寇방루 제7차 조사'로 정리되었다. 福岡市敎育委員会『國史跡元寇防壘(生の松原地區)復元修理報告書』2001

54) 표는 福岡市敎育委員会『國史跡元寇防壘(生の松原地區)復元修理報告書』2001, p.4 및 福岡市敎育委員会『西新地區元寇防壘發掘調査報告書』2002, p.4의 표를 참고하여 재정리한 것임.

8차	1999.9.21~11.5	西新	西南學院大學 校舍 건축을 위한 조사. 석루와 토루, 2종류의 유구 검출.
9차	2000.9.4~9.11	箱崎	假設鐵道 공사 건설에 따른 조사.

* '조사 차수'는 1968년 이후 원구방루의 조사 차수를 의미하며, 1차(1968. 3.1- 3.15) 生の松原地區, 2차(1969.8.19~9.14) 今津, 3차(1970.1.19~3.15) 西新에서의 조사가 시행되었다.

그밖에도 1978년 메이노하마(姪浜)(脇지구), 1993년 가설철도(假設鐵道) 공사 건설을 위한 하코자키(箱崎)에서의 조사 등이 이루어졌다. 1970년대 후반 이후에 이루어진 '원구방루'에 대한 조사 현황을 간단히 정리하면 위의 표와 같다. 원구방루 문제와 관련하여, 13세기 고고학과 문헌 및 지형조사의 자료를 바탕으로 후쿠오카 일대의 지형 및 도시변화의 파악에 접근하고 있는 것은 흥미 있는 것이었다.[55]

2) 다카시마(鷹島) 해저유적

원구방루에 대신하여 1980년대 이후 새로운 고고학적 조사의 대상으로 떠오른 것이 '다카시마(鷹島) 해저유적'이다. 이 유적은 1281년 '홍안(弘安)의 역(役)' 당시 출정하였던 구 남송군의 함선이 태풍으로 대거 침몰한 해역이다. 1981년 '주지(周知)의 유적'으로 지정되어, 이후의 고고학적 조사의 계기를 만들었다. 1981년은 마침 '홍안의 역(2차 침입)' 700주년이 되는 해였고, 이 때문에 다카시마(鷹島) 해역에 대한 수중고고학 조사가 긴요하다는 여론이 부상하였다.[56] 그러나 실제 고고학적 조사가 이루어지기 시작한 것은 한

---

55) 柳田純孝「元寇防壘と博多の地形」『古代の博多』九州大出版會, 1984; 磯望 外5人 「博多遺跡群をめぐる環境變化」『福岡平野の古環境と遺跡立地』九州大出版會, 1998; 佐伯弘次「蒙古襲來と中世都市博多」『歷史評論』619, 2001

56) '弘安의 역' 7백주년 기념으로 제작된 다큐멘터리에서 이점이 특히 강조되었다. 日本テレビ 放送網株式會社에서 간행된 『蒙古襲來700年-海底に甦る日本侵攻の謎』(1981)에서는 鷹島해역에서 인양된 유물들을 '바다에서 잠자고 있는 역사의 증인들'로서 소개하는 한편, 한국의 신안유물 발굴을 소개하는 등 鷹島 유적을 중심으로 수중고고학 전반에 대한 문제를 제기하고 있다.

참 뒤의 일이었다.

1983년 다카시마(鷹島) 남안의 도코나미항(床浪港) 호안(護岸) 공사를 계기로 주변 해역에 대한 조사가 시행되었고,[57] 이후 1988년(9.1-9.20)의 긴급 조사에 의하여 '원구' 관련 유물, 청자 백자 석탄(石彈) 정석(碇石) 등 285점이 확인 되었다. 이듬해 추가조사(1989.6.8-8.6)에서는 갈유호와 고려계 청자(小壺) 1점을 비롯하여, 석탄(石彈), 동완, 철제품, 벼루, 여성인골 등이 출토 하였으며, 이로써 다카시마 주변 해역은 원구 관련 유적지로서 자리를 잡았다.[58]

1994년에는 다카시마(鷹島)의 동남안(東南岸), 도코나미항(床浪港)으로부터 동북방향에 위치한 간자키항(神崎港)의 개수 공사를 계기로 조사가 이루어지고(1994.11.3-12.12, 1995.7.17-9.7)[59] 2000년 이후에 다시 이어진 조사는 주로 간자키항(神崎港)을 중심으로 전개되었다. 이곳은 종래 원군(元軍)의 유물 '관군총파인(管軍摠把印)'이 수습되고, 다량의 중국자기편이 확인되었던 지점이다. 2000년(7.29-8.7, 10.16-11.21), 2001년(8.1-8.1, 8.17-10.25), 2002년(7.8-12.10), 2003년(7.19-8.6) 등 단기간이기는 하지만 조사가 지속되어 목제의 닻(碇), 닻돌(碇石), 무기류(矢束, 도검, 鐵砲, 철제 투구), 도·자기류, 생활용품(냄비, 수저, 빗, 동제방울, 벼루), 선박 부재(臺座, 외판, 隔壁板), 그리고 문자자료 등이 출토하였다.[60] 이들 자료는 다카시마정(鷹島町)의 문화재센터에서 보존처리를 실시하면서 전시되고 있는데, 가장 최근에는 류큐대 고고학조사팀(池田榮史)에 의하여 2010년 침몰선의 존재를 암시하는 목재, 전(塼)의 확인에 이어 2011년 10월 군선의 용골(龍骨)로 보이는 선재(船材)(폭 50cm, 길이 15m)를 처음으로 검출하였다. 이를 계기로 2012년(3

---

57) 鷹島町敎育委員会. 床浪海底遺蹟調査團『床浪海底遺蹟』1984

58) 鷹島町敎育委員会 編『鷹島海底遺蹟-長崎縣北松浦郡鷹島町床浪港改修工事に伴う緊急發掘調査報告書』鷹島町敎育委員会, 1992

59) 鷹島町敎育委員会『鷹島海底遺蹟-長崎縣北松浦郡鷹島町神崎港改修工事に伴う緊急發掘調査報告書』Ⅲ, 1996

60) 鷹島町敎育委員会 編『鷹島海底遺蹟』Ⅳ-Ⅹ, 2001, 2002, 2003, 2004

월 17일부) 간자키항(神崎港) 중심 384,000㎢ 구역의 다카시마(鷹島) 해저유적이 국가사적으로 지정되었다.[61] 이에 의하여 향후 다카시마에서의 보다 체계적인 조사와 결과의 산출이 기대되고 있다.

다카시마 유적은 단순한 '원구'의 유적이 아니라, '동아시아적' 국제 유적이다. 그러나 유적의 중요성에 비하여 고고학적 조사의 규모가 작고, 조사의 속도는 매우 느리다. 이러한 점에서, 향후의 연구의 진전을 위해서는 다카시마 해저유적에 대한 조사의 활성화가 매우 중요한 관건인 것으로 생각된다.

3) 출토유물

그동안의 출토 자료는 대부분 구 남송군(강남군)이 휴대했던 물품, 무기, 혹은 구 남송군 군선관련의 자료로 되어 있다. 우선 도·자기는 그동안 출토하였던 무역도자와는 성격을 달리하는 것으로 인식하였으나, 모리모토(森本朝子)는 무역도자와 생활도자의 차이가 전제됨에도 불구하고 공통의 관련 유물군이 확인되는 것으로 파악하였다.[62] 원구 관련 도자 유물은 시대를 특정할 수 있는 자료라는 점에서 향후, 중국 도·자기 편년 연구에 중요하고, 이에 의하여 일본과 송원(宋元), 혹은 고려와의 교류사에 의미 있는 자료를 제공해 줄 것이다.[63]

출토유물에 대한 연구로서는 도·자기 및 닻돌(碇石)에 대한 연구가 있다. 1994년도에 조사된 3호 닻(碇)으로부터 채취한 목편(木片) 2점, 노끈으로 사용한 죽편 1점에 대한 방사성탄소 연대측정 결과는 관련 시기가 예상과 거의 부합하는 연대가 나왔고[64], 역시 다카시마(鷹島)에서 출토한 화강암질 닻돌

61) 池田榮史「長崎縣松浦市鷹島海底遺跡の發掘調査」『戰跡からみたモンゴル襲來−東アジアから鷹島へ』九州史學會 심포지움 자료집(2012.12.8), pp.37–39.

62) 森本朝子「長崎縣鷹島海底出土の'元寇'關聯の磁器についての一考察」『はかた』2, 博多研究會, 1993

63) 鷹島遺跡 출토의 특징적 도기인 褐釉壺가 한국의 신안선 유물에서 확인된 것은 알려진 사실이지만, 그 밖에도 제주도에서의 적지 않은 출토자료가 제주대박물관에 소장되어 있고, 출토지는 알 수 없으나 강화박물관의 소장 자료에도 포함되어 있다. 향후의 비교 검토의 필요성을 말해준다.

다카시마 수중발굴 유물(다카시마 문화재 보존센터)

에 대한 암석학적 분석을 통하여 그 산지가 중국 천주(泉州)임을 확인하였다.[65] 이에 의하여 다카시마(鷹島) 해저에서의 자료가 주로 1281년 강남(江南)에서 발진한 구남송군(舊南宋軍)의 것임을 뒷받침하였다.

다카시마 해저 유적 조사의 진전에 의하여 활성화된 것 중의 하나가 닻돌에 대한 조사 연구이다.[66] 다카시마에서의 목정(木碇)과 정석(碇石) 자료는 닻돌에 대한 관심을 중국으로 확대시켜 검토하는 계기가 되었다.[67] 후쿠오

---

64) 연대측정의 결과는 목편 1, 1175~1304, 목편 2, 1154~1251, 죽편 1169AD-1283AD라는 연대를 얻었다. 목편 2의 경우는 1281년보다 좀 더 오래된 것처럼 보이지만, 시료가 두터운 목재의 일부이므로, "이 나무의 생육기간을 고려하면 데이터에 모순은 없다"는 결론이 얻어졌다. 池田晃子. 中村俊夫. 足立 守「元寇船の碇から採取された木片·竹片のC14年代」『名古屋大學加速器質量分析計業績報告書』名古屋大學年代測定資料研究センター, 1998, 103-105쪽.

65) 鈴木和博·唐木田芳文. 鎌田泰彦「鷹島海底遺跡から出土した花崗岩碇石の産地は中國泉州?」『鷹島海底遺跡』V, 2001

66) 上田 雄「碇石についての研究調査報告」(『海事史研究』27, 1976)는 鷹島 조사 이전, 서일본 지역 碇石 자료를 종합하여 정리한 것이다.

67) 鎌田泰彦「鷹島海底遺跡出土の碇石の岩質」『鷹島海底遺跡』Ⅲ, 1996: 王冠倬「中國古代の石錨と'木碇'の發展と使用-鷹島木碇について」『鷹島海底遺跡』Ⅲ, 1996

카를 중심으로 주변 여러 지역에 산재해 있는 닻돌은 흔히 '몽고정석(蒙古碇石)'으로 불리는 것이 많지만, 이에 대해서는 보다 면밀한 검토를 필요로 하는 것이다.[68] 1994년도 시카노시마(志賀島) 해변에서 발견된 현무암질 정석(碇石)은 제주도산일 가능성이 높은 것으로 보고된 바 있다.[69] 닻돌은 서일본 이외에, 오키나와, 중국, 그리고 최근에는 한국의 태안 마도(馬島) 해역에서도 다량의 국내외 닻돌 자료가 검출됨으로써, 이에 대한 비교 연구가 가능해지고 있다. 닻돌 자료는 '원구'의 진로 혹은 선박 연구에도 중요한 정보를 제공하는 것이고, 동시에 동아시아 국제교류의 양상을 입증하는 자료로서도 중요한 의미를 갖게 될 것이다.

출토 무기류, 혹은 다카시마 불상 등 다카시마 해저유적의 주요 유물에 대한 보다 정밀한 검토도 필요한 것으로 생각된다. 가령 경응년간(慶應年間, 1865-1867)에 다카시마(鷹島) 서안(西岸) 쿠로이와(黑岩) 부근의 해저에서 인양한 것으로 전해지는 높이 77cm 크기 동조의 석가여래상은 '고려시대'의 것으로 분류되고 있지만, 그 계통이나 성격을 보다 분명히 한다면 새로운 정보에의 접근이 가능한 자료가 될 것이다.

5. 동아시아 시점(視點)에서의 '원구(元寇)'

'원구'의 역사적 사실은 일본의 역사이지만, 동시에 몽골, 중국, 한반도 등 동아시아 제국(諸國)과의 밀접한 연관 속에서 대두된 사건이다. 이 때문에

---

68) 柳田純孝 「'蒙古碇石'と呼ばれる碇石」『考古學ジャーナル』 343, 1992; 小川光彦 「太宰府天滿宮所藏の所謂 '元寇碇石'について」『飛梅』 107, 108, 1998; 石原 涉 「中世碇石考」『大塚初重先生頌壽記念考古學論集』 2000; 小川光彦 「海域アジアの碇石航路誌」『モノから見た海域アジア史』 九州大學出版會, 2008

69) 鈴木和博·與語節生·加藤丈典·渡辺誠 「博多灣, 志賀島で發見された玄武岩質碇石の産地」『名古屋大學博物館報告』 16, 2000, 4-5쪽. 志賀島 碇石은 길이 112cm, 폭 30cm, 두께 23cm 크기에 123.5kg 중량으로, 1994년 志賀島 서남부 蒙古塚에서 가까운 해변에서 발견되어 현재 福岡市 埋藏文化財센터에 소장되어 있다.

일찍이 이케우치(池內 宏)가 몽골침입의 역사적 사실을 정리하면서 중국과 한반도 자료를 깊이 있게 검토하였고, 전후(戰後)에는 하타다(旗田 巍)가 '원구(元寇)'의 역사적 사건을 한반도와의 관련을 강조함으로써 일본 국가 중심의 '원구' 이해에 큰 변화를 유도한 바 있다.[70] 근년 '원구' 연구는 가마쿠라시대사(鎌倉時代史)에서의 관계 속에서 이해를 깊이 하는 것 이외에, 동아시아사, 혹은 몽골의 영역 확대 전반의 흐름 속에서 사건을 보다 폭넓게 이해하려는 관점이 강조되고 있다. 일본사 중세사 전문가로서의 무라이(村井章介)의 관점, 그리고 몽골사 관점에서의 스기야마(杉山正明)가 그 대표적인 예이다.

무라이(村井)는 일본에 있어서 '원구'는 흔히 "몽골족의 원과 고려가 연합하여 일본을 공격했지만 가마쿠라(鎌倉) 무사의 용감한 반격과 '신풍(神風)'이 합쳐져 미증유의 침략으로부터 일본을 지켜냈다"는 식의 사건에 대한 단순 인식의 허점을 지적한다. 무엇보다 이 사건을 원.고려와 일본의 대결이라는 단순한 관점에서 벗어나야 한다는 것이다. 사실은 고려의 경우 40년 이상을 몽골의 침략에 저항한 상태에 있었고, 몽골의 군사적 침략이 실제 일본에 미친 피해는 다른 지역의 경우에 비하면 상대적으로 경미한 것이었다는 것, 또 '원구'의 사건이 있기 이전 일본은 외교적 대응 방안, 혹은 인국(隣國)과의 공동 연대 등 다양한 대처 방안이 있었음에도 정확한 대외 인식의 결여 때문에 이를 현실화하지 못했다는 점도 지적하고 있다. 결과적으로 '원구' 문제는 군사적 측면보다는 일본의 대외인식, 사상적 측면에서의 영향이 컸으며, 이에 의하여 폐쇄적 부정적 대외인식을 고취하는 위험성을 경계해야 한다는 의견을 피력하고 있다.[71]

이같은 견해는 '원구' 문제를 일본에서 전개된 사건 자체만이 아니라, 몽골의 등장에 의한 유우라시아 전체 역사변화의 관점에서, 혹은 동아시아 제국과의 연관 속에서 검토해야 한다는 입장과도 연관되어 있다. 이는 기본적으

---

70) 旗田 巍『元寇-蒙古帝國の內部事情』中央公論社, 1965

71) 村井章介「アジアの元寇--國史的視點と世界史的視點」『中世日本の內と外』筑摩書房, 1999, pp.98-123.

로 '원구' 문제가 일본 국가사로서만이 아니라 주변 동아시아 국가와의 밀접한 관계 속에서 이루어졌다는 기본적 사실에 토대하고 있다. 또 '원구'라는 사건의 핵심 동인(動因)이 되는 몽골에 대해서도 몽골 등장의 세계사적 획기성에 대한 인식, 그리고 사실적 근거에 토대하지 않은 막연한 선입관에 의한 비과학적 몽골 이해가 적지 않다는 점이 지적되었다.[72]

2001년 『역사평론(歷史評論)』에서의 특집 〈세계사 속에서 읽는 몽골습래〉는 '원구'의 역사적 사실에 대한 폐쇄적 이해를 경계하면서 한편으로는 이같은 원구에 대한 새로운 인식 방향을 반영하여 마련된 것이다. 이 특집에서는 몽골사의 스기야마(杉山正明)와 일본중세사의 무라이(村井章介) 교수가 대담을 하고[73], 아울러 아시아에 있어서 '원구'의 대상국이라 할 고려, 남송, 러시아, 그리고 일본 연구자들이 함께 참여하여 소주제를 다루었다.[74] 이 특집은 근년 몽골사 연구의 진전을 바탕으로 보다 넓은 시야에서, 일본의 '원구' 문제를 생각해보는 하나의 이정표로서의 성격을 갖는다.

'원구'에 있어서 몽골사에 대한 정확한 인식, 동아시아적 관점의 강조는 근년에 있어서 보편적 전제의 하나로서 받아들여지고 있는 것으로 생각되거니와, 다른 한편 '원구'에 대한 서술에서 고고학적 자료, 미술사 자료가 다양하게 활용되고 있다는 점이 확인된다. 사에키(佐伯弘次)의 저서는 이같은 여러 특징을 포괄적으로 담고 있는 예이다. 사에키(佐伯)는 일본중세사로서의 13, 14세기 역사에 대한 통사 서술에서, 몽골습래에 대하여 "가마쿠라(鎌倉)시대사의 단면을 서술하는 것이 첫째이고, 동아시아사의 오랜 흐름 속에서 일본과 원의 관계를 고찰하는 것이 그 둘째 과제"라고 하여 일본중세사에서의 맥락, 그리고 동아시아 역사 속에서의 관계 파악을 서술의 양축으로 제시하

---

72) 杉山正明 「モンゴル史が覆す元寇,そして時宗像」 「中央公論」 2001年 4月號

73) 杉山正明・村井章介 〈世界史のなかでモンゴル襲來を讀む〉 「歷史評論」 619, 2001.11

74) 李益柱 「蒙古帝國の侵略と高麗の抵抗」, 伊原 弘 「南宋文化と蒙古襲來」, 佐伯弘次 「蒙古襲來と中世都市博多」, 松木榮三 「ロシア史とタタール問題」 등 4편 글이 실려 있다.

75) 佐伯弘次 「モンゴル襲來の衝撃」 日本の中世 9, 中央公論新社, 2003

는 한편, 근년의 고고학적 혹은 미술사 자료를 서술과정에서 다양하게 활용하고 있다.[75]

'원구'에 대한 이상과 같은 논의는 한편으로 고려 역사에 있어서 몽골의 침입 문제, 혹은 한국에 있어서 '원구'를 논의함에 있어서 유익한 시사점을 제공하고 있다. 특히 원 간섭기로의 전환기에 있어서 원구, 여몽군의 일본침입 문제가 고려 정치사에 어떻게 연계되고 영향을 미쳤는지, 이 문제가 고려 역사의 흐름 속에서 취급되어야 할 필요성을 제기한다.

논문 혹은 저작 이외에, 최근 동아시아 3국의 '원구' 관련 문헌사료 정리가 종합적 이루어진 점도 주목할 점이다. 이케다(池田榮史)·사에키(佐伯弘次)·모리히라(森平雅彦)·후나다(船田善之)에 의하여 공동으로 정리된 이 자료는 일본사료편, 중국·조선사료편, 보유편 등 3책으로 나누어 보고되었으며[76], 기왕에 이용된 자료 이외에 근년의 자료를 보완하는 동시에 일본 국내 사료만이 아니라 중국, 한국의 관계 자료를 동아시아 역사로서의 시점에서 폭 넓게 정리하였다는 점에서 의미가 있다. 한국에서도 근년 고려시대에 대한 일본 혹은 중국 문헌의 사료 정리가 이루어지고 있는 점에서[77], 향후 동아시아 대외관계사, 혹은 '원구' 관련 연구의 동아시아 3국의 공동적 관심과 참여의 기반이 마련되고 있다고 생각된다.[78]

맺는말 | 일본에 있어서 '원구' 연구는 오랜 연구의 역사와 연구 축적을 가지고 있는 동시에 대중적 관심이 조성되어 있는 주

---

76) 池田榮史. 佐伯弘次. 森平雅彦. 船田善之『元寇關聯史料集 1-日本史料編』『元寇關聯史料集 2-中國.朝鮮史料編』九州大學大學院 人文科學硏究院, 2010: 池田榮史·佐伯弘次·森平雅彦·船田善之『元寇關聯史料集 3-日本.中國史料補遺編』九州大學大學院 人文科學硏究院, 2011

77) 장동익『元代麗史資料輯錄』서울대 출판부 1997; 장동익『日本 古中世 高麗資料 硏究』서울대출판부, 2004; 김기섭 외『일본 고중세 문헌에 있어서 한일관계 사료집성』혜안, 2005

78) 한국에 있어서 여몽군의 일본침입 관련 연구사 및 교과서의 기술 문제에 대해서는 남기학「몽골의 일본 침략-연구사적 고찰과 교과서 비판」『한림일본학』19, 한림대 일본학 연구소, 2011, pp.14-23 참고.

제이다. 다른 한편으로 '원구'라는 사건에 대하여 어떤 인식을 가지느냐 하는
것은 일본의 대외 인식의 현주소를 파악할 수 있는 바로미터이기도 하다. 이
러한 점에서 일본에 있어서 '원구' 연구, 그리고 이에 대한 이해는 여전히 중
요한 의미를 가지고 있다. 한편 '원구' 문제는 한국 역사와도 직접적 관련이
있다. 몽골에 의하여 강요된 것이기는 하지만 2회에 걸쳐 수만의 병력과 1천
척에 가까운 군선이 각각 동원되었다. 그리고 이 사건은 몽골, 중국, 한국,
일본 등 아시아 지역의 각국이 전반적으로 연관된 사건이었다는 점에서 역
사적 사건으로서의 각별한 점이 있다.

본고는 특히 1970년대 후반 이후의 근년, 일본에 있어서 '원구' 연구의 현
황을 검토한 것인데, 그 이유는 한국에 있어서도 '원구'에 대한 관심과 연구
가 필요하다는 점을 제기하기 위한 것이다. '원구' 문제는 첫째 한국 역사가
구체적으로 엉키어 있는 공동의 역사라는 점에서 고려 역사 안에서 해석되

---

79) 일본에 있어서 1976년부터 2010년까지의 元寇 관련 문헌의 산출 수량을 5년 단위로 파악
하면 다음과 같다.

1976-1980	1981-1985	1986-1990	1991-1995	1996-2000	2001-2005	2006-2010
12	11	13	27	38	44	22

80) 필자가 작성한 〈여원군의 일본침입 관련 문헌(1976-2011) 174건의 목록은 1975년까지를
정리한 川添昭二의 元寇 관련 〈문헌목록〉에 비하여 치밀하지 못하며, 특히 일본중세사
분야 문헌 등이 충분히 포함되어 있지 않다. 이러한 점에서 한계가 많지만, 일본에 있어서
근년 元寇와 관련한 연구와 관심의 전체적 경향을 파악하는 데는 유효한 점이 있는 것으로
생각한다.

81) 한일문화교류기금·동북아재단 공동주최로 개최된 〈몽고의 고려·일본 침공과 한일관계〉
(2008.10.24-26)가 그것이다. 발표자 6명은 한국과 일본 각 3명으로 구성되었는데
발표자와 내용은, 村井章介 「蒙古襲來と異文化接觸」; 이재범 「13세기 이전의 여일관계」;
森平雅彦 「13世紀前半における麗蒙交涉の一斷面-モンゴル官人との往復文書をめぐって」
; 윤용혁 「삼별초와 여일관계」; 남기학 「몽고의 일본침략과 일본의 대응-고려와 일본의
관계에 유의하여」; 佐伯弘次 「日本侵攻以後の麗日關係」 등이다. 토론자는 夏本 涉, 이훈,
船田善之, 김보한 등이었으며, 심포지움의 결과는 같은 제목으로 2010년에 경인문화사에서
단행본으로 출판되었다.

82) 이러한 추이를 반영한 것이 2012년(12.8) 九州史學會 주최의 심포지움 〈戰跡からみたモンゴ
ル襲來-東アジアから鷹島へ〉이었다. 이 심포지움에서는 필자를 포함하여 (「韓國における最
近の三別抄遺跡の調査と硏究」), 善田船之(「モンゴルの襄樊包圍戰とその軍事據點」),
森平雅彦 「甲戌·辛巳の役後における高麗の對日警戒體制とその據點」), 佐伯弘次 「弘安の役
と北部九州」), 池田榮史 「長崎縣松浦市鷹島海底遺跡の發掘調査」 등이 발표 하였다.

어야 하는 부분이 있으며, 둘째는 13세기 고려의 대몽관계를 파악하는 데 있어서 유효한 자료를 확인할 수 있다는 점, 셋째는 '원구' 문제가 일본의 대외인식의 흐름을 파악할 수 있는 바로미터가 된다는 점 등 때문이다.

본고의 작성 과정에서 필자가 만든 〈여원군의 일본침입 관련 문헌(1976–2011)〉에 의하면, 근년 관련 문헌이 피크를 이룬 것은 2000년을 전후한 시기로서, 다른 시기의 2배 이상으로 증가되어 있다.[79] 이는 2001년에 방영된 대하드라마 〈호조 도키무네(北條時宗)〉의 제작과 방영을 전후한 세간의 분위기, 다카시마(鷹島) 해저유적의 발굴 등이 그 요인이 된 것이었다.[80]

한국에 있어서 '원구'에 대한 학술적 연구는 2000년 이후에도 별다른 변화가 있는 것은 아니다. 그러나 대중적 관심이 일고 있는 변화의 조짐이 보이고, 2008년도에는 일본의 연구자들과 공동으로 최초의 '원구' 관련 세미나가 개최되었다.[81] 다른 한편 한국에서는 근년 12,13세기를 중심시기로 하는 침몰 선박 관련 수중발굴이 연이어 이루어지고 있어서, 문헌적 연구 이외에 고고학적 측면에서도 13, 14세기 동아시아사를 이해할 수 있는 폭이 넓혀지고 있다.[82] 이러한 점에서 연구 주제로서의 '원구' 문제는 문헌을 기초로 고고학적 성과, 미술사 자료를 활용하고, 동아시아 각국의 관련 자료를 폭 넓게 검토하는 방향으로 연구의 지평을 넓혀갈 수 있는, 국제적이면서 학제적인 연구 주제라는 점을 인식하게 된다. 따라서 지금까지 연구의 주제에서 다소 소외되었던 여원군의 일본침입 문제에 대해서 보다 적극적인 국내에서의 향후 연구가 긴요하다는 것을 마지막으로 강조해 두고 싶다.

* 본고는 『도서문화』 41, 목포대 도서문화연구원, 2013에 실린 논문임.

(부) 여원군의 일본침입 관련 문헌(1976-2011)

* 1976년 이전의 관련 문헌은 川添昭二(『蒙古襲來硏究史論』雄山閣, 1977)의 문헌
  목록을 참고

1. 通說, 大衆書

川添昭二『北條時宗』平凡社, 1978

工藤敬一『日本を創った人々9-北條時宗』平凡社, 1978

川添昭二 監修『海から甦る元寇』朝日新聞社, 1981

日本テレビ放送網株式会社『蒙古襲來700年-海底に甦る日本侵攻の謎』1981

新田英治「蒙古襲來と鎌倉政權の動搖」『日本歷史大系』2, 山川出版社, 1985

唉村觀『執權北條時宗』讀賣新聞社, 1985

朝日新聞社『蒙古襲來』(朝日百科, 日本の歷史 9), 1986

山田智彦『蒙古襲來』毎日新聞社, 1988

吉良國光「蒙古襲來と博多」『甦る中世の博多』(朝日新聞社福岡本部 編), 葦書房,
1990

NHK取材班「解讀された謎の國書-蒙古襲來の眞相」『歷史誕生』3, 1990

柳田純孝「元寇防壘」『甦る中世の博多』(朝日新聞社福岡本部 編), 葦書房, 1990

學習硏究社『チンギス·ハーン』上下, 歷史群像シリーズ, 1991

入間田宣夫「蒙古襲來」『武者の世に』日本の歷史 7, 集英社, 1991

村井章介「十三-十四世紀日本-京都·鎌倉」『岩波講座 日本通史』8, 岩波書店,
1994

浜野卓也『北條時宗-元寇の挑んだ若き宰相』PHP文庫, 1995

NHK取材班『ライバル日本史 8-危機』角川書店, 1996

齊藤洋『蒙古の波』偕成社, 1998

奧富敬之『北條時宗と蒙古襲來』日本放送出版協会, 2000

石井 進『鎌倉びとの聲を聞く』NHK出版, 2000

藤本正行『鎧をまとう人びと−合戰.甲冑, 繪畫の手引き』吉川弘文館, 2000

奥富敬之 監修『北條時宗の時代−世界の激動と日本の危機管理』日本放送出版協会, 2000

佐藤和彦·錦昭江 編『圖說北條時宗の時代』河出書房新社, 2000

成美堂出版『蒙古襲來と北條氏の戰略』2000

奥富敬之『北條時宗−史上最强の帝國に挑んだ男』角川書店, 2000

童門冬二『北條時宗と生涯』三笠書房, 2000

森本 繁『北條時宗の決斷−'蒙古襲來'を步く』東京書籍, 2000

西園禮三·柳田純孝『元寇と博多−寫眞で讀む蒙古襲來』西日本新聞社, 2001

福岡市博物館 編『北條時宗とその時代展 別冊圖錄 蒙古襲來と博多』2001

關幸彦『神風の武士像−蒙古合戰の眞實』吉川弘文館, 2001

NHK, NHKプロモーション『北條時宗時代展』2001

日本放送出版協会『北條時宗, NHK大河ドラマストーリー』2001

筧雅博『蒙古襲來と德政令』講談社, 2001

熊本縣立博物館 編『蒙古襲來繪詞展』2001

かまくら春秋社『北條時宗 小百科』2001

NHK取材班「モンゴル軍來襲·先がけの功我にあり」『その時歷史が動いた』12, KTC中央出版, 2002

NHK取材班「北條時宗, 起死回生の決斷」『その時歷史が動いた』12, KTC中央出版, 2002

佐伯弘次『モンゴル襲來の衝撃』日本の中世 9, 中央公論新社, 2003

近藤成一「モンゴルの襲來」『モンゴルの襲來』日本の時代史 9, 吉川弘文館, 2003

海津一朗「蒙古襲來時の異國降伏 祈禱の痕迹」週間『街道を行く』47, 2005

新井孝重『蒙古襲來』戰爭の日本史 7, 吉川弘文館, 2007

佐伯弘次 外 編『中世都市·博多を掘る』海鳥社, 2008

小學館『新說 蒙古襲來』戰亂の日本史 32, 2008

小林一岳『元寇と南北朝の動亂』日本中世の歷史 4, 吉川弘文館, 2009

福島金治『北條時宗と安達泰盛−新しい幕府への胎動と抵抗』山川出版社, 2010

堀本一繁「蒙古襲來と博多−元寇防壘の築造と異國警固體制」, 高橋愼一朗 編『鎌倉の世界』史蹟で讀む日本の歴史 6, 吉川弘文館, 2010

日本放送出版協会「蒙古襲來の衝撃」『日本と朝鮮半島 二○○○年』2010

2. 鎌倉時代史, 對外關係, 軍事史

川添昭二『蒙古襲來研究史論』雄山閣出版, 1977

村井章介「蒙古襲來と鎮西探題の成立」『史學雜誌』87-4, 1978

石井正敏「文永八年來日の高麗使について」『東京大學史料編纂所報』12, 1978

奧富敬之『鎌倉北條氏の基礎的研究』吉川弘文館, 1980

阿部征寛『蒙古襲來』教育社, 1980

瀨野精一郎「モンゴル合戰恩賞對象地としての肥前國神崎莊」『早稻田大學大學院文學研究科紀要』25, 1980

川添昭二『中世九州の政治文化』文獻出版, 1981

相田二郎『蒙古襲來の研究(増補版)』吉川弘文館, 1982

村井章介「高麗三別抄の叛亂と蒙古襲來前夜の日本」『歴史評論』382, 384, 1982

奧富敬之『鎌倉北條一族』新人物往來社, 1983

石井 進『鎌倉武士の實像』平凡社, 1987

太田弘毅「高麗の艦船用材木事情−元の日本遠征に關聯して」『芸林』37-2, 1988

太田弘毅「弘安の役の東路軍江南軍会合と糧食問題」『芸林』38-1, 1989

太田弘毅「元寇時の高麗發進艦隊の編制」『海事史研究』47, 1990

森 茂曉『鎌倉時代の朝幕關係』思文閣出版, 1991

佐伯弘次「鎮西探題館の位置と構造」『博多研究会誌』1, 1992

太田弘毅「第二次日本遠征時の東路軍江南軍」『松浦黨研究』15, 1992

太田弘毅「蒙古襲來時, 元軍使用の矢について」『紀要』31, 東北女子大學・東北女子短期大學, 1992

魏榮吉『元日關係史の研究』教育出版センター, 1993

佐藤鐵太郎「鎌倉時代の御家人像-竹崎季長考」『中村學園研究紀要』25, 1993

太田弘毅「文永の役, 元軍撤退の理由」『政治經濟史學』319, 1993

太田弘毅「弘安の役における江南軍の發進地」『松浦黨研究』16, 1993

太田弘毅「元朝による第三次日本遠征計劃と遼陽行省」『紀要』32, 東北女子大學·東北女子短期大學, 1993

山本光郎「元使趙良弼について」『東北大學東洋史論集』86, 1995

海津一郎『神風と惡黨の世紀』講談社, 1995

南基鶴『蒙古襲來と鎌倉幕府』臨川書店, 1996

太田弘毅『蒙古襲來-その軍事史的研究』錦正社, 1997

海津一朗『蒙古襲來-對外戰爭の社会史』吉川弘文館, 1998

太田弘毅「元が企圖した第二次日本遠征後の占領計劃」『松浦黨研究』21, 1998

川添昭二『日蓮とその時代』山喜房佛書林, 1999

西尾賢隆「モンゴル襲來前夜の日元交渉の一面-趙良弼と大應」『中世の日中交流と禪宗』吉川弘文館, 1999

佐藤和彦. 樋口州男『北條時宗のすべて』新人物往來社, 2000

村井章介『北條時宗と蒙古襲來』日本放送出版協会, 2001

神乃川縣立金澤文庫 編『蒙古襲來と鎌倉佛敎』2001

太田彌一郎「石刻史料'贊皇復縣記'にみえる南宋密使瓊林について-元使趙良弼との邂逅」『史流』40, 北海道敎育大學, 2001

太田弘毅「元帝國による第二次日本遠時の屯田占領計劃-'鋤鍬'持參の意味」『松浦黨研究』26, 2003

太田弘毅「元帝國による日本への第三次軍事行動の中止-その決定過程と遠征反對論」『松浦黨研究』28, 2005

張東翼「1269年大蒙古國中書省の牒と日本側の對應」『史學雜誌』114-8, 2005

福島金治『安達泰盛と鎌倉幕府』有隣堂, 2006

川添昭二「蒙古襲來研究と日蓮遺文」『興風』18, 2006

上横手雅敬「得宗專制と蒙古襲來」『鎌倉時代-その光と影』吉川弘文館, 2006

朱雀信城「至元八年九月二十五日付趙良弼書狀について」『年報太宰府學』2, 2007

荒木和憲「文永七年二月付太宰府守護所牒復元」『年報太宰府學』2, 2007

川添昭二『中世·近世博多史論』海鳥社, 2008

佐藤鐵太郎『元寇後の城郭都市博多』海鳥社, 2010

瀨野精一郎『鎌倉幕府と鎭西』吉川弘文館, 2011

森平雅彦『モンゴル帝國の覇權と朝鮮半島』山川出版社, 2011

石井正敏「文永八年三別抄牒狀」『史學』56, 中央大學文學部, 2011

3. 蒙古襲來繪詞

中央公論社『蒙古襲來繪詞』日本の繪卷 13, 1988

小松茂美「蒙古襲來繪詞-從軍記錄畵の制作」『蒙古襲來繪詞』(日本の繪卷 13), 中央公論社, 1988

佐藤鐵太郎『蒙古襲來と竹崎季長』櫂歌書房, 1994

松本 彩 「『蒙古襲來繪詞』についての一考察-新たな問題点を加えて」『繪卷-蒙古襲來繪詞, 繪師草紙, 北野天神繪卷』宮內廳三の丸尙藏館, 1994

佐藤鐵太郎「蒙古襲來繪詞」『古文書硏究』41.42, 1995

太田 彩 「『蒙古襲來繪詞』の成立と傳來について-その再考」『三の丸尙藏館年譜.紀要』1, 1996

朱雀信城「『蒙古襲來繪詞』硏究の現象と課題」『博多硏究会誌』5, 1997

堀本一繁「『蒙古襲來繪詞』の現像 成立過程について」『福岡市博物館硏究紀要』8, 1998

森內優子「埼玉縣博物館本『蒙古襲來繪詞』について」(1)『埼玉縣立博物館紀要』23, 1998

朱雀信城「『蒙古襲來繪詞』傳存過程の復原について」『博多硏究会誌』7, 1999

太田 彩『繪卷=蒙古襲來』日本の美術 11, 至文堂, 2000

小學館『蒙古襲來と戰いの繪卷』(日本の美 47), 2003

佐藤鐵太郎「蒙古襲來繪詞に記された日本武士團の戰法」『軍事史學』152, 2003

石井 進「『蒙古襲來繪詞』と竹崎季長」『石井進著作集』4, 岩波書店, 2004

佐藤鐵太郎『蒙古襲來と竹崎季長の研究』錦正社, 2005

集英社『蒙古襲來繪詞』繪で知る日本史, 2011

4. 元寇防壘 및 鷹島 海底遺跡

福岡市教育委員会『史跡元寇防壘保存管理策定計劃報告書』1978

松岡史「碇石の研究」『松浦黨研究』2, 1979

柳田純孝「中近世考古學動向－元寇方壘」『考古學ジャーナル』182, 1980

松岡史「碇石の謎」『蒙古襲來700年－海底に甦る日本侵攻の謎』日本テレビ放送網
株式会社,1981

鷹島町教育委員会. 床浪海底遺跡調査團『床浪海底遺跡』1984

柳田純孝「元寇防壘と博多の地形」『古代の博多』九州大出版会, 1984

柳田純孝「蒙古の碇石」『福岡市文化財－考古資料』福岡市教育委員会, 1987

西谷 正『鷹島海底における元寇關係遺跡の調査.研究.保存方法に關する基礎的研
究』(平成元－三年科學研究費補助金 研究成果報告書) 1992

鷹島町教育委員会『鷹島海底遺跡－長崎縣北松浦郡鷹島町床浪港改修工事に伴う緊
急發掘調査報告書』1992

柳田純孝「'蒙古碇石'と呼ばれる碇石」『考古學ジャーナル 』343, 1992

鷹島町教育委員会『鷹島海底遺跡－長崎縣北松浦郡鷹島町床浪港改修工事に伴う緊
急發掘調査報告書』Ⅱ, 1993

森本朝子「長崎縣鷹島海底出土の'元寇'關聯の磁器についての一考察」『はかた』2,
博多研究会, 1993

井上隆彦「元寇船の海事史的研究」『日本海事史の諸問題 船舶編』(石井謙治 編) 文
獻出版社, 1995

鷹島町教育委員会『鷹島海底遺跡－長崎縣北松浦郡鷹島町神崎港改修工事に伴う緊
急發掘調査報告書』Ⅲ, 1996

鎌田泰彦「鷹島海底遺跡出土の碇石の岩質」『鷹島海底遺跡』Ⅲ, 1996

王冠倬「中國古代の石錨と'木碇'の發展と使用−鷹島木碇について」『鷹島海底遺跡』Ⅲ, 1996

山形欣哉「文獻から見た元代船舶と裝備について」『鷹島海底遺跡』Ⅲ, 1996

渡辺 誠「蒙古襲來の考古學」『名古屋大學古川總合硏究資料館報告』13, 1997

池田晃子, 中村俊夫. 足立 守「元寇船の碇から採取された木片・竹片のC14年代」『名古屋大學加速器質量分析計業績報告書』名古屋大學年代測定資料硏究センター, 1998

小川光彦「太宰府天滿宮所藏の所謂'元寇碇石'について」『飛梅』107, 108, 1998

福岡市教育委員会『香椎B遺跡』2000

柳田純孝「元寇の遺構と遺物」『考古學による日本歷史』(6, 戰爭), 2000

鈴木和博・與語節生・加藤丈典・渡辺誠「博多灣, 志賀島で發見された玄武岩質碇石の産地」『名古屋大學博物館報告』16, 2000

石原 渉,「中世碇石考」『大塚初重先生頌壽記念考古學論集』2000

鷹島町教育委員会『鷹島海底遺跡−鷹島海底遺跡 內容確認發掘調査報告書①』Ⅳ, 2001

鷹島町教育委員会『鷹島海底遺跡−長崎縣北松浦郡鷹島町神崎港改修工事に伴う緊急發掘調査報告書②』Ⅴ, 2001

福岡市教育委員会『國史跡元寇防壘(生の松原地區)復元修理報告書』2001

鷹島町教育委員会教育委員会 編『鷹島:蒙古襲來, そして神風のしま』鷹島町歷史民俗資料館, 2001

鈴木和博・唐木田芳文・鎌田泰彦「鷹島海底遺跡から出土した花崗岩碇石の産地は中國泉州?」『鷹島海底遺跡』Ⅴ, 2001

森 達也「褐釉長胴四耳壺の生産地と年代について」『鷹島海底遺跡』Ⅴ, 2001

佐伯弘次「蒙古襲來と中世都市博多」『歷史評論』619, 2001

福岡市教育委員会『西新地區元寇防壘發掘調査報告書』2002

鷹島町教育委員会『鷹島海底遺跡−鷹島海底遺跡 內容確認發掘調査報告書 2』Ⅵ, 2002

鷹島町教育委員会『鷹島海底遺跡−長崎縣北松浦郡鷹島町神崎港改修工事に伴う緊急發掘調査概報』Ⅶ, 2002

福岡市教育委員会『博多 85−博多小學校建設に伴う埋葬文化財發掘調査報告書』2002

四日市康博「鷹島海底遺跡に見る元寇研究の可能性」『史滴』24, 2002

比佐陽一郎. 片多雅樹「長崎縣北松浦郡鷹島町鷹島海底遺跡出土及び表探'てつはう'の調査について」『鷹島海底遺跡』Ⅶ, 2002

河野忠臣「博多小學校敷地内發見の石壘遺構を構成する石質調査報告」『博多 85』福岡市教育委員会, 2002

小川光彦「水中考古學と宋元代史研究」『史滴』24, 2002

鷹島町教育委員会『鷹島海底遺跡−長崎縣北松浦郡鷹島町神崎港改修工事に伴う緊急發掘調査概報 ②』Ⅷ, 2003

鷹島町教育委員会『鷹島海底遺跡−鷹島海底遺跡 內容確認發掘調査報告書 3』Ⅸ, 2003

中島樂章「鷹島海底遺蹟出土の南宋殿前司をめぐる文字資料」『鷹島海底遺跡』Ⅷ, 2003

鷹島町教育委員会『鷹島海底遺跡−鷹島海底遺跡 內容確認發掘調査報告書 4』Ⅹ, 2004

川添昭二「元寇防壘が語るもの」『時事研究フクオカ』1, 2006

小川光彦「海域アジアの碇石航路誌」『モノから見た海域アジア史』九州大學出版會, 2008

5. 其他

川添昭二「北條時宗」『日宋貿易と元寇』人物海の日本史 2, 毎日新聞社, 1979

松浦黨研究聯合会『松浦黨研究』5 (特輯, 元寇と松浦黨), 1982

浜井三郎「元寇研究」『松浦黨研究』14, 1991

浜井三郎「弘安の役と松浦黨」『松浦黨研究』15, 1992

魏榮吉『元日關係史の研究』教育出版センター, 1993

佐藤鐵太郎「鎭西探題の所在について」『中村學園研究紀要』25, 1993

村井章介「アジアの元寇」『中世日本の内と外』筑摩書房, 1999

太田弘毅「情報戰から見た蒙古襲來」『松浦黨研究』23, 2000

伊原 弘「南宋文化と蒙古襲來」『歴史評論』619, 2001

飯田嘉郎「文永の役・元軍の船にまつわる話」『松浦黨研究』24, 2001

太田弘毅「蒙古襲來時期形成の元帝國・モンゴル人觀」『松浦黨研究』24, 2001

杉山正明・村井章介「世界史のなかのでモンゴル襲來を讀む」(對談)『歴史評論』619,
2001

衫山正明「ユーラシアのなかの日本史」『逆說のユーラシア史－モンゴルからのまなざし』
日本經濟新聞社, 2002

太田弘毅「蒙古襲來と日本人の高麗人觀」『松浦黨研究』25, 2002

快勝院一誠「松浦元寇防壘について」『松浦黨研究』25, 2002

佐藤鐵太郎「聖福寺之繪圖は鎌倉時代末より鎌倉時代から間もない1350年頃との間
に描かれた」『中村學園研究紀要』34, 2002

佐藤鐵太郎「鎭西探題が構築した城郭都市博多考」『古文書研究』57, 2003

衫山正明「モンゴル時代のアフロ・ユーラシアと日本」『蒙古襲來』日本の時代史 9, 吉
川弘文館, 2003

山形欣哉『歴史の海を走る－中國造船技術の航跡』(圖說 中國文化百華 16), 2004

新井孝重「世界史に接觸した中世の日本列島－モンゴル戰爭論のこころみ」『獨協經
濟』81, 2006

太田弘毅『元寇役の回顧－紀念碑建設史料』錦正社, 2009

三池純正『モンゴル襲來と神國日本－'神風傳說'誕生の謎を解く』洋泉社, 2010

近藤成一「蒙古襲來」『歴史評論』734, 2011

國生知子「'元寇紀念碑'の建立」『市史研究ふくおか』6, 2011

6. 資料集

池田榮史·佐伯弘次·森平雅彦·船田善之『元寇關聯史料集 1-日本史料編』九州大學大學院 人文科學研究院, 2010

池田榮史·佐伯弘次·森平雅彦·船田善之『元寇關聯史料集 2-中國.朝鮮史料編』九州大學大學院 人文科學研究院, 2010

池田榮史·佐伯弘次·森平雅彦·船田善之『元寇關聯史料集 3-日本.中國史料補遺編』九州大學大學院 人文科學研究院, 2011

14세기 초 동아시아 교역의 제문제
신안선의 역사적 배경

머리말 | 　　전남 신안군 증도면 방축리 해역에서 14세기 무역선 '신
　　　　　　안선'[1]에 대한 수중 발굴조사가 있은 지 거의 40년이 흘렀
다. 조사는 1976년 10월부터 1984년 9월까지 10여 차례에 걸쳐 거의 10년이
걸렸고, 1988년에 조사보고서가 간행되었다. 이에 의하여 2만 여 점의 중국
도자기, 28톤(8백만 개 추정)의 동전, 1천 여본의 자단목(紫檀木), 7백 여 점
의 금속제품, 목제품, 석제품을 비롯하여 다양한 자료가 확인되었고, 길이
28.4m(최대 길이 34m 추정)의 선체도 인양되어 14세기 동아시아 무역에 대
한 생생한 자료로서 주목되어 왔다.[2]

　　이 신안선의 조사에서는 '慶元路'(경원로)라는 글자가 든 청동추와 함께 3

---

1) '신안선'에 대해서는 '신안침몰선' '신안침선' '신안 해저침선' '신안고선' 등의 용어가 사용된
　　바 있지만, 본고에서는 국립해양유물전시관의 공식 용어인 '신안선'으로 통일한다.
　　(국립해양유물전시관 『바다로 보는 우리 역사』 1995)
2) 조사 시기에 따른 발굴 유물의 정확한 종류별 수치에 대해서는 류관현 「유물의 종류와 수량」
　　『신안해저유물(종합편)』 1988, 문화재관리국, p.144 및 김병근 「신안선 적재유물의 특징」
　　『신안선 보존·복원보고서』 2004, pp.220~258 참고.

백 6십 여 점의 목간(木簡)이 확인되었다. 이들 목간은 원래 화물에 부착되었던 라벨(荷札)로서 유물선의 성격을 파악하는데 중요한 자료가 되고 있다. 그 가운데 '지치(至治) 3년'이란 연대가 표시된 목간이 8점이고, 날짜는 4월 22일부터 6월 3일까지 121점이 기록되어 있다. 날짜는 물품을 포장하여 적재한 시점을 의미하는 것으로 보이는데[3] 5월 11일 36점, 6월 3일 55점이고, 확인된 자료중 6월 3일이 마지막 날이 되고 있다. 이에 의하여 경원(慶元; 寧波)에서의 하물 적재가 대략 1323년 4월부터 6월 초에 걸쳐 이루어졌고, 경원에서의 출발은 6월 3일 이후에 있었음을 추정할 수 있게 된다.[4] 또한 이 선박이 중국 절강성의 영파에서 출발하여 일본 하카타로 향하고 있었으며, 도중 신안 앞바다에 침몰한 것임에 대해서는 대체로 동의가 이루어져 있다.[5]

신안선의 선박은 추정 배수량 260톤[6], 기왕에 조사된 천주선(泉州船)과 유사한 구조로 중국에서 건조된 것이며[7], 적재한 화물의 화주(貨主)는 일본 측이었던 것으로 정리되어 있다. 한편 유물 중에는 고려청자 7점을 비롯하여 청동 숟가락과 젓가락 등 고려의 생활도구가 포함되어 있는데, 이는 신안

---

3) 이용현, 「신안해저 발견 목간에 대하여」 『고려 조선의 대외교류』 국립중앙박물관, 2002, p.164

4) 위 논문, p.165

5) 신안선이 영파에서 출항한 것이라는 데 대해, 이 배가 福船型의 구조라는 점, 혹은 窯址와의 관계에서 복주, 천주 등 영파 남쪽에 위치한 다른 항구의 가능성을 거론하는 의견도 없지 않다. 陳慶光「福建輸出的早期元瓷硏究」『신안해저문물-국제학술대회 주제발표』 국립중앙박물관, 1977 및 席龍飛「宋元時期泉州的造船與航海」『泉州港與海上絲綢之路』 2, 中國社會科學出版社, 2003, 405-411 참조.

6) 배수량 260톤은 신안선의 추정 滿載 흘수 2.6m를 기준으로 산출한 것인데, 이는 신안선의 적재화물 중량 130톤, 50명으로 추정하는 선원 관련 중량 10톤, 경하중량(항해장비를 포함한 船體의 무게) 120톤을 합산하여 산출한 것이다. 이에 대해서는 최항순 「신안침몰선에 대한 조선공학적 고찰」 『신안선 보존과 복원, 그 20년사』 국립해양유물전시관, 2004, pp.164-166 참고.

7) 신안선의 구조는 대형 용골을 갖춘 첨저형으로, 長幅比, 保壽孔 등의 특성을 고려할 때 沙船·浙船·福船·廣船 등 중국의 海船 가운데 복선에 해당하며 절선·광선과는 다른 특징을 가지고 있다.(김용한 「신안해저 인양 침몰선의 구조 연구」 『신안선 보존과 복원, 그 20년사』 국립해양유물전시관, 2004, pp.112-113) 또 주요 船材의 樹種으로 중국 남부에만 분포하는 馬尾松·廣葉杉나무가 사용된 점(박상진 「수종검사」 『신안해저유물』 자료편 II, 1984, pp.145-162)도 이같은 단정에 부합하는 것으로 보인다.

선의 선원중 고려인이 참가되어 있었던 때문으로 간주된다. 따라서 신안선은 14세기 전반 중·일·한 3국이 관계되어 있던 동아시아 해양무역의 한 사례를 보여주는 중요한 자료인 것이다. 본고에서는 이 신안선의 교역이 행해졌던 14세기 전반을 중심으로 동아시아 교역의 상황을 검토함으로써, 신안선의 역사적 배경을 이해하는 데 다소나마 기여하고자 한다.[8]

1. 신안선과 14세기 초의 동아시아

전남 신안에서 발굴된 신안선은 목간에 묵서된 지치(至治) 3년(1323)의 연대에서 보듯이 14세기 초의 자료이다. 이 시기는 몽골제국이 탄생시킨 원을 중심으로 구축된 동아시아 체제가 유지되던 시기이다.

1206년 징기스칸의 등장으로 출현한 몽골제국은 13세기에 지속적인 정복전쟁을 통하여 동아시아 여러 나라를 압박하였다. 1211년 중원의 금조(金朝)에 대하여, 그리고 1231년 고려에 대한 침략을 개시하여 동아시아 공략을 본격화하였다. 그리하여 1234년 북중국의 금을 멸망시키고, 1270년에 고려를 복속시켰다. 고려는 14세기 중반에 이르기까지 약 1세기간 원의 정치적 영향하에 놓이게 되었지만, 다른 한편으로 경제적 문화적으로 밀접한 관계를 유지하게 된다. 고려 복속에 이어 원은 1276년 남송의 수도 임안(臨安; 항주)을 함락시킴으로써 사실상 중국 전 지역에 대한 지배권을 장악하게 되었다. 원은 강남 지역을 강절(江浙)·강서(江西)·호광행성(湖廣行省)의 3개 행성으로 나누어 관리하였는데 그중 해외 무역의 거점이 된 현재의 절강(浙江) 복건성(福建省)은 강절행성에 포함되어 있었다.

---

8) 본고와 유사한 의도에서 쓰여진 기왕의 논고로서 김병근의 논문(「신안해저유물을 통해본 중세동북아 교역」,『신안선 보존과 복원, 그 20년사』, 국립해양유물전시관, 2004)이 있다. 한편 이강한의『고려와 원제국의 교역의 역사』(창비, 2013)는 최근의 괄목할 관련 연구업적이라 할 수 있다. 여기에는 그동안 간과되었던 14세기 고려와 원의 교역의 내용이 중점적으로 부각 되어 중세 교역사의 한 축을 새롭게 제시하고 있다.

1271년 원으로 국호를 바꾼 쿠빌라이의 몽골제국은 고려를 매개로 1274년과 1281년 2회에 걸쳐 일본 큐슈에 대한 침공을 시도하였다. 2회 모두 9백 척 규모의 여원연합군 선단이 고려 남해안의 합포(마산)에서 출발하였으며 1281년의 경우는 새로 정복된 남송의 군 10만, 3천5백 척 선단이 신안선이 출항하였던 경원에서 출발하여 연합군에 합류하였다. 그러나 이같은 대공세에도 불구하고 태풍 등의 제반 여건 가운데 일본에 대한 공략은 성공하지 못하였다. 쿠빌라이는 1294년 사망할 때까지 일본 정복에 대한 미련을 버리지 않았다. 1298년 원의 성종(成宗)은 보타산(補陀山)의 승려 영일산(寧一山)을 일본에 보내 초유하였으나 특별한 반응을 얻지 못하였다. 이로써 원·일간 공식적인 국가적 교섭은 이루어지지 못하였다.[9] 그러나 남송의 멸망에도 불구하고 원·일간 민간 무역은 그대로 계승되었다.

송대 이래 강남지역의 경제적 발전은 괄목할만한 것이었고, 따라서 원대 국가수입에 있어서 강남지역은 양자강 이북의 한지(腹裏·河南·陝西行省)에 비해 2배에 상응할 정도의 중요한 비중을 가지고 있었다. 상세(商稅)의 경우는 한지 2400만 관(貫)에 대해, 강남 200만 관으로 대도(大都)를 포함한 한지(漢地)가 다소 많은 비중이었지만, 강남의 상세 2000만 관중 1350만관이 강절행성(江浙行省)으로부터 나왔는데, 이것이 이 지역 대외 무역의 발전과도 밀접히 연관되어 있음은 물론이다.[10] 그러나 1307년부터 1332년까지 26년 동안 8명의 황제가 교체될 만큼 정치적으로 불안정하였고, 강남지방에 대한 지배가 치밀하지 못하였기 때문에, 14세기 전반은 대체로 송대 이후의 민간무역의 발전을 계승하여 유지되고 있었다고 할 수 있다.

14세기 후반이 되면 강남에서의 원 지배력 약화는 보다 가시화되었다. 강절(江浙)지방에서 해적 출신 방국진(方國珍)의 자립(1348), 홍건적의 란(1351)으로부터 주원장의 자립과 명 건국(1368)으로 원의 지배질서는 와해되

---

9) 여원연합군의 침입에 대한 전반적 개황은 윤용혁 「여몽연합군의 일본 원정」『한국해양사』Ⅲ, 한국해양재단, 2013 참고.

10) 愛宕松男 「元の中國支配と漢民族社會」『岩波講座 世界歷史』9, 1974, pp.304-305

기 시작하였다. 한편 일본은 가마쿠라(鎌倉) 막부의 멸망(1333)과 남북조 내란으로 인한 혼란이 초래되면서 왜구의 창궐 등으로 동아시아 세계가 다시 분란의 소용돌이에 휩쓸린다. 고려에 있어서 왜구는 1350년(충정왕 2년)부터 본격화하고 원에 있어서도 1358년(지정 18)부터 왜구가 출현하였다. 14세기 후반 왜구의 횡행에 의하여 정상적인 대외교역이 마비된다. 일본은 경제적 필요를 약탈에 의하여 충당하였고 고려는 육로를 통한 제한적 교역 이외에 해로를 이용한 교역이 사실상 단절되기 때문이다. 때문에 신안선의 역사적 배경이 되는 14세기 초는 원 중심의 동아시아 세계가 유지되던 시기로서 해로를 이용한 동아시아 교역이 활발히 전개되었던 시기였던 것이다.

여원간의 밀접한 경제적 교류에도 불구하고 해로를 통한 교역의 사실을 직접 전하는 자료는 전대(송대)에 비하여 기록상 현저히 소략한 것이 사실이다. 이 때문에 "여원간의 무역은 존재하지 않았다"거나[11], "송대와 달리 '원상(元商)'들의 내도(來到) 기사가 거의 없는 것은 첫째로는 해로통교가 없기 때문일 것"[12]이라는 견해가 한동안 받아들여졌던 것이 사실이다. 여원간 교류의 특수성 혹은 장기 전란을 거친 14세기의 역사적 환경으로 인하여 해로를 통한 교역이 송대에 비하여 다소 위축된 점이 있었다하더라도 강남지역과의 교류가 단절된 것이 아니라는 것은 분명하다.

2. 육로를 통한 여·원 무역

고대 동아시아 교역은 한반도가 중요한 중계국이었다. 고려시대의 경우에도 고려는 해로를 통하여 송과의 교역, 일본과의 무역이 상당 규모로 이루어졌고, 경우에 따라서 고려는 일종의 중계 무역의 역할을 담당하기도 하였다. 북송대 고려 송간의 사신 내왕은 매우 활발하여 도합 90회에 이르고, 이같

---

11) 전해종 「여원무역의 성격」『동양사학연구』 12·13, 1978
12) 고병익 「고려시대의 해상통교」『동아시아 문화사 논고』 서울대출판부, 1997, p.171

은 전통은 남송대 강남지역과의 교역으로 연결되어 송대 260년 간 120여 회 5천 명의 상인이 고려에 건너올 정도였다.[13] 소동파(蘇東波)가 "천주에서는 상인들이 배로 고려에 들어가 왕래하며 매매하는 사람이 많다"고 한 것도 그것인데, 이들 중에서는 송대 개경에 거점을 두고 상업에 종사하는 경우도 적지 않았던 것으로 보인다.[14] 이같은 송대의 무역전통이 원의 강남 지배 이후 대체로 계승 되었다고 생각된다.

여원간의 교통로는 육로와 해로가 있었는데 전 시기에 비하여 육로의 이용이 활성화 되었다는데 특징이 있다. 10세기부터 13세기 초까지 고려시대는 요(거란), 금(여진) 등이 북중국을 지배하였고 따라서 송과의 교역에 있어서는 황해를 건너는 횡단 혹은 사단 항로를 이용하지 않으면 안되었다. 당시 송과의 대외교역이 활발하였던 상황에 비추어 볼 때 이 시기 고려의 송과의 대외 무역은 자연 이 해상무역로를 발전시켰음에 틀림이 없다. 그러나 요, 금의 몰락 및 원의 중원 지배에 의하여 사정이 달라지게 된다. 원은 몽고 제국이래 역참제의 개발에 의하여 육로 교통의 체계를 정비하였으며, 이를 통하여 고려는 원의 대도(북경)와 국왕, 사신 왕래 등 제반 공식적인 교류를 활발히 하였고 이것은 경제적 교류의 기반이 되었다.

왕이 원도에 행행할 때는 대규모 수행원이 동행하였다. 1284년 충렬왕의 입원(入元)에는 1,200여 명의 신하, 1296년에는 신하 243명 겸종 590명, 말 990필이 동원되었다. 이러한 과정에 다수의 어용 상인집단이 교역의 이를 추구하여 동행하였을 것은 충분히 짐작되는 일이다. 왕실과 권세가들은 이를 기화로 직접적으로 사무역에 간여하여 이익을 취하였다. 요양행성 광녕부로(廣寧府路)의 상인 10여 명이 고려에서 국제무역에 종사하다 죄를 지어 탐라에 유배된 일이 있는데[15], 이들 원상(元商)은 사신단에 편승하여 육로를

---

13) 고병익 앞의 『동아시아 문화사 논고』 pp.169-170 및 전해종 「고려와 송과의 교류」『국사관 논총』 8, 1989, pp-13-16 참고. 최근의 연구로서는 이진한 『고려시대 송상왕래 연구』 (경인문화사, 2011)가 있다.

14) 『송사』 487, 고려전 ; 馬端臨 『文獻通考』 325, 고구려조

15) 程文海 〈太原宋氏先德之碑〉『楚國文獻公雪樓程先生文集』 8 碑銘, 장동익 『元代麗史資料集

통하여 무역에 종사한 사례이다.

한편 원과의 교역 혹은 상업활동이 왕실에 의하여 이루어진 경우도 있었다. 충혜왕은 당시 국제무역에 일정한 기반을 가지고 있던 회회인과 교류하며[16], 국내외 상업적 이득에 관심을 기울였다. 이것은 당시 고려에서 활동하는 원상 이외에 여원 교역에 종사하는 이들이 많았으리라는 것을 짐작케 하는 바이다. 충혜왕이 남궁신(南宮信)을 시켜 2만 필의 포와 금은 등 물품으로 유(幽), 연(燕) 지방에 가 무역하도록 한 것이나[17], 왕실의 내폐(內幣)를 가지고 원에 들어가 상업 활동을 하도록 하고 상인들에게 장군직을 주는 것은[18] 고려 왕실이 원과의 교역을 통한 상업적 이득에 직접 종사하였음을 말해준다.[19]

고려는 원의 정치적 간섭하에 있었기 때문에 공물의 형식으로 원에 대한 경제적부담이 있었던 것도 사실이다. 조공의 형식에 의하여 원에 전달된 고려의 물품은 과거 요, 금 등에 대한 조공품에 비하여 훨씬 다양하면서도 양적으로 증가한 것이었다. 그것은 여원 간의 교역이 전대에 비하여 질량면에서 더욱 활성화 되었음을 반영하는 것이기도 하다. 모시, 비단 등의 옷감류, 금종 은잔 등의 금속 공예품, 도자기, 수달피, 노루 등의 가죽, 화문석과 같

錄」서울대출판부, 1997, pp.305-306에서 인용

16) 충혜왕은 回回人에게 布를 주어 그 이자를 받아들이고 송아지 고기를 날마다 15근씩 진상하도록 하였다.(『고려사』 36, 세가 충혜왕 후 5년 1월) 이는 고려 왕실이 여원무역에 종사하는 회회인과의 일정한 상업적 거래를 하고 있음을 보여준다.

17) 『고려사』 36, 충혜왕 후3년 3월

18) 『고려사』 36, 충혜왕 후4년 9월

19) 충혜왕대 왕실의 국내외 상업활동에 대해서는 전병무 「고려 충혜왕의 상업활동과 재정정책」『역사와 현실』 10, 1993, pp.234-240 참조

20) 이진한 「고려시대의 무역」『한국 무역의 역사』 해상왕장보고 기념사업회, 2004, pp.301-305, 이에 의하면 원 황제에 대한 헌상품으로서 『고려사』에 나오는 품목은 다음과 같다. 麤紬布, 細布, 금은·질좋은 구슬·수달피·아남 및 좋은 의복, 황금·백금·襦衣, 羅絹·綾紬·금은 酒器·畵韂·畵扇, 金鐘·金盂·白銀鍾·銀盂·眞紫羅, 黃漆, 호랑이가죽, 화문대석, 인삼, 환도, 제주산 木衣·脯·오소리가죽·들고양이가죽·노루가죽·말안장, 皮貨, 苧布, 金畵옹기, 탐라쇠고기, 酥油(소유: 양과 소의 젖으로 만든 油), 畵佛, 細苧布, 織文저포, 龍席·竹簟(죽점), 熊羔皮.

은 가내 수공예품, 쇠고기 등을 들 수 있다.[20] 이것은 조공의 틀에서 이루어진 것이어서 교역과는 다른 것이지만 물자의 이동 혹은 교환이라는 점에서 일면 대외무역적 성격도 가진 것이었다.

여원간의 무역에 있어서는 해로보다 육로가 많이 이용되었다. 국왕 혹은 사신들의 왕래가 거의 육로를 통하여 이루어졌고, 이를 주요 통로로 하여 물품의 왕래가 수반되었기 때문이다. 육로를 통한 민간 교역의 한 예를 당시의 한어(漢語) 교습서인 『노걸대』(老乞大)를 통하여 짐작해 볼 수 있다. 『노걸대』 속의 고려 상인은 모시 130필, 인삼 100근, 말 10여 필을 가지고 도보로 요동을 거쳐 북경으로 가 물건을 판 다음 그 대금을 가지고 다시 산동의 고당(高唐)에 가서 견직물과 여러 잡화를 구입한 다음 직고(直沽)에서 이들 물품을 선편으로 고려에 운반하였다. 소견(小絹) 1필은 은 3전으로 사서 2전에 염색하여 개경에서 1냥 2전에 팔고, 능(綾) 1필을 2냥에 사서 3전에 아청색 염색을 하여 3냥 2전에, 2전에 소홍색 염색을 하여 3냥에 팔고, 솜은 1근을 6전에 사서 1냥 5전에 판매하는 것으로 되어 있다. 대체로 원의 견직물은 고려에서 2배 이상의 가격에 매매되고 있는 것이다. 한편 고려 상인은 원에서 각종 잡화를 구입하였는데 그 내용은 각종 구슬갓끈, 바늘, 머리장식, 모자, 화장품, 빗, 칼, 가위, 송곳, 놀이기구, 도량형기, 말장식, 목면, 서적 등이었다.[21]

한편 원의 강절행성 요주로(饒州路)의 이존(李存; 1218-1354)이, 교유하던 진일신(陳日新)으로부터 고려에서 원에 수입된 화문석과 가산묵(柯山墨)을 선물 받은 사실, 고려 말 고려사신이 바다를 건너 강남에 왔다는 것, 강서행성 무주로(撫州路)의 우집(虞集; 1272-1348)이 고려 모시를 선물 받은 것, 고려 갓, 고려 호박, 자기, 석유리, 종이 등에 대한 언급이 원대 문인들의

21) 위은숙 「원 간섭기의 대원무역-『노걸대』를 중심으로」『지역과 역사』 4, 1997 참고. 한편 노걸대 등을 통하여 여원 경제교류의 내용에 접근한 논문으로 陳高華 「從〈老乞大〉〈朴通事〉看元與高麗的經濟文化交流」(『歷史研究』 1995년 제3기)가 있음.

22) 이들 자료에 대한 언급은 장동익 『元代麗史資料集錄』 서울대출판부, 1997, pp.113-120 참고.

자료 중에 언급되는 것을 보면[22] 해로 교역을 통한 고려의 물품들이 실제 유통되고 있었음을 보여주는 것이다.

3. 여·원 간의 해상무역

고려 원의 교역에 있어서 육로의 교역이 크게 활성화된 것은 여원 무역의 큰 특징이다. 그렇다고 해로를 통한 교역이 전 시기에 비하여 위축된 것처럼 보이지는 않는다. 우선 13세기 말 여원간의 일본 침입을 계기로 군량의 일부가 해운을 통하여 고려에 전달되었으며, 그 예로 1285년 운송 규모는 쌀 10만 석에 이르렀다.[23] 1291년에는 고려의 기민(饑民)을 구제하기 위하여 47척의 선박에 강남미 10만석(혹은 20만 석)을 실어 고려에 보내도록 하였는데, 태풍을 만나 이듬해 4천 2백석만 고려에 수송되었다.[24] 이같은 해로를 통한 대규모 세곡 운송은 이후 여원 해상교역 활동의 유지에도 일정한 기반이 되었을 것이다.[25]

해로를 통한 고려의 원과의 교역에 있어서의 항로는 송대의 그것을 계승한 것으로 산동반도의 등주와 개경을 연결하는 북선(北線)항로(황해 중부 횡단 항로)와 명주(영파)·천주 등지에서 한반도 서남해안을 경유하여 개경에 이르는 강남의 남선(南線)항로(동중국해 斜斷航路)로 대별할 수 있다. 산동반도의 경우 등주(登州)에서 바로 옹진반도로 횡단하는 항로와 등주로부터 동북쪽 연안을 따라 우회하여 한반도 서북해안을 따라 내려오는 연안 항로가 있다.[26] 2006년 8월에 공개된 산동성 봉래시(蓬萊市)에서 발굴된 2척의 고려

---

23)『원사』 13, 세조본기 지원22년 11월

24)『원사』 208, 고려전 지원 28년 10월 및『고려사』 30, 충렬왕세가 17년 6월

25) 陳高華「元朝與高麗的海上交通」『元史研究新論』上海社會科學院出版社, 2005, pp.362-363

26) 陳高華, 위 논문, pp.364-365 및 윤명철「고려인이 간 해상의 길」『바닷길은 문화의 고속도로였다』 사계절, 2000, pp.331-335 참고.

선박은 14세기 북선항로를 통한 여원간의 교류 양상을 입증하는 자료일 것이다.[27] 또 충혜왕대 원의 대도 상인들이 해적선의 피해를 보고하고 있는데, 이 해적들은 30여 척의 선단 규모로 푸른색 혹은 누른색 옷을 입고 바다를 횡행한다는 것이다.[28] 이러한 자료는 당시 원 대도로부터 민간상인들이 지속적으로 해로를 이용한 무역활동을 하고 있었음을 말해준다.

원 강남 지역과의 교역은 송대의 그것을 계승한 것이며 해로(남선항로)에 있어서도 송대와 별로 다르지 않았을 것이다. 여송간의 경우를 참고하면 이와 관련 1123년(인종 1) 고려에 사신으로 온 송의 관인 서긍(徐兢)이 이용한 남선항로는 아마 여원간의 교류에 있어서도 자주 이용되었을 것이라는 점에서 주목할 자료이다. 1123년 수도 변경(汴京)을 출발한 송의 사신단은 금국(金國)을 피하여 남쪽으로 우회하여 남선항로를 이용, 고려에 이르렀다. 신안선이 출항했던 명주(明州, 경원:영파)로부터의 일정을 간추리면, 5월 16일 명주를 출발한 지 대략 보름만에 흑산도에 이르고, 흑산도에서 다시 10일을 걸려 6월 중순 개경에 이르고 있다.[29] 당시 송상들의 내항 사례 126회를 분석하면 7월 22회, 8월 38회로서 주로 7, 8월에 내항한 것으로 되어 있고, 그 밖에 10월 10회, 11월 8회, 그리고 서긍과 같은 6월이 9회였다.[30] 이는 계절풍을 이용하여 운행해야 하는 당시 항해의 특성에 의한 것으로, 따라서 여원의 해상교역도 이같은 경향을 보였을 것이다. 신안선의 경원(명주) 출항 시기가 6월 초, 중순이었을 것이라는 것도 이 점에 있어서 대단히 시사적이다.

---

27) '14세기 후반'으로 추정하는 고려선 2척이 산동성의 봉래시 소재 봉래 수성 해안에서 확인되었으며 그중 1척(봉래3호선)은 잔존길이 17.1m, 최대 선체 폭 6.2m로서 그 원형은 길이 22.6m, 최대 폭 8.4m, 화물 적재 160-180톤 규모로 추정된다. 재질은 소나무이고 선내에서 토기류의 장군과 연화문상감의 고려청자 접시가 함께 출토하였다. 김성범 「중국 봉래수성 출토 고려선」『한국중세사연구』27, 2009, p.280 참조.

28) 『고려사』 36, 세가 충혜왕 후 2년 7월

29) 서긍 『선화봉사고려도경』 34-39, 해도 1-6 참조. 『송사』 고려전에서는 명주에서 큰 바다에 이르는데 3일, 여기에서 5일이면 흑산도, 다시 7일이면 예성강에 이른다고 하였다. 순풍일 경우 명주(경원)에서 15일이면 예성강에 이른다는 것인데, 이에 비하면 서긍의 경우 전체 소요 일정이 다소 늦어진 것은 중도 기상의 불순 및 공식사절로서의 의례적인 필요에 의해 일정이 더 소요된 때문이었다.

30) 김상기 「여송무역 소고」『동방문화교류사논고』 을유문화사, 1948, pp.58-66 참조

송상의 고려 내항시와 같은 계절풍을 이용했다는 것이기 때문이다.

원은 송대 무역의 전통을 계승하여 대외 무역이 크게 번성하였고 이에 따라 경원, 상해를 비롯하여 천주(泉州), 감포(澉浦), 온주(溫州), 광주, 항주 등 7개소에 원의 시박사를 설치하였다. 강남 지역과 고려와의 교역이 일정하게 전개되고 있었다는 사실은 다음과 같은 여러 예에서 읽을 수 있다.[31]

○ 충렬왕비인 제국대장공주가 인삼, 송자(松子) 등을 강남에 보내 판매하여 큰 이익을 보았다.[32]

○ 충렬왕 21, 22년 경 복건행성에 주시랑(周侍郎)을 파견하여 각종 물품을 판매하였다.

○ 충렬왕 24년(1298) 6월 천주의 마팔국(馬八國) 왕자 패합리(孛哈里)가 은사모(銀紗帽), 금은 수박(手箔), 침향, 토포(土布) 등 예물을 바쳤다.

○ 충렬왕 27년(1301) 8월 강남의 상객이 궁궐에서 왕을 향연 하였다.

○ 충숙왕 원년(1314) 국자감원을 강남에 파견하여 서적 1만 여 권을 구입하였다.

○ 천주(泉州) 상인 손천부(孫天富), 진보생(陳寶生) 등이 상업의 일로 고려에 왕래하였다.[33]

○ 강남의 상인들이 각종 물품과 노비를 배에 싣고 고려에 진출하였다.[34]

○ 남만(南蠻) 상인이 안동에 들어와 취처(娶妻)하고 정착한 사실이 확인된다.[35]

---

31) 장동익 「여원의 경제적 관계」『고려후기 외교사연구』 일조각, 1994, pp.144-147

32) 『고려사』 80, 열전 2, 제국대장공주전

33) 王彝 『泉州兩義士傳』

34) 『元典章』 刑部 19, 禁誘略 過房人口

35) 『고려사』 123, 염승익전

원대 강남의 무역항 가운데 고려와 관계가 가장 깊은 곳은 경원(慶元, 明州) 즉 영파(寧波)였다.[36] 영파는 강남의 풍부한 물산을 연결하는 고려로서는 가장 가까운 항구일 뿐 아니라 이미 송대에 이곳을 관문으로로 하는 여송 무역이 크게 진전되었다. 영파에 오는 고려 사신들을 묵을 수 있도록 한 고려사관(高麗使館)의 설치는 고려의 강남 무역에 있어서의 영파의 위치와 비중을 입증하는 것이다.[37] 영파를 중심 통로로 하는 무역 관계는 일본의 경우도 유사하였다. 물론 강남의 무역통로가 거의 경원에 집중되어 있었다고는 볼 수 없지만, 고려 일본과의 무역에 있어서 영파가 가장 중요한 강남의 통로가 되었던 것은 분명하다.

영파 이외에도 앞의 충렬왕대 관료 주시랑(周侍郞)이 복건행성에 파견된 점, 충렬왕 24년 '마팔국 왕자'가 천주로부터 왔던 것, 천주 상인 손천부, 진보생 등이 상업의 일로 고려에 왕래하는 것에서 보면, 영파에서 남쪽으로 떨어진 복건성(福建省)의 천주(泉州)와도 일정한 교류가 있었던 사실을 알 수 있다. 이같은 천주항의 이용은 물론 원·일 교역에 있어서도 마찬가지였다. 신안선이 천주에서 건조되었을 것이라는 주장도 이점에서 시사하는 바가 있다.[38]

송대 강남의 대외 무역과 관련하여 광주·명주·천주·항주 등지에 시박사를 설치하였는데 원 세조 쿠빌라이는 강남의 이같은 이점을 더욱 확대 장려하였다. 결과적으로 경원·감포·온주 등을 포함하여, 쿠빌라이 치세인 1293

---

36) 경원은 원래 명주로 불렸는데 남송 寧宗 때 경원으로 개칭되었으며 지금의 영파이다. 광주, 천주와 함께 송원대 중국의 3대 항구의 하나이며, 남송의 수도 항주, 혹은 대운하와도 연결되는 위치로서 특히 고려, 일본과의 교역에 가장 중요한 항구였다. "바다의 입구에 위치하여 상선들이 지나는 바 되고, 수많은 귀한 물품들이 거래되므로(百珍交集) 이 때문에 '招寶'라 이름하였다"(『四明談助』)는 것이다. 한편 경원은 중요한 조선 기지로서 尖頭, 尖底, 方尾 등 중국 전통조선의 하나인 '浙船'의 대표적 조선처였다. 王冠倬 『中國古船圖譜』三聯書店, 2000, 159-162 참고.

37) 현재 영파시 鎭明路에는 고려사관의 터가 확인되어, 건물을 복원하여 진열실로서 공개하고 있다. 이에 대해서는 권덕영「강소성·절강성 지방의 신라유적과 그 사회」『중국 동남연해 지역의 신라유적조사』해상왕장보고 기념사업회, 2004, pp.326-328

38) 席龍飛「對韓國新安海底沈船的硏究」『海交史硏究』1994년 제2기, pp.55-74

년(지원 30)까지 시박사는 7개처로 증가하였다. 한편 이들 항구를 출입하는 교역을 관리하기 위하여 20여 개조로 구성된 '시박사 조례'를 운영하였는데, 이 규정은 관세 포탈에 대한 처벌, 출항 허가에 대한 절차, 상업 활동의 제한 조건 등을 규정하고 있지만, 기본적으로 교역의 원만한 운용을 도모하기 위한 것이었다. 이는 당시의 교역의 활발성을 입증하는 것이거니와, 이 때문에 "부민(富民)이 제번(諸藩)으로 나아가서 상판(商販)하여 모두 많은 이득을 얻으므로 상인이 점점 많아져서 중국의 물화가 값이 떨어지고 해외 제번(諸藩)의 물화가 도리어 값이 귀해졌다"고 일컬어질 정도였다.[39] 이후 일시적, 혹은 부분적으로 시박사의 폐지 등이 행해지기도 하였는데, 신안선의 출항이 있었던 1323년은 해상(海商)들의 무역에 대한 제한을 전면 해제한 시기이기도 하였다.[40]

14세기 중엽 이후 원의 쇠퇴에 따라 강남은 장사성(張士誠), 방국진(方國珍) 등의 지방세력이 할거하였고 이들은 고려와의 교역에도 깊은 관심을 표명하였다. 공민왕대 장사성 쪽에서는 17차례, 방국진으로부터는 5차례의 고려에 대한 사신의 파견이 있었는데 이는 교역의 확대를 도모한 것이었다. 그러나 1368년(공민왕 17) 명이 건국하자 이러한 시도는 종식되었다. 왜구의 발호와 원의 쇠퇴로 인하여 해양을 통한 대중국 무역은 쇠퇴하게 되었다.

4. 원·일 민간무역의 전개

고려가 육로를 통하여 밀접한 원과의 정치적 관계 속에서 문물의 교류가 성행하였던 것에 비하여 일본은 10세기 이후 14세기까지 중국과의 공식적 외교 관계가 결여된 상태에 있었다. 더욱이 13세 후반 몽골의 대규모 침략으로 인하여 원·일간의 공식관계는 성립하지 못하였다. 그럼에도 불구하고 양

---

39) 『원사』 205, 鐵木迭兒傳

40) 고병익 「명·청대의 쇄국정책」『동아시아문화사논고』 1997, pp.189-191

국 간에는 민간 레벨의 무역이 성행하였다. 일본은 영파(명주, 경원), 천주 등 남중국을 통로로 무역을 전개하였는데 그것은 남송과의 무역 관계를 계승한 것이었다. 따라서 원대에 있어서 대일무역을 관계하였던 상인들은 대략 송 상인 계통이었을 것이다.

『원사』 일본전과 세조본기에 의하면 원의 남송 정벌 직후인 1277년에 일본의 상인은 금을 가지고 들어가 동전과 교환할 것을 청하여 허락받았다. 이어 1279년에는 일본 상선 4척이 경원(영파)에 도착하여 교역을 하고 돌아갔다. 원의 일본 1차 침략 이후(1274) 2차 침략(1281)의 사이에도 이같은 민간 교역이 가능하였던 것은 정치적 관계와는 별도로 남송과의 기왕의 교역 시스템이 가동하고 있었기 때문이었다. 1292년 6월 일본 상선 4척이 들어왔으나 3척은 폭풍으로 중도에 난파하고 1척만 경원에 입항하였다. 그해 10월에도 일본 상선이 경원에 이르러 호시(互市)를 요청하였다. 일본상선의 경원 입항은 1296, 1298, 1305, 1306, 1307년 등으로 거의 연년 이어지고 있다. 이후 자료에는 승려의 왕래에 대한 기록이 이어지지만, 이 역시 상선을 이용한 왕래였던 것이므로 일본의 대원 무역이 활발히 전개되었음을 방증하는 것이다. 다음의 자료는 문헌기록으로 확인되는 원·일 간의 교역선 왕래 상황을 정리한 것이다.

원의 해외무역에 대한 정책은 매우 포용적인 것이었지만, 일시적으로는 시박사의 폐지와 제한이 가해지기도 하였다. 신안선 바로 직전에도 1320년에 경원의 시박사가 폐지되어 해금조치 되었다가 1322년 3월에 복구된 것이었다. 정리한 (표) 자료에는 1323년 신안선이 포함되어 있지 않다. 경원에서 출항한 신안선은 하카타에 당도하지 못한 채 중도 고려의 서남해안 해역에서 침몰해버렸기 때문에 이는 당연한 것이다. 그런데 작성한 연표를 보면 1323년을 전후한 수년 간은 거의 매년 교역선이 출입하였던 것을 알 수 있다. 그 사이 1323년 1324년의 2년 간 교류의 기록이 남지 않은 것은 혹 신안선 침몰의 충격이 일시적으로 교역선의 출입이 억제되는 결과를 가져온 것은 아닐까 추측된다.

(표) 원·일간의 선박 왕래[41]

연대	내 용	전 거
1277	○ 일본상인 금을 가지고 와 동전으로 교환 요청	원사 일본전
1279	○ 일본 상선 4척 경원에 도착	원사 세조본기
1292	○ 6월, 일본상선 4척이 와 3척은 난파, 　1척만 경원에 도착하여 교역 ○ 10월, 일본 상선 경원에 이름	원사 세조본기
1296	○ 일본승 可庵圓彗 入元	本朝高僧傳
1298	○ 일본상선 경원 도착	妙慈弘濟大師行記
1305	○ 일본상선 경원 도착	眞源大照禪師 龍山和尚行狀
1306	○ 4월, 일본상인 有慶이 경원에 도착하여 무역 ○ 승 遠溪祖雄이 入元	원사 성종본기 遠溪祖雄禪師之行實
1307	○ 일본상인이 원의 관리와 다투어 경원을 불태움 ○ 雪村友梅가 배를 타고 입원	眞源大照禪師 龍山和尚行狀 雪村大和尚行道記
1308	○ 일본승 可庵圓慧, 元僧 東里弘會가 일본에 감	延寶傳燈錄/本朝高僧傳
1309	○ 일본승 嵩山居中 입원, 　원승 東明惠日 일본에 감	東明和尚塔銘/本朝高僧傳
1310	○ 일본승 復庵宗己 등이 입원	延寶傳燈錄/本朝高僧傳
1311	○ 일본승 孤峰覺明 入元	孤峰和尚行實
1316	○ 일본승 遠溪祖雄 귀국	遠溪祖雄禪師之行實
1318	○ 일본승 嵩山居中(2차) 등 입원	延寶傳燈錄/本朝高僧傳
1319	○ 원 승 靈山道隱 일본에 감	延寶傳燈錄/本朝高僧傳 등
1320	○ 일본승 寂室元光 등 입원	延寶傳燈錄/本朝高僧傳 등
1321	○ 일본승 無涯仁浩 입원	無涯祿
1322	○ 일본승 月林道皎 입원	月林道皎行狀
1325	○ 일본승 中巖圓月 입원 ○ 일본 建長寺 조영료 얻기 위해 건장사선 　파견해옴	中巖和尚自歷譜 中村文書
1329	○ 7월 일본승 瑞興 등 40인 입원 ○ 일본승 不聞契聞 入元 ○ 원승 淸拙正澄, 일본 입원승과 함께 8월 　하카타 도착	원사 세조본기 不聞和尚行狀 延寶傳燈錄/本朝高僧傳 등
1330	○ 일본승 月林道皎 귀국 ○ 일본승 別源圓旨 귀국	月林道皎行狀 別源和尚塔銘
1332	○ 일본승 中巖圓月 등 귀국 ○ 攝津 住吉신사 조영료를 얻기 위해 일본상선 옴	中巖和尚自歷譜 攝津住吉神祠文書
1333	○ 일본승 祖庭芳 중국에 옴 ○ 일본승 不聞契聞 귀국	聖一國師年譜 不聞和尚行狀

1334	○ 일본승 空叟智玄 入元	名刹由緒書 등
1339	○ 일본승 無文元選 등 입원, 온주에 상륙 ○ 일본승 空叟智玄 등 귀국	無文選禪師行實 延寶傳燈錄/本朝高僧傳 등
1341	○ 가을, 일본승 愚中周及, 경원에 상륙	大通禪師語錄
1342	○ 가을, 일본 天龍寺船 1척을 파견해옴 ○ 가을, 일본 泉侍者 등 25인 입원 ○ 10월, 일본승 性海靈見이 경원에 상륙	천룡사조영기록 梵禪語錄 性海和尚行實
1343	○ 7월, 승려의 초상을 그리기 위해 원에 사신 파견	海藏和尚紀年錄
1344	○ 가을, 일본승 大拙祖能, 복주 長樂縣에 도착	大拙和尚年譜
1345	○ 5월, 일본승 友山士恩 등 귀국	友山和尚傳
1346	○ 승 善慧 입원	開山大光禪師語錄
1347	○ 일본승 古源邵元 귀국	古源和尚傳
1348	○ 일본승 無我省吾 入元	延寶傳燈錄/本朝高僧傳
1350	○ 3월, 입원승 龍山德見 등 18인, 원 상선을 타고 귀국 ○ 입원승 無文元選 등 귀국 ○ 일본승 椿庭海壽 입원	園大曆 無文選禪師行實 本朝高僧傳
1351	○ 일본승 愚中周及, 3월 경원 출발, 초여름 하카타 도착 ○ 5월, 일본승 性海靈見 귀국 ○ 원승 東陵永璵, 일본 입국	大通禪師語錄 性海和尚行實 延寶傳燈錄
1357	○ 일본승 無我省吾 귀국	延寶傳燈錄/本朝高僧傳
1358	○ 일본승 大拙祖能, 귀국	大拙和尚年譜
1363	○ 일본승 無我省吾 다시 入元	延寶傳燈錄/本朝高僧傳
1364	○ 일본승 觀中中諦 입원	本朝高僧傳

  일본의 상선 가운데는 대규모 재원이 소요되는 사원 혹은 신사의 건축과 수리비를 충당하기 위하여 상선을 보낸 경우가 종종 있었다. 1325년 건장사 (建長寺)의 조영 기금을 얻기 위하여 '건장사선'을 파견해왔다고 한 것이 그 예이다. 1332년에는 섭진(攝津) 스미요시(住吉) 신사(神社) 조영료를 위한 상 선, 1342년 천룡사선(天龍寺船) 1척 등이 그 예이다. 이로써 보면 일본의 대 원 무역은 불교 사원과의 깊은 관련을 가지고 활성화되어 있었음을 알 수 있 다. 이들이 주로 사용한 항구는 대부분 경원(영파)이었다.

41) 魏榮吉, 『元·日關係史の研究』教育出版センタ, 1985, pp245-253의 표를 약간 고쳐서 옮김

복원한 14세기 원대 선박(나가사키항)

　당시의 무역선이 사원과 밀접한 연관을 가지고 있었던 것은 사원이 당시 중요한 경제적 주체였던 점과 함께 구법승들이 이들 선박을 이용하여 왕래하였기 때문일 것이다. 가령 1263년(원종 4) 남송(영파 방면)에 들어가던 일본의 구법승 여진(如眞) 일행 230인이 폭풍으로 개야도(충남 서천)에, 265인이 추자도와 군산도에 표박한 것도 민간 무역선에 승려가 함께 승선한 사례였다. 1323년 신안선의 경우도 역시 불교 혹은 사원과의 관련성이 많이 엿보이고 있다. 동복사 등 목간의 묵서명, 불상 등의 불교 관련 물품이 그 증거이거니와, 승선자 가운데는 역시 불승이 동승하였을 것임을 짐작할 수 있다.

　일본의 대원 수출품은 남송대의 그것과 유사한 것으로, 금, 사금, 철, 구슬. 약용 진주, 수은, 녹이, 복냉, 유황, 나전, 완석, 목재, 부채 등이다. 원의 대일 수출품으로서는 동전, 자기, 불경, 각종 서적, 견직물, 약재 등이다. 신안선의 경우도 화물중 불경이나 각종 서적, 견직물 등이 상당량 적재되었을 것이지만, 이러한 상품들은 그 흔적을 찾을 수 없다.

5. 해양 교역에 있어서 제주도와 류큐

14세기 여원관계의 전개에 있어서 한 가지 검토를 필요로 하는 문제는 제주도와 류큐이다. 제주도는 고려중기 이후 비로소 고려 중앙정부의 외관이 파견되기 시작하였으나, 여몽전쟁이후 1273년부터는 몽골군이 주둔하고 탐라총관부가 설치되어 원의 직속령이 되었다. 원이 제주도를 주목한 것은 이곳이 고려-남송-일본 중간지역에 위치하여 동아시아 장악에 있어서 해양 거점으로서의 제주도의 지정학적 중요성에 주목하였기 때문이다.[42] 이에 의하여 원의 세력이 부식되어 제주도는 동아시아 해양 거점으로서 발달할 수 있었다.

원래 제주도는 지리적으로 한반도 남부와 일본열도, 중국의 여러지역, 오키나와 등 다양한 항로의 중간에 개재한 '경유항로'이다. 해발 2천m의 한라산으로 인하여 주변 해역을 통과하는 선박에게 매우 유익한 항해 정보를 제공하는 곳이기도 하고 원양항해에 있어서 물과 식량의 보급도 가능한 지역이다.[43] 이 때문에 기왕에 송·일간의 교역에 있어서도 제주도의 지리적 위치가 주목되어 왔고,[44] 제주도 서안(西岸)에 해당하는 북제주군 한경면 신창리의 해저 해저유물은 송·원대 해양 교역에 있어서 제주도의 역할을 입증하는 자료이기도 하다.[45]

13세기 후반이후 제주와 원과의 관계에 있어서 항파두성에 대한 지표조사에서 원대의 자기편 37점(청자 26점, 청백자 1점, 백자 10점)이 수습된 것

---

42) 김일우 「원 간섭기와 공민왕대 이후의 탐라」『고려시대 탐라사연구』 신서원, 2000,

43) 윤명철 「제주도의 해양교류와 대외항로」『한민족의 해양활동과 동아지중해』 학연문화사, 2002, pp.479-450 참조.

44) 森克己는 일본의 송과의 무역에 있어서 일본의 선박이 우선 제주로 건너가면 '역전순환해류'를 이용하여 절강의 명주(경원:영파)에 도달할 수 있었다고 하여 제주도의 지리적 위치에 주목하였다. 森克己 「日宋交通と耽羅」『續 日宋貿易の研究』1975, pp.380-381 참조.

45) 신창리 해역에서는 '河濱遺范' '金玉滿堂'의 명문 인장이 찍힌 절강성 龍泉窯産 추정의 청자류 파편과 함께 금제의 팔찌와 뒤꽂이 같은 귀중품이 다수 수습된 바 있다. 국립제주박물관『제주의 역사와 문화』 2001, pp.103-105 참고.

은 매우 흥미있는 자료이다.[46] 이 지표조사에서 수습된 고려청자의 자기편이 557점이었던 것에 비하면 매우 소량이기는 하지만, 원대 자기편의 존재는 항파두성이 원 직속령하에서 일정하게 활용되었음을 말해준다. 제주도의 원대 자료로서 갈유호의 존재도 주목할 자료이다.[47] 중국에서 '한병(韓甁)'[48] 으로 불리는 갈유호는 13세기 말 몽골군의 2차 일본침입시 경원에서 출항한 강남군에 의하여 휴대되었으며, 신안선에서도 적재되어 수 점이 확인된 바 있기 때문이다.[49]

14세기 전반의 제주도는 원과의 밀접한 관계 속에서 그 위치가 부각되었다. 군사적 혹은 산업적 이유에 의하여 인물의 정주(定住)도 이루어지고 있어서 이들이 원과의 통교에 일정한 통로를 형성하고 있었을 것이기 때문이다. 13세기 후반(1269-1279)에 중창한 서귀포 법화사(法華寺)의 경우도 제주에 들어와 있던 원 세력과의 일정한 연관성을 읽을 수 있다. 법화사는 원 황실의 원찰적 성격을 갖는 것으로 간주되고 있거니와, 원 황실 사용의 봉황문 와당이나 원의 장인이 제작한 미타삼존동불의 안치 등이 이를 뒷받침한다.[50] 14세기 제주는 원의 직할령으로부터 고려에 다시 반환되기는 하였지만 몽골족의 지배력은 목호(牧胡)의 란이 일어났던 1374년까지 이어졌다. 물

---

46) 이들 원대의 중국자기는 청자는 용천요, 백자는 경덕진요의 것이라 한다. 이에 대해서는 제주문화예술재단 문화재연구소 『제주 항파두리 항몽유적지 학술조사 및 종합기본정비계획』 2002, p.111 참조.

47) 항파두성 등지에서 출토되었다고 하는 제주도 출토의 갈유호는 제주대박물관 및 국립제주박물관에 여러 점이 소장되어 있다. 제주도에서는 이를 '몽골병' 혹은 '몽군병'으로 부른다. 국립제주박물관, 앞의 『제주의 역사와 문화』 p.106.

48) '韓甁'이라는 명칭은 남송대 초기의 장군 韓世忠(1088-1151)이 이끈 군대가 물이나 술을 넣은 용기로 사용한 데서 연유한 것이라 하였지만,(黃炳煜 「韓甁岳甁非酒甁」 『中國文物報』 1999년 12월 1일판) 그러나 이러한 설명은 납득되지 않는 점이 있다. 한세충은 금과의 전투에서 명성을 날린 무반이며 만년에 강남지역 상해의 青龍鎭 등지에 주둔하였다고 한다. 森 達也 「葛釉長胴四耳壺の生産地と年代について」 『鷹島海底遺蹟』 V, 長崎縣鷹島町敎育委員會, 2001, pp.60-63 참고.

49) 문화재관리국 『신안해저유물(종합편)』 1988, pp.392-393의 '갈유도척기' 및 p.477의 사진 참조

50) 김일우 「고려후기 제주 법화사의 중창과 그 위상」 『고려시대 제주사회의 변화』 2005, pp.172-184

론 이들 목호세력이 강남의 해양과 연관을 갖지 않은 유목 몽골족이라는 점에서 이들의 지배력이 곧 해양교역의 역할로 연결되지는 않는다. 그러나 당시의 국제정세 속에서의 지리적 관계상 원과의 관련을 유지하면서 동아시아 해양무역의 중간 지역으로서의 일정한 역할을 담당하였을 가능성을 생각해 볼 수 있다. 지리적으로도 남중국과 고려, 일본을 연계하는 위치에 있어서 동아시아 교역관계에서 일정한 역할을 수행하였을 가능성을 생각해 볼 수 있다.

1389년(창왕 원년) 8월 류큐는 중산왕(中山王) 삿토(察度)가 사신을 파견하고 왜구에게 잡혀간 피로인과 함께 유황, 소목(蘇木), 후추, 무구(武具) 등의 방물을 바치고 신하의 예를 칭하였다.[51] 류큐의 사신 파견은 이미 그 이전에 일정한 민간 차원의 교류와 교역이 이루어지고 있었음을 암시한다. 교류가 전무한 상태에서 돌연 방물과 칭신(稱臣)을 제안한다는 것은 납득되지 않기 때문이다. 14세기 중반 오키나와의 본도에는 중산(中山), 산남(山南), 산북(山北)의 3개 국가가 성립하여 구스크(성)를 중심으로 치열한 각축을 진행하고 있었는데, 이같은 정치적 성장은 교역에 의한 경제 성장과 관련이 있다.[52] 이점에서 14세기 동아시아 교역의 발달과 관련하여, 대륙과 해양의 중개처로서의 제주 및 류큐의 역할에 대해서도 관심을 두어야 할 것이다. 특히 류큐 왕조의 발전은 중세 동아시아 교역의 발전과 밀접히 연관되어 있다. 류큐와의 민간 차원의 교류 교역에 있어서는 제주도의 일정한 역할을 상정해 볼 수 있을 것이다.

---

51) 『고려사』 137, 열전 신우전 부창

52) 구스크(성곽)의 성주는 按司(아지)라 불렸으며, 『조선왕조실록』에 기재된 15세기의 류큐 외교문서에는 '寨官(채관)'으로 표현되어 있다. 초기 대표적인 구스크 유적의 하나인 首里城, 浦添城 등이 이미 13세기 후반 이후 14세기에 궁전, 왕릉, 사원 등을 갖춘 대대적인 조영 사실이 확인되고 있는데, 특히 우라소에성(浦添城)의 경우 건축에 고려계의 기와가 사용된 사실이 주목된다. 한편 浦添城 등에서의 高麗瓦에 대해서는 1273년과 함께 1333년설, 1393년 설이 유력하게 논의되어 왔으나, 앞으로도 논의점이 많은 것으로 생각된다. 이에 대해서는 安理 進 『琉球の王權とグスク』 山川出版社, 2006; 윤용혁 「우라소에성(浦添城)과 고려·류큐의 교류사」 『사학연구』 105, 2012 참조.

맺는말 | 　　신안선이 등장하는 14세기 초 동아시아 교역은 원의 강남
　　　　　지배에 따른 새로운 정세 하에서 이루어진 것이었다. 원의
강남 지배와 대외교역에 대한 정책은 송대의 그것을 계승한 측면이 많고, 여
원 혹은 원일 간의 교역 역시 전대의 것을 계승하여 이루어진 것이었다.

　고려는 원과의 특별한 정치적 유착과 폭넓은 교류관계에 뒷받침되어 조공
을 비롯한 다양한 형태의 교역이 전대에 비교할 수 없을 정도로 활발히 이
루어졌다. 여원의 교역은 육로를 통한 교역의 활성화가 특징이지만 해상교역
이 약화되었다고 보기는 어렵다. 해로를 통한 교역은 산동반도와 연결되는
북선항로와 중국 강남지역의 남선항로의 두 방면에서 이루어졌는데, 후자의
교역은 특히 영파(경원)가 중요한 통로가 되었다. 한편 일본은 원과의 공식
적인 외교관계가 성립되지 않았음에도 불구하고 민간 차원의 교역이 꾸준히
지속되었고 송·원대의 자기와 동전 및 각종 서적 등의 문물을 수입하였다.
고려는 12세기 이후 이른바 '진봉관계'의 형태로 쓰시마 등을 통하여 일정한
교역을 유지하였지만[53] 13세기의 몽골제국의 정복전쟁 및 2차에 걸친 여원
연합군의 일본침입으로 양국관계의 단절이 초래되었다. 여일간의 교역이 침
체한 것은 다른 한편 원·일간 민간교역의 활성화와 관련되어 있다.

　동아시아의 해상교역은 단순한 경제적 관계만이 아니라 문물의 교류와 전
파, 불교의 발전 등 문화적 교류의 성격을 함께 가지고 있는 것이었다. 각종
불교의 경전과 불교미술품, 불구류(佛具類)가 교역선을 통해 불승과 함께 왕
래, 이동되었기 때문이다. 신안선의 경우도 이점에 있어서 예외가 아니었다.

---

53) 李領 「中世前期の日本と高麗−進奉關係を中心に」『倭寇と日麗關係史』東京大學出版會, 1999

54) 윤무병 「신안 침몰선의 항로와 제문제」『신안해저문물−국제학술대회 주제발표』국립중앙박
　　물관, 1977, pp.13−14

55) 이강한 「'원−일본간' 교역선의 고려 방문 양상 검토」『해양문화재』1, 2008, pp.194−195
　　참조.

56) 목포대 강봉룡교수가 전남 영암의 구림촌(상대포)에 신라시대 중요한 국제무역항이 있었다
　　는 『택리지』(팔도총론, 전라도)의 기록을 주목하고 아울러 신안선 침몰지역 부근에서
　　유력한 포구 흔적을 확인했다는 보고와 함께 신안선의 항로를 고려 서남해안을 경유한
　　일본행으로 상정한 것도 이점에서 시사적이다.(강봉룡 「신라말−고려시대 서남해지역의
　　한·중 해상교통로와 거점포구」『한국사학보』23, 2006, p.390)

이점에서 동아시아 해상교류는 경제적 측면에서는 물론 문화교류의 측면에서도 동아시아 세계의 형성에 극히 중요한 기능을 수행하였던 것이다.

마지막으로 신안선과 고려와의 관계에 대한 문제이다. 신안선이 한반도의 육지, 고려의 조운로에 근접한 서남해안의 해역에서 침몰한 점, 소량이기는 하지만 고려의 물품이 확인된 점, 고려에서 수입하던 후추의 적재 등에서 이 무역선의 고려 기항 가능성이 일찍부터 거론된 바 있다.[54] 그럼에도 불구하고 문제의 신안선은 일본에의 직항 도중, 태풍을 만나 항로를 이탈하여 침몰한 것으로 간주되고 있다. 신안선 자료의 일반적 해석으로서 영파(경원)로부터 일본으로 직항 중이었다는 이러한 견해가 일반적 인식이기는 하지만 그러나 원양 항해의 과정에서 고려 연안항로 이용의 가능성을 완전히 배제할 필요는 없을 것이다. 근년 이강한 교수는 원·일본간 교역선의 고려 기항은 '비정례적이고도 제한적 수준'이었다고 추정하고, '비정기 적으로 고려에 기항하거나 표착' 하였을 것으로 정리하였다. 다만 이같은 정황이 14세기 전반, 1320년대가 다른 시기보다 활성화 하였다는 견해를 제시한 바 있다.[55] 이러한 점에서 보다 다양한 가능성에의 검토는 앞으로의 과제 가운데 하나라고 생각된다.[56]

* 이 글은 『신안선과 동아시아 도자교역』 국립해양유물전시관, 2006에 실린 글을 수정 보완한 것임.

14세기 동아시아 세계와 신안선(新安船)

머리말 | 송의 사신 서긍이 예성강구를 통하여 고려에 입경한 지 꼭 200년 후인 1323년 전남 신안군 지도면 증도 앞바다에서는 중국 영파(경원, 명주)를 출발하여 큐슈의 하카타(博多)를 향하여 항해 중이던 국제 무역선 한 척이 침몰하는 사건이 발생하였다. 발굴 후 '신안선'으로 명명된 이 선박은 1976년 10월부터 1984년까지 9년간 11차에 걸쳐 문화재관리국에 의하여 조사되어 오늘에 이르고 있다. 한국에 있어서 수중 발굴의 역사를 새로 열었던 발굴의 내용은, 무역선의 선체와 함께 여기에 적재되어 있던 다량의 고급 교역품이었다.

7백년 만에 인양된 선체, 2만 점이 넘는 고급자기, 거의 30톤에 달하는 동전을 비롯하여 다양한 금속 유물과 목간 등 인양한 유물은 양적으로나 질적으로나 놀랄만한 세계적 사건이었다. 1984년까지 현장 조사가 마무리되고 이어 선박에 대한 보존처리와 복원이 이루어지지는 한편 선체와 유물에 대한 연구가 진행되었다. 신안선 출토의 유물은 국립중앙박물관, 국립광주박물관, 그리고 목포의 국립해양문화재연구소에 각각 나누어 전시 혹은 보관되어 있고, 선체는 인양 이후의 장기적인 보존처리 과정과 복원 작업을 거쳐 현재 목포에 전시되고 있음은 주지하는 바와 같다.

신안선은 우리나라 해양고고학과 해양사의 원점이며, 동시에 한중일의 동아시아 역사를 공통의 배경으로 하는 귀중한 자료로서 그 중요성은 새삼 부언할 필요도 없다. 그러나 그 의의와 중요도에 비하여 연구[1]와 교육적 활용이[2] 극히 미흡한 상태에 있다는 점도 부인하기 어려운 사실이다. 이러한 점에서 기왕의 조사와 연구 경과를 개략적으로나마 소개하고 점검함으로써 향후 이에 대한 연구와 관심의 제고를 도모하려는 것이 이 글의 목적이다.[3]

1. 신안선의 발굴과 유물

전남 신안군 증도면 방축리 해역에서 14세기 무역선 '신안선'[4]에 대한 수중

---

1) 신안선에 대한 본격적 학술적 검토는 뒤에 언급하는 바와 같이 신안선 발굴30주년 기념으로 국립해양유물전시관에 의해 이루어진 2006년도 학술대회부터라고 생각된다. 이어 2007년에는 〈신안선 속의 금속공예전〉과 함께 신안선 금속공예 유물에 대한 심포지움이 열렸다. 이외에 발굴조사 이후 이루어진 단행본 저서로는 김병근 『수중고고학에 의한 동아시아 무역관계 연구』 국학자료원, 2004; 김영미 『신안선과 도자기 길』 국립중앙박물관, 2005; 김영미 『마음을 담은 그릇, 신안향로』 국립중앙박물관, 2008을 들 수 있다.

2) 신안선에 대한 교육적 활용은 일본에 있어서 보다 적극적으로 이루어지고 있다. 가령 帝國書院의 중학교 역사교과서(『中學生の歷史』 2007, pp.80–81)에서는 특별학습의 주제의 하나로 이를 선정하여 〈침몰선의 수수께끼를 추리해보자!〉라는 제목으로 2페이지에 걸친 학습자료를 게재하고 있다. 여기에서는 신안선의 수수께끼 세 가지(이들 도자기는 어떻게 이 배에 실렸을까, 이렇게 많은 동전이 실려 있는 것은 무엇 때문일까, 중국제·고려제·일본제의 수량이 다른 것은 무엇 때문일까)를 들고 있다. 학생들이 추리해 볼 사항으로는 언제 침몰했을까, 어느나라에서 어느나라로 가는 것이었을까, 무엇을 목적으로 한 것일까, 어떻게 침몰했을까 등의 추리 사항을 제시하고 있다. 후쿠오카시 박물관과 큐슈국립박물관의 신안선 전시 코너 운영도 이같은 일본에서의 관심을 말해준다.

3) 신안선에 대해서는 최근 김병근이 서동인과의 공저로 『신안 보물선의 마지막 대항해』 (주류성 출판사, 2014)를 출판하였다. 발굴과정과 신안선의 역사적 배경, 다양한 출토유물들을 종합적으로 정리하여 일반인들이 쉽게 이해할 수 있도록 제작되었다.

4) '신안선'에 대해서는 '신안침몰선' '신안침선' '신안 해저침선' '신안고선' 등의 용어가 사용된 바 있지만, 본고에서는 국립해양유물전시관의 공식 용어인 '신안선'으로 통일한다. (국립해양유물 전시관 『바다로 보는 우리 역사』 1995)

발굴조사가 있은 지 30여 년이 되었다. 조사는 1976년 10월부터 1984년 9월까지 10여 차례에 걸쳐 거의 만 8년이 걸렸고, 1988년에 조사보고서가 간행되었다. 이에 의하여 2만 여 점의 중국 도자기, 28톤(8백만 개 추정)의 동전, 1천 여 본의 자단목(紫檀木), 7백 여 점의 금속제품, 목제품, 석제품을 비롯하여 다양한 자료가 확인되었고, 길이 28.4m(최대 길이 34m 추정)의 선체가 인양되어 14세기 동아시아 무역에 대한 생생한 자료로서 주목되어 왔다.[5]

신안선 발굴의 계기를 만든 것은 1975년 7월 한 어부(최형근)의 그물에 걸려 올려진 청자병 때문이었다. 집에 두고 꽃병으로 사용하던 청자병을 초등학교 교사인 동생(최태호)이 고향에 왔다가 신안군청에 신고를 하게 된다. 이에 의하여 신안 해저에서 잠자던 이들 유물은 침몰 700년 만에 세상에 알려지게 된 것이다. 종종 그물에 걸려나오곤 하던 이 그릇이 큰 값이 나간다는 사실이 알려지면서 도굴 홍역을 한바탕 치른 후 당국은 해군 잠수부의 도움을 받으면서 발굴을 서둘렀다. 이렇게 하여 역사적인 발굴조사가 시작된 것이지만, 조사를 완료하는 데에는 그로부터 10년 가까운 세월이 소요되었다. 우리나라 초유의 대규모 수중 발굴조사의 책임은 윤무병 교수가 담당하였다. 발굴 이후 선체에 대한 보존처리와 복원에는 다시 10년의 세월이 소요되어 2004년 복원된 신안선의 전시가 가능해졌다. 다음의 표는 발굴 및 보존복원의 경과를 일목요연하게 보여주고 있다.

신안선 발굴에서 조사된 유물중 가장 많은 비중을 차지한 것은 무려 2만 점이 넘는 중국 송·원대의 도자기였다. 20,661점의 자기중 약 60%에 해당하는 12,359점이 중국 원대 용천요(龍泉窯) 계통의 청자였으며, 그 밖에 청백자 혹은 백자류 5,303점, 흑유·갈유 등 다양한 도기류가 확인되었다. 도자기에는 고려 청자 7점과 일본의 도, 토기 4점이 포함되어 관심을 끌었다. 다양한 내용의 금속제품이 729점이었으며 금속 원료라 할 강철덩어리(강괴)

---

5) 류관현 「유물의 종류와 수량」『신안해저유물(종합편)』, 1988, 문화재관리국, p.144 및 김병근
   「신안선 적재유물의 특징」『신안선 보존·복원보고서』, 2004, pp.220-258 참고.
6) 국립해양유물전시관『신안선 보존·복원 보고서』, 2004, p.11에서 옮김

구 분		기 간	주요 내용
유물신고		1975. 5	어부의 그물에 도자기가 걸려 올라옴
발굴	1차조사	1976.10.27-11.2	유물 잔존 여부 확인을 위한 예비조사
	2차조사	1976.11.9-12.1	유물 매장 확인
	3차조사	1977.6.27-7.31	철제 그리드를 설치한 본격적 발굴조사
	4차조사	1978.6.16-8.15	철제 그리드 추가 설치 발굴조사 및 기기 탐사
	5차조사	1979.6.1-7.20	수중 촬영, 선체 내부 자단목과 동전 확인
	6차조사	1980.6.5-8.4	선체가 클링커식 이음을 한 중국배로 확인
	7차조사	1981.6.23-8.22	일본 제품 발견
	8차조사	1982.5.5-9.30	본격적인 선체 인양 작업
	9차조사	1983.5.29-11.25	선체 인양 작업중 용골에서 보수공 발견
	10차조사	1984.6.1-8.17	선체 인양 후 잔존 유물 확인 작업
	최종조사	1984.9.13-9.17	선체 인양, 주변 및 인근 해역 광역조사
신안선 보존		1981-1999	PEG 처리법
신안선 복원		1982.10-1986.8	신안선 모형 제작
		1994-2002	전시관 제1전시실에 선체 복원
		2003-2004	선체 선형 스테인리스 스틸 받침대 제작
신안선 전시		1994-2004(현재)	국립해양유물전시관 신안선실(제2전시실)

300점, 거기에 28톤 18kg에 이르는 엄청난 량의 동전이 수습되었다. 동전의 수량은 대략 800만 개로 추산되었는데, 중국의 고화폐인 화천(貨泉)으로부터 요, 금의 동전을 포함하는 다양한 내용을 보여주었다. 거기에 1,034본에 이르는 막대한 량의 자단목을 인양하였으며, 목간이 364점, 은행, 매실, 호도 등 26종의 식물유체와 석제품 43점, 선상에서의 생활용구도 발견되었다.

자단목(紫檀木)은 인도 등 남방에서 생산되는 것으로 목공예에 사용되는 귀중한 것이었다. 700년 세월이 많은 목재를 부식시켰지만, 자단목은 거의 그 원상을 그대로 유지하고 있다. 자단목에는 원목의 소유주 등을 표시한 것으로 보이는 한자나 다양한 문양이 있는데, 그 수량은 거의 절반에 해당하는 482점에 이른다.[7] 화물의 적재상황은 동전과 자단목 등 중량이 많은 것을 아래 쪽에, 그 위에 파손 방지를 위하여 목함에 넣은 도자기를 적재하고, 다시 그 상층에는 후추, 직물, 서책 등 가벼운 것을 적재함으로써 선박과 화물의 안정성을 고려하였다. 도자기를 담은 나무상자는 정연히 쌓았으며, 고려청자 2점(완과 탁잔)이 하단의 목함에 선적되어 있었다.

신안선이 발굴된 해역 일대는 평소에도 3, 4노트의 조류가 흘러 물살이 거칠고 늘 흙탕물 상태여서 물 속의 시야도 좋지 않은 데다 수심은 20m나 되었다. 그럼에도 불구하고 2만 여점의 도자기, 30톤에 가까운 무게의 동전, 1천 점을 넘는 자단목, 이러한 유물의 무게 때문에 침몰선이 진흙층에 박힘으로써 선체의 상당수가 보존되고 유물은 흩어지지 않은 채 상당수가 남게 된 것이다.

신안선 발굴유물에 대한 조사보고서는 1983년부터 1988년까지 도합 4권으로 간행되었다.[8] 2004년에 신안선 보존·복원 보고서가 간행되면서 같은 시기 신안선에 대한 국제심포지움이 처음 열리게 된다.[9] 그러나 신안선 및 한국의 해양고고학에 대한 본격적 연구의 계기를 조성한 것은 2006년 신안선 발굴 30주년을 기념하여 개최된 국제학술대회였다. 같은 시기에 이루어진 신안선 도자 유물에 대한 특별전의 개최 및 신안선 유물에 대한 신보고서(『신안선』 본문 1권, 도록 2-3권) 간행은 신안선 자료에 대한 국제적 가치를 재인식하는 기회를 제공하였다.[10]

7) 자단목의 수는 처음 1,017본으로 파악되었으나 최근의 정밀조사 결과 1,034점으로 확인되었으며 한자 혹은 문양이 표시된 것도 482점으로 늘었다. 이에 대해서는 김병근 「신안선 적재 자단목의 고찰」 『해양문화재』 6, 2013, pp.47-49참조.

8) 문화재관리국 『신안해저유물』 자료편 1-3, 종합편, 1983, 1984, 1985, 1988

9) 국립해양유물전시관 『신안선 보존·복원 보고서』 2004 ; 『신안선 보존과 복원, 그 20년사』 (국제학술대회 자료집), 2004

10) 국립해양유물전시관 『14세기 아시아의 해상교역과 신안해저유물』(학술회의 자료집), 2006; 『신안선과 동아시아 도자교역』(특별전 도록), 2006; 국립해양유물전시관 『신안선』 1-3, 2006

2. 신안선의 연대와 침몰 시기

신안선의 조사에서 가장 관심의 초점이 되었던 문제의 하나는 신안선의 연대에 관한 것이었다. 목간이 발견되기 전 신안선은 출토된 도자기의 편년 및 동전에 의하여 14세기라는 대략적 편년이 파악되었다. 동전중 가장 연대가 떨어지는 지대통보(至大通寶)의 존재도 연대 파악에 도움이 되었다. 이것은 1310년에 처음 만들어진 것이기 때문이다. 연대에 대한 결정적 자료인 목간이 발견된 것은 조사가 마무리 단계에 이른 1982년의 일이었다.

신안선 조사에서는 3백 6십 여 점의 목간(木簡)이 확인되었다. 이들 목간은 원래 화물에 부착되었던 라벨(荷札)로서 유물선의 성격을 파악하는데 결정적 자료가 되고 있다. 그 가운데 '지치(至治) 3년'(1323)이란 연대가 표시된 목간이 8점이고, 날짜는 4월 22일부터 6월 3일까지 121점이 기록되어 있다. 날짜는 물품을 포장하여 적재한 시점을 의미하는 것으로 보이는데[11] 5월 11일 36점, 6월 3일 55점이고, 확인된 자료중 6월 3일이 마지막 날이 되고 있다. 이에 의하여 경원(慶元; 寧波)에서의 하물 적재가 대략 1323년 4월부터 6월 초에 걸쳐 이루어졌고, 경원(닝보, 영파)에서의 출발은 6월 3일 이후였음을 추정할 수 있게 된다.[12] 그러나 '지치 3년'(1323)의 목간에도 불구하고 신안선의 침몰 연대를 '1330년대 초'와 같이 조금 더 뒤로 보는 의견도 없지 않다. 인양 유물중 칠기에 쓰여진 '신미'가 1331년을 의미한다고 보기 때문이다.[13]

신안선의 연대 1323년이 위치한 14세기 전반은, 몽골에 의한 정복전쟁이 종식되고 동아시아에서 원 제국 중심의 새로운 질서가 자리 잡아가는 시기

---

11) 이용현, 「신안해저 발견 목간에 대하여」『고려 조선의 대외교류』국립중앙박물관, 2002, p.164

12) 중국에서 일본으로의 도항은 대개 음력 5, 6월 경에 이루어졌는데, 이는 이 시기의 서남계절풍을 이용하는 것이었다.(魏榮吉『元·日關係史の研究』敎育出版センター, 1985, pp.230-231)

13) 三上次男「新安海底の元代寶船と沈沒の年代」『陶磁貿易史研究』上, 中央公論美術出版, 1987, pp.260-261

이다. 고려는 원의 정치적 간섭 하에 놓여지고 원은 세계제국의 질서를 기반으로 대외무역을 활성화 한다. 바로 그 전년 1322년 3월 영파(경원)에는 시박사(市舶司)가 다시 설치되었다. 일본과 원은 2차에 걸친 군사적 충돌 이후 공식적인 국교가 성립되지 않았음에도 불구하고, 영파(경원) 등의 항구를 통하여 무역선의 상호 왕래가 이루어지고 있던 시기이다.

신안 앞바다에 침몰한 신안선이 중국 절강성의 경원(영파)에서 출발하여 일본 하카타로 향하고 있었다는 점에 대해서는 대체적인 동의가 이루어져 있다. '慶元路'(경원로)라는 글자가 든 청동추가 발견된 것이 그 근거이다.[14] 1323년의 고려는 충숙왕 10년에 해당한다. 당시 충숙왕은 원의 대도(大都)에 머물고 있었으며, 부원배에 의한 이른바 입성책동(立省策動)이 집요하게 시도되고 있었고, 유배된 충선왕에 대한 처리 문제 등으로 고려는 정치적으로 매우 혼란한 시기였다.

하카타로 항해중이던 신안선이 증도 앞바다 신안에서 침몰하게 된 것은 태풍으로 인한 정상 항로의 이탈 등으로 해석되어 왔다.[15] 200년 전, 1123년 개경에서 귀로에 나섰던 서긍은 흑산도 부근을 지나다 풍랑을 만나 전복의 위기를 겪는다. 하는 수 없이 군산도까지 배를 물렸다가 다시 진행하였으나 역시 심한 풍랑으로 키가 모두 부러지는 등 천신만고의 어려움을 겪은 바 있다. 서긍은 바다에서의 항해는 사람의 힘으로 도달할 수 있는 것이 아니라고 하였다. '해동(海動)'이 일어나면 "바닥에서부터 솟구쳐 오르는 것이 마치 거센 불로 물을 끓이는 것과 같아" "몇 길의 배로 파도 사이에 떠 있는 것은

---

14) 신안선이 영파에서 출항한 것이라는 데 대해, 이 배가 福船型의 구조라는 점, 혹은 窯址와의 관계로 보아 복주, 천주 등 영파 남쪽에 위치한 다른 항구일 가능성을 거론하는 의견도 제기된 바 있다. 陳慶光「福建輸出的早期元瓷研究」『신안해저문물-국제학술대회 주제발표』국립중앙박물관, 1977 및 席龍飛「宋元時期泉州的造船與航海」『泉州港與海上絲綢之路』2, 中國社會科學出版社, 2003, 405-411 참조.

15) "신안선은 중국 절강성 영파를 출항하여 중·일간을 연결하는 최단 무역항로인 남로(南路)를 따라 일본의 후쿠오카로 향하던 중 신안 앞바다에 침몰한 것으로 생각된다."(국립해양유물전시관『바다로 보는 우리 역사』2003, p.53)

16) 서긍『선화봉사고려도경』39, 예성항

말(馬)의 털 끝 정도도 되지 않는다"는 것이다.[16] 태풍이 부는 시기인 6, 7월(음력)에 강남 지역을 왕래하던 일본의 상선이 고려의 서해 연안에 표박하는 예는 1263년(원종 4)의 경우에도 여러 차례 나타나 있다.[17]

기묘하게도 신안선의 연대는 역시 영파(경원, 명주)를 경유하여 고려에 왔던 송의 사신 서긍의 고려 사행으로부터 꼭 200년 뒤의 일에 해당한다. 1123년 서긍의 고려 사행은 명주(영파, 경원)에서 5월 16일에 출발하여 5월 26일 정해현(定海縣)을 거쳐 예성항에 입항하는데, 예성항 입항은 6월 12일이었다. 다시 한 달 후 송의 사행선은 귀로에 올랐는데, 7월 15일 예성항을 출발하여 영파 부근의 항구인 정해현에 당도한 것이 8월 27일이었다. 5월 16일 명주를 출발한 서긍의 사행선이 신안 연해를 통과한 것은 6월 4일로서 출발한지 꼭 18일 만의 일이었다. 만일 신안선이 1323년의 6월 10일에 출발하였고 동일 노선이었다고 가정한다면, 산술적으로는 6월 28일 경이 이 선박이 신안 연해에 이르는 시점이 된다. 그러나 만일 고려의 서해 연안을 따라 내려오는 중이었다고 하면 신안선의 침몰은 7월 중순 쯤이 될 수도 있을 것이다. 뒤에 언급하는 바와 같이 이듬해 1324년(충숙왕 11) 7월에도 220명 규모의 일본 선박이 영광군에서 표류한 사실이 있다. 침몰 요인은 아마도 태풍이었을 것이다.[18]

---

17) 『고려사』 27, 원종세가 4년 6월 및 7월

18) 1323년 신안선이 연해에서 침몰되던 무렵 이곳은 왜구의 출몰로 인하여 소란한 상태였다. "왜구가 회원(마산)의 조운선을 군산도에서 노략"하고 (정해, 6월 27일), 다음날(무자, 6월 28일)에 왜구가 추자도 등지를 횡행하며 포로를 잡아갔다. 그리고 7월에 정부는 송기를 전라도에 파견하여 왜구 100여 명을 사살하였다.(『고려사』 35, 충숙왕세가, 10년 6월, 7월) 이렇게 보면 서남 연해에서 왜구가 횡행하던 시점과 신안선의 침몰이 대체로 일치하고 있다. 신안선의 운항 시점과 때맞추어 나타나는 근해에서의 왜구의 요란한 출몰 현상은 신안선의 운명에 왜구가 연관되었을지도 모른다는 또 다른 추론을 가상해보도록 하는 자료이기도 하다. 이강한 「원·일본간' 교역선의 고려 방문 양상 검토」 『해양문화재』 1, 2008, pp.192-193 참고.

3. 신안선의 항로와 고려

신안선의 항로와 관련하여 우리가 갖는 오랜 의문은 역시 고려와의 관련성이다. 선박의 침몰이 고려의 연해, 조운로상의 위치였기 때문이다. 신안선의 적재 유물중 청자를 비롯한 고려의 유물이 확인된 것은 고려와의 관련에 있어서 의문을 끊임없이 부추겼다. 즉 일본으로 가는 도중 이 무역선이 고려의 항구에 기항하였을 가능성이 그것이다.[19] 혹자는 이 배가 일본 뿐만 아니라 한반도의 서해와, 멀리는 필리핀까지도 연결하는 범위의 항로를 회항하는 이른바 '순회 무역선'일 가능성도 제기하였지만 현재로서는 이러한 논의는 거의 가능성이 없는 것으로 간주된다. 고려 항구에의 기항 가능성도 고려청자의 선적 위치, 혹은 중심 선적품목인 도자기나 동전 등이 고려에서는 거의 필요하지 않은 상품이었다는 점에서 경원(영파)에서 이미 선적된 물품일 것이라는 것으로 정리되고 있다.

그러나 이같은 정리에도 불구하고 신안선의 고려 기항 가능성은 여전히 제기되고 있다.[20] 최근의 한 논문에서도 14세기 전반 원-일본간의 교역에 있어서 고려가 정례적 기항지로 이용되었던 것은 아니지만, 비정기적 기항이나 표착 가능성을 배제할 수는 없다고 하였다.[21] 또 일본 연구자 중에서도

---

19) 윤무병 「신안침몰선의 항로와 제문제」『신안해저문물』(국제학술대회 자료집), 국립중앙박물관, 1977, pp.13-14

20) 김병근 「신안선과 고대 동아시아 해상항로」『수중고고학에 의한 동아시아 무역관계 연구』 국학자료원, 2004 pp.112-113; 김성범 「한국 수중고고학 현황과 신안해저유적, 그리고 전망」『14세기 아시아의 해상교역과 신안해저유물』(학술회의 자료집), 국립해양유물전시관, 2006, p.396

21) 이강한 「'원-일본간' 교역선의 고려방문 양상 검토」『해양문화재』1, 2008, pp.187-195.

22) 신안선 금속유물에 대한 검토를 통하여 신안선의 항로를 '경원-하카타'로 설정하는 것에 대하여 의문이 제기된 바 있다. 거울 등 유물의 일부는 하카타 이전, 또는 하카타 이후 회항하는 항구용으로 적재되어 있었다고 보는 것이다. "신안선은 14세기 동아시아 지역 교역에서 우리의 상상을 넘는 복잡한 물품의 유통과정이 존재하였음을 말해주는 것"이라는 것이다. 久保智康 「14세기 일본의 금속공예와 신안선 유물」『신안선출토 금속유물과 14세기 동아시아의 금속공예』(국제학술대회 자료집), 국립해양유물전시관, 2007, pp.137-144 참조.

신안선 유물 중 일부에는 고려행 물품이 포함되었을 가능성이 있다는 의견이 제기되기도 하였다.[22] 1323년 신안선이 고려 연해를 항해중이었다는 전제에서 생각하면 1263년(원종 4) 일본 교역선의 잦은 고려 연해 표류는 특별한 시사를 준다.

> 6월, 일본 관선대사(官船大使) 여진(如眞) 등이 불법을 배우려 송으로 가던 중 바람을 만나 승, 속 합하여 230인이 개야소도(開也召島)에 닿고, 265인은 군산도와 추자도에 머물렀다.
> 태재부(太宰府) 소경전(少卿殿)의 상선에 탔던 78명이 송에서 일본으로 귀국하다가 바람을 만나 배를 잃고 소선(小船)으로 선주(宣州) 가차도(加次島)에 정박하게 되었으므로, 전라도 안찰사에게 명하여 식량과 배를 주고 본국에 호송해 주었다.(6월)
> 7월(을사) 일본 상선 30인이 바람으로 표류하여 구주(龜州)의 애도(艾島)에 머무르므로 식량을 주어 (본국으로) 호송하였다.(이상 『고려사』 25, 원종세가 4년)

이에 의하여 당시 고려 연안 해로에서 일본 선박의 해난사고가 종종 발생하고 이에 따른 표풍인의 호송이 이루어지고 있었음을 알 수 있다. 위의 선박들은 모두 남송과 왕래하던 일본의 선박이며, 표류 혹은 정박 지점이 개야소도(현재는 군산시 개야도), 군산도(군산 선유도), 추자도, 가차도(평북 선천), 애도(평북 구성, 현재는 정주) 등 거의 서해 연안 남북 전역에 걸치고 있어 당시 일본의 대송 왕래가 강남으로의 직항로와 함께 한반도 연해를 북상하여 중국 연해를 돌아 남하하는 연안 항로가 종종 이용되고 있었음을 암시한다. 신안선 침몰 이듬해인 1324년(충숙왕 11) 7월에도 "왜의 선박이 바람에 밀려 영광군에 도착하였는데 그 인원이 220여 명"[23]이라 하였다. 이 역시 원과의 교역선이었을 것이다.[24] 신안선의 경우 그 침몰 지점

---

23) 『고려사』 25, 충숙왕세가 11년 7월 계축

이 고려의 서남 해안 조운로에 해당하는 신안군 증도 해역이었다는 점에서 생각하면[25], 신안선은 강남과 일본열도의 직항로(남로)가 아닌 바로 고려 연안 해로를 이용 중이었던 것으로 보인다.

근년 서해안 태안반도 마도 해역에서의 조사에서는 도합 166점의 중국도자기가 출수되었다. 종류별로는 백자 97점(58.4%) 이외에 청자 15점(9.0%), 흑유 24점(14.5%) 등의 분포를 보이고 있으며, 대체로 송·원대 도자기가 절대 다수를 점하고 있다.[26] 송상 등 교역선의 왕래를 입증하는 것이지만, 이들 자료는 "여송무역만이 아니고 송일(宋日)무역과도 관련한 송선(宋船)의 화물"로 추정되고 있다.[27] 이러한 점에서 서해 연안에서는 향후 제2의 신안선이라 할 대외 교역선의 확인 가능성도 배제할 수 없다는 생각이다.

신안선 화물의 화주 내지 행선지와 관련해서는 하카타의 하코자키신사(箱崎宮), 조적암(釣寂庵), 혹은 쿄토의 동복사(東福寺) 등의 기관명이 목간을 통하여 확인되었다. 특히 '동복사(東福寺)' 목간은 41점에 이르고 있는데 이들 신사와 절은 신안선 바로 몇 년 전인 1320년을 전후한 시기 건물이 소실된 상태였다. 따라서 신안선 적재 화물이 이들 절과 신사의 재건 문제와 관련이 있을 것이라는 해석도 가능해진다. 동복사의 재건사업은 1325년 2월에 완성되었다.[28] 신안선의 침몰로부터 1년 반이 경과한 시점이다.

4. 신안선의 구조와 승선자

신안선은 발굴 당시 총 720편의 선체편이 인양되었다. 매몰상태는 우현(右

---

24) 이강한, 앞의 「'원·일본간' 교역선의 고려방문 양상 검토」 pp.192-193

25) 문경호 「고려시대의 조운로」『고려시대 조운제도 연구』혜안, 2014, pp.216-223 참조.

26) 국립해양문화재연구소『태안 마도 출수 중국도자기』2013, pp.160-165 참조.

27) 다나카 가츠코(田中克子)「한국의 태안 마도해역에서 출토된 중국도자기로 본 동아시아해역 해상무역의 양상」『태안 마도 출수 중국도자기』국립해양문화재연구소, 2013, p.250

28) 佐伯弘次「日元貿易の展開」『モンゴル襲來の衝擊』中央公論新社, 2003, pp.230-235

舷)에 구멍이 나고 약 15°가 기울어진 상태였다. 이로써 신안선은 우현이 암초에 충격된 상태에서 침수에 의하여 침몰된 것이었음을 알 수 있다. 1981년부터 선체편에 대한 보존처리 작업을 시작하여 1999년까지 보존처리에 18년이 소요되었다. 다시 선체편에 대한 건조를 거쳐 2004년까지 잔존상태의 복원을 완료하였다.[29] 선체 인양 당시 잔존 척도는 길이 약 28.4m, 최대 폭 6.6m, 높이 2.1m이었다. 복원 규모는 최대 길이 34m, 최대 선폭 11m, 추정 배수량 260톤[30], 그리고 선체 내부는 격벽(隔壁)에 의하여 8개의 선실로 구성된다.

신안선의 선박은 기왕에 조사된 송대 천주선(泉州船)과 유사한 첨저형(尖底型) 구조로서[31], 흔히 복선(福船)으로 불리는 유형에 속한다. 외판은 홈을 파 비늘처럼 겹쳐 이은 것이 특징이고, 돛대는 원래 3개였던 것으로 보이나, 돛대 받침은 2개 만 확인되었다. 선체의 수종은 외판, 갑판, 용골을 비롯하여 거의 소나무가 사용되었는데, 이 소나무는 중국 남부의 대표적 수종인 마미송(馬尾松, Pinus massoniana)으로 밝혀졌다. 그 이외에 중국 남부지역의 대표적 침엽수인 넓은잎삼나무(廣葉杉)가 부분적으로 사용되었고 현장(舷牆) 지주에 녹나무류, 용골 부목(副木)에 가시나무류 등이 일부 사용되었다.[32] 선박의 형태 및 수종의 조사 결과에 의하여 신안선이 중국에서 제작된

---

29) 김익주·양순석 「신안선 보존처리」 『신안선 보존·복원 보고서』 국립해양유물전시관, 2004, pp.26-37

30) 배수량 260톤은 신안선의 추정 滿載 흘수 2.6m를 기준으로 산출한 것인데, 이는 신안선의 적재화물 중량 130톤, 50명으로 추정하는 선원 관련 중량 10톤, 경하중량(항해 장비를 포함한 船體의 무게) 120톤을 합산하여 산출한 것이다. 이에 대해서는 최항순 「신안침몰선에 대한 조선공학적 고찰」 『신안선 보존과 복원, 그 20년사』 국립해양유물전시관, 2004, pp.164-166 참고.

31) 신안선의 구조는 대형 용골을 갖춘 첨저형으로, 長幅比, 保壽孔 등의 특성을 고려할 때 沙船·浙船·福船·廣船 등 중국의 海船 가운데 복선에 해당하며 절선·광선과는 다른 특징을 가지고 있다.(김용한 「신안해저 인양 침몰선의 구조 연구」 『신안선 보존과 복원, 그 20년사』 국립해양유물전시관, 2004, pp.112-113) 또 주요 船材의 樹種으로 중국 남부에만 분포하는 馬尾松·廣葉杉나무가 사용된 점(박상진 「수종검사」 『신안해저유물』 자료편 Ⅱ, 1984, pp.145-162)도 이같은 단정에 부합하는 것으로 보인다.

32) 박상진 「신안선 수종조사」 『신안선 보존·복원 보고서』 국립해양유물전시관, 2004, pp.16-25

신안선 발굴 30주년기념 특별전 안내장(국립해양유물전시관)

선박임이 분명해진다.[33]

우현 제4격벽과 5격벽 사이에는 대형 수조(水槽)가 시설되어 있는데 용량은 50톤 정도로 추정된다. 좌현에도 이와 비슷한 규모의 수조가 있었을 것이다. 원양 항해에 있어서 물의 중요성은 말할 필요도 없거니와 이 용수 문제를 대형 수조의 설치에 의하여 해결하였던 것이다.

신안선의 승선자 규모는 대략 60-70명으로 추정된 바 있다. 이는 1123년 고려 파견 송 사신선단의 규모가 60인, 1183년과 1217년 일본인의 중국 표착자 73인, 72인이었다는 것에 근거한 것이다.[34] 신안선에서 아주 흥미 있는 문제 중의 하나는 승선자 내지 승무원의 구성이 한, 중, 일 3국의 국제적 성격을 갖는다는 점이다. 화물의 대부분을 차지하는 중국 상품 이외에 일본제 세토(瀬戸) 도기 및 고려 청자의 인양이 이를 암시하지만, 특히 선내에서 승무

---

33) 신안선의 제작은 중국 천주(泉州)에서 이루어진 것으로 추측한다. 서동인·김병근 『신안 보물선의 마지막 대항해』 주류성, 2014, pp.73-74

34) 岡内三眞 「新安沈船を通じてみた東アジアの貿易」 『朝鮮史研究會論文集』 23, 1986, p.121 참조. 그러나 김병근은 중국 吳自牧의 『夢梁錄』을 참조하여 당시 승조원이 100명 이상이었을 것으로 추정하였다. 김병근, 앞의 『수중고고학에 의한 동아시아 무역관계 연구』 pp.125-126

원 혹은 승선자의 선상 도구가 중국, 일본, 고려 3국의 것이 함께 확인됨으로써 승선자의 국적이 국제적 양상이었음을 확인하여 준 것이다. 이러한 점에서 선상 생활 용구의 양상은 매우 흥미 있는 문제의 하나이다. 신안선 선상에서의 생활용구를 국적별로 나누어 추려 보면 다음과 같다.

중국제: 조리도구 (손잡이 남비, 동제솥, 발, 잔, 깔때기, 등잔, 삽, 젓가락, 도마)
　　　　생활용품(동경, 나무빗, 촛대, 백자사발과 접시)
　　　　놀이용품(바둑돌)
　　　　종교용품(징, 바라, 향로, 제기, 목제보살입상)
일본제: 음식용구 (칠완, 칠배, 瀬戸매병)
　　　　생활도구(나막신)
　　　　차도구(흑유찻잔, 주전자, 돌맷돌, 합, 불 집게)
　　　　종교용품(정병, 발, 향로, 거울, 염주알)
　　　　무기류(호신용 칼 손잡이, 칼집)
　　　　오락도구(장기 말, 주사위)
고려제: 음식용구(수저, 젓가락), 동경, 오락도구(투호)

　중국에서 일본으로의 항해, 중국제 선박, 일본인 화주, 일본으로의 화물운송 등을 고려 할 때, 승선자 가운데는 일본인들이 다수 포함되어 있었을 것이 우선 예상된다. 화물의 목패에 쓰여진 다양한 일본인 인명 자료도 이같은 추측을 뒷받침한다. 3국의 승선자중 중심을 이룬 것은 일본인이었을 것으로 추정하였지만[35] 그러나 선상 사용의 다양한 중국식 조리 기구는 중국인 선원이 다수였음을 암시한다. 더욱이 선박의 제작처 및 선적(船籍)이 중국으로 추정되는 것이어서 결국 중국(원)으로 회항하는 배였다는 점을 감안할 필요가 있다. 중국 제작의 선체에 나무상자에 쓰여진 중국인명, 중국음식 조리

---

35) 岡內三眞, 앞의 논문, p.146

기구, 계산용 주판(珠板)알 등의 선상용구로 볼 때 중국 선원이 다수 승선하였고, 이점에서 신안선의 선적은 역시 일본이 아니라 중국이었을 것이다.[36]

유물과 관련한 또 다른 문제는 음식 용구와 거울, 오락도구 등 고려 자료이다. 신안유물 중에는 고려청자 7점 이외에 청동 숟가락(2점), 젓가락, 거울(동경) 등 고려의 생활도구가 포함되어 있다. 젓가락은 22.5cm, 손잡이 부분에 대나무 마디 같은 마디를 장식한 것이다. 신안선의 거울은 20점에 이르는데 중국, 일본 및 고려의 거울이 모두 포함된 것으로 인식된다. 고려의 것으로 보는 거울은 지름 10.3cm 크기, 쌍어문과 '子厚'(자후)라는 명문이 있다.[37] 이들 유물은 신안선의 선원 가운데 고려인이 포함되어 있었던 증거로 간주된다.[38] 그러면 이 고려인은 과연 어떤 사람이었는지, 그 신원이 의문으로 떠오른다. 선원이었는지 아니면 승선자의 일원이었는지, 만일 선원이었다면 어떻게 이 배에 고려인이 선원이 될 수 있는 것인지, 승선자였다면 그가 무엇 때문에 중국에서 일본으로 가게된 것이었는지, 모두 의문의 대상이 되기 때문이다. 다만 출항지인 경원(명주)이 일찍부터 고려와의 내왕이 많아 심지어 고려사관(高麗使館)이 운영될 정도였다는 점을 감안하면 고려인의 승선이 전혀 의외라고만 생각할 수도 없는 일이다.

---

36) 山本信夫「新安海底遺物」『考古學による日本歷史』10(對外交涉), 雄山閣, 1997, pp.163-164 참조.

37) '子厚'銘 동경은 일단 고려 유물로 정리되고 있다. 일찍이 평남 강동군에서 출토한 적이 있으며(국립중앙박물관 소장), 금대에 유행한 雙魚文은 고려에서도 많이 제작되었기 때문이다.(이난영 『한국의 동경』, 한국정신문화연구원, 1983) 이영희 등도 신안선 금속유물에 대한 검토에서 '子厚'銘 동경을 고려 제작 가능성이 많은 것으로 인정하였지만, 거울이 갖는 무역품으로서의 특성상 도상과 장식법만으로는 제작국 단정에 어려움이 있다고 하여 고려 유물로 '단정'하지는 않았다.(『신안선출토 금속유물의 용도와 조형적 특징』『신안선출토 금속유물과 14세기 동아시아의 금속공예』국립해양유물전시관, 2007, pp.22-23 참조). 그밖에 '家常富貴' 四乳鳥文鏡(신안선 PL.20)도 고려제일 가능성이 많다는 의견이 제시되었다.(久保智康『14세기 일본의 금속공예와 신안선 유물』『신안선출토 금속유물과 14세기 동아시아의 금속공예』국립해양유물전시관, 2007, p.143)

38) 그 밖에 보고서에는 신안선 유물중 日本鏡으로 분류된 '雙雀文方鏡'은 "일본경을 원형으로 하고 意匠을 바꾼 고려경일 가능성"도 언급되어 있다.(문화공보부·문화재관리국 『신안해저유물 종합편』 1988, pp.307-309)

5. 신안선의 도자사적 의미

신안선 유물의 절대 다수는 역시 중국제의 도자기였다. 20,661점의 신안선 인양 중국 도자기 중 가장 많은 비중을 차지하는 것은 12,000여 점의 용천요 청자이다. 이 수량은 이스탄불 톱카피(Topkapi) 궁전이 보유한 1,350점 용천요 청자의 10배에 이르는 엄청난 규모이다.[39] 그 가운데는 남송후기의 것으로 생각되는 자료가 일부 포함되어 있는 것으로 보이지만, 대부분은 원대의 자기류로서 신안선은 도자기의 편년에 절대적 기준을 제공해준 셈이 되었다.

신안선 발굴에 대한 최초의 학술회의는 발굴 개시 1년 뒤인 1977년 10월 국립중앙박물관 주관으로 개최되었다. 14명의 발표 주제중 도자기에 대한 발표가 9건에 이르러, 신안선 발굴이 특히 도자사적 관점에서 많은 흥미를 끌었던 점을 반영하고 있다.[40] 신안선의 출현은 일본에 있어서도 커다란 관심을 불러일으켰는데 특히 논의의 중심은 여전 도자기에 있었다.[41]

신안선 청자의 기형은 매우 다양하며 생활용품으로 사발(碗), 고족배(高足杯), 발(鉢), 잔탁, 정병 등이고, 장식용으로는 화병, 향로, 화분, 수반, 인물상, 보살상 등을 들 수 있다. 신안선 보고서에 제시된 중국도자기 20,661점의 분류별 수량은 다음과 같다.[42]

---

39) 出川哲郎「신안 침몰선 출토 중국도자의 성격」『신안선과 동아시아 도자교역』국립해양유물전시관, 2006, pp.218-219 참조. 한편 톱카피궁전 박물관 소장 중국자기는 송원-청 대 도합 1만 여 점에 이르며, 헌상·구입·약탈 등 다양한 경로를 통하여 수집된 자료라 한다.(三上次男「トプカプサライ博物館の中國陶磁」『陶磁貿易史研究』下, 中央公論美術社, 1988)

40) 국립중앙박물관『신안해저문물』국제학술대회주제발표, 1977

41) 中日新聞社 주최의 신안선 심포지움에서의 주요 발표 주제는 다음과 같았다. 신안 해저 인양 문물의 성격과 역사적 의의(윤무병), 신안 발견 도자기의 종류와 제문제(정양모), 신안의 길주와 天目도자기(佐藤雅彦), 이른바 呂宋壺(德川義宣), 일본출토의 송원도자와 일본도자(楢崎彰一), 신안출토의 청자에 대하여(長谷部樂爾), 신안해저인양 도자기에 관련한 문제에 대한 검토(馮先銘), 송원시대 중국의 동남연해지구에 있어서 수출도자기의 실정(葉文程), 신안해저문물의 발견에서 용천청자의 발전을 본다(李知宴). 中日新聞社『國際 シンポジウム新安海底引揚げ文物報告書』1983 참조.

42) 문화공보부·문화재관리국『신안해저유물 종합편』1988

용천요계 청자	12,359
주로 경덕진요 계통 청백자와 백자	5,303
흑유류	506
백탁유	188
토기호(갈유, 잡유)	2,305
토기 사이호 등	197

유물의 절대 다수를 차지하는 용천요(절강성) 청자 이외에 수량은 조금 적지만 주로 경덕진요(강소성)로 구성된 백자와 청백자가 주목된다. 그 밖에 길주요, 정요, 건요, 자주요 등의 자료도 일부 포함되어 있는 것으로 파악되었다. 신안선 유물의 절대량을 차지하는 중국자기의 경우, 신안선 유물로 인하여 송, 원대 간의 자기에 대한 편년을 재정립하게 된다. 일부 남송대 자료가 포함되어 있다고 볼 수 있지만 역시 자료 대부분을 원대 당시의 생산품으로 보는 것이 일단 상식에 부합하기 때문이다.

신안선에서는 중국의 도자기 이외에 고려청자 7점과 일본의 도기 2점이 포함되어 있다. 2점의 도기는 고세토(古瀨戶) 도기에 속하는 매병으로서 제작 시기는 선박의 침몰에 매우 가까운 시기이며, 배에 승선해 있던 일본 승려 등 상류층이 사용한 것이었다고 여겨진다.[43]

신안선에서 출토한 고려청자 7점이 많은 관심을 끌고 있다. 이 고려청자에서 특히 문제가 된 것은 청자의 연대이다. 신안선의 고려청자는 일반적인 편

---

43) 藤澤良祐 「新安船 출토의 古瀨戶陶器」『신안선과 동아시아 도자교역』 국립해양유물전시관, 2006, pp.218-219, pp.231-242. 신안선 보고서에서는 瀨戶陶器에 대하여 '灰釉瓶子'라는 용어를 사용하였다. 위의 『신안해저유물 종합편』 1988, pp.313-314 참조.

44) 신안선 보고서에서는 고려청자의 7점의 편년에 대하여, "청자반양각연당초문매병은 12세기 전반, 청자상감운학문대접은 12세기 중엽, 청자상감국화문탁잔은 12세기 후반, 청자상감모란국화문탁잔은 12세기 말-13세기 초경, 청자상감운학국당초문벼개는 12세기 후반 경이며 청자사자연적은 13세기 경, 청자상감국화문뚜껑은 14세기 초경"이라고 추정하였다.(문화공보부·문화재관리국 『신안해저유물 종합편』 1988, pp.372-373) 종합하면 12세기 전반에서 14세기 초까지에 걸치고 있으며, 7점의 연대는 6개의 서로 다른 편년을 가지고 있는 셈이다.

신안선의 고려청자(국립해양문화재연구소)

년관에 의하여 대략 12세기 전후의 것으로 인식되었는데[44], 이에 의하여 청자와 침몰선간에는 150년 이상의 시간차가 형성되어 신안선은 남송시대 고려와의 무역에서 수입된 골동품을 구입하여 적재한 것이 된다.

그러나 신안선의 고려 청자가 1-2세기 전의 골동품을 구입한 것, 혹은 7점의 청자 편년이 무려 6개의 편년을 가지고 있다는 것은, 여하튼 자연스럽지는 않다. 고려청자의 경우는 남송·원으로의 유입이라는 또 하나의 과정이 전제되어야 하기 때문에 시간적 격차가 예상되지만, 그럼에도 불구하고 이를 기존의 편년관에 적용하여 '골동품'으로 단정하고 다양한 편년을 제시하고 있는 것은 잘 납득되지 않는 점이 있다. 신안선 발굴 초기인 1977년의 학술회의에서 김원룡 선생은 이 점과 관련하여 12세기라는 종래의 편년이 절대적인 것인지는 "조심스럽게 검토되어야 할 것"이라 하였다.[45] 최근의 연구는 이들 고려청자의 제작시기가 연화문 매병 이외에는 14세기 전반, 1323년에서 멀지 않은 시점이라는 의견에 모아지고 있다. 13세기의 자료에 비하여 퇴화한 것이며 '반복적인 문양과 둔중한 기형'이라는 점을 그 근거로 들었다.[46]

45) 김원룡 「신안 해저유물 발견의 의의와 과제」 『신안해저문물』(국제학술대회 자료집), 국립중앙박물관, 1977, pp.33-34

46) 한성욱 「신안선 출토 고려청자의 성격」 『14세기 아시아의 해상교역과 신안해저유물』 (학술회의 자료집), 국립해양유물전시관, 2006, pp.343-348 참조. 이 논문에서는 매병과 연적의

이들 청자유물을 14세기 초 당대에 가까운 시기의 것이라 한다면, 신안의 고려청자는 고려청자 편년 설정에 중요한 기준을 제공하는 것이기도 하다.

6. 신안선 연구의 난관과 전망

대략 신안선 발굴 20주년이 되는 무렵인 1996년, 한 방송사(MBC)에서는 〈700년 전의 약속〉이라는 주제로 신안선의 루트를 재현한 바 있다.[47] 1996 년 6월 5일 중국 영파(경원)항을 출발한 이 복원선은 30명의 승조원과 탑승 객을 싣고 침몰지점인 신안 앞바다를 거쳐 하카타항과 6월 23일 오사카항 입항, 쿄토 동복사(東福寺)에 이름으로써, 1323년 신안선의 사건을 연출하였 다.[48] 신안선은 선박과 유물이 갖는 고유의 가치 이외에, 한중일 동아시아 3 국이 상호 연계되어 있는 자료라는 점에서도 매우 의미 있고 특징적인 자료 이다. 큐슈국립박물관과 후쿠오카시 박물관에서 신안선 코너를 만들어 전시 하고 있는 점도 이같은 소재의 특성과 연관이 있다.

한국은 신안선과 출토유물을 직접 발굴하고 보유하고 있다는 점에서 이 자료에 대한 기본적 조사 연구의 진전에 대한 가장 큰 책임을 가지고 있다. 그럼에도 불구하고 그동안 신안선 연구는 침체한 상태를 면하지 못하였다.

연대를 13세기 중반으로 일단 설정하면서도 이들 유물조차 14세기, 같은 시기의 작품일 가능성을 남겨두고 있다.

47) 〈700년 전의 약속〉은 MBC 창사50주년 기념으로 김윤영 PD에 의해 제작되었다. 1995년 신안선과 같은 재질의 목재를 복건성의 武夷山에서 벌채하고 福州에서 선박을 건조, 영파에서 출항하였다. '700년 전의 약속'호는 2006년 이후 부산, 제주 등지에서 관광선으로 이용되다 부산의 한국해양대학에 기증되었으나 2003년 태풍 매미의 기습으로 파손되어 폐선 조치되고 말았다고 한다.(국립해양문화재연구소 곽유석 과장에 의함)

48) 사안은 약간 다르지만 일본 나가사키에서도 1989년 4월 중국 福州에서 제작한 근세의 중국무역선('唐船')이 나가사키항에 입항하여 공개되었다. 명말·청초 鄭成功의 군선을 모델로 복원한 160톤 급(길이 31m), '飛帆'이라는 이름의 이 선박은 중국과의 교류 우호를 증진하려는 시민단체(長崎歷史帆船協會/阿蘭陀船ば倉る會)에 의하여 사업이 추진된 것이었다.(《每日新聞》1989.4.29) 필자는 2009년 12월 공주대-사가대와의 대학생 학술교류시, '飛帆' 제작의 주역이었던 이치노세(一瀬 紀元)씨의 안내로 나가사키항에 정박되어 있는 '飛帆'을 견학한 바 있다. 이 책의 p.316사진 참조.

한 일본의 연구자는 지금까지 신안 유물에 대한 기초 작업은 "격화소양(隔靴搔痒)과 같은 기분이 든다"는 직설적 표현까지 서슴치 않았다.[49] "신을 신은 채 발바닥을 긁고 있는" 것처럼, 정리되어 있는 기초조사와 연구의 진전 단계가 답답한 상태라는 것이다.

신안선 유물에 대한 자료정리, 관련 연구와 활용이 오랫동안 부진했던 것은 조사연구 환경의 열악성이 큰 요인이 되었다고 필자는 생각한다. 신안선 유물은 자료의 방대함과 특수성 등으로 개인연구에 의한 진전에는 일정한 한계점이 있다. 국가 연구기관에 의한 조직적이고 체계적 접근이 뒷받침되어야 하는 사안인 것이다. 미비했던 환경이란 무엇보다 관련 연구기관이 신안선 조사 이후 바로 갖추어지지 못했던 점이다. 선체의 보존 처리를 위하여 목포에 '보존처리장'이 설치된 것이 1981년, 그후 연구와 전시기능을 갖춘 기관이 설치된 것은 1994년이 되어서의 일이었기 때문이다.[50]

그러나 신안선 연구의 장애가 되었던 것은 관련 기관의 미비만은 아니다. 신안선에서 출토한 막대한 량의 유물이 출토 현장에서 멀리 떨어진 서울과 광주의 박물관에 분산 수장되어 있는 점도 관련 분야 연구의 진전 내지 활용에 장애 요인이 되어 있다. 수중유물은 조사의 방법과 조사 환경에서 일반 육상에서의 발굴조사와 차이가 있을 뿐 아니라, 유물의 성격도 다른 의미를 갖게 된다. 더욱이 해양이 갖는 공간적 성격상 신안선과 같은 유물은 여타의 일반 문화재와 차별성이 있다. 바로 이 차별성에 입각하여 유물을 보존하고 관리하며 국제적 연구 역량을 축적해 나가야 할 필요성이 있다. 신안선과 관련 연구의 진척을 위해서는 이같은 관리 환경이 개선되어야 할 문제의 하나이다. 신안선과 유물은 어떤 의미에서는 동아시아 3국 공유의 문화재이고, 동시에 이를 보존관리하고 있는 국가로서의 한국의 국가적 책임이 있기 때문이다.

---

49) 모리모토 아사코(森本朝子) 「아시아 해저고고학」 『바다의 아시아』 5, 다리미디어, 2005, p.158

50) 1994년 목포에 설치된 국립해양유물전시관은 2009년 국립해양문화재연구소로 이름을 바꾸고 조사 연구 기능을 대폭 확대하였다.

신안선 유물 특별전의 전시도록(2006년, 2007년)

신안선 조사 초기 김원룡 선생은 이 신안선 발굴을 계기로 강진이나 부안으로부터 개성을 향하던 청자선의 발견 가능성을 예견하고 향후 서해 연안에서의 고려선 발견에 관심을 촉구한 바 있다.[51] 신안선을 계기로 완만하나마 개선된 조사 연구의 여건은 근년 서해 연안 일대에서의 연이은 수중 조사를 통하여 주목을 받고 있다. 이에 의하여 서해 연안 해로 일대가 새로운 문화재의 보고로 각광을 받을 수 있게 된 셈이다. 태안에 유조선의 원유 유출이라는 엄청난 참사가 일어난 이후, 2007년부터 2008년까지 태안에서 조

---

51) 김원룡 「신안 해저유물 발견의 의의와 과제」 『신안해저문물』(국제학술대회 자료집), 국립중앙 박물관, 1977, p.34

52) 국립해양문화재연구소 『고려청자 보물선-태안 대섬 수중발굴 조사보고서』 2009, pp.206-207

53) 봉래 3, 4호선으로 명명된 평저선의 이 고선박은 추정복원 길이 22.6m(3호선), 상감청자 접시와 분청자기 대접, 도기호와 도기장군 등 여말선초 유물이 확인되었다. 이에 대해서는 김성범·김병근 「韓國安佐島船和中國蓬萊第三號船的比較硏究」 『文集』 2006; 山東省文物考古硏究所·蓬萊市文物局 『蓬萊古船』 文物出版社, 2006: 김성범 「중국 봉래수성출토 고려선」 『한국중세사연구』 27, 2009 참조.

사된 고려시대 청자선은 태안지역에 새로운 발전 가능성과 희망을 열어가는 사건이었다. 조사 결과 선체 일부를 포함하여 도합 23,815점의 유물이 인양되었으며, 그 대부분은 각종의 생활 청자기였다.[52] 2009년도 이후로는 태안 마도 인근 해역에서의 조사가 지금까지 진행중이며 이같은 성과를 바탕으로 국립해양문화재연구소의 분관에 가름하는 태안보존센터가 설치되기에 이르렀다. 한편 2005년 중국 산동성 봉래시(蓬萊市, 登州)에서 조사된 고선박중 2척은 14세기 말에 제작된 고려 선박이라는 사실이 밝혀지게 되었다.[53] 이같은 조사 성과의 출발점에 바로 신안선이 위치하여 있는 것이다.

근년에 들어 수중 문화유산에 대한 관심과 연구 역량이 급격히 확산되고 있음은 세계적으로 발돋움하는 한국의 수중 문화유산 연구와 개척에 더욱 발전적 전망을 주는 요소이기도 하다. 이러한 점에서 서해 연안에서 제2의 신안선의 발견도 향후 기대해 볼 수 있지 않을까 필자는 생각한다. 고려 연안에서 침몰한 대외 교역선, 외국 선박이 신안선 만은 아닐 것이기 때문이다.

* 본고는 『동아시아 국제관계사』 김준엽선생기념서 편찬위원회, 아연출판부, 2010에 실린 글을 수정한 것임.

참고문헌 · 색인

자료집, 단행본, 보고서, 논문

참고문헌

자료집

『고려사』『고려사절요』『고려도경』『신증동국여지승람』『동국이상국집』『동문선』『여지도서』『호구총수』『원사』

조동원 등 『고려도경』 황소자리, 2005
김현구 외 『일본서기 한국관계 기사 연구』(1), 일지사, 2002
장동익 『일본 고중세 고려자료 연구』 서울대출판부, 2004
이기백 편 『한국 상대 고문서 자료집성』 일지사, 1987
진성규 역 『원감국사집』 아세아문화사, 1988
中央公論社 『蒙古襲來繪詞』, 日本繪卷大成 14, 1978
국사편찬위원회 『고려·조선 묘지 신자료』 2006
장동익 『元代麗史資料集錄』 서울대출판부, 1997

단행본

강만길 『조선시대 상공업사 연구』 한길사, 1984
강봉룡 『장보고』 한얼미디어, 2004
고경석 『청해진 장보고세력 연구』 서울대 박사학위 논문, 2005
고병익 『동아시아문화사논고』 서울대출판부, 1997
곽유석 『고려선의 구조와 조선기술』 민속원, 2012
국립제주박물관 『제주의 역사와 문화』 2001
권오영 『고대 동아시아 문명 교류사의 빛─무령왕릉』 돌베게, 2005
김당택 『고려 무인정권 연구』 새문사, 1987
김명진 『고려 태조 왕건의 통일전쟁 연구』 혜안, 2014
김병근 『수중고고학에 의한 동아시아 무역관계 연구』 국학자료원, 2004

김상기 『동방문화교류사논고』 을유문화사, 1948

김상기 『고려시대사』 동국문화사, 1961

김성준 『배와 항해의 역사』 혜안, 2010

김성준 『한국 항해선박사』 문현, 2014

김영미 『신안선과 도자기 길』 국립중앙박물관, 2005

김영미 『마음을 담은 그릇, 신안향로』 국립중앙박물관, 2008

김일우 『고려시대 탐라사 연구』 신서원, 2000

김일우 『고려시대 제주사회의 변화』 서귀포문화원, 2005

김재근 『조선왕조 군선연구』 일조각, 1977

김재근 『한국 선박사 연구』 서울대학교출판부, 1984

김재근 『우리 배의 역사』 서울대학교출판부, 1989

김정호 외 『청해진의 옛터 완도 장좌리』 향토문화진흥원, 1994

김정호·김희문 『완도지역 지명유래 조사』 해상왕장보고기념사업회, 2003

김정호·이명헌 『전남의 옛 진·영』 향토문화진흥원, 1995

김제군 『김제군사』 1994

나종우 『한국 중세 대일교섭사 연구』 원광대학교 출판국, 1996

동북아역사재단·경북대학교 한중교류연구원 『13-14세기 고려-몽골관계 탐구』
2011

모리모토 아사코(森本朝子) 외, 『바다의 아시아』 5, 다리미디어, 2005

문경호 『고려시대 조운제도의 연구』 혜안, 2014

박언곤 『한국의 정자』 대원사, 1989

박찬수 『새로 쓰는 고대 한일교섭사』 사회평론, 2007

방병선 등 『토기·청자 II』 예경, 2000

변태섭 『고려 정치제도사 연구』 일조각, 1977

보르지기다이 에르데니 바타르 『팍스몽골리카와 고려』 혜안, 2009

서동인·김병근 『신안 보물선의 마지막 대항해』 주류성출판사, 2014

신형식 외 『중국 동남연해지역의 신라유적 조사』 재단법인 해상왕장보고기념사업

회, 2004

아시아해양사학회 『장보고대사의 활동과 그 시대에 관한 문화사적 연구』 재단법
인 해상왕장보고기념사업회, 2007

양기석 『백제의 경제생활』 주류성, 2005

완도문화원, 『장보고의 신연구』 1985

유홍준 『나의문화유산답사기(일본편 1-빛은 한반도로부터』 창비, 2013

윤근일 외 『장보고와 동아시아 세계』 해상왕장보고기념사업회(심포지움 자료집),
2002

윤근일·김성배·정석배 『청해진에 대한 종합적 고찰』 해상왕장보고기념사업회,
2003

윤명철 『바닷길은 문화의 고속도로였다』 사계절, 2000

윤명철 『한민족의 해양활동과 동아지중해』 학연문화사, 2002

윤명철 『한국해양사』 학연문화사, 2014

윤용혁 『고려 대몽항쟁사 연구』 일지사, 1991

윤용혁 『고려 삼별초의 대몽항쟁』 일지사, 2000

윤용혁 『공주, 역사문화론집』 서경문화사, 2005

윤용혁 『가루베지온의 백제연구』 서경문화사, 2010

윤용혁 『여몽전쟁과 강화도성 연구』 혜안, 2011

윤용혁 『삼별초-무인정권·몽골, 그리고 바다로의 역사』 혜안, 2014

이강한 『고려와 원제국의 교역의 역사』 창비, 2013

이기백 『고려 병제사 연구』 일조각, 1968

이병도 『한국사(중세편)』 을유문화사, 1961

이승한 『쿠빌라이 칸의 일본원정과 충렬왕』 푸른역사, 2009

이우성 『한국의 역사상』 창작과비평사, 1982

이정신 『고려시대의 특수행정구역 소 연구』 혜안, 2013

이종영 『조선전기 사회경제사 연구』 혜안, 2003

이진한 『고려시대 송상 왕래 연구』 경인문화사, 2011

임건상 『임건상전집』 혜안, 2001

장동익 『고려후기 외교사연구』 일조각, 1994

장진술 『한국의 고대 해상교통로』 한국해양전략연구소, 2009

장흥군 『고줄고을 장흥』 1982

정순태 『여몽연합군의 일본정벌』 김영사, 2007

조영록 편 『한중문화 교류와 남방해로』 국학자료원, 1997

차용걸 『고려말·조선전기 대왜관방사 연구』 충남대대학원 박사학위논문, 1988

최광식 외 『천년을 여는 미래인 해상왕 장보고』 청아출판사, 2003

최근식 『신라 해양사 연구』 고려대출판부, 2005

최석남 『한국수군활동사』 명양사, 1964

최성락 등 『장보고관련 유물·유적 지표조사보고서』 해상왕장보고기념사업회,
2003

최성락 외 『목포권 다도해와 류큐열도의 도서해양문화』, 민속원, 2012

충청남도역사문화연구원, 『백제의 문물교류』(백제사문화사대계, 10), 2007

KBS역사스페셜 『역사스페셜』 6 효형출판, 2003

한국해양재단 『한국해양사』 I, Ⅲ, 2013

한일문화교류기금·동북아재단 『몽골의 고려·일본 침공과 한일관계』 경인문화사,
2009

한정훈 『고려시대 교통과 조세운송체계 연구』 경인문화사, 2013

旗田 巍 『元寇-蒙古帝國の内部事情』 中央公論社, 1965

大倉隆二 『〈蒙古襲來繪詞〉を讀む』 海潮社, 2007

ドーソン 『蒙古史』 三田史學會, 1933

讀賣新聞 西部本社 『大王のひつぎ海をゆく-謎に挑んだ古代船』 2006

浜田耕策 『東アジアにおける國家と地域』 刀水書房, 1999

四日市康博 『モノから見た海域アジア史』 九州大學出版會, 2008

山口 修 『蒙古襲來』 光風社出版, 1988

森克己 『續 日宋貿易の研究』 國書刊行會, 1975

三上次男『陶磁貿易史研究』中央公論美術出版, 1987

森平雅彦 編『中近世の朝鮮半島と海域交流』汲古書院, 2013

森平雅彦『モンゴル覇權下の高麗-帝國秩序と王國の對應』名古屋大學出版部, 2013

相田二郎『蒙古襲來研究』吉川弘文館, 1958

西谷 正『魏志倭人傳의 考古學』學生社, 2009

小野勝年『入唐求法巡禮行記の研究』4, 鈴木學術財團, 1969

小學館『蒙古襲來と戰いの繪卷』(週刊 日本の美をめぐる) 47, 2003

安理 進『琉球の王權とグスク』山川出版社, 2006

雄山閣『考古學による日本歷史』10(對外交涉), 1997

魏榮吉『元·日關係史の研究』教育出版センター, 1985

李領『倭寇と日麗關係史』東京大學出版會, 1999

佐藤鐵太郎『蒙古襲來繪詞と竹崎季長の研究』錦正社, 2005

中西立太『蒙古襲來と北條氏の戰略』成美堂出版, 2000

中村榮孝『日鮮關係史の研究』吉川弘文館, 1973

池內 宏『元寇の新研究』東洋文庫, 1931

千田 捻 編『海の古代史-東アジア地中海考』角川書店, 2002

川添昭二『蒙古襲來研究史論』雄山閣, 1977

村井章介『アジアのなかの中世日本』校倉書房, 1988

太田 彩『繪券 蒙古襲來繪詞』(日本の美術 414), 至文堂, 2000

太田弘毅『蒙古襲來-その軍事史的 研究』錦正社, 1997

席龍飛『泉州港與海上絲綢之路』2, 中國社會科學出版社, 2003

王冠倬『中國古船圖譜』三聯書店, 2000

陳高華『元史研究新論』上海社會科學院出版社, 2005

보고서

강병권 외 『당진 대운산리 호구마루 유적』 충청문화재연구원, 2003

공주대학교 박물관 『공산성 건물지』 1992

공주대학교 박물관 『문화유적분포지도(태안군)』 2000

국립문화재연구소 『완도 법화사지』 1992

국립문화재연구소 『고군산군도』 2000

국립문화재연구소 『장도 청해진유적 발굴조사보고서』 1, 2001

국립전주박물관 『바다와 제사 부안 죽막동 제사유적』 1955

국립제주박물관 『항해와 표류의 역사』 2003

국립중앙박물관 『신안해저문물-국제학술대회 주제발표』 1977

국립해양문화재연구소 『고려청자 보물선-태안 대섬 수중발굴 조사보고서』 2009

국립해양문화재연구소 『중세 동아시아의 해상교통과 조세운송 체계』(학술회의 발표자료집), 2014

국립해양문화재연구소 『고려청자 보물선과 강진』 2009

국립해양문화재연구소 『고려청자 보물선-태안 대섬 수중발굴 조사보고서』 2009

국립해양문화재연구소 『고려 뱃길로 세금을 걷다』 2009

국립해양문화재연구소 『태안 마도1호선 수중발굴 조사보고서』 2010

국립해양문화재연구소 『태안마도2호선 수중발굴조사보고서』 2011

국립해양문화재연구소 『태안 마도해역 탐사보고서』 2011

국립해양문화재연구소 『고려의 난파선과 문화사』(학술회의 발표자료집), 2011

국립해양문화재연구소 『태안 마도3호선 수중발굴 조사보고서』 2012

국립해양문화재연구소 『마도1호선 구조설계 및 조선공학적 분석』 2013

국립해양문화재연구소 『한·중 수중문화유산 발굴현황과 보존』 2013

국립해양문화재연구소 『인천 옹진군 영흥도선 수중발굴조사 보고서』 2014

국립해양유물전시관 『신안선과 동아시아 도자교역』 2006

국립해양유물전시관 『바다로 보는 우리 역사』 1995

국립해양유물전시관『신안선 보존·복원 보고서』2004

국립해양유물전시관『신안선과 동아시아 도자교역』2006

국립해양유물전시관『14세기 아시아의 해상교역과 신안해저유물』(학술회의 자료집), 2006

국립해양유물전시관『신안선』1-3, 2006

국립해양유물전시관『신안선출토 금속유물과 14세기 동아시아의 금속공예』2007

국립해양유물전시관『신안선 속의 금속유물』2007

국립해양유물전시관『안산대부도선-수중발굴조사보고서』2010

군산대학교 박물관『옥구지방의 문화유적』1985

군산대학교 박물관『문화유적분포지도-군산시』2001

남도문화재연구원『문화유적분포지도(전남 장흥군)』2004

단국대학교 박물관『청해진유적 지표조사보고서』1999

단국대 매장문화재연구소『이천 설봉산성 3차 발굴조사 보고서』2002

동국대 경주캠퍼스박물관『경주 황남동376 통일신라시대유적』2002

목포대학교 박물관『13세기 동아시아 세계와 진도 삼별초』(국제학술대회 자료집), 2010

목포대학교 박물관『완도군의 문화유적』1995

목포대 도서문화연구소『흑산도 상라산성 연구』2000

문화재관리국『신안해저유물』1-4, 1981-1988

문화재관리국『안압지 발굴조사 보고서』1987

문화재연구소·한림대 박물관『양주 대모산성 발굴보고서』1990

순천대박물관『장흥천관산 천관사 지표조사보고서』, 1999

육군박물관『강화도의 국방유적』2000

장흥군『전통문화마을, 장흥 방촌』1994

전북문화재연구원『부안 우금산성 정밀지표조사보고서』2005

제주문화예술재단 문화재연구소『제주 항파두리 항몽유적지 학술조사 및 종합기본정비계획』2002

중앙문화재연구원『충주 첨단지방산업단지 조성사업부지내 충주 본리·영평리·완오리유적』2009

충남발전연구원『문화유적분포지도(서산시)』1998

충북대 중원문화연구소『문화유적분포지도(충주시)』1998

한국고고학회『농업의 고고학』(제16회 한국고고학 전국대회), 2012

한국중세사학회『유적과 유물로 보는 고려시대 경상도 지역문화』(학술발표대회자료집), 2012

한국천문연구원『고려시대 연력표』1999

한신대박물관『용인 언남리, 통일신라 생활유적』2007

한글학회『한국지명총람』4, 1974

長崎縣鷹島町敎育委員會『鷹島海底遺蹟』V, 2001

논문

강봉룡「신라 하대 패강진의 설치와 운용」『한국고대사연구』11, 1997

강봉룡「벽골제의 축조 및 수축과 그 해양사적 의의」『도서문화』22, 2003

강봉룡「신라말-고려시대 서남해지역의 한·중 해상교통로와 거점 포구」『한국사학보』23, 2006

강석화「조선후기의 경기남부 해로와 대부·영흥도」『기전문화연구』28, 2000

강원춘「영흥도선 실측, 3D Modelling 과정과 소고」『제5회 전국해양 문화학자 대회-해양실크로드와 항구, 그리고 섬』(학술회의자료집) 4, 목포대 도서문화연구원 외, 2014

강재광「대몽전쟁기 최씨정권의 해도입보책과 전략해도」『군사』66, 2008

곽장근「새만금 해역의 해양문화와 문물교류」『도서문화』39, 2012

곽호제「고려-조선시대 태안반도 조운의 실태와 운하 굴착」『지방사와 지방문화』12-1, 2004

구산우「일본원정, 왜구 침략과 경상도 지역의 동향」『한국중세사연구』22, 2007

권덕영 「장보고 연구의 현황과 과제」『장보고연구논총』 4, 2005

권덕영 「신라하대 서남해지역의 해적과 호족」『한국고대사연구』 41, 2006

길경택 「충주지역의 야철유적」『역사와 실학』 32, 2007

김건수 「舟形土器로 본 삼국시대의 배 고찰」『도서문화』 42, 2013

김광철 「여말선초 밀양 지역사회와 수산제」『석당논총』 36, 동아대학교 석당전통
문화연구원, 2005

김규록 「고려중기의 송 사절 영송과 접반사와 관반사에 대한 일고찰」 고려대 석사
논문, 2012

김기덕 「고려시대 강화도읍사 연구의 쟁점」『사학연구』 61, 2000

김병근 「수중발굴 고려선박 구조와 시대구분 고찰」『해양문화재』 3, 2010

김병근 「신안선 적재의 자달목에 대한 고찰」『해양문화재』 6, 2013

김성범 「중국 봉래수성 출토 고려선」『한국중세사연구』 27, 2009

김영하 「삼국유사 효선편의 이해」『신라문화제 학술논문집-신라인들은 효와 선
을 어떻게 실천했는가』 30, 동국대 신라문화연구소, 2009

김위현 「여송관계와 그 항로고」『관대논문집』 6, 1978

김위현 「여·원 일본 정벌군의 출정과 여원관계」『국사관논총』 9, 1989

김윤곤 「삼별초의 대몽항전과 지방 군현민」『동양문화』 21·22합, 1981

김재명 「고려의 조운제도와 사천 통양창」『한국중세사연구』 20, 2006

김창석 「신라 창고제의 성립과 조세 운송」『한국고대사연구』 22, 2001

김철민 「원의 일본원정과 여원관계」『건대사학』 3, 1973

김철웅 「고려와 송의 해상교역로와 교역항」『중국사연구』 28, 2004

김현영 「고려시기의 소에 대한 재검토」『한국사론』 15, 1986

남기학 「중세 일본의 외교와 전쟁」『동양사학연구』 80, 2002

남기학 「몽골침입과 중세 일본의 대외관계」『아시아문화』 12, 한림대 아시아문화
연구소, 1996

노도양 「가적운하 개착의 역사지리적 고찰」『청파집』 1979

니시타니 타다시(西谷 正) 「무령왕릉을 통해본 고대의 동아시아세계-고고학의 입

장에서」『백제문화』31, 2002

니시타니 타다시(西谷 正)「宗像·沖ノ島의 고대 제사와 호족」『대백제국의 국제교류사』(학술회의 자료집), 충청남도역사문화연구원, 2008

류영철「高麗牒狀不審條條의 재검토」『한국중세사연구』1, 1994

문경현「백제 무령왕의 출자에 대하여」『사학연구』60, 2000

문경호「고려시대 충청도 연안의 포구에 관한 연구」『역사와 담론』56, 호서사학회, 2010

문경호「1123년 서긍의 고려 항로와 경원정」『한국중세사연구』28, 2010

문경호「태안 마도1호선을 통해 본 고려의 조운선」『한국중세사연구』31, 2011

문경호「고려시대 조운제도와 조창」『지방사와 지방문화』14-1, 2011

문경호「여말선초 조운제도의 연속과 변화」『지방사와 지방문화』17-1, 2014

문경호「안흥량과 굴포운하 유적 관련 지명 검토」『도서문화』43, 2014

박광성「자연도고」『기전문화연구』6, 인천교대 기전문화연구소, 1975

박남수「신라 성덕왕대 패강진 설치 배경」『사학연구』110, 2013

박남수「신라 패강진전의 정비와 한주 서북경의 군현 설치」『동국사학』54, 2013

박형표「여몽연합군의 동정과 그 전말」『사학연구』21, 1969

변동명「해룡산성과 순천」『전남사학』19, 2004

변동명「9세기 전반 무주 서남해지역의 해상세력」『한국사학보』57, 2014

박상현 외 4인「벽골제의 방조제 가능성에 관한 연구」『한국관개배수』10-1, 2003

박정현「한국 중세의 조운과 태안조거」공주사범대학 교육대학원논문, 1988

박진석「송과 고려의 무역에 관한 몇 개 문제」『백산학보』68, 2004

배상현「삼별초의 남해항쟁」『역사와 경계』57, 2005

서유리「고려 철화청자의 발생과 특징」명지대 석사논문, 2007

서정석「태안 안흥진성에 대한 일고찰」『역사와 역사교육』3·4합집, 1999

설준원「고대 무쇠솥 제작기술에 대한 연구」영남대 대학원 석사논문, 2012

성정용「김제 벽골제의 성격과 축조시기 재론」『한·중·일의 고대 수리시설 비교

연구』(계명대 사학과 쉰돌기념 학술대회 자료집), 계명대 한국학연구원, 2006

손홍렬 「고려 조운고」『사총』 21·22합집, 1977

송윤정 「중세 철 및 철기 생산의 고고학적 연구현황과 과제」『한국중세사연구』 36, 2013

송정남 「베트남 딩(dinh; 亭)에 관한 연구」『국제지역연구』 7-3, 2003

송정남 「占城의 대몽항쟁에 관한 연구」『베트남연구』 5, 2004

신종국 「한국 인천 '영홍도선' 수중발굴조사」『한·중 수중문화유산 발굴현황과 보존』 국립해양문화재연구소, 2013

신채식 「10-13세기 동아시아의 문화교류-해로를 통한 여송의 문물 교역을 중심으로」『중국과 동아시아세계』 국학자료원, 1997

염정섭 「조선 초기 밀양 수산제 국둔전의 설치와 경영」『석당논총』 36, 2005

우재병 「4-5세기 왜에서 백제로의 가야·백제로의 교역루트와 고대항로」『호서고고학』 6.7합, 2002

위은숙 「원 간섭기의 대원무역-『노걸대』를 중심으로」『지역과 역사』 4, 1997

윤경진 「고려 성종 11년의 읍호 개정에 대한 연구」『역사와 현실』 45, 2002

윤경진 「고려후기 북계 주진의 해도입보와 출륙 僑寓」『진단학보』 109, 2009

윤무병 「김제 벽골제 발굴보고」『백제연구』 7, 1976

윤용혁 「서산·태안지역의 조운관련 유적과 고려 영풍조창」『백제연구』 22, 1991

윤용혁 「무령왕 탄생 전승지를 찾아서」『웅진문화』 14, 공주향토문화연구회, 2001

윤용혁 「무령왕의 길-무령왕 기념비의 건립」『웅진문화』 19, 공주향토문화연구회, 2006

윤용혁 「서산·태안 지역의 조운 관련 유적과 고려 영풍조창」『백제연구』 22, 1991

윤용혁 「고려 삼별초의 항전과 진도항전」『도서문화』 37, 2011

윤용혁 「우라소에성(浦添城)과 고려·류큐의 교류사」『사학연구』 105, 2012

이강한 「'원-일본간' 교역선의 고려 방문 양상 검토」『해양문화재』 1, 2008

이동주 「밀양 수산제 수문의 발굴조사와 성격」『석당논총』 36, 2005

이영 「여몽 연합군의 일본침공과 여일관계」『일본역사연구』 9, 1999

이용현 「신안해저 발견 목간에 대하여」『고려 조선의 대외교류』 국립중앙박물관, 2002

이원식·허일 「4세기-7세기 백제 사신선의 船型 연구」『대한조선학회지』 41-2, 2004

이익주 「고려후기 몽골침입과 민중행쟁의 성격」『역사비평』 24, 1994

이인숙 「완도 청해진 출토 평기와 검토」『전남의 기와』(제3회 한국기와학회 학술대회 발표자료집), 2006

이은규 「원의 일본정벌 고찰」『호서사학』 1, 1972

이종민 「영흥도선 출수 도자의 양식적 특징과 편년」『인천 옹진군 영흥도선 수중발굴조사 보고서』 국립해양문화재연구소, 2014

이종영 「안흥량 대책으로서의 泰安漕渠 및 안민창 문제」『동방학지』 7, 1963

이한상 「우리나라 고대 수리시설과 수산제」『석당논총』 36, 동아대학교 석당전통문화연구원, 2005

이해준 「완도군의 역사적 변천」『완도군의 문화유적』 목포대박물관, 1995

이희관 「완도군 장도유적 출토 越窯靑磁의 제작시기 문제」『해양문화재』 5, 국립해양문화재연구소, 2012

이준광 「고려청자의 해상운송과 출토유물 연구」 홍익대 대학원 석사논문, 2010

임경희 「마도2호선 목간의 판독과 분류」『목간과 문자』 8, 2010

임경희 「마도3호선 목간의 현황과 판독」『목간과 문자』 9, 2011

임경희 「태안선 목간의 새로운 판독-발굴보고서를 보완하며」『해양문화재』 4, 2011

임경희 「마도3호선과 여수」『제3회 전국 해양문화학자 회의(자료집 2)』 2012

전덕재 「백제 농업기술 연구」『한국고대사연구』 15, 1999

전덕재 「신라하대 패강진의 설치와 그 성격」『대구사학』 113, 2013

전병무 「고려 충혜왕의 상업활동과 재정정책」『역사와 현실』 10, 1993

전해종 「여원무역의 성격」『동양사학연구』 12·13, 1978

전해종 「고려와 송과의 교류」『국사관논총』 8, 1989

정재윤 「웅진시대 백제와 왜의 관계에 대한 예비적 고찰」『백제문화』 37, 2007

정종태 「삼국-고려시대 솥(釜)의 전개 양상」『금강고고』 2, 2005

정효운 「한국 고대문화의 일본전파와 대마도」『한국고대사연구』 48, 2007

주채혁 「몽골-고려사 연구의 재검토 : 몽골 고려사 연구의 시각문제」『애산학보』 8, 1989

진성규 「원감국사 충지의 생애」『부산사학』 5, 1881

진성규 「원감록을 통해서본 원감국사 충지의 국가관」『역사학보』 94·95, 1982

채상식 「여·몽의 일본정벌과 관련된 외교문서의 추이」『한국민족문화』 9, 부산대 한국민족문화연구소, 1997

최완기 「조선전기 조운 시고」『백산학보』 20, 1976

최종석 「대전 상대동 고려유적지의 성격에 대한 시론적 탐색」『한국 중세사연구』 31, 2011

한기문 「고려시대 자복사의 성립과 존재 양상」『민족문화논총』 49, 2011

한정훈 「고려시대 조운제와 마산 석두창」『한국중세사연구』 17, 2004

한정훈 「고려 초기 60포제의 실시와 그 의미」『지역과 역사』 25, 2009

한정훈 「고려 조운제의 해양사적 의미」『해양문화재』 2, 2009

한정훈 「고려시대 험로의 교통사적 의미」『역사와 담론』 55, 2010

한정훈 「고려시대 연안 항로에 대한 기초적 연구」『역사와 경계』 77, 2010

한정훈 「12·13세기 전라도지역 私船의 해운활동」『한국중세사연구』 31, 2011

홍광희 「한국 닻돌의 쓰임새 연구」『농업의 고고학』(제16회 한국고고학 전국대회), 2012

홍사준 「삼국시대의 관개용 池에 대하여」『고고미술』 136·137합, 1978

홍순재 「고려시대 난파선의 구조와 제작기술의 변천」『해양문화재』 4, 2011

岡內三眞 「新安沈船を通じてみた東アジアの貿易」『朝鮮史研究會論文集』 23, 1986

根本 誠 「文永の役までの日蒙外交-特に蒙古の遺使と日本の態度」『軍事史學』 5, 1966

吉田光男 「高麗時代の水運機構'江'について」『社會經濟史學』 46-4, 1980

吉田光男「十九世紀忠清道の海難−漕運船の遭難 一百九十事例を通して」『朝鮮學報』121, 1986

大葉昇一「文永の役における日本遠征軍の構成」『軍事史學』1999

六反田 豊「李朝初期 田税輸送體制」『朝鮮學報』123, 1987

北村秀人「高麗時代の所制度について」『朝鮮學報』50. 1969

北村秀人「高麗初期の漕運についての一考察」『古代東アジア論集』上, 吉川弘文館, 1978

北村秀人「高麗時代の漕倉制について」『朝鮮歴史論集』上, 1979

山本光朗「元使趙良弼について」『史流』40, 北海道教育大學 史學會, 2001

山本信夫「新安海底遺物」『考古學による日本歴史』10, 雄山閣, 1997

森平雅彦「高麗における宋使船の寄港地馬島をめぐって」『朝鮮學報』207, 2008

森平雅彦「高麗群山亭考」『年報 朝鮮學』11, 九州大學 朝鮮學研究會, 2008

森平雅彦「黑山島海域における宋使船の航路」『朝鮮學報』212, 2009

石井正敏「文永八年來日の高麗使について」『東京大學史料編纂所報』12, 1978

石井正敏「〈小右記〉所載 '內藏石女等申文'にみえる高麗の兵船について」『朝鮮學報』198, 2006

鈴木和博・與語節生・加藤丈典・渡辺誠「博多灣, 志賀島で發見された玄武岩質碇石の産地」『名古屋大學博物館報告』16, 2000

李大熙「李朝時代の漕運制について」『朝鮮學報』23, 1962

太田彌一郎「石刻史料 '贊皇復縣記'にみえる南宋密使瓊林について−元使趙良弼との邂逅」『東北大學 東洋史論集』6, 1995

太田弘毅「文永・弘安の役における元軍の水と糧食問題」『軍事史學』11−1, 1975

丸龜金作「高麗の十二漕倉に就いて」『靑丘學叢』21, 22, 1935

荒川秀俊「文永の役の終りを告げたのは台風ではない」『日本歴史』120, 1958

席龍飛「對韓國新安海底沈船的研究」『海交史研究』1994年 第2期

黄炳煌「韓瓶岳瓶非酒瓶」『中國文物報』1999年 12月

색인

한국 해양사 연구

지은이 | 윤용혁
펴낸이 | 최병식
펴낸날 | 2016년 7월 1일(2쇄)
펴낸곳 | 주류성출판사 www.juluesung.co.kr
　　　　서울특별시 서초구 강남대로 435 (서초동 1305-5) 주류성빌딩 15층
　　　　TEL | 02-3481-1024(대표전화) · FAX | 02-3482-0656
　　　　e-mail | juluesung@daum.net

값 20,000원

잘못된 책은 교환해 드립니다.

ISBN 978-89-6246-259-3 93910